Die Anforderungen an die Strafzumessungsbegründung im Urteil

AF902484

Europäische Hochschulschriften

European University Studies

Publications Universitaires Européennes

Reihe II **Rechtswissenschaft**

Series II Law

Série II Droit

Band/Volume **5818**

Christin Reichenbach

Die Anforderungen an die Strafzumessungsbegründung im Urteil

Zugleich eine kritische Betrachtung des § 267 III 1 HS 2 StPO

PL ACADEMIC RESEARCH

Bibliografische Information der Deutschen Nationalbibliothek
Die Deutsche Nationalbibliothek verzeichnet diese Publikation in der Deutschen Nationalbibliografie; detaillierte bibliografische Daten sind im Internet über http://dnb.d-nb.de abrufbar.

Zugl.: Kiel, Univ., Diss., 2016

D 8
ISSN 0531-7312
ISBN 978-3-631-67145-0 (Print)
E-ISBN 978-3-653-06506-0 (E-Book)
DOI 10.3726/978-3-653-06506-0

© Peter Lang GmbH
Internationaler Verlag der Wissenschaften
Frankfurt am Main 2016
Alle Rechte vorbehalten.
PL Academic Research ist ein Imprint der Peter Lang GmbH.
Peter Lang – Frankfurt am Main · Bern · Bruxelles · New York · Oxford · Warszawa · Wien

Das Werk einschließlich aller seiner Teile ist urheberrechtlich geschützt.
Jede Verwertung außerhalb der engen Grenzen des Urheberrechtsgesetzes ist ohne Zustimmung des Verlages unzulässig und strafbar.
Das gilt insbesondere für Vervielfältigungen, Übersetzungen, Mikroverfilmungen und die Einspeicherung und Verarbeitung in elektronischen Systemen.

Diese Publikation wurde begutachtet.

www.peterlang.com

Meiner Familie

Vorwort

Die vorliegende Arbeit wurde im Wintersemester 2015/16 von der Rechtswissenschaftlichen Fakultät der Christian-Albrechts-Universität zu Kiel als Dissertation angenommen.

Für seine engagierte Betreuung bei der Anfertigung dieser Arbeit, seine wertvolle Unterstützung durch zahlreiche Hinweise und Anregungen sowie die zügige Erstellung des Erstgutachtens bedanke ich mich herzlich bei meinem Doktorvater, Herrn Prof. Dr. Dennis Bock.

Mein Dank gilt auch Prof. Dr. Andreas Hoyer für die rasche Lektüre der Arbeit und die Erstellung des Zweitgutachtens.

Des Weiteren danke ich den studentischen Mitarbeitern des Lehrstuhls von Prof. Dr. Bock für ihre tatkräftige Hilfe beim Zusammentragen des im Rahmen dieser Arbeit gesichteten Materials.

Schließlich gilt ein besonderer Dank meiner Familie, ohne deren unermüdliche, bedingungslose Unterstützung dieses Vorhaben nicht möglich gewesen wäre; dabei danke ich vor allem meinem Vater für die engagierte Hilfe bei den letzten Korrekturen und Verbesserungen.

Kiel, im Dezember 2015 *Christin Reichenbach*

Inhaltsverzeichnis

Einleitung

I. Gegenstand und Ziel der Untersuchung

Die Strafrechtslehre ist im Studium nahezu ausschließlich auf das materielle Recht, konkret die Frage der Begründung der Strafbarkeit, konzentriert. Zwar wird dem Strafprozessrecht zumeist ebenfalls ein Semester gewidmet, nicht zuletzt aufgrund untergeordneter Examensrelevanz jedoch nur wenig Aufmerksamkeit seitens der Studenten geschenkt. Die Rechtsfolgenseite einer Straftat wird in der Regel – abgesehen von einigen Schwerpunktveranstaltungen, die allerdings auch nicht an jeder Universität angeboten werden – gar nicht oder allenfalls im Rahmen eines kurzen Überblicks behandelt.

Auch im Referendariat, in dem nunmehr das Strafprozessrecht in den Vordergrund rückt, wird die Strafzumessung – trotz staatsanwaltlichen Sitzungsdienstes bereits in der ersten oder zweiten Station – wenig bis gar nicht näher beleuchtet; so mancher Referendar sieht sich hier erstmals genötigt, sich selbständig mit dieser Thematik zu befassen, um die Aufgabe der staatsanwaltlichen Vertretung vor Gericht überhaupt bewältigen zu können.

Dabei ist gerade die Rechtsfolgenentscheidung der für den Angeklagten relevanteste Teil;[1] ob sein Verhalten nun den Tatbestand eines Raubes oder einer räuberischen Erpressung erfüllt, dürfte ihn weniger interessieren als die Frage, wie hoch seine Freiheitsstrafe ausfällt, ferner ob diese – soweit möglich – zur Bewährung ausgesetzt wird und natürlich auf welchen Erwägungen diese Entscheidung beruht. Dies gilt für die Öffentlichkeit gleichermaßen.

Zudem gibt es kaum einen anderen strafrechtlichen Bereich, der so viel Spielraum bietet, wie die Rechtsfolgenentscheidung, allein schon aufgrund der weit gefassten gesetzlichen Strafrahmen, aber auch wegen der überschaubaren Zahl gesetzlicher Vorgaben. Im StGB ist den Rechtsfolgen einer Straftat der dritte Abschnitt (§§ 38–76 a) gewidmet, wobei für die Strafbemessung insbesondere die Vorschrift des § 46 StGB relevant ist. Die darin enthaltenen Grundsätze für die Strafzumessung liefern zwar Anhalts- bzw. Orientierungspunkte und sogar eine beispielhafte Auflistung in Betracht kommender Zumessungsaspekte für das erkennende Gericht, die Regelungen sind jedoch entweder nicht verbindlich (so der Katalog von Zumessungsfaktoren) oder sehr offen und vage formuliert (etwa „Die Schuld des Täters ist Grundlage für die Zumessung der Strafe.", § 46 I 1 StGB); zum konkreten Strafmaß verbleibt noch ein langer Weg.

In erster Linie hat die Strafrechtswissenschaft die Ausfüllung dieser Grundsätze übernommen, wobei es – vermutlich aufgrund der Vernachlässigung der Rechtsfolgenentscheidung während der Ausbildung – auch nur wenige Autoren gibt, die

1 Vgl. dazu *Meyer-Goßner/Appl*, Rn. 421.

sich auf dieses Gebiet spezialisiert haben bzw. überhaupt dahingehend Forschung betreiben.[2] Gleichwohl wurden zahlreiche Theorien zur Strafmaßfindung entwickelt, die im Rahmen der tatrichterlichen Entscheidung Berücksichtigung finden. Dieser Prozess bleibt in der Praxis allerdings jenseits dessen, was in den Urteilsgründen wiedergegeben wird, im Dunkeln[3] und soll im Rahmen dieser Arbeit auch nicht näher untersucht werden.

Die derzeitige Entwicklung bzw. Fortbildung der Strafzumessungsgrundsätze wird maßgeblich von den Revisionsgerichten betrieben, die den zulässigen Kontrollumfang hinsichtlich der Rechtsfolgenentscheidung des Tatgerichts kontinuierlich ausgeweitet haben.[4] Da diese Prüfung nur anhand der Strafzumessungsbegründung im Urteil erfolgen kann, haben die Revisionsgerichte sehr umfangreiche und detaillierte Begründungsanforderungen für das Tatgericht entwickelt, was letztlich – ausgehend von insoweit bestehender Kongruenz – auch Vorgaben für die Rechtsfolgenentscheidung als solche sind. Aufgrund der Vielzahl insofern ergangener Einzelfallentscheidungen ist es eine schwierige Herausforderung für das Tatgericht, den zahlreichen Grundsätzen und Einzelvorgaben gerecht zu werden.

Diese Arbeit widmet sich daher der Untersuchung der Anforderungen, die an die Begründung der Strafzumessungsentscheidung des Tatrichters gestellt werden, vornehmlich durch eine Analyse der revisionsgerichtlichen Rechtsprechung. Dabei soll primär das Ausmaß der Begründungsvorgaben erfasst werden, wobei besonderes Augenmerk auf die Rolle des § 267 III 1 StPO, der einzigen der Strafzumessungsbegründung im Urteil gewidmeten Vorschrift, gelegt wird. Darin heißt es:

„Die Gründe des Strafurteils müssen ferner das zur Anwendung gebrachte Strafgesetz bezeichnen und die Umstände anführen, die für die Zumessung der Strafe bestimmend gewesen sind."

Zweifellos statuiert diese Vorschrift eine Begründungspflicht hinsichtlich der Strafzumessungsentscheidung. Eine solche Verpflichtung wird jedoch – wie noch zu zeigen ist – bereits dem materiellen Recht entnommen bzw. sogar aus der Verfassung abgeleitet. Damit stellt sich die Frage nach der Reichweite dieser Pflichten, also nach damit einhergehenden Begründungsanforderungen, und ihrem Verhältnis zueinander.

II. Gang der Darstellung

Im 1. Teil der Arbeit sollen Mindestanforderungen an die Strafzumessungsbegründung zusammengetragen werden. Neben einem Blick auf die vielfältigen Zwecke der richterlichen Begründungspflicht soll ihre rechtliche Herleitung Aufschluss

2 Hervorzuheben sind aus der neueren Literatur vor allem *Schäfer/Sander/van Gemmeren*, Die Praxis der Strafzumessung; *Streng*, Strafrechtliche Sanktionen – Die Strafzumessung und ihre Grundlagen; *Meier*, Strafrechtliche Sanktionen.

3 So auch *Reichert*, S. 17.

4 Dazu ausf. 2. Teil, Abschnitt B.

über Begründungsanforderungen geben. Zuletzt wird in diesem Teil die Reichweite der Revisibilität der Strafzumessung im Hinblick auf daraus resultierende Mindestvorgaben, aber auch bezüglich etwaiger Einschränkungsmöglichkeiten der Begründungspflicht untersucht.

Der 2. Teil widmet sich der Analyse von Reichweite und Grenzen der Begründungspflicht, also konkret Umfang bzw. Ausmaß der materiell-rechtlichen Erörterungspflicht einerseits und einer möglichen diesbezüglichen Einschränkung nach § 267 III 1 StPO (bzw. der grundsätzlichen Handhabung dieser Norm durch die Rechtsprechung) andererseits. Durch Auslegung dieser Vorschrift und einer Analyse der revisionsgerichtlichen Praxis sollen derzeitige Begründungsanforderungen herausgearbeitet und auf insoweit respektierte Beschränkungen untersucht werden, dabei steht letztlich das Verhältnis der verschiedenen Begründungspflichten zueinander im Fokus.

Im 3. Teil werden in Anlehnung an das Untersuchungsergebnis aus Teil 2 zur Behandlung des § 267 III 1 StPO Reformüberlegungen zu dieser Vorschrift angestellt, vornehmlich im Hinblick auf das Bedürfnis einer die materiell-rechtliche Begründungspflicht einschränkenden Regelung. Abschließend werden zwei insoweit ergangene Reformentwürfe dargestellt, gefolgt von einem eigenen Vorschlag zur Umgestaltung dieser Norm.

1. Teil: Mindestanforderungen an die Strafzumessungsbegründung

A. Zweck der Begründungspflicht

Um die Anforderungen an die Strafzumessungsbegründung im Urteil bestimmen zu können, sollen zunächst abstrakt, d. h. unter Ausblendung verfahrensökonomischer Aspekte, die Funktionen der Begründungspflicht im Hinblick auf daraus resultierende Vorgaben untersucht werden.

I. Ermöglichung der revisionsrechtlichen Nachprüfung

Früher betrachtete man den Richterspruch als unantastbar, als „Orakel des Gesetzes, an dem es nichts zu deuteln gibt".[5] Die Autorität des Richters galt es nicht in Zweifel zu ziehen, weshalb er seine Entscheidung auch nicht zu begründen hatte; erst nach und nach wuchs das Bedürfnis nach Kontrolle und Transparenz und damit einhergehend die Forderung nach einer überprüfbaren Entscheidungsbegründung.[6] Heutzutage hat sich diese Forderung längst durchgesetzt.[7] Nunmehr ist es einhellige Auffassung in Rechtsprechung[8] und Literatur[9], dass die Begründung des tatrichterlichen Urteils notwendig ist, um dem Revisionsgericht die sachlich-rechtliche Nachprüfung desselben zu ermöglichen.

Dieser Gedanke liegt auch der materiell-rechtlichen Begründungspflicht zugrunde.[10] Darüber hinaus ist er sowohl der Vorschrift des § 34 StPO, der für alle durch ein Rechtsmittel angreifbaren Entscheidungen eine Begründungspflicht statuiert, als auch der des § 267 StPO unmittelbar selbst zu entnehmen; § 267 IV StPO entbindet den Richter nämlich im Falle eines allseitigen Rechtsmittelverzichts oder fehlender Rechtsmitteleinlegung innerhalb der dafür vorgesehenen Frist von den strengen Begründungsanforderungen der vorherigen Absätze, insbesondere von

---

5 *Tröndle* ZStW 81 (1969), 84.

6 AK-StPO/*Wassermann*, § 267 Rn. 3.

7 Dazu ausf. 1. Teil, Abschnitt C, I.

8 Vgl. nur BGH NStZ-RR 2012, 336 (337); BGH StV 2011, 728; BGH, Beschl. v. 27.07.2010 – 1 StR 353/10 – bei *Cierniak/Zimmermann* NStZ-RR 2013, 97 (104); BGH NStZ-RR 2000, 304; BGHSt 24, 268; OLG Koblenz NZV 2012, 404 (405); OLG Hamm StraFo 2005, 33.

9 Vgl. nur HK-StPO/*Julius*, § 267 Rn. 1; Löwe-Rosenberg/*Franke*, § 337 Rn. 154; Löwe-Rosenberg/*Stuckenberg*, § 267 Rn. 6, 172; Meyer-Goßner/Schmitt/*Schmitt*, § 34 Rn. 1; *Fuhrmann* JR 1962, 81 (82); *Schlothauer* StV 1992, 134ff.; *Christensen/Kudlich* GA 2002, 337 (341); z.T. kritisch *Wagner* ZStW 106 (1994), 259 (275f.), der nur den Umfang der Urteilsbegründung als von der Anfechtbarkeit der Entscheidung abhängig erachtet, die Notwendigkeit zur Begründung ergebe sich daraus jedoch nicht.

10 *Meyer-Goßner/Appl*, Rn. 417.

der Pflicht zur Begründung der Strafzumessung. Der Gesetzgeber strebte mit Einführung dieses Absatzes durch das Gesetz zur Entlastung der Gerichte vom 11. 03. 1921[11] (dem Namen entsprechend) in erster Linie die Reduzierung des Arbeitsaufwands der Gerichte an, die Revisibilität gerade der Strafzumessungsentscheidung stand damals weniger im Fokus,[12] gleichwohl wird deutlich, dass bereits zu dieser Zeit die Funktion der Entscheidungsgründe zumindest auch darin gesehen wurde, die Nachprüfung in der Rechtsmittelinstanz zu ermöglichen.

Dabei sind allein die schriftlichen Urteilsgründe Grundlage der Prüfung, ob dem Tatrichter bei der Rechtsanwendung Fehler unterlaufen sind.[13] Dies betrifft im Rahmen der Kontrolle der Strafzumessung sowohl die Zumessungstatsachen als auch die Zumessungserwägungen.[14] Die mündlich mitgeteilten Urteilsgründe sind in der Revision nicht von Bedeutung.[15] Auch den Akteninhalt darf das Revisionsgericht nicht berücksichtigen, insbesondere darf es die Urteilsfeststellungen nicht nach dem Akteninhalt ergänzen.[16] Damit verbleibt einzig die Urteilsurkunde, um die Strafzumessungsentscheidung des Tatrichters einer revisionsrechtlichen Kontrolle unterziehen zu können; ohne schriftliche Begründung wäre diese Entscheidung bzw. das gesamte Urteil schlicht unangreifbar.

Dies bedeutet hinsichtlich der Anforderungen, die an die Strafzumessungsbegründung zu stellen sind, dass sie dem gewünschten Maß an Revisibilität Rechnung tragen müssen – die Reichweite der Revisibilität der Strafzumessungsentscheidung bestimmt Umfang und Inhalt ihrer Darstellung. Einschränkungen der Begründungspflicht sind im Lichte dieser Funktion demnach nur denkbar, soweit eine revisionsrechtliche Kontrolle ausgeschlossen ist bzw. sein soll, mit der Konsequenz, dass es im Falle der Unanfechtbarkeit einer Entscheidung gar keiner Begründung bedürfte.[17]

II. Kontrollfunktion

Daneben hat die Begründungspflicht auch die Funktion, den Richter bereits bei der Urteilsfindung, konkret bei der Bestimmung des Strafmaßes, zu einer gewissen Eigenkontrolle anzuhalten.[18] Dieser Aspekt war bereits bei der Entwicklung

---

11 RGBl. I, 229 (231).

12 Dazu ausf. 1. Teil, Abschnitt C, I, 1. a).

13 *Schmid* ZStW 85 (1973), 360 (367).

14 Löwe-Rosenberg/*Franke*, § 337 Rn. 154.

15 Vgl. nur BGH VRS 25, 113; BGHSt 15, 263 (264f.); BGHSt 7, 363 (370f.); BGHSt 2, 63 (66); vgl. dazu *Weidemann/Scherf*, Rn. 574.

16 BGHSt 35, 238 (241); so bereits BGHSt 7, 75 (77); Löwe-Rosenberg/*Franke*, § 337 Rn. 75, 78.

17 So auch die Rspr. in Bezug auf letztinstanzliche, mit ordentlichen Rechtsbehelfen nicht mehr angreifbare Urteile, vgl. nur BVerfG NStZ 2002, 487 (488f. m.w.N.).

18 *Wagner* ZStW 106 (1994) 259 (279); *Krehl* GA 1987, 162, (170); *Rieß*, in: Festschrift für Rissing-van Saan, 491 (510); Löwe-Rosenberg/*Stuckenberg*, § 267 Rn. 5; Schmidt-Bleibtreu/Hofmann/Hopfauf-GG/*Schmahl*, Art. 103 Rn. 13.

eines Entwurfs der RStPO Ende des 19. Jahrhunderts (mit) ausschlaggebend für die Aufnahme der Verpflichtung[19] des Tatrichters zur Angabe der für die Strafzumessung bestimmenden Umstände, man versprach sich eine gewissenhaftere Ermittlung und Abwägung der für und gegen den Angeklagten sprechenden Umstände.[20] Auch heutzutage schreibt man der Begründungspflicht diese Funktion noch zu; der Tatrichter soll sich mit den Beweggründen für seine Strafzumessungsentscheidung auseinandersetzen.[21] Dabei soll er die festgestellten Umstände sorgfältig gegeneinander abwägen und muss verdeutlichen, was ihn gerade zu dieser rechtlichen Würdigung veranlasst hat.[22] Dies hält ihn bereits im Zeitpunkt der Beratung dazu an, sein Wertungsergebnis noch einmal logisch zu durchdenken und dahingehend zu überprüfen, ob es von nachgewiesenen Tatsachen belegt und von rationalen Erwägungen gelenkt wurde.[23] Denn grundsätzlich können nur rational begründete Entscheidungen dieser Eigenkontrolle standhalten.[24] Die Begründungspflicht zwingt den Richter also dazu, sich selbst gebührend Rechenschaft abzulegen und daher kritisch zu prüfen, ob seine Entscheidung von subjektiven Erwägungen wie etwa Vorurteilen, Antipathien oder anderen Gefühlsregungen beeinflusst wurde;[25] mit den deutlichen Worten von Koch/Rüßmann[26] gesagt: „Darstellungspflichten disziplinieren stärker als jeder moralische Appell." Ebenso prägnant formuliert Maul[27]: „...nur der stete Zwang zur – schriftlichen – Auseinandersetzung mit dem oft sperrigen Tatsachenmaterial eliminiert auf Dauer Unklarheit, Undeutlichkeit und Subjektivismus bei der Feststellung des Sachverhalts". Stößt der Richter dabei tatsächlich auf derartige Rationalitätsdefizite, kann er diese Mängel beseitigen. Dies betrifft indes nicht nur irrationale Erwägungen, sondern auch sonstige im Bereich der Strafzumessung denkbare Rechtsfehler, die im Zuge der mit der Begründungspflicht einhergehenden Selbstkontrolle aufgedeckt werden (können).[28]

Um dieser Funktion gerecht zu werden, bedarf es einer erschöpfenden Darlegung aller für die Strafzumessungsentscheidung relevanten Umstände; nur dies ermöglicht eine umfassende Selbstkontrolle. Der Tatrichter kann dabei überprüfen, ob er

---

19 Zunächst allerdings doch nur als Soll-Vorschrift verabschiedet, vgl. 2. Teil, Anschnitt A, II.

20 *Hahn*, S. 1588f., vgl. ferner *Sassenberg-Walter*, S. 31.

21 *Streng*, Rn. 743.

22 *Fuhrmann* JR 1962, 81 (82).

23 *Wagner* ZStW 106 (1994), 259 (279); *Kroitzsch* NJW 1994, 1032 (1033); vgl. bereits *Isay*, S. 174.

24 *Meine*, Rn. 125; so auch bereits *Spendel* (1954), S. 26; dazu noch ausf. s. 3. Teil, Abschnitt A, I, 2.

25 *Bruns* ZStW 94 (1982), 111 (123); *Zipf*, S. 232.

26 *Koch/Rüßmann*, S. 372.

27 *Maul*, in: Festschrift für Pfeiffer, 409 (420).

28 Vgl. auch *Brink*, S. 38, der die Begründungspflicht insoweit als „Mittel zum Zweck richtiger Entscheidung" bezeichnet.

sämtliche, in der Hauptverhandlung zu Tage getretenen Aspekte im Hinblick auf ihre mögliche Relevanz für die Rechtsfolgenentscheidung in Betracht gezogen hat, ob und gegebenenfalls weshalb sie Einfluss auf die Entscheidung haben bzw. warum dies nicht der Fall sein soll, und schließlich, ob die Abwägung dieser Faktoren das gefundene Ergebnis in rational nachvollziehbarer Weise rechtfertigt. Da diese Kontrolle im Vergleich zu der nachfolgenden eines Revisionsgerichts umfassend ist (sein soll), sind dieser Funktion auch keine Einschränkungen im Hinblick auf die Anforderungen an die Darlegung der Strafzumessungsgründe zu entnehmen.

III. Umgrenzungsfunktion

Die schriftlichen Urteilsgründe dienen ferner dazu, den Lebenssachverhalt zu schildern, der Gegenstand des Verfahrens und damit Grundlage der Entscheidung war.[29] Nur durch die Beschreibung, welche Tat i.S. des § 264 StPO abgeurteilt ist, kann der Umfang der Rechtskraft[30] und damit auch die Reichweite der strafklageverbrauchenden Wirkung des Urteils bestimmt[31], also die Einhaltung des Grundsatzes „ne bis in idem" (Art. 103 III GG) gewährleistet werden. In Bezug auf die Strafzumessungsbegründung kommt dieser Funktion allerdings keine Bedeutung zu.

IV. Informationsfunktion

Die Informationsfunktion umfasst zwei relevante Aspekte: Einerseits geben die Urteilsgründe anderen Gerichten und der Rechtswissenschaft Aufschluss über vertretene Rechtsauffassungen und Argumentationslinien[32], was hier allerdings als gesonderte Funktion der Sicherung einer einheitlichen Rechtsprechung und Rechtsfortbildung untersucht werden soll[33], andererseits enthalten sie für später auf das rechtskräftige Urteil zurückgreifende Stellen notwendige Informationen, die dem Urteilstenor allein regelmäßig nicht zu entnehmen sind.[34] Dies betrifft insbesondere die Vollstreckung der im Urteil festgesetzten Strafe mit allen dazugehörigen Maßnahmen.[35] Grundlage der Vollstreckung ist zwar lediglich die Urteilsformel (vgl. § 451 I StPO), der Begründung des Urteils kommt allerdings insoweit

29 *Rieß*, in: Festschrift für Rissing-van Saan, 491 (510); Löwe-Rosenberg/*Stuckenberg*, § 267 Rn. 1.

30 KK-StPO/*Kuckein*, § 267 Rn. 2.

31 *Gollwitzer*, in: Festschrift für Gössel, 543 (544).

32 *Brink*, S. 29.

33 Vgl. 1. Teil, Abschnitt A, VIII.

34 *Rieß*, in: Festschrift für Rissing-van Saan, 491 (510); zust. *Brink*, S. 30, der dies als „Konkretisierungsfunktion" der Begründungspflicht in Bezug auf den Urteilstenor bezeichnet; vgl. aber *Peters* ZStW 81 (1969), 63 (65), der allein den Urteilsspruch als „Auftrag und Befehl" an die mit der Strafvollstreckung und dem Strafvollzug befassten Behörden zur Verwirklichung desselben ansieht.

35 *Gollwitzer*, in: Festschrift für Gössel, 543 (544).

maßgebliche Bedeutung zu, als Entscheidungen nach den §§ 453 ff. StPO zu treffen sind (z.B. über die Strafrestaussetzung gemäß §§ 453 StPO, 57 StGB).

Darüber hinaus liefert die Entscheidungsbegründung – vornehmlich die Darstellung der persönlichen Verhältnisse – wichtige Anhaltspunkte für die Ausgestaltung des Vollzugsplans,[36] etwa im Hinblick auf notwendige Therapiemaßnahmen, die Eignung für Aus- und Weiterbildungsangebote oder die Frage eines möglichen Arbeitseinsatzes. Eine intensive Begutachtung des Betroffenen seitens der Vollzugsbehörde vor Erstellung des Vollzugsplans kann dadurch freilich nicht ersetzt werden.

Des Weiteren dient die Urteilsbegründung als Informationsquelle für das Gericht, das sich im Falle erneuter Straffälligkeit als Nächstes mit dem Verurteilten zu befassen hat,[37] insbesondere wenn eine nachträgliche Gesamtstrafenbildung gemäß § 55 StGB vorzunehmen ist oder die Vorverurteilung als Strafschärfungsgrund in die Rechtsfolgenentscheidung einbezogen werden soll.

Schließlich enthalten die Gründe relevante Informationen für die Ausübung des Begnadigungsrechts.[38]

Konkrete Anforderungen an die Darstellung der Strafzumessungsbegründung lassen sich dieser Funktion kaum entnehmen. Allerdings kann die Entscheidungsbegründung wohl nur dann als taugliche Auskunftsquelle für später darauf zurückgreifende Stellen dienen, wenn entsprechende Informationen in ausreichendem Maße dort enthalten sind. Insofern gilt, dass eine Information regelmäßig umso aufschlussreicher ist, je detaillierter und umfangreicher sie dargelegt wird, insbesondere birgt das Verschweigen einzelner Aspekte die Gefahr der Verfälschung des Gesamteindrucks, so dass festzuhalten bleibt, dass etwaige Einschränkungen der Begründungspflicht dieser Funktion zuwider liefen. Dies betrifft insbesondere die Strafzumessungsentscheidung, da diese aufgrund der vorzunehmenden Ganzheitsbetrachtung von Tatgeschehen und Täterpersönlichkeit[39] vornehmlich die für Entscheidungen der Vollstreckungs- und Vollzugsbehörde relevanten Aspekte enthält.

---

36 *Roxin/Schünemann*, § 50 Rn. 4; ebenso *Franke* DRiZ 1977, 244; insoweit kritisch *Peters*, in: Gedächtnisschrift für Schröder, 425 (426 Fn. 4): Das Urteil habe die Funktion, das Beratungsergebnis wiederzugeben. Es sei daher rückbezogen und nicht auf weitere Verfahren ausgerichtet. Es habe vor allem auch keine Vollzugsaufgaben zu übernehmen, indem es die für den Vollzug erforderliche Persönlichkeitsklärung vorausnimmt.

37 *Franke* DRiZ 1977, 244.

38 *Sassenberg-Walter*, S. 56.

39 Vgl. nur BGH, Urteil v. 26.04.2007 – 4 StR 557/06; BGH NStZ 2004, 620; BGH, Urteil v. 27.06.2001 – 1 StR 179/01; BGH bei *Kusch* NStZ 1996, 323 (326); BGH NStZ 1991, 231; BGH, Beschl. v. 14.11.1983 – 3 StR 439/83; BGH NStZ 1981, 389; BGH, Beschl. v. 25.10.1978 – 3 StR 360/78 – bei *Holtz* MDR 1979, 105 (106); BGH JR 1977, 162; BGHSt 26, 311f.; BGHSt 24, 268 (269f.); BGHSt 16, 351 (353).

V. Aufklärungsfunktion

Im gewöhnlichen Sprachgebrauch wird das Wort „begründen“ nicht nur verwendet, um Thesen zu belegen, sondern vielmehr auch, um ein Verhalten zu erklären und gegebenenfalls zu verteidigen.[40] Die Begründungspflicht hat demnach auch den Zweck, alle Verfahrensbeteiligten sowie die interessierte Öffentlichkeit darüber aufzuklären, was das Gericht zu gerade dieser Entscheidung bewogen hat.[41] Dabei sind alle Erwägungen, die auf dem Weg zur Urteilsfindung angestellt wurden, vollständig mitzuteilen,[42] wobei das Gericht nicht nur seine Sichtweise darzulegen, sondern sich auch mit dem Vorbringen der Verfahrensbeteiligten auseinanderzusetzen hat;[43] gerade bei strittigen Punkten sind die Verfahrensbeteiligten daran interessiert, welche Auffassung das Gericht vertritt und (gegebenenfalls) weshalb dem eigenen Vortrag nicht gefolgt wurde. Insoweit korreliert die Aufklärungsfunktion mit dem Anspruch auf rechtliches Gehör, Art. 103 I GG. Stuckenberg[44] betrachtet dies sogar als primären Zweck der schriftlichen Urteilsbegründung, insbesondere im Hinblick auf den Angeklagten als dem eigentlichen Adressaten des Strafurteils,[45] aber auch gegenüber den anderen Verfahrensbeteiligten, vornehmlich dem Verletzten der verhandelten Straftat im Falle des Anschlusses mit der Nebenklage nach den §§ 395ff. StPO. Grundsätzlich ist die Strafzumessungsentscheidung der für den Angeklagten wichtigste Teil des Urteils, hier entscheidet sich sein persönliches Schicksal[46] – zumal wenn die Schuldfrage eindeutig ist. Im Falle der Verurteilung wird ihn weniger die rechtliche Würdigung des Sachverhalts als vielmehr die Frage interessieren, welche Konsequenzen sein Verhalten für ihn nach sich ziehen wird (vor allem wenn eine Freiheitsstrafe droht) und weshalb das Gericht zu dieser Beurteilung gekommen ist. Dem müssen die Gründe gerecht werden.

Diese Funktion der Begründungspflicht kommt auch in der Revisionsinstanz zum Tragen. Unabhängig davon, ob die Revision verworfen wird (§ 349 I, II StPO) oder zur (teilweisen oder vollständigen) Aufhebung des Urteils führt (§§ 349 IV, 353 StPO), die Sache zurückverwiesen wird (§ 354 II StPO) oder das Revisionsgericht eine eigene Sachentscheidung trifft (§ 354 I, I a StPO), alle von der jeweiligen Entscheidung Betroffenen haben regelmäßig ein legitimes Interesse an den insoweit maßgeblichen Gründen. Daher fordert z. B. Krehl[47] zurecht entgegen der Auffassung der Rechtsprechung[48] eine grundsätzliche Begründungspflicht bei Entscheidungen

40 *Horak* in: Sprung/König, Die Entscheidungsbegründung, 1974, 1 (3).
41 *Fuhrmann* JR 1962, 81 (82).
42 *Blaese/Wielop*, Rn. 167; ferner *Meurer*, in: Festschrift für Kirchner, 249 (256).
43 *Christensen/Kudlich* GA 2002, 337 (340).
44 Löwe-Rosenberg/*Stuckenberg*, § 267 Rn. 1.
45 Zust. *Wagner* ZStW 106 (1994), 259 (281).
46 AK-StPO/*Wassermann*, § 267 Rn. 16; vgl. auch *Meyer-Goßner*/*Appl*, Rn. 421.
47 *Krehl* GA 1987, 162 (169ff.).
48 Vgl. BVerfG NStZ 2002, 487 (488f. m.w.N.), das darin insbesondere keine Verletzung von Art. 103 I GG sieht.

des Revisionsgerichts, selbst – zumindest kurz – beim Verwerfungsbeschluss nach § 349 II StPO, gerade dessen großzügige Handhabung laufe den Revisionszwecken der Vereinheitlichung und Fortbildung des Rechts sowie der Schaffung individueller Gerechtigkeit zuwider; zudem vermittle ein nicht mit Gründen versehener Beschluss dem einzelnen Betroffenen, dass seine Einwände in unserem Rechtsstaat nicht ernst genommen würden. Wohlers[49] hält den Begründungszwang revisionsgerichtlicher Entscheidungen bereits aus verfassungsrechtlichen Gründen für geboten, da der Hauptzweck einer Urteilsbegründung darin bestehe, den Verfahrensbeteiligten aufzuzeigen, dass das Gericht das Grundrecht auf rechtliches Gehör beachtet hat; gerade bei letztinstanzlichen Urteilen stelle die Begründungspflicht eine notwendige Kompensation für deren Unanfechtbarkeit dar.

Eine eigene Strafzumessungsentscheidung des Revisionsgerichts kommt (nur) unter den Voraussetzungen des § 354 I a StPO in Betracht. Insoweit verlangt das BVerfG[50] unter Hinweis auf die Aufklärungsfunktion der Urteilsbegründung, dass diese Entscheidung jedenfalls dann zu begründen sei, „wenn sich aus den zu Grunde liegenden Feststellungen und Wertungen der Tatsachengerichte, einer etwaigen Stellungnahme der Staatsanwaltschaft oder des Angeklagten sowie eines möglichen Hinweises des Revisionsgerichts selbst die für die Strafzumessung relevanten Umstände und deren konkretes Gewicht nicht schon in einer Weise ergeben, die es dem Angeklagten ermöglicht, die Gründe für die Strafzumessung und damit die Wahrung des rechtsstaatlichen Gebots schuldangemessenen Strafens nachzuvollziehen".

Im Hinblick auf die Befriedigung dieses Aufklärungsinteresses der Verfahrensbeteiligten und vor allem des Angeklagten muss die Strafzumessungsbegründung alle insoweit vom Gericht angestellten Erwägungen enthalten. Dies betrifft nicht nur solche Gesichtspunkte, die nach Auffassung des Gerichts das gefundene Strafmaß beeinflusst haben, sondern auch jene, deren Berücksichtigung zwar nach den konkreten Umständen nahe lag, aber gleichwohl unterblieb, insbesondere, sofern sie von den Beteiligten selbst vorgetragen wurden. Gerade im letztgenannten Fall gilt das Interesse in der Regel vornehmlich der Frage, weshalb diese Umstände das Strafmaß nicht beeinflusst haben.

Ein weiterer Aspekt der Aufklärungsfunktion (in Bezug auf das tatrichterliche Urteil) betrifft das prozessuale Vorgehen der Verfahrensbeteiligten nach Urteilsverkündung, die Entscheidung, ob und vor allem mit welcher Begründung ein Rechtsmittel eingelegt werden soll.[51] Zwar läuft die Frist zur Einlegung von Berufung und Revision bereits eine Woche nach Urteilsverkündung ab (§§ 314, 341 StPO). Da das schriftliche Urteil innerhalb dieses Zeitraums regelmäßig noch nicht zugestellt wurde, ist der Entschluss zur Einlegung eines Rechtsmittels zunächst unabhängig davon zu treffen. Allerdings kann das Rechtsmittel bis zur Entscheidung darüber

---

49 *Wohlers* JZ 2011, 78 (81).

50 BVerfGE 118, 212 (238 m.w.N.).

51 Vgl. Meyer-Goßner/Schmitt/*Schmitt*, § 34 Rn. 1; KK-StPO/*Kuckein*, § 267 Rn. 2.

(Ausnahme: § 303 StPO) zurückgenommen werden,[52] so dass nach Zustellung des Urteils die Erfolgsaussichten geprüft und erst dann eine abschließende Entscheidung über die Aufrechterhaltung der Rechtsmitteleinlegung gefasst werden kann.

In erster Linie dienen die Urteilsgründe den Verfahrensbeteiligten als Grundlage für die Begründung des eingelegten Rechtsmittels.[53] Die Begründung der Berufung ist zwar fakultativ (vgl. § 317 StPO), die der Revision ist allerdings im Falle der Rüge der Verletzung einer Rechtsnorm des Verfahrens zwingend (vgl. § 344 II 2 StPO, „die den Mangel enthaltenen Tatsachen sind anzugeben") und ohne Zustellung des schriftlichen Urteils (samt Protokoll) gar nicht möglich, weshalb die einmonatige Begründungsfrist auch erst mit Zustellung des Urteils beginnt (sofern diese nicht bereits innerhalb der Einlegungsfrist erfolgt ist, § 345 I StPO). Darüber hinaus empfiehlt es sich grundsätzlich, das eingelegte Rechtsmittel zu begründen und direkt auf etwaige Mängel hinzuweisen; einerseits, um die Arbeit des Rechtsmittelgerichts im eigenen Sinne zu antizipieren, andererseits, um sicherzustellen, dass vermeintliche Fehler nicht übersehen und insbesondere Einwände, die bereits in der vorausgegangenen Verhandlung vorgetragen, vom Gericht jedoch nicht berücksichtigt oder anders beurteilt wurden, einer erneuten Prüfung durch die Rechtsmittelinstanz unterzogen werden.[54] Denkbar ist ferner, dass eine Rechtsmittelbegründung die Auffassung des Generalstaats- bzw. Generalbundesanwalts beeinflusst, etwa im Hinblick auf den Verzicht auf Stellung eines Antrags gemäß § 349 II StPO auf Verwerfung der Revision durch Beschluss wegen offensichtlicher Unbegründetheit.

Auch unter diesem Gesichtspunkt ist eine umfassende Darlegung der Strafzumessungsbegründung zu fordern. Nur was im Urteil niedergeschrieben ist, kann auf mögliche Rechtsfehler geprüft und anschließend gerügt werden. Ließe man hier Einschränkungen (nicht zu erwähnende, aber zumessungsrelevante Aspekte/Erwägungen) zu, wäre für den Rechtsmittelführer nicht erkennbar, ob in den Gründen ausgesparte Umstände (gegebenenfalls) fehlerhaft nicht berücksichtigt oder lediglich nicht dargelegt wurden, die Erfolgsaussichten seines Rechtsmittels wären somit – ebenso wie das damit einhergehende Kostenrisiko – kaum abschätzbar; eine beachtliche Beschneidung seines Rechtsmittelrechts.

VI. Legitimationsfunktion

Eine weitere der Urteilsbegründung zugeschriebene Funktion ist die Legitimation des Urteilsspruches gegenüber allen Verfahrensbeteiligten, insbesondere gegenüber dem Angeklagten selbst, als Ausfluss des Rechtsstaatsprinzips.[55] Die Gründe sollen einerseits aufzeigen, dass das Urteil in rechtsstaatlicher, willkürfreier Anwendung des Rechts ergangen ist; andererseits sollen die Verfahrensbeteiligten (im Interesse

---

52 Vgl. Meyer-Goßner/Schmitt/*Meyer-Goßner*, § 302 Rn. 6.
53 *Fuhrmann* JR 1962, 81 (82).
54 *Christensen/Kudlich* GA 2002, 337 (341).
55 *Gollwitzer*, in: Festschrift für Gössel, 543 (544).

der Wahrung des Rechtfriedens) von der Richtigkeit des Urteils überzeugt werden,[56] gerade auch im Hinblick auf alternative Entscheidungsmöglichkeiten.[57] Zwar wendet Meyke[58] – zumindest für Zivilurteile – insoweit ein, dass es vergebliche Mühe des Gerichts sei, die Parteien von der Richtigkeit des Urteils überzeugen zu wollen, da Befragungen nach Urteilserlass ergeben hätten, dass die unterlegene Partei regelmäßig unzufrieden mit dem Verfahrensausgang sei; primäres Anliegen der Urteilsbegründung könne daher nur sein, die Bereitschaft der Beteiligten zur Akzeptanz des Urteils zu erreichen, nicht die innere Zustimmung des Unterlegenen. Allerdings ist zweifelhaft, ob sich diese Auffassung auch auf das Strafurteil übertragen lässt, da es im Strafprozess keine Parteien und damit grundsätzlich auch keinen Unterlegenen gibt. Die Staatsanwaltschaft nimmt zwar als Vertreter der Anklage am Verfahren teil, im Hinblick auf ihre Rolle als objektives Organ der Rechtspflege[59] erleidet sie indes solange keine Niederlage, als ein rechtsfehlerfreies Urteil ergangen ist, wovon sie mithilfe der Urteilsbegründung überzeugt werden kann. Allenfalls der Angeklagte mag eine Verurteilung oder eine seines Erachtens zu hohe Strafe als derartige Niederlage empfinden, dass auch die ausführlichste Begründung ihn nicht von der Richtigkeit des Urteilsspruches überzeugen kann. In diesem Fall verbleibt den Gründen in Bezug auf die Legitimationsfunktion tatsächlich nur der Zweck, die Entscheidung für den Betroffenen nachvollziehbar zu machen und auf diese Weise zu erreichen, dass er sie zumindest akzeptiert.[60]

Gleich ob man diese Befriedigungsfunktion als Unterfall des Legitimationszwecks oder als selbständige Funktion erachtet, ergeben sich daraus indes keine abweichenden Anforderungen an die Darstellung der Entscheidungsbegründung: Nur die vollständige und verständlich abgefasste Urteilsbegründung vermag aufzuzeigen, dass das Urteil rechtsfehlerfrei ergangen, richtig und gerecht ist.[61] Überzeugen (bzw. als nachrangiges Ziel Akzeptanz erreichen) kann das Gericht nur, indem es detailliert darlegt, weshalb und auf welchem Weg es zu seiner Entscheidung gelangt ist;[62] hinsichtlich der Strafzumessungsentscheidung muss insbesondere aufgezeigt werden, warum auf diese und keine andere Rechtsfolge erkannt wurde und welche Erwägungen dies rechtfertigen. Gerade im Hinblick auf den Angeklagten ist in diesem Teil der Urteilsbegründung wohl am meisten Überzeugungsarbeit zu leisten; er wird erst und allenfalls dann die Entscheidung als richtig empfinden (oder

56 *Sassenberg-Walter*, S. 55; ebenso Löwe-Rosenberg/*Stuckenberg*, § 267 Rn. 5.

57 SK-StPO/*Velten*, § 267 Rn. 3, der insoweit auch von „Rechtfertigungs- und Begründungsfunktion“ spricht.

58 *Meyke*, DRiZ 1990, 58 (61).

59 *Pfeiffer*, § 160 Rn. 1.

60 So auch *Lücke*, S. 72; insoweit kritisch AK-StPO/*Wassermann*, § 267 Rn. 15, der betont, dass Aufgabe der Urteilsbegründung in einem modernen, bürgernahen Rechtsstaat nicht lediglich das Erreichen von Akzeptanz sein könne, sondern primär die Überzeugung des Angeklagten von der Richtigkeit des Urteils sein müsse.

61 *Brink*, S. 32.

62 *Rieß*, in: Festschrift für Rissing-van Saan, 491 (510).

sich wenigsten damit abfinden), wenn sich das Gericht erkennbar mit allen nach den Umständen des jeweiligen Einzelfalles nahe liegenden strafzumessungsrelevanten Aspekten und insbesondere den vom Angeklagten insoweit selbst vorgetragenen Gesichtspunkten auseinandergesetzt hat. Der Legitimationsfunktion wird demnach nur eine umfassende Begründungpflicht gerecht.

Zu demselben Ergebnis gelangt man auch, wenn man den Legitimationszweck im Lichte des Demokratieprinzips (Art. 20 I, II GG) betrachtet. Insoweit steht weniger die Überzeugung der Verfahrensbeteiligten im Vordergrund als vielmehr die Rechtfertigung des Urteils vor dem Volk, in dessen Namen es ergeht (§ 268 I StPO);[63] auch der Richterspruch bedarf einer demokratischen Legitimation. Die Legitimation des Gesetzes ergibt sich ohne weiteres aus der des demokratisch gewählten Gesetzgebers; hinsichtlich des Gerichts bedarf es eines Legitimationstransfers vom Gesetz zum Urteilsspruch, den nur die Begründung als insoweit rechtfertigendes Element leisten kann.[64] Ihr kommt also in Bezug auf das Demokratieprinzip die Aufgabe zu, die Legitimation des Gesetzes auf das konkrete Urteil in nachvollziehbarer und überprüfbarer Weise zu übertragen,[65] indem sie den Urteilsspruch für den Bürger transparent macht.[66] Daran gemessen muss die schriftliche Urteilsbegründung eindeutig, geschlossen, erschöpfend und aus sich heraus verständlich sein.[67] Etwaige Einschränkungen der Begründungspflicht liefen dieser Rechtfertigungsfunktion zuwider.

Im Hinblick auf die Aufklärungs- und die Legitimationsfunktion gegenüber dem Angeklagten sieht das Gericht sich mitunter dem Vorwurf ausgesetzt, Urteile würden primär nur noch für das Revisionsgericht abgefasst.[68] Darstellungs- und Schreibweise seien für den juristischen Laien, der mit den zahlreichen juristischen Fachtermini nicht vertraut ist, kaum verständlich. Insofern ist allerdings zu bedenken, dass es für den Tatrichter durchaus schwierig ist, den stetig wachsenden Anforderungen der Revisionsgerichte an die Urteilsbegründung (gerade in den Bereichen der Beweiswürdigung und Strafzumessung[69]) gerecht zu werden; auch ist das Interesse, sein Urteil juristisch korrekt und zudem revisionsfest formulieren zu wollen, vollkommen legitim bzw. sogar Dienstpflicht. Gleichwohl ist den Einwänden dahingehend zuzustimmen, dass primärer Adressat des Urteils der – oftmals unverteidigte – Angeklagte ist; er muss über die Gründe des Urteilsspruches aufgeklärt werden, ihn gilt es von der Richtigkeit zu überzeugen – zwei verfassungsrechtlich in Demokratie- und Rechtsstaatsprinzip verankerte Aspekte[70]. Daher ist das Verfassen juristisch fachgerechter, auf mögliche Revisionsangriffe ausgerichteter Urteilsgründe solange nicht

63 *Puppe* NStZ 2012, 409.
64 *Christensen/Kudlich* GA 2002, 337 (338).
65 *Christensen/Kudlich*, S. 21.
66 *Kallmeyer*, in: Wassermann/Petersen, S. 193.
67 *Wagner* ZStW 106 (1994), 259 (277).
68 So etwa *Kunkis* DRiZ 1993, 185 (191); ebenso AK-StPO/*Wassermann*, § 267 Rn. 33.
69 Dazu ausf. 2. Teil, Abschnitt B.
70 Vgl. dazu 1. Teil, Abschnitt B, I, 1. und 4.

zu beanstanden, als sie zugleich für den Angeklagten verständlich formuliert sind; sicherlich keine leichte Herausforderung für den Tatrichter.[71]

VII. Strafzwecke

Auch im Hinblick auf die Verwirklichung der Strafzwecke kommt der Begründungspflicht Bedeutung zu. Zu unterscheiden sind dabei relative (präventive) und absolute (repressive) Straftheorien.[72]

1. Absolute Straftheorien

Bei den absoluten Straftheorien (auch Vergeltungs-, Gerechtigkeits- oder Sühnetheorie genannt[73]) steht der Schuldausgleich (vgl. § 46 I 1 StPO) bzw. die Wiederherstellung der Rechtsordnung durch Vergeltung des begangenen Unrechts im Vordergrund.[74] Um begangenes Unrecht auszugleichen, bedarf es einer entsprechenden Sanktion; daher dient in erster Linie bereits die Verhängung einer Strafe – also der Urteilstenor – der Erreichung dieses Zwecks, ebenso wie ihre anschließende Vollstreckung. Der Strafzumessungsbegründung kommt allerdings insoweit Bedeutung zu, als darin dokumentiert wird, dass das erkannte Strafmaß mit dem verwirklichten Unrecht bzw. dem vorwerfbaren Maß an Schuld korreliert. Dem Strafzweck des gerechten Schuldausgleichs kann nur durch eine schuldangemessene Strafe genüge getan werden. Dementsprechend prüft der BGH in ständiger Rechtsprechung[75] auch, ob sich die verhängte Strafe so weit nach oben oder unten von ihrer Bestimmung gelöst hat, gerechter Schuldausgleich zu sein, dass sie nicht mehr innerhalb des Spielraums liegt, der dem Tatrichter bei der Strafzumessung eingeräumt ist. Die Begründung der Strafzumessungsentscheidung dient also als Nachweis, dass Schuld und Strafe sich entsprechen; dies muss aus den Urteilsgründen klar und nachvollziehbar hervorgehen.

2. Spezialprävention

Bei der Spezialprävention steht die Wirkung, die von der Strafe für das künftige Leben des Täter zu erwarten ist (vgl. § 46 I 2 StGB), im Vordergrund; er soll davon abgehalten werden, künftig weitere Straftaten zu begehen (vgl. auch § 2 S. 1 StVollzG und die entsprechenden Regelungen der Strafvollzugsgesetze der

---

71 Gestaltungshinweise, wie Urteilsgründe beiden Funktionen gerecht werden können, bei *Kallmeyer*, in: Wassermann/Petersen, S. 192ff.

72 Dazu ausf. *Heinrich*, Rn. 13ff.; *Roxin*, 1. Abschnitt § 3 A Rn. 1ff.

73 *Roxin*, 1. Abschnitt § 3 A Rn. 2.

74 *Heinrich*, Rn. 14.

75 St. Rspr., vgl. nur BGH, Urteil v. 31.07.2014 – 4 StR 216/14 – zitiert nach juris; BGH NStZ 2011, 270; BGH NStZ-RR 2008, 343; BGH StV 2005, 19 (20); BGH NStZ-RR 1996, 133; BGH NJW 1995, 1038; BGHR StGB § 46 Abs. 1 Strafhöhe 1; BGHSt 45, 312 (318); BGHSt 34, 345 (349); BGHSt 29, 319 (320); BGHSt 24, 132 (133); BGHSt 20, 264 (266 f.).

Länder, z. B. § 2 S. 1 HmbStVollzG).[76] Dieser Aspekt steht vor allem im Jugendstrafrecht im Fokus, weshalb die Rechtsfolgen vorrangig am Erziehungsgedanken auszurichten sind (vgl. § 2 I JGG). Weiter zu differenzieren ist zwischen der positiven Spezialprävention und der negativen. Die positive zielt auf Besserung/Resozialisierung[77] des Täters ab, durch helfende Einwirkung auf den Täter soll er derart sozialisiert bzw. in die Gesellschaft integriert werden, dass künftig keine Straffälligkeit mehr von ihm zu erwarten ist. Bei der negativen Spezialprävention soll dieses Ziel durch Abschreckung[78] des Täters erreicht werden; sofern eine Resozialisierung allerdings nicht möglich ist, umfasst die negative Spezialprävention auch die Sicherung dieses Täters durch Freiheitsentziehung, um die Allgemeinheit vor erneuten Straftaten durch diesen zu schützen (vgl. auch § 2 S. 2 StVollzG).[79]

Die Abschreckung des Täters bzw. Sicherung durch Freiheitsentzug (soweit nötig) erfolgt bereits durch den Urteilsspruch und dessen Vollstreckung, ohne dass den Urteilsgründen dabei eine tragende Rolle zukäme, wobei ein prägnant formuliertes, dem Angeklagten das begangene Unrecht, insbesondere die Folgen seiner Tat, noch einmal deutlich vor Augen führendes Urteil die abschreckende Wirkung durchaus begünstigen kann.

In Bezug auf die erstrebte Resozialisierung ist die Entscheidungsbegründung allerdings ein taugliches Mittel zur Einwirkung auf den Täter. Die Urteilsgründe helfen dem Angeklagten zunächst, das zuweilen nicht einfach zu begreifende Ergebnis des Verfahrens zu verstehen.[80] Neben Verständnis kann die umfassende Darstellung der begangenen Tat und ihrer Konsequenzen auch die Einsicht fördern, etwas Unrechtes getan zu haben – als sprichwörtlich erster Schritt auf dem Weg zur Besserung. Nur wenn dem Angeklagten verdeutlicht wird, worin sein Fehlverhalten besteht und weshalb er in welchem Maße dafür bestraft wird, wird er in die Lage versetzt, sein Handeln zu reflektieren, gerade auch hinsichtlich einzelner Strafzumessungsaspekte (etwa der verursachten Folgen oder bezüglich seines Nachtatverhaltens). Im Bereich der Strafzumessung verdeutlichen die Gründe zudem, dass der Entscheidungsprozess kein Willkürakt des Gerichts ist, sondern ein begründbares Ergebnis,[81] was vor allem der Akzeptanz des gefundenen Strafmaßes dienlich ist. Wer im Detail nachvollziehen kann, weshalb eine bestimmte Sanktion gegen ihn verhängt wurde, wird eher geneigt sein, diese hinzunehmen. Dieser Aspekt ist insbesondere nach erfolgreicher Revision relevant, wenn das Tatgericht, an das zurückverwiesen wurde, trotz unterschiedlicher strafzumessungsrelevanter Umstände, die gegebenenfalls sogar zu einem niedrigeren Strafrahmen geführt haben, auf

76 Schönke/Schröder/*Stree/Kinzig*, Vorb. zu den §§ 38ff. Rn. 7; vgl. auch *Meier*, S. 24.
77 *Heinrich*, Rn. 18; Schönke/Schröder/*Stree/Kinzig*, Vorb. zu den §§ 38ff. Rn. 7.
78 *Roxin*, 1. Abschnitt § 3 A Rn. 12; MK-StGB/*Radtke*, Vorb. zu den §§ 38ff. Rn. 41.
79 *Heinrich*, Rn. 18.
80 BayObLG NStZ-RR 2003, 326.
81 *Meine* NStZ 1994, 159 (164).

dasselbe Strafmaß erkennt.[82] In dieser Konstellation ist eine besonders eingehende Begründung vonnöten, um dem Angeklagten, der aufgrund seines Rechtsmittelerfolgs und der geänderten Ausgangslage mit einer Strafmilderung gerechnet hatte, das gleich gebliebene Strafmaß zu erläutern; anderenfalls könnten Unzufriedenheit und fehlende Einsicht die spezialpräventive Wirkung der Verurteilung überlagern.[83] Wenn eine Besserung des Täters durch Stärkung seiner rechtstreuen Einstellung erreicht werden soll, muss die Urteilsbegründung aufzeigen, dass auch staatlicherseits im Einklang mit der Rechtsordnung, vor allem unter Ausschluss von Willkür, gehandelt wurde.[84]

Demnach ist im Hinblick auf den Resozialisierungsgedanken eine umfassende Urteilsbegründung sachdienlich; gerade im Bereich der Strafzumessung ist sie geeignet, Unrechtsbewusstsein, Reflektion, Akzeptanz und die rechtstreue Gesinnung des Täters zu fördern.

Zwar fällt die Aufgabe der Spezialprävention gleichwohl primär der verhängten Sanktion und ihrer Vollstreckung zu, eine gänzlich fehlende oder auch nur unvollständige Entscheidungsbegründung könnte diesem Zweck allerdings zuwider laufen.[85]

3. Generalprävention

Nach der Theorie der Generalprävention dient die Strafe nicht der Beeinflussung des Straftäters, sondern der Einwirkung auf die Allgemeinheit; ihr gegenüber soll aufgezeigt werden, dass die Einhaltung der Rechtsnormen überwacht und Zuwiderhandlungen sanktioniert werden, um künftiger Straftatbegehung vorzubeugen.[86] Einerseits kann die Bestrafung des Täters eine abschreckende Wirkung auf die Allgemeinheit haben (negative Generalprävention),[87] andererseits vermag sie Rechtsbewusstsein und Normvertrauen der Gesellschaft zu stärken (positive Generalprävention),[88] indem sie die „Unverbrüchlichkeit des Rechts“[89] demonstriert und damit zu rechtstreuem Verhalten motiviert.

---

82 Dazu ausf. 2. Teil, Abschnitt B, I, 2., a).

83 Vgl. BGH NJW 1983, 54; ebenso *Bruns* (1985), S. 266f.; kritisch dazu *Terhorst* JR 1983, 376, der bereits in Frage stellt, dass der Angeklagte die Urteilsgründe überhaupt liest und ferner darauf hinweist, dass die Strafmaßvorstellung des Angeklagten in der Regel von ihm bekannten Vergleichsfällen geprägt sei, weshalb eine Erläuterung des Strafmaßes bzw. eine Klarstellung hinsichtlich der Abweichung von dieser Vorstellung in der Urteilsbegründung nicht möglich sei.

84 MK-StGB/*Radtke*, Vorb. zu den §§ 38ff. Rn. 41.

85 Vgl. auch AK-StPO/*Wassermann*, § 267 Rn. 15.

86 *Roxin*, 1. Abschnitt § 3 A Rn. 21; *Heinrich*, Rn. 17.

87 Schönke/Schröder/*Stree/Kinzig*, Vorb. zu den §§ 38ff. Rn. 3 m.w.N.

88 BVerfGE 45, 187 (256); BGHSt 24, 64 (66); MK-StGB/*Radtke*, Vorb. zu den §§ 38ff. Rn. 3.

89 BVerfGE 45, 187 (256); BGHSt 24, 40 (46); vgl. dazu *Heinrich*, Rn. 17.

Der Abschreckungseffekt wird in erster Linie durch die angedrohte und durchgesetzte Strafe bzw. das Ausmaß des Entdeckungsrisikos[90] erzielt, die Urteilsbegründung hat insoweit in der Regel keinen Einfluss. Allerdings ist durchaus denkbar, dass durch mediale Berichterstattung Einzelheiten der Strafmaßbegründung bekannt werden und insofern eine abschreckende Wirkung entfalten, als bestimmten Strafzumessungsaspekten eine besonders hohe Strafe bzw. ein erheblich straferschwerendes Gewicht zugeordnet werden kann.

In Bezug auf die positive Generalprävention besteht Einigkeit, dass die schuldangemessene, möglichst gerechte (also dem Rechtsempfinden der Allgemeinheit entsprechende) Strafe im Ergebnis am ehesten geeignet ist, die Rechtstreue der Gesellschaft zu fördern.[91] Dem Richter obliegt dabei sowohl beim Urteilsspruch als auch bei Abfassung der Gründe die Aufgabe, den Beteiligten und der Öffentlichkeit aufzuzeigen, dass eine solche Strafe verhängt wurde,[92] um derart das Vertrauen der Gesellschaft in eine effektive und gerechte Strafrechtspflege zu stärken.[93] Diesem Ziel dient die Begründungspflicht.[94] Insoweit stellte bereits Sachs[95] 1932 fest, dass „die Rechtspflege nur so gut oder so schlecht ist, wie das Vertrauen groß oder gering ist, das sie genießt", wobei nur gut begründete Urteile geeignet seien, Vertrauen zu erwecken. Je umfangreicher und verständlicher die Strafzumessungsentscheidung begründet wird, desto mehr Akzeptanz ist von der Allgemeinheit zu erwarten, nur vollständige Transparenz schafft Vertrauen und motiviert zu Rechtstreue.[96] Zum einen wird demonstriert, dass das Gericht sich intensiv mit dieser Entscheidung auseinandergesetzt hat, der Normverstoß und daran anknüpfende Konsequenzen also ernst genommen wurden. Zum anderen wird die verhängte Strafe von der Allgemeinheit (ebenso wie von den Verfahrensbeteiligten, vgl. Legitimationsfunktion) eher bzw. nur dann als gerecht erachtet, wenn die vom Gericht angestellten Erwägungen in nachvollziehbarer Weise dargelegt wurden. Insoweit dient die Urteilsbegründung auch dazu, den gesellschaftlichen Konsens im Hinblick auf Wertvorstellungen (insbesondere die als gerecht empfundene Strafe) darzulegen und zu verstärken[97] – von Brink[98] auch als Konsolidierungsfunktion bezeichnet.

Aus generalpräventiven Gesichtspunkten muss die Strafzumessungsentscheidung also umfassend und in auch für den juristischen Laien verständlicher Weise

---

90 So *Roxin*, 1. Abschnitt § 3 A Rn. 25.

91 Vgl. nur *Jescheck/Weigend*, § 8 IV Nr. 5; *Lackner* JZ 1967, 513 (515); *Streng* NStZ 1989, 393 (394 m.w.N.).

92 *Roxin/Schünemann*, § 50 Rn. 4.

93 *Fuhrmann* JR 1962, 81 (82); vgl. auch *Brink*, S. 35, der insoweit von Integrationsfunktion spricht.

94 *Wagner* StV 1984, 189.

95 *Sachs*, Einleitung VII.

96 So auch *Streng*, Rn. 744; ders. JuS 1993, 919 (925); vgl. ferner *Giehring*, in: Festschrift für Pongratz, 186 (192f.).

97 Löwe-Rosenberg/*Stuckenberg*, § 267 Rn. 5; zust. *Starck* VVDStRL 34 (1976), 43 (72).

98 *Brink*, S. 35.

begründet werden. Kann die Allgemeinheit das im konkreten Fall verhängte Strafmaß mangels ausreichender Begründung nicht nachvollziehen, birgt dies die Gefahr, dass auch das Gerechtigkeitsempfinden bzw. der Rechtsfrieden gestört und dadurch letztendlich das Normvertrauen erschüttert wird. Etwaige Restriktionen oder Aussparungen im Hinblick auf die Darstellung der Strafzumessungsgründe im Urteil wären mit dieser Funktion demnach nicht zu vereinbaren.

VIII. Sicherung einer einheitlichen Rechtsprechung/ Rechtsfortbildung

Innerhalb verschiedener Gerichte (teilweise desselben Gerichts), insbesondere in unterschiedlichen Regionen, herrscht regelmäßig auch eine unterschiedliche Sanktionspraxis, für ähnlich gelagerte Fälle werden stark divergierende Strafen ausgeurteilt.[99] Zur Verdeutlichung seien hier nur zwei Beispiele einer Umfrage von Streng[100] angeführt, der 471 Richter und Staatsanwälte um Strafmaßbestimmungen für fiktive Fälle gebeten hat:

Bei einem fiktiven Ladendiebstahl (§ 242 StGB) einer Uhr im Wert von 240 € durch einen nicht vorbestraften Täter, der aus Geldnot handelte, wollten zwar ca. 90 % der Befragten übereinstimmend eine Geldstrafe verhängen, bei der Anzahl der Tagessätze wurde jedoch von 3 (unter Missachtung von § 40 I 2 StGB) bis 180 alles vertreten.

Im einem weiteren Fall wurde eine Frau aufgrund sexueller Frustration des Täters vergewaltigt und bis zur Bewusstlosigkeit gewürgt (§§ 177, 224 StGB). Zur Tatzeit hatte der Täter eine Blutalkoholkonzentration von 1,4 Promille, er war zweifach vorbestraft wegen Körperverletzung und seine Bewährungszeit war gerade abgelaufen. Auch hier herrschte weitestgehend Einigkeit (ca. 93 %) darüber, eine Freiheitsstrafe zu verhängen, die nicht zur Bewährung ausgesetzt werden soll. Allerdings divergierte das zuerkannte Strafmaß von vier Monaten (im Übrigen abermals rechtsfehlerhaft, da die Mindeststrafe selbst bei Annahme eines minder schweren Falles sechs Monate gewesen wäre, § 177 II – heutiger Absatz 5 – StGB) bis hin zu lebenslänglicher Freiheitsstrafe (wegen angeblichen Mordversuchs); die Mehrheit von ca. 82 % verhing Freiheitsstrafen von zwei bis sechs Jahren, noch immer ein beträchtlicher Unterschied.

Die möglichen Ursachen für solch erheblich differierende Strafmaßvorstellungen sind mannigfaltig,[101] erwähnt seien hier nur folgende:

Zunächst hat sich der Gesetzgeber bewusst für sehr weit gefasste Strafrahmen entschieden, um zu gewährleisten, dass sowohl im Falle leichtester als auch schwerster Deliktsverwirklichung eine angemessene Strafe verhängt werden

---

99 BVerfGE 45, 187 (261).
100 *Streng* (1984), S. 95ff.
101 Ausf. dazu mit verschiedenen Erklärungsmodellen für Strafmaßdifferenzierungen *Albrecht*, S. 329ff.

kann.[102] Daher lässt sich der Unrechtsgehalt einer Straftat anhand des Strafrahmens nur sehr vage bemessen,[103] es verbleibt ein großes Spektrum an möglichen Strafhöhen; die weitere Konkretisierung – die Entwicklung allgemeiner Strafzumessungskriterien bis hin zur Verhängung der Sanktion im Einzelfall – wird der Justiz überlassen.[104]

Ein weiterer Grund für die uneinheitliche Strafpraxis sind regional unterschiedliche Wertvorstellungen und Gepflogenheiten, gerade zwischen Nord- und Süddeutschland, aber auch zwischen städtischen und ländlichen Gerichtsbezirken herrschen insoweit erhebliche Differenzen;[105] ursächlich dafür sind auch die unterschiedliche Häufigkeit und Intensität der jeweiligen Tatbegehung und damit einhergehend auch andere generalpräventive Anforderungen.

Ebenfalls ein gewichtiger Faktor ist die große Anzahl an Strafzumessungsverantwortlichen; in jedem Urteil schlägt sich (mehr oder weniger) die Persönlichkeit des Richters nieder,[106] sei es aufgrund seiner Einstellungen, z. B. im Hinblick auf Strafzweckpräferenzen oder Moralvorstellungen, oder wegen individueller Merkmale, z. B. Alter (damit einhergehend auch Erfahrung), Geschlecht, ethnische Herkunft, selbst die Gemütslage bzw. Tagesform kann Einfluss auf die Strafmaßvorstellung haben.

Aufgrund des Rechtsstaatsprinzips ist dieser unterschiedlichen Sanktionspraxis jedoch entgegenzuwirken; auch das BVerfG[107] hat betont, dass es dem Gebot der materiellen Gerechtigkeit entspreche, auf eine möglichst gleichmäßige Strafpraxis hinzuwirken. Eine Strafe erweist sich nur dann als gerecht, wenn sie auch in einem angemessenen Verhältnis zu in vergleichbar schweren Fällen verhängten Sanktionen steht.[108] Zu stark divergierende Strafhöhen bei ähnlicher Fallkonstellation erwecken den Anschein der Willkür, die Konsequenzen des eigenen Handelns sind nicht mehr voraussehbar bzw. berechenbar; dies gefährdet das Vertrauen der Allgemeinheit in die Strafrechtspflege.[109] Akzeptanz kann insoweit nur durch eine möglichst einheitliche Spruchpraxis erreicht werden. Auch der Gesetzgeber hat die Notwendigkeit der Sicherung einer einheitlichen Rechtsprechung in § 132 IV GVG zum Ausdruck gebracht, nach dieser Vorschrift kann dem Großen Strafsenat eine Frage von grundsätzlicher Bedeutung zur Entscheidung vorlegt werden, wenn das nach seiner Auffassung zur Fortbildung des Rechts oder zur Sicherung einer einheitlichen Rechtsprechung erforderlich ist.

---

102 *Jescheck/Weigend*, § 82 II.
103 *Jescheck/Weigend*, § 82 II.
104 *Streng* (1984), S. 300.
105 Vgl. dazu *Götting*, S. 219.
106 Dazu bereits *Exner*, S. 54, der die Verschiedenheit in der Strafzumessungspraxis vornehmlich auf die Verschiedenheiten der die Verbrechen beurteilenden Richter zurückführt.
107 BVerfGE 45, 187 (261); vgl. auch BGHSt 28, 318 (324).
108 *Seebald* GA 1974, 193 (204).
109 Zust. *Frisch* ZStW 99 (1987), 751 (803).

Zahlreiche Reaktionsmöglichkeiten werden in Bezug auf die unterschiedliche Sanktionspraxis diskutiert[110], etwa die Verengung gesetzlicher Strafrahmen[111], eine Erweiterung der Revisibilität[112] – gerade im Hinblick auf die Kontrolle der Vertretbarkeit des Strafmaßes[113] – oder schlicht die Verbesserung bzw. Ausweitung des Informationsaustauschs zwischen den Gerichten, um Orientierungsmöglichkeiten zu schaffen[114]. Die Forderung nach enger gefassten Strafrahmen stößt insoweit zurecht auf Kritik[115], als sie der Einzelfallgerechtigkeit entgegenwirkt; sie soll indes hier nicht vertieft werden, da sie mit der Begründung der Strafzumessungsentscheidung nicht korreliert. Im Hinblick auf die Ausweitung der revisionsrechtlichen Vertretbarkeitsprüfung bedarf es zunächst der Entwicklung einheitlicher und konsensfähiger Strafzumessungsmaßstäbe der Obergerichte[116]; dazu ist eine bundesweite systematische Erfassung und Auswertung der Strafzumessungsentscheidungen nötig, um daraus allgemeingültige Kriterien ableiten zu können.[117] Der Rahmen des Vertretbaren lässt sich nur dann näher konkretisieren, wenn das in der Praxis übliche Strafmaß hinsichtlich der Verteilung der Strafhöhen innerhalb eines Delikts – zumindest bei häufig vorkommenden Fallkonstellationen – analysiert wird.[118] Auch ein erhöhter Informationsaustausch zwischen den Tatgerichten erfordert zunächst eine Datenerfassung und -analyse, um daraus Richtlinien abzuleiten oder Häufigkeitstabellen[119] zu erstellen. Diesen unterschiedlichen Ansätzen ist gemein, dass sie die Notwendigkeit einer für jeden Richter (gleich ob Tat- oder Revisionsrichter) zugänglichen, ihn bei seiner konkreten Entscheidung unterstützenden Datensammlung betonen. Im Rahmen der Sicherung einer einheitlichen Rechtsprechung hat die Begründungspflicht also die Funktion, ausreichend Datenmaterial in Bezug auf die Strafzumessungsentscheidungen bereit zu stellen, durch

---

110 Ausf. dazu *Streng* (1984), S. 293ff.

111 *Streng* (1984), S. 293ff.; ebenso *Bruckmann* ZRP 1973, 30 (33); insoweit zust. und noch radikaler *Jescheck*, Jescheck/Weigend, § 82 III Nr. 2, der die Festsetzung absoluter Strafen durch den Gesetzgeber vorschlägt.

112 *Streng* (1984), S. 296ff.; vgl. auch *Bruns* (1988), S. 73, der ebenfalls eine Erweiterung der Revisionskontrolle fordert.

113 Ausf. zur Vertretbarkeitsgrenze bei der revisionsrechtlichen Kontrolle der Strafzumessungsentscheidung s. 1. Teil, Abschnitt C, I, 2., c).

114 *Theune*, in: Festschrift für Pfeiffer, 449 (458).

115 Vgl. nur *Seebald* GA 1974, 193 (194f.), der bei Verengung der gesetzlichen Strafrahmen befürchtet, dass der unerhörten Vielfalt des Lebens, insbesondere in Ausnahmesituationen und Grenzfällen, nicht mehr Rechnung getragen werden könne.

116 *Streng* (1984), S. 298.

117 *Streng* (1984), S. 316.

118 Vgl. *Jescheck*, Jescheck/Weigend, § 82 III Nr. 2; *Frisch* ZStW 99 (1987), 751 (803f.); so auch das Ergebnis einer Untersuchung von *Götting*, Gesetzliche Strafrahmen und Strafzumessungspraxis. Eine empirische Untersuchung der Strafverfolgungsstatistik für die Jahre 1987 bis 1991 (1997).

119 Für derartige Tabellen etwa *Theune*, in: Festschrift für Pfeiffer, 449 (458); ebenso *Seebald* GA 1974, 193 (196).

deren Erfassung, Analyse und Verbreitung erhebliche Abweichungen der Strafen in ähnlich gelagerten Fällen entweder schon im Vorfeld (durch den sich informierenden Tatrichter) vermieden oder zumindest in der Rechtsmittelinstanz entdeckt werden können.[120] Dazu bedarf es der regelmäßigen Sammlung und Auswertung der Strafzumessungsentscheidungen samt Begründung, was natürlich eine regelmäßige Veröffentlichung der Strafzumessungsgründe voraussetzt.[121] Seebald hält es insofern auch für erstrebenswert, dass die Auswertung der Urteile darauf erstreckt wird, zu ermitteln, in welchen Fällen die praktisch wichtigsten Strafzumessungsgründe berücksichtigt worden sind.[122] Zumindest ist es unabhängig davon, ob es die Konkretisierung des vertretbaren bzw. üblichen Strafmaßes oder die Schaffung allgemeingültiger Strafzumessungskriterien oder die Erarbeitung von Richtlinien oder Häufigkeitstabellen als Orientierungshilfen (deren Rechtscharakter noch festzulegen wäre) betrifft, stets notwendig, die Strafzumessungsgründe im Urteil ausführlich und möglichst umfassend mitzuteilen.[123] Nur mittels präziser und detailliert abgefasster Urteilsgründe lässt sich eine differenzierte und aussagekräftige Datenbasis schaffen. Lückenhafte, unverständliche oder gar widersprüchliche Entscheidungsgründe wären insoweit untauglich.[124]

Auch im Hinblick auf die Rechtsfortbildung ist eine umfassende Begründungpflicht notwendige Bedingung ihrer Gültigkeit; die tragenden Erwägungen sowie die Einhaltung rechtlicher Grenzen sind in nachvollziehbarer und nachprüfbarer Weise dazulegen.[125] Auf eine Vertiefung wird angesichts dessen, dass die Rechtsfortbildung primär den Obergerichten obliegt (vgl. nur § 132 IV GVG), hier jedoch die Strafzumessungsbegründung der Tatgerichte im Fokus steht, verzichtet.

IX. Fazit

Den unterschiedlichen Funktionen, die der Begründungspflicht zugeschrieben werden, sind hinsichtlich der Darlegung der Strafzumessungsentscheidung also bereits einige Vorgaben zu entnehmen. Aus dem Zweck der Ermöglichung einer revisionsrechtlichen Nachprüfung folgt, dass die Anforderungen an die Darstellung der Strafzumessungsbegründung von der Reichweite der Revisibilität der Strafzumessungsentscheidung abhängen; was revisibel sein soll, muss im Urteil ausgeführt werden. Im Hinblick auf die erstrebte (umfassende) Selbstkontrolle des Tatrichters bedarf es einer erschöpfenden Darlegung aller für die Strafzumessungsentscheidung

120 Vgl. auch HK-StPO/*Julius*, § 267 Rn. 2.

121 *Seebald* GA 1974, 193 (195).

122 *Seebald* GA 1974, 193 (196), der dies differenzierte Häufigkeitstabelle nennt.

123 Vgl. auch *Hillenkamp* StV 1986, 150 der ebenfalls eine umfangreiche Begründung der Strafzumessungsentscheidung mit „sorgfältig herausgeschälten Strafzumessungstatsachen“ als notwendige Voraussetzung einer einheitlichen Sanktionspraxis erachtet.

124 *Brink*, S. 43.

125 Dazu ausf. *Brüggemann*, S. 136.

relevanten Umstände; etwaige Aussparungen bei der Begründung könnten dazu führen, dass mögliche Fehlerquellen übersehen werden. Um der Informationsfunktion gerecht zu werden, ist eine besonders ausführliche Darstellung von Tatgeschehen und Täterpersönlichkeit nötig, um später auf das Urteil zurückgreifenden Stellen einen möglichst umfassenden, unverfälschten Eindruck zu vermitteln. Aufklärungs- und Legitimationsfunktion fordern eine umfassende, eindeutige, widerspruchsfreie und verständlich – also auch für den juristischen Laien nachvollziehbar – abgefasste Urteilsbegründung, die alle angestellten (und nach den konkreten Umständen anzustellenden) Erwägungen vollständig wiedergibt. Nur die so verstandene Begründungspflicht vermag die Verfahrensbeteiligten (bzw. die Allgemeinheit) von der Richtigkeit des Urteils zu überzeugen, insbesondere auch davon, dass eine gerechte Strafe ausgeurteilt wurde, dies zugleich um das Vertrauen der Allgemeinheit in die Strafrechtspflege zu stärken und zu eigener Rechtstreue zu motivieren. Dieser generalpräventive Aspekt würde durch das Verschweigen einzelner Erwägungen bzw. allgemein durch Einschränkungen der Begründungspflicht konterkariert, was entsprechend für die spezialpräventive Funktion gilt. Die möglichst ausführliche, erschöpfende Urteilsbegründung ist am besten geeignet, Resozialisierungsziele zu fördern. Schließlich ist auch im Hinblick auf die Sicherung einer einheitlichen Rechtsprechung eine eingehende bzw. vollständige und präzise Strafzumessungsbegründung nötig, um eine differenzierte und aussagekräftige Datenbasis zu schaffen, mit deren Hilfe (als Orientierungsmöglichkeit für Tat- und Revisionsgerichte) eine möglichst einheitliche Strafpraxis erreicht werden soll.

Die der Begründungspflicht zugeschriebenen Zwecke sind also vielfältig, lassen jedoch im Hinblick auf die an die Strafzumessungsbegründung zu stellenden Anforderungen alle den gleichen Schluss zu: Nur bei möglichst ausführlicher, erschöpfender, eindeutiger und widerspruchsfreier Darlegung aller für die Strafzumessungsentscheidung erwogenen (und nach der konkreten Situation naheliegenden) Umstände in verständlicher – auch für juristische Laien nachvollziehbarer – Weise kann die Urteilsbegründung den dargestellten Funktionen gerecht werden. Allenfalls in Bezug auf den Zweck, eine Kontrolle des Revisionsgerichts zu ermöglichen, sind Einschränkungen insoweit denkbar, als eine Revisibilität der Strafzumessungsentscheidung nicht gegeben bzw. gewollt ist, was im Folgenden noch untersucht werden soll.

B. Rechtliche Grundlagen

Zuvor sollen die rechtlichen Grundlagen der richterlichen Begründungspflicht beleuchtet und daraus resultierende Vorgaben herausgearbeitet werden.

I. Verfassungsrechtliche Herleitung

Die Verfassung enthält zwar keine Vorschriften, die sich ausdrücklich mit der richterlichen Begründungspflicht von Urteilen befassen, allerdings bedeutet die strafrechtliche Entscheidung für den Angeklagten – zumindest im Falle der

Verurteilung – stets auch einen Grundrechtseingriff, je nach gewählter Rechtsfolge in Art. 2 I, II 2; 11; 12 und/oder 14 GG.[126] Jeder staatliche Grundrechtseingriff löst eine Begründungspflicht hinsichtlich des Eingriffsgrundes aus;[127] ohne Mitteilung der den Eingriff rechtfertigenden Erwägungen fehlt ihm die Legitimation.[128] Die richterliche Begründungspflicht ergibt sich also unmittelbar aus der Verfassung.[129]

Überdies kann sie auch Art. 104 III 2 GG entnommen werden, wonach der Richter im Falle einer vorläufigen Festnahme unverzüglich einen mit Gründen versehenen schriftlichen Haftbefehl zu erlassen hat; diese Pflicht zur schriftlichen Begründung muss dann erst recht für den schwerwiegenderen Eingriff der Verurteilung zu einer Freiheitsstrafe gelten.

Zur Herleitung der richterlichen Begründungspflicht werden indes verschiedene Verfassungsprinzipien/-grundsätze herangezogen.

1. Rechtsstaatsprinzip

Als Anknüpfungspunkt dient insoweit das in Art. 20 III GG verankerte und in Art. 23 I 1 1 und Art. 28 I 1 GG ausdrücklich benannte Rechtsstaatsprinzip, insbesondere der darin (ggf. i.V.m. Art. 2 I GG) enthaltene Anspruch des Bürgers auf ein rechtsstaatliches Verfahren.[130] Daraus wird unmittelbar die Pflicht entnommen, dem Angeklagten sowie allen sonst von einem Urteil Betroffenen rational nachvollziehbar darzulegen, auf welchen Gründen diese Entscheidung basiert.[131] Das BVerfG führt dazu in ständiger Rechtsprechung[132] aus, dass es „ein rechtsstaatlicher Grundsatz [sei], dass ein Staatsbürger, in dessen Rechte eingegriffen wird, Anspruch darauf hat, die Gründe dafür zu erfahren"; dies sei unerlässlich, damit er seine Rechte sachgemäß verteidigen könne. Das Recht, sich gegen ein richterliches Urteil zur Wehr zu setzen, folge aus dem beim Rechtsstaatsprinzip (i.V.m. den Grundrechten)

126 Ausf. zum Eingriffscharakter gerichtlicher Entscheidungen vgl. *Brüggemann*, S. 119ff.; ferner *Lagodny*, Strafrecht vor den Schranken der Grundrechte: die Ermächtigung zum strafrechtlichen Vorwurf im Lichte der Grundrechtsdogmatik; dargestellt am Beispiel der Vorfeldkriminalisierung.

127 *Brüggemann*, S. 118ff., dem zufolge der Rechtsfertigungsvorbehalt, unter dem jeder Grundrechtseingriff steht, die formelle Komponente der Mitteilung des Eingriffsgrundes beinhaltet.

128 HK-StPO/*Julius*, § 267 Rn. 1; Löwe-Rosenberg/*Stuckenberg*, § 267 Rn. 1.

129 *Christensen/Kudlich* GA 2002, 337 (339).

130 Vgl. BVerfGE 52, 203 (206f.); zust. *Christensen/Kudlich* GA 2002, 337 (338f. Fn. 6); vgl. auch *Wolf*, in: Gedächtnisschrift für Bruns, 221 (230), dem zufolge die Pflicht zur Urteilsbegründung auch der Bindung der Rechtsprechung an Gesetz und Recht nach Art. 20 III GG unmittelbar zu entnehmen sei; a.A. AK-StPO/*Wassermann*, § 267 Rn. 2.

131 *Gollwitzer*, in: Festsschrift für Gössel, 543 (545).

132 BVerfGE 49, 24 (66); vgl. auch BVerfGE 40, 276 (286); BVerfGE 6, 32 (44f.).

verorteten allgemeinen Justizgewährungsanspruch;[133] aus dem damit korrelierenden Zweck der Urteilsgründe – dem Rechtsmittelberechtigten eine effektive Anfechtung der Entscheidung zu ermöglichen – wird neben dem grundsätzlichen Erfordernis der Entscheidungsbegründung[134] auch die Notwendigkeit zur Abfassung in einer verständlichen Sprache hergeleitet.[135]

Die Urteilsbegründung wird überdies als notwendig erachtet, um aufzuzeigen, dass die Entscheidung – wie in einem Rechtsstaat vorauszusetzen – im Einklang mit unserer Rechtsordnung, insbesondere in willkürfreier Anwendung des Rechts, ergangen ist;[136] ohne Gründe ist keine Prüfung durch ein Rechtsmittelgericht und damit auch keine Gewähr des Ausschlusses von Willkür gegeben.[137]

Auch zur Widerlegung der im Rechtsstaatsprinzip verankerten Unschuldsvermutung bedarf es einer vollständigen, eindeutigen und aus sich heraus verständlichen Darlegung der die Entscheidung tragenden Erwägungen;[138] insbesondere sind die der Anwendung des jeweiligen Straftatbestands zugrunde liegenden, also der Feststellung der Schuld (und damit der Widerlegung der Unschuldsvermutung) dienenden Tatsachen in nachprüfbarer Weise anzugeben.[139]

Eine weitere, von Brink[140] zur verfassungsrechtlichen Herleitung der richterlichen Begründungspflicht herangezogene Ausprägung des Rechtsstaatsprinzips[141] ist der Verhältnismäßigkeitsgrundsatz, konkret das darin enthaltene Gebot der Erforderlichkeit, d. h. dass von allen Maßnahmen, die zur Erreichung des Eingriffszwecks gleichermaßen geeignet sind, diejenige zu ergreifen ist, welche die Interessen der Bürger am wenigsten beeinträchtigt (das relativ mildeste Mittel). Die Begründungspflicht folge daraus, dass der schriftlich begründete Grundrechtseingriff (durch die Verurteilung) gegenüber dem unbegründeten den milderen Eingriff darstelle;[142] eine Entscheidung wirke umso weniger belastend bzw. ihre Konsequenzen seien umso leichter zu tragen, je ausführlicher, vollständiger und verständlicher sie begründet wird. Das überzeugt in der Theorie durchaus, hängt jedoch stark von der Persönlichkeit des Täters bzw. seinem Empfinden hinsichtlich der Intensität des Eingriffs ab.

---

133 Vgl. dazu BVerfGE 117, 71 (122); BVerfGE 107, 395 (401); BVerfGE 97, 169 (185); BVerfGE 93, 99 (107); BVerfGE 88, 118 (123).

134 Löwe-Rosenberg/*Stuckenberg*, § 267 Rn. 1.

135 OLG Hamm NStZ-RR 2010, 348, das insoweit zusätzlich auf die Vorschrift des § 184 GVG sowie Art. 19 IV GG verweist.

136 Löwe-Rosenberg/*Stuckenberg*, § 267 Rn. 1; zust. *Wagner* ZStW 106 (1994), 259 (278).

137 *Wolf*, in: Gedächtnisschrift für Bruns, 221 (230).

138 HK-StPO/*Julius*, § 267 Rn. 1.

139 *Gollwitzer*, in: Festschrift für Gössel, 543 (545).

140 Vgl. *Brink*, S. 74f., der alle übrigen Ansätze zur verfassungsrechtlichen Herleitung ablehnt (S. 49ff.).

141 Der Grundsatz der Verhältnismäßigkeit wird in st. Rspr. dem Rechtsstaatsprinzip entnommen, vgl. nur BVerfGE 80, 109 (120); BVerfGE 55, 159 (165); BVerfGE 23, 127 (133 m.w.N.); BVerfGE 19, 342 (348f.).

142 Insoweit kritisch *Christensen/Kudlich*, S. 323.

Zu erwägen ist jedoch, innerhalb des Verhältnismäßigkeitsprinzips bereits auf das Erfordernis der Geeignetheit zur Erreichung des mit dem Eingriff verfolgten Zwecks abzustellen: Sofern mit der Verurteilung primär präventive Ziele verfolgt werden, ist zur Erreichung derselben eine erschöpfende und verständliche Darlegung der ihr zugrunde liegenden Erwägungen unerlässlich.[143]

Im Übrigen kann dahin stehen, welcher Teilaspekt des Rechtsstaatsprinzip der entscheidende ist oder ob die Begründungspflicht erst aus einer Gesamtschau aller entspringt, in jedem Fall genügt nur die mit einer vollständigen, klar und verständlich formulierten, d. h. von allen Verfahrensbeteiligten nachvollziehbaren und durch ein Rechtsmittelgericht nachprüfbaren, Begründung versehene Strafzumessungsentscheidung rechtsstaatlichen Kriterien.[144]

2. Justizgewährungsanspruch

In Bezug auf den speziellen Justizgewährungsanspruch gemäß Art. 19 IV GG ist nach wie vor umstritten, ob daraus auch eine Urteilsbegründungspflicht abzuleiten ist, da die Frage, ob die Rechtsprechung dem Begriff der öffentlichen Gewalt i.S. dieser Norm unterfällt, nicht einheitlich beurteilt wird. Eine Begründungspflicht ist dieser Norm nämlich nur dann zu entnehmen, wenn sie auch Rechtsschutz gegen richterliche Entscheidungen gewährt.

Das BVerfG lehnt dies in ständiger Rechtsprechung[145] ab, meist mit der Begründung, Art. 19 IV GG gewährleiste Schutz durch den Richter, nicht vor dem Richter.[146] Eine extensivere Auslegung dieses Begriffs sei auch nicht notwendig, da der allgemeine Justizgewährungsanspruch Rechtsschutz auch in den von Art. 19 IV GG nicht erfassten Fällen (also auch bei Grundrechtsverletzungen durch Akte der Rechtsprechung) ermögliche.[147]

In der Literatur[148] wird gleichwohl weiterhin vertreten, dass auch die Judikative vollständig in die Rechtsschutzgarantie des Art. 19 IV GG mit einzubeziehen und der

---

143 Vgl. 1.Teil, Abschnitt A, VII, 2. und 3.

144 So auch *Meine*, Rn. 125.

145 Nach Anrufung des Plenums durch den ersten Senat erneut (mit wenigen, den hier interessierenden Richterspruch nicht betreffenden Änderungen) bestätigt, BVerfGE 107, 395 (403f.); vgl. auch BVerfGE 76, 93 (98); BVerfGE 65, 76 (90); BVerGE 49, 329 (340ff.); BVerfGE 15, 275 (280); zust. aus der Literatur (Auswahl): Maunz/Dürig/*Schmidt-Aßmann*, GG, Art. 19 Rn. 97; *Sachs*, GG, Art. 19 Rn.120ff m.w.N.; Bethge NJW 1991, 2391 (2394).

146 Formel geprägt durch *Dürig*, Erstbearbeitung von Maunz/Dürig, GG, Art. 19 Rn. 17; ausf. zu dieser Formel *Lücke*, S. 58; kritisch *Christensen/Kudlich*, S. 297, die auf die Tautologie dieser Formel hinweisen.

147 BVerfGE 107, 395 (403f.).

148 Vgl. etwa *Lücke*, S. 61; AK-StPO/ *Wassermann*, § 267 Rn. 2; v. Münch/Kunig/*Krebs*, GG, Art. 19 Rn. 63; v. Mangoldt/Klein/Starck/*Huber*, GG, Art. 19 Rn. 443; *Christensen/Kudlich* GA 2002, 337 (338f. Fn. 6); *Voßkuhle* NJW 2003, 2193 (2196); *Waider* StV 2007, 348.

Begründungszwang dementsprechend für alle gerichtlichen Entscheidungen (außer denen des BVerfG) unmittelbar aus dieser Vorschrift herzuleiten sei.

Dieser Disput wirkt sich auf die Urteilsbegründungspflicht indes nicht aus. Da sich der allgemeine Justizgewährungsanspruch vom speziellen des Art. 19 IV GG im rechtsstaatlichen Kerngehalt nicht unterscheidet, also neben dem Zugang zu den Gerichten auch die Prüfung des Begehrens des Betroffenen umfasst,[149] folgt aus beiden Justizgewährungsansprüchen in Bezug auf richterliche Entscheidungen (gleich, welchen man insoweit für einschlägig erachtet), dass sie in dem Maße schriftlich zu begründen sind, als dies für eine effektive Anfechtung des Betroffenen und die Nachprüfung durch ein Rechtsmittelgericht notwendig ist. Dem Anspruch auf effektiven Rechtsschutz ist somit ebenfalls die Notwendigkeit einer vollständigen und verständlich abgefassten (und so Anfechtung und Kontrolle erst ermöglichenden) Strafzumessungsbegründung zu entnehmen.

3. Anspruch auf rechtliches Gehör

Auch das Prozessgrundrecht auf rechtliches Gehör gemäß Art. 103 I GG wird zur Herleitung der richterlichen Begründungspflicht herangezogen.[150] Der Anspruch auf rechtliches Gehör verpflichtet das Gericht, das Vorbringen der Beteiligten zur Kenntnis zu nehmen und in Erwägung zu ziehen.[151] Dieser Anspruch erstreckt sich indes auch auf den Nachweis, dass dieser Verpflichtung im Rahmen der Entscheidungsfindung genügte getan wurde, der sich nur durch eine entsprechende Dokumentation in den Urteilsgründen erbringen lässt; die richterliche Begründungspflicht folgt demnach unmittelbar aus Art. 103 I GG.[152]

Inhaltlich muss aus den Urteilsgründen also klar hervorgehen, dass und inwiefern das Gericht die Ausführungen der Beteiligten berücksichtigt hat; dies gilt unabhängig davon, ob das Gericht sich den vorgetragenen Einwänden angeschlossen oder diese als irrelevant eingestuft habe.[153] Allerdings beschränkt sich die Erörterungspflicht nach ständiger Rechtsprechung des BVerfG[154] auf die wesentlichen

---

149 BVerfGE 117, 71 (122); BVerfGE 107, 395 (403).

150 So etwa *Christensen/Kudlich*, S. 296; AK-StPO/*Wassermann*, § 267 Rn. 2; Jarass/Pieroth/*Pieroth*, GG, Art. 103 Rn. 32; Maunz/Dürig-GG/*Schmid-Aßmann*, GG, Art. 103 Rn. 99; Schmidt-Bleibtreu/Hofmann/Hopfauf-GG/*Schmahl*, Art. 103 Rn. 13; *Starck* VVDStRL 34 (1976), 43 (72); *Wohlers* JZ 2011, 78 (81).

151 BVerfGE 98, 218 (263); BVerfGE 86, 133 (145); BVerfGE 70, 288 (293); BVerfGE 40, 101 (104); BVerfGE 25, 137 (140).

152 Jarass/Pieroth/*Pieroth*, GG, Art. 103 Rn. 32; Schmidt-Bleibtreu/Hofmann/Hopfauf-GG/*Schmahl*, Art. 103 Rn. 13; *Wohlers* JZ 2011, 78 (81).

153 *Christensen/Kudlich* GA 2002, 337 (339 Fn. 6).

154 Vgl. nur BVerfGE 115, 166 (180); BVerfGE 98, 218 (263); BVerfGE 86, 133 (146); BVerfGE 70, 288 (293); BVerfGE 54, 86 (91); BVerfGE 40, 101 (104f.); BVerfGE 25, 137 (140); BVerfGE 5, 22 (24) jeweils m.w.N.; zust. aus der Literatur z.B. *Sachs*, GG, Art. 103 Rn. 40; Maunz/Dürig-GG/*Schmid-Aßmann*, GG, Art. 103 Rn. 99 m.w.N.; Löwe-Rosenberg/*Stuckenberg*, § 267 Rn. 1.

vorgetragenen Argumente, das Gericht sei nicht verpflichtet, in den Urteilsgründen auf jedes einzelne Vorbringen einzugehen; Art. 103 I GG gewähre keinen Anspruch auf ein Rechtsgespräch, er sei nur dann verletzt, wenn sich im Einzelfall klar ergebe, dass das Gericht seiner Pflicht nicht nachgekommen sei. Da das BVerfG grundsätzlich davon ausgehe, dass die Gerichte das Vorbringen der Beteiligten auch zur Kenntnis genommen und in Erwägung gezogen haben, bedürfe es im Einzelfall besonderer Umstände, die deutlich ergeben, dass die Ausführungen eines Beteiligten entweder überhaupt nicht zur Kenntnis genommen oder doch bei der Entscheidung ersichtlich nicht erwogen worden sind, was der Beschwerdeführer vorzutragen habe. Allein das Schweigen des Urteils genüge regelmäßig nicht.

Damit ergibt sich aus Art. 103 I GG zwar grundsätzlich die Pflicht, eine richterliche Entscheidung zu begründen, dies betrifft allerdings nur von den Beteiligten vorgetragene Aspekte. Solche, die zwar nach den konkreten Umständen strafzumessungsrelevant wären, aber nicht vorgebracht wurden, sind in den Gründen auch nicht zu erörtern. Ferner bezieht sich die Begründungspflicht auch nur auf die wesentlichen der vorgetragenen Gesichtspunkte, womit dem Gericht gewisse Einschränkungen hinsichtlich des Umfangs der Begründungspflicht zugestanden werden. Damit bleibt die Reichweite der aus Art. 103 I GG abgeleiteten Begründungspflicht deutlich hinter der dem Rechtsstaatsprinzip zu entnehmenden Verpflichtung des Gerichts zurück, die eine erschöpfende Begründung fordert und damit die Erörterung der von den Beteiligten ausgeführten Umstände ohnehin einschließt. Weitere Anforderungen an die Darstellung der Strafzumessungsentscheidung im Urteil ergeben sich aus der Herleitung aus Art. 103 I GG somit nicht.

4. Demokratieprinzip

Wie bereits im Rahmen der Erörterung der Legitimationsfunktion der Urteilsbegründung dargelegt[155], wird die richterliche Begründungspflicht auch aus dem Demokratieprinzip hergeleitet. Die Begründung leiste als rechtfertigendes Element den Legitimationstransfer vom Gesetz zum Urteilsspruch, indem sie dem Betroffenen die Entscheidung verständlich macht.[156] Auch Kroitzsch[157] stellt hinsichtlich der Begründungspflicht auf die Gewährleistung der demokratischen Legitimität des Gerichtsurteils ab, die Transparenz und (soweit möglich) Akzeptanz staatlicher Entscheidungen fordere. Auch die Rechtsprechung sei Teil der vom Volk gewählten Staatsgewalt i.S.v. Art. 20 II GG und bedürfe somit – wie alle staatliche Gewalt – einer demokratischen Rückkoppelung zum Volk, wozu insbesondere die Kontrollmöglichkeit im Hinblick auf die Ausübung hoheitlicher Aufgaben gehöre. Damit einher gehe die Pflicht der staatlichen Organe, über ihre Tätigkeiten Rechenschaft abzulegen, was für den Richter den Zwang zur Begründung seiner

---

155 Vgl. 1. Teil, Abschnitt A, VI.

156 *Christensen/Kudlich*, S. 21; ders. GA 2002, 337 (338); ebenso *Kallmeyer*, in: Wassermann/Petersen, S. 193.

157 *Kroitzsch* NJW 1994, 1032 (1033).

Entscheidungen bedeute. Erst die Urteilsbegründung ermögliche die demokratisch gebotene Nachprüfbarkeit der Entscheidung und fördere die Akzeptanz derselben durch den Angeklagten, aber auch die Öffentlichkeit (dem Volk). Da auch hier die Elemente der Kontrollierbarkeit und Nachvollziehbarkeit des Urteilsspruchs im Vordergrund stehen, sind dem Demokratieprinzip die gleichen Anforderungen an die Strafzumessungsbegründung zu entnehmen wie dem im Wesentlichen auf dieselben Aspekte abstellenden Rechtsstaatsprinzip: Die Urteilsbegründung muss eindeutig, erschöpfend und aus sich heraus verständlich sein.[158]

5. Gleichheitsgrundsatz

Der Gleichheitsgrundsatz wird von Christensen und Kudlich[159] ebenfalls zur Herleitung der Begründungspflicht herangezogen. Der darin enthaltene Appell zur Gleichbehandlung richte sich nicht nur an den Gesetzgeber hinsichtlich der Gestaltung des Normtextes, sondern insbesondere auch an den Rechtsanwender. Auch die Anwendung des Gesetzes durch den Richter erfordere eine dem Gleichheitsgrundsatz genügende Methodik, d. h. Art. 3 I GG enthalte ein „Grundrecht auf Methodengleichheit“, dessen Beachtung das Gericht durch Mitteilung der Entscheidungsgründe nachzuweisen habe. Konkrete Begründungsanforderungen sind aus diesem Ansatz indes nicht abzuleiten, zumal keine weiteren Ausführungen zu dem insoweit eher vagen Begriff der (von Art. 3 I GG geforderten) Methodik bei der Urteilsfindung enthalten sind. Da der Urteilsbegründung im Hinblick auf diese Methodik allerdings eine Kontrollfunktion zukommen soll, ist eine vollständige Darlegung der Gründe – wie stets zur Sicherung der Nachprüfbarkeit – sachgerecht.

6. Richterliche Unabhängigkeit

Auch das Verfassungsprinzip richterlicher Unabhängigkeit, Art. 97 I GG, wird vereinzelt[160] als Wurzel einer verfassungsrechtlichen Begründungspflicht erachtet. Die sachliche und persönliche Unabhängigkeit des Richters, die er aufgrund seiner Gesetzesbindung gewährleisten müsse, sei mittels der Urteilsbegründung zu dokumentieren.[161] Abgestellt wird damit letztlich auf den Beweis der Gesetzesbindung. Dass die Pflicht zur Begründung von Urteilen dem Nachweis der Konformität desselben mit unserer Rechtsordnung (und damit der Entsprechung der richterlichen Gesetzesbindung) dient, ist indes bereits dem Rechtsstaatsprinzip zu entnehmen.[162]

---

158 So auch *Wagner* ZStW 106 (1994), 259 (277).
159 *Christensen/Kudlich*, S. 290.
160 *Brüggemann*, S. 168f., 125ff.; ebenso *Christensen/Kudlich* GA 2002, 337 (338f. Fn. 6).
161 *Brüggemann*, S. 168f.
162 Vgl. 1. Teil, Abschnitt B, I, 1.

Eine darüber hinausgehende Funktion – konkret im Hinblick auf die richterliche Unabhängigkeit – kommt der Entscheidungsbegründung nicht zu.[163]

7. *Fazit*

Mögen die Auffassungen hinsichtlich des für die Herleitung der Begründungspflicht maßgeblichen Verfassungsprinzips auch divergieren, wird doch übereinstimmend ihre verfassungsrechtliche Verankerung angenommen. Dass die schriftliche Darlegung der Entscheidungsgründe grundsätzlich – sei es zur Widerlegung der Unschuldsvermutung i.S. des Rechtsstaatsprinzips, zur Gewährleistung effektiven Rechtsschutzes oder zur demokratischen Legitimation des Urteilsspruchs – bereits verfassungsrechtlich unerlässlich ist, wird nicht in Zweifel gezogen. Abgesehen von der Herleitung aus Art. 103 I GG werden auch keinerlei einschränkende Aspekte genannt; vielmehr wird übereinstimmend eine vollständige, verständliche und rational nachvollziehbare Urteilsbegründung gefordert, wobei gerade der letztgenannte Aspekt auch die Abstinenz von widersprüchlichen Erwägungen sowie Verstößen gegen Denkgesetze und Erfahrungssätze voraussetzt[164]. Brüggemann bezeichnet dies als „Kanon verfassungsrechtlicher Mindestvorgaben“[165], deren Ausfüllung allerdings unter – an dieser Stelle noch nicht erfolgter – Berücksichtigung gegenläufiger Verfassungsvorgaben, etwa dem Beschleunigungsgrundsatz, und verfahrensökonomischer Erwägungen (insbesondere im Hinblick auf vorhandene Ressourcen) vorzunehmen ist.

II. Gebot eines fairen Verfahrens, Art. 6 I EMRK

Auch aus dem Gebot eines fairen Verfahrens gemäß Art. 6 I EMRK wird die Pflicht zur Begründung anfechtbarer Entscheidungen hergeleitet.[166] Die EMRK ist Teil unserer Rechtsordnung und genießt (als völkerrechtlicher Vertrag) den Rang eines einfachen Gesetzes (vgl. Art. 59 II GG).[167] Der EGMR hat erstmals 1963[168] erwogen, ob der Begriff des fair trial i.S.v. Art. 6 I EMRK auch bedeute, dass ein Gericht seine Entscheidung eingehend begründen muss, damit im Falle der Anfechtung die Verteidigung richtig gewahrt werde; er ließ die Frage jedoch offen, da gegen

---

163 So auch *Christensen/Kudlich*, S. 300f., die allerdings Art. 97 I GG als der richterlichen Gesetzesbindung sachnächste Norm erachten; zumeist wird das Prinzip der richterlichen Gesetzesbindung indes bereits bei Art. 20 III GG verortet, vgl. nur *Brink*, S. 59ff.

164 *Wagner* ZStW 106 (1994), 259 (287f.).

165 *Brüggemann*, S. 109; zust. *Brink*, S. 46.

166 Löwe-Rosenberg/*Stuckenberg*, § 267 Rn. 1.

167 *Beulke*, Rn. 9b.

168 EGMR NJW 1963, 2247 (2248) mit Anm. *Wimmer* NJW 1963, 2248, der die vom EGMR zumindest angerissene Frage der Ableitung einer Begründungspflicht aus Art. 6 I EMRK befürwortet hat, da die Beendigung eines Strafprozess durch einen „Orakelspruch“ mit dem fair trial-Grundsatz nicht zu vereinbaren sei.

das betroffene Urteil kein weiteres ordnungsmäßiges Rechtsmittel zur Verfügung stand. Heute vertritt er indes in ständiger Rechtsprechung[169], dass Art. 6 I EMRK der Grundsatz zu entnehmen sei, dass die nationalen Gerichte mit ausreichender Deutlichkeit und in angemessenem Maße die Gründe anzuführen haben, auf welche sie ihre Entscheidung stützen. Zur Begründung führt er an, dass ein faires Verfahren auch die ausreichende Wahrung der Rechte der Verteidigung erfordere, gerade die Urteilsbegründung sei notwendig, um dem Angeklagten den sinnvollen Gebrauch seiner Anfechtungsrechte zu ermöglichen. Das Erfordernis ausreichender Deutlichkeit bei Darstellung der Gründe kann dahingehend ausgelegt werden, dass der EGMR eine klare und verständliche Abfassung der Gründe voraussetzt, zumal er als Adressaten der Urteilsbegründung den zumeist juristisch nicht ausgebildeten und zudem oftmals unverteidigten Angeklagten hervorhebt. Im Hinblick auf den insoweit erforderlichen Umfang dieser Begründungspflicht weist der EGMR allerdings lediglich auf die Anforderungen des Einzelfalls hin, eine ausführliche Stellungnahme zu jeder Behauptung sei indes nicht nötig.[170] Dies entspricht den Ausführungen des BVerfG zu Art. 103 I GG, eine Urteilsbegründung sei zwar zwingend erforderlich, die Auseinandersetzung mit jedem Vorbringen der Beteiligten jedoch nicht. Ein angemessenes Maß an Gründen erfordert nach Auffassung des EGMR demnach keine vollständige Darlegung der dem Urteil zugrunde liegenden Erwägungen. Die Reichweite dieser Begründungspflicht bleibt somit hinter den verfassungsrechtlichen Anforderungen an eine Urteilsbegründung zurück.

III. Materiell-rechtliche Begründungspflicht

Von der Rechtsprechung wurde Mitte des 20. Jahrhunderts die sog. materiell-rechtliche Begründungspflicht entwickelt, von Bruns[171] auch als Begründungslast bezeichnet. Bereits das Reichsgericht[172] beanstandete 1937 einen Begründungsmangel des Urteil im Rahmen der Sachrüge statt der ebenfalls erhobenen Verfahrensrüge; aufgrund der fehlenden Ausführungen zur (seinerzeit fakultativen) Anrechnung erlittener Untersuchungshaft, bestehe die Möglichkeit, dass das Landgericht entweder diesen Umstand völlig übersehen oder die Anrechnung von Untersuchungshaft auf die Geldstrafe rechtsirrig für unzulässig gehalten habe. 1954 führte der BGH[173] zur Rüge der fehlenden Stellungnahme des Tatgerichts zur Aussetzungsentscheidung aus, dass dies „im Hinblick auf die Verfahrensvorschrift des § 267 Abs. 3 Satz 3 StPO [heute Satz 4] aus sachlich-rechtlichen Gründen zwar nur dann zu beanstanden [sei], wenn Umstände dafür sprechen, daß der Tatrichter die Möglichkeit der Strafaussetzung zur Bewährung übersehen oder von ihr aus rechtsirrigen Erwägungen keinen Gebrauch gemacht hat. Solche Umstände [seien]

169 Vgl. nur EGMR NJW 1993, 1697f.; EGMR NJW 1999, 2429 m.w.N.
170 EGMR NJW 1999, 2429.
171 *Bruns* (1985), S. 264.
172 RG HRR 1937, 414.
173 BGH VRS 7, 353 (356f.); vgl. auch BGH NJW 1954, 1293 (1294).

hier darin zu sehen, daß die Vorschrift des § 23 StGB [heute § 56 StGB] zur Zeit der Aburteilung des Angeklagten noch neu war und daß das Urteil die auch für die Prüfung dieser Frage gebotene Persönlichkeitsprüfung vermissen [lasse]." In einem weiteren, etwa zur selben Zeit ergangenen Urteil[174] wird die Möglichkeit, dass der Tatrichter die Anwendbarkeit des § 23 StGB übersehen hat, ausdrücklich als sachlich-rechtlicher Mangel bezeichnet. In beiden Entscheidungen konnte kein Verstoß gegen § 267 III 3 StPO gerügt werden, da dies – wie auch heute in Satz 4 – einen in der Verhandlung gestellten Aussetzungsantrag erfordert hätte. Um die fehlende Erörterung der (nach den konkreten Umständen jeweils nahe gelegenen) Aussetzungsfrage auch ohne entsprechenden Antrag als Rechtsfehler qualifizieren zu können, hat der BGH aus dem Erörterungsmangel auf eine materiell-rechtlich fehlerhafte, nämlich gegen § 23 StGB verstoßende Prüfung bzw. Entscheidung geschlossen, d.h. aus der fehlenden Darstellung eines nach materiellem Recht zu erörternden rechtsfolgenrelevanten Aspekts wird auf eine mögliche Verletzung der entsprechenden Norm geschlossen. Weiter ausgeweitet hat der BGH diese Vorgehensweise dahingehend, dass bereits die unvollständige Darstellung als solche zur Urteilsaufhebung führen kann, soweit dem Revisionsgericht dadurch die Prüfung verwehrt wird, ob ein materiell-rechtlicher Fehler vorliegt; der Strafsenat[175] führt dazu aus:

„Erschwerend hat das LG dabei in Betracht gezogen, daß der Angeklagte schon wegen Versagens beim Führen von Kraftfahrzeugen zur Rechenschaft gezogen werden musste. Wie oft und wann dies geschehen ist, insbesondere aber, in welcher mehr oder minder schwerwiegenden Weise der Angeklagte sich im Verkehr zuvor schuldhaft verkehrswidrig verhalten hat, wird aus den Strafzumessungserwägungen des angefochtenen Urteils nicht ersichtlich. Der Strafsenat kann mithin nicht überprüfen, ob die Strafkammer im vorliegenden Falle...bei der Strafzumessung in den rechtlich unbedenklichen Grenzen des ihr eingeräumten Ermessens geblieben ist." Beanstandet wurde also nicht die fehlende Erwähnung eines Strafzumessungsaspekts, sondern die lückenhafte Darstellung der insoweit relevanten Tatsachen, die dem Revisionsgericht die Prüfung verwehrt hat, ob Wertungs- bzw. Ermessensfehler bei der strafschärfenden Berücksichtigung früherer Verfehlungen begangen wurden. Der Sachmangel, der zur Urteilsaufhebung führte, bestand also in der fehlenden Nachprüfbarkeit aufgrund unvollständiger Strafzumessungsgründe, abermals losgelöst von der Vorschrift des § 267 III StPO betrachtet. Umgekehrt formuliert verlangt das materielle Recht, dass die Strafzumessungsbegründung so angelegt ist, dass dem Revisionsgericht eine Überprüfung ermöglicht wird. Aus dem Recht (der Pflicht), das Urteil auf seine materiell-rechtliche Richtigkeit im Rahmen der Sachrüge zu

174 BGHSt 6, 68.

175 BGH VRS 20, 127 (128f.); vgl. auch BGH VRS 33, 375, wo fehlende Mitteilungen bzgl. strafschärfend gewerteter Vorstrafen ebenfalls wegen mangelnder Nachprüfbarkeit durch das Revisionsgericht beanstandet wurden; ferner BayObLG NJW 1973, 1808.

überprüfen, hat die Rechtsprechung also eine entsprechende Darlegungspflicht entwickelt, allerdings ohne dass insoweit je eine konkrete Rechtsvorschrift o.ä. genannt worden wäre, aus der eine solche Pflicht hergeleitet werden könnte. Diese materiell-rechtliche Begründungspflicht fand in Gestalt der (noch heute[176]) gängigen Formel „Im Urteil dazulegen braucht er [der Tatrichter] nur die bestimmenden Strafzumessungserwägungen (§ 267 Abs. 3 Satz 1 StPO)…Indessen muss die Begründung im Urteil so angelegt sein, dass dem Revisionsgericht eine rechtliche Nachprüfung möglich ist.“[177] regelmäßig Einzug in die Begründung der Revisionsurteile.

Auch in der Literatur[178] wurde der Grundsatz übernommen, dass jedes Urteil so begründet werden muss, dass dem Revisionsgericht die vollständige Nachprüfung der tatrichterlichen Entscheidung ermöglicht wird. Jede Urteilsbegründung muss insoweit hinreichende Strafzumessungserwägungen enthalten, d. h. die nach materiellem Recht und den konkreten Umständen nahe liegenden Aspekte sind (zu ermitteln, abzuwägen und) darzulegen.[179] Sofern einem Gesichtspunkt nach materiellem Recht Bedeutung im Hinblick auf die Strafzumessungsentscheidung zukommt bzw. auch nur zukommen kann, ist seine Erörterung in den Urteilsgründen also zwingend, um dem Revisionsgericht die Prüfung zu ermöglichen, ob das Tatgericht diesen Aspekt rechtsfehlerfrei, d. h. seiner Zumessungsrelevanz nach sachlichem Recht entsprechend, gewürdigt hat. Ist die Strafzumessungsbegründung insoweit lückenhaft, sei es aufgrund gänzlich fehlender oder nur unvollständiger Darlegungen, kann dies in der Revision als Verletzung der materiell-rechtlichen Begründungspflicht beanstandet werden.[180]

Die Anforderungen an die Strafzumessungsbegründung im Urteil, die aus der materiell-rechtlichen Begründungspflicht folgen, korrelieren also mit der Reichweite der Revisibilität der Rechtsfolgenentscheidung, d. h. der Umfang dieser Begründungspflicht richtet sich nach dem Empfängerhorizont des Revisionsgerichts

176 Dazu ausf. 1.Teil, Abschnitt C, I, 3, a).

177 BGHSt 24, 268; vgl. auch BGH NStZ-RR 2012, 336 (337); BGH StV 2011, 728; BGH NStZ-RR 2000, 304; OLG Koblenz NZV 2012, 404 (405); OLG Hamm StraFo 2005, 33.

178 Vgl. nur *Bruns* (1985), S. 264; *Hassemer* MschrKrim 66 (1983), 26 (29); *Krause*, S. 52; *Zipf*, S. 230; ders. JR 1980, 425 (426); Frisch, S. 26f.; *Schäfer/Sander/van Gemmeren*, Rn. 1349.

179 *Schäfer/Sander/van Gemmeren*, Rn. 1349.

180 Vgl. *Zipf* JR 1980, 425 (426); *Bruns* (1985), S. 264; vgl. allerdings *Frisch* in SK-StPO, § 337 Rn. 154, der dies nur insoweit für zutreffend hält, als die Anforderungen an die richtige Anwendung des materiellen Rechts sich angesichts der verfassungsrechtlichen Urteilsbegründungspflicht auch in Gestalt entsprechender Anforderungen an die Entscheidungsgründe auswirken; der Rechtsfehler liege nicht in dem Begründungsmangel, sondern darin, dass die „dokumentierte Rechtsanwendung Mängel im Entscheidungsprozess selbst“ aufweise; ausf. dazu 1.Teil, Abschnitt C, I, 3, b).

bzw. der Reichweite der sachlich-rechtlichen Nachprüfung.[181] Aus der Befugnis der Revisionsgerichte, die Einhaltung materiell-rechtlicher Vorgaben bei der Strafzumessungsentscheidung zu überprüfen, folgt die Pflicht der Tatgerichte, alle nach materiellem Recht und den konkreten Umständen anzustellenden Erwägungen erschöpfend[182] darzulegen. Einschränkungen dieser Darlegungspflichten wären demnach denkbar, soweit der Rechtsfolgenentscheidung ein irrevisibler Bereich zugestanden würde.

IV. Prozessuale Begründungspflicht gemäß § 267 III 1 StPO – Überblick

Die prozessuale Begründungspflicht ist in den §§ 34 und 267 StPO normiert, den einzigen Vorschriften, die die Pflicht zur Begründung von Entscheidungen (im Strafprozess) ausdrücklich statuieren. § 267 StPO ist hinsichtlich der Begründung des Strafurteils lex specialis zu § 34 StPO,[183] wobei die Absätze 2, 3 und 6 die Rechtsfolgenentscheidung betreffen (Absatz 4 enthält insoweit einige Einschränkungen für den Fall des allseitigen Rechtsmittelverzichts oder des Ablaufs der Rechtsmittelfrist ohne Einlegung eines Rechtsmittels).

Haben nun sowohl die Herleitung der strafrechtlichen Begründungspflicht als auch die Beleuchtung ihrer Funktionen (mit wenigen Ausnahmen) ergeben, dass der Tatrichter seine Strafzumessungsentscheidung grundsätzlich (ggf. in Abhängigkeit von ihrer Revisibilität) vollumfänglich zu begründen hat, stellt sich die Frage, welche Rolle insoweit der Begründungspflicht des § 267 StPO gerade auch im Verhältnis zur materiell-rechtlichen Begründungspflicht zukommt.

Einerseits könnten dieser prozessualen Begründungspflicht noch weitere, insbesondere konkretere Anforderungen an die Darstellung der Strafzumessungsentscheidung zu entnehmen seien, mit der Folge einer zusätzlichen (über die der Sachrüge, gerade im Hinblick auf die materiell-rechtliche Begründungspflicht, hinausgehenden) Angriffsmöglichkeit in der Revision.[184] Andererseits könnte die materiell-rechtliche Begründungspflicht hinsichtlich des Umfangs über die des § 267 III StPO hinausgehen.[185] Dann verbliebe zum einen die Frage, wann bzw. ob

181 KK-StPO/*Kuckein*, § 267 Rn. 25.

182 A.A. *Krause*, S. 52, demzufolge die materiell-rechtliche Begründungspflicht keinesfalls eine erschöpfende Darstellung der Strafzumessungstatsachen und -erwägungen verlange, weil dies in der Regel gar nicht möglich sei.

183 *Christensen/Kudlich* GA 2002, 337 (339).

184 Vgl. dazu etwa *Kalf* NJW 1996, 1447 (1448): „Betrachtet man das materiell-rechtliche Gebot umfassender Begründung der Strafzumessung und das verfahrensrechtliche Mindestmaß der bestimmenden Umstände, ist damit gleichzeitig die Prüfungsmöglichkeit des Revisionsgerichts abgesteckt."

185 So etwa *Bruns* (1985), S. 265; zust. *Schmid* ZStW 85 (1973), 360 (394); vgl. auch BGH NJW 1999, 2606: „Der Tatrichter ist verpflichtet, sich mit festgestellten

überhaupt ein Verstoß gegen § 267 III StPO in der Revision geltend gemacht werden kann, der nicht bereits im Rahmen der Sachrüge geprüft wird, ob also der Verletzung dieser Norm ein eigenständiger Anwendungsbereich verbleibt. Zum anderen wäre zu erwägen, ob der Vorschrift in diesem Fall nicht eine einschränkende Funktion im Hinblick auf die Revisibilität der Strafzumessungsentscheidung zukommt, indem sie den bereits verfassungsrechtlich bzw. materiell-rechtlich geforderten Begründungsumfang limitiert.

C. Anforderungen im Lichte der Reichweite der Revisibilität

Im Folgenden soll die Reichweite der Revisibilität der Strafzumessungsentscheidung im Hinblick auf daraus resultierende Vorgaben für die Urteilsbegründung untersucht werden.

I. Revisibilität der Strafzumessung

Die Rechtsfolgen- und auch konkret die Strafzumessungsentscheidung[186] wird (heute) als Rechtsanwendung betrachtet und ist als solche auf Rechtsfehler hin überprüfbar, also grundsätzlich revisibel.[187]

Enthält das Urteil keinerlei Ausführungen zur Strafzumessung, ist der absolute Revisionsgrund des § 338 Nr. 7 StPO gegeben,[188] wobei die Revisionsgerichte das Urteil dann oftmals bereits auf die Sachrüge hin aufheben.[189] Bei allen übrigen, im Folgenden noch zu erörternden Gesetzesverletzungen im Rechtsfolgenausspruch ist maßgeblich, ob das Urteil darauf beruht, vgl. § 337 I StPO. Während bei Verfahrensfehlern insoweit zu prüfen ist, ob ein rechtsfehlerfreies Verfahren zu demselben oder möglicherweise zu einem anderen Urteil geführt hätte,[190] lässt sich bei sachlich-rechtlichen Mängeln regelmäßig nicht ausschließen, dass der Strafausspruch davon betroffen ist, das Urteil also auf diesem Mangel beruht.[191] Dies gilt insbesondere im Bereich der Strafzumessungserwägungen.[192]

Umständen auseinanderzusetzen, wenn sie für die Anwendung des materiellen Rechts erheblich sind. Diese Pflicht kann im Einzelfall eine über § 267 StPO hinausgehende Begründungspflicht auslösen."

186 Z. T. werden die Begriffe Rechtsfolgen- und Strafzumessungsentscheidung als Synonyme verwendet, etwa *Jescheck*, Jescheck/Weigend, § 82 I; *Henkel*, S. 22.

187 Ausf. dazu BVerfGE 118, 212 (229f.).

188 SK-StPO/*Velten*, § 267 Rn. 76.

189 Vgl. nur OLG Hamm NStZ 2011, 238.

190 *Beulke*, Rn. 565.

191 SK-StPO/*Frisch*, § 337 Rn. 199; Meyer-Goßner/Schmitt/*Meyer-Goßner*, § 337 Rn. 40.

192 SK-StPO/*Frisch*, § 337 Rn. 199.

Seit Einführung des § 354 I a StPO durch das 1. JuMoG von 2004[193] (und in den engen Grenzen, die § 354 StPO insoweit zuvor bereits bot) folgt jedoch aus einem Begründungsmangel, auf dem das Urteil beruht, keineswegs auch dessen zwingende Aufhebung.[194] Vielmehr kann das Revisionsgericht das Urteil samt Rechtsfolge nunmehr trotz Gesetzesverletzung aufrechterhalten, sofern es die Rechtsfolge als angemessen erachtet (S. 1); sollte dies nicht der Fall sein, darf es die Rechtsfolge auf Antrag der Staatsanwaltschaft angemessen herabsetzen. Aufgrund zahlreicher verfassungsrechtlicher Bedenken[195] gegen diese Vorschrift, vornehmlich da sie den Revisionsgerichten gestattet, in die zur Domäne des Tatrichters erklärte Strafzumessungsentscheidung einzugreifen und eine solche nun selbst, sogar allein nach Aktenlage (zumindest im Falle des § 349 IV StPO; eine Hauptverhandlung nach den §§ 350, 351 StPO ist eher die Ausnahme), zu treffen, hält das BVerfG[196] eine den Anwendungsbereich einschränkende verfassungskonforme Auslegung für geboten, insbesondere müsse dem Revisionsgericht ein zutreffend ermittelter, vollständiger und aktueller Strafzumessungssachverhalt zur Verfügung stehen; d. h. zum Zeitpunkt der Entscheidung noch richtiger Sachverhalt.[197] Damit scheiden bereits solche Fälle aus, in denen es an einem solchen Sachverhalt mangelt bzw. nicht auszuschließen ist, dass die Tatsachenfeststellungen der Rechtsfolgenentscheidung unzureichend sein könnten.[198] Soweit es Anhaltspunkte für neue, also nach Urteilsverkündung entstandene, im Rahmen der Strafzumessung zu berücksichtigende Umstände gibt, bleibt ebenfalls nur die Möglichkeit zur Aufhebung und Zurückweisung,[199] da dem Revisionsgericht die Feststellung der insoweit relevanten Tatsachen, also die Durchführung einer Beweisaufnahme, nicht möglich ist.[200] Das gilt u. a. auch, wenn es in besonderem Maße auf den persönlichen Eindruck vom

193 BGBl. I, 2198ff.

194 Vgl. dazu *Ventzke* NStZ 2011, 481 (485f.), der § 354 I a StPO als weitere Grundlage für die ohnehin bereits zu beobachtende Tendenz zur reinen Ergebnisorientierung der revisionsgerichtlichen Spruchpraxis ansieht, bei der die Auseinandersetzung mit der Einhaltung von Formvorschriften gegenüber „pragmatischen" Begründungen (= ohne nähere Erläuterungen) in den Hintergrund rücke.

195 Zsf. in BVerfGE 118, 212 (220ff.); vgl. auch *Ventzke* NStZ 2005, 461f.; ferner *Hamm* StV 2008, 205 (208f.), der meint, das Bundesverfassungsgericht hätte die Norm für verfassungswidrig erklären müssen.

196 BVerfGE 118, 212 (234); ausf. zu den Möglichkeiten einer eigenen Sachentscheidung des Revisionsgerichts nach dieser Entscheidung *Paster/Sättele* NStZ 2007, 609ff.

197 *Hamm* StV 2008, 205 (207).

198 BVerfGE 118, 212 (234).

199 BGH, Urteil v. 14.08.2008 – 4 StR 223/08; BGHSt 51, 84 (88); *Hamm* StV 2008, 205 (208); i. Ü. ist eine Verfassungsbeschwerde wegen Verletzung von Art. 101 I 2 GG möglich, wenn ein Revisionsgericht eine nach dem Stand des Verfahrens gebotene Zurückverweisung an das Tatsachengericht willkürlich unterlässt, vgl. BVerfG NJW 2004, 1790f.

200 BVerfGE 118, 212 (235); ferner BGH, NStZ 2005, 705.

Angeklagten ankommt,[201] die Strafzumessungserwägungen gleich mehrere Rechtsfehler enthalten[202] oder ein anderer Strafrahmen in Betracht kommt.[203]

Damit verbleibt also trotz Einführung dieser Vorschrift ein weites Feld an Strafzumessungsfehlern, die zur Aufhebung des Urteils in der Revisionsinstanz führen (können).

1. *Kontrollumfang bzw. unantastbarer Ermessensspielraum*

a) Entwicklung

Das Reichsgericht nahm Ende des 19. Jahrhunderts noch an, tatrichterliche Strafzumessung sei der Revision grundsätzlich „unzugänglich“[204] bzw. sie sei „eine Sache des Ermessens des Instanzrichters, sofern sie sich innerhalb der gesetzlichen Strafdrohung [halte] und nicht von rechtsirrtümlichen Voraussetzungen“[205] ausgehe. Dies entsprach auch der allgemeinen Betrachtungsweise der Strafzumessung zu dieser Zeit, die Revisibilität wurde zumeist[206] jenseits von irrtümlichen Erwägungen bzw. Verstößen gegen gesetzliche Grenzen abgelehnt.[207] Allzu weitreichende Eingriffe in die Strafzumessungsentscheidung des Tatrichters hatten sowohl Gesetzgeber als auch Rechtsmittelinstanz tunlichst zu vermeiden,[208] letztere bereits bedingt durch fehlende materiell-rechtliche Vorgaben sowie die lediglich fakultative Begründungspflicht des § 267 III 1 RStPO. Den Motiven zur RStPO ist insoweit zu entnehmen, dass Strafzumessung damals noch als Tatfrage und damit der auf

201 BGH NStZ-RR 2007, 152 (153); BGHR StGB § 46 Abs. 1 Schuldausgleich 40; BGH NJW 2005, 1813 (1814).

202 BGH StV 2007, 408.

203 BGH NStZ 2010, 714; BGH StV 2008, 176; vgl. auch Meyer-Goßner/Schmitt/*Meyer-Goßner*, § 354 Rn. 28b mit weiteren Fällen, in denen die Anwendung des § 354 I a StPO ausscheidet.

204 RGSt 23, 91 (92).

205 RGSt 8, 76 (77).

206 Vgl. etwa *Drost*, S. 54f., der das Strafzumessungsermessen des Tatrichters lediglich als durch den Strafzweck (damals der Vergeltung) begrenzt erachtet, so dass eine revisionsrechtliche Prüfung auch nur hinsichtlich der Einhaltung dieser Grenze möglich ist; ausf. Darstellung der damals vertretenen Auffassungen zur (nach allen Ansichten nur stark eingeschränkten) Revisibilität der Strafzumessung bei *Nebrich*, S. 6ff.

207 A.A. bereits damals *Kries* (1880), S. 277f., der dem Strafzumessungsakt rechtlichen Charakter zuschrieb und deshalb von dessen vollumfänglicher Revisibilität ausging.

208 Vgl. *Bruns* (1967), S. 588; ferner AK-StPO/*Wassermann*, § 267 Rn. 16; dieses Richterverständnis bezog sich im übrigen lediglich auf Strafzumessung und Beweiswürdigung, im Übrigen wurde der Richter als dem Gesetzgeber untergeordneter Rechtsanwender betrachtet, vgl. *Michalke-Detmering*, S. 71, die dem Richter damals lediglich eine „Vollstreckerrolle in dem Sinne zu[erkannte], als der Richter dem Willen des Gesetzgebers im Einzelfall Geltung verschafft“.

rechtliche Nachprüfung beschränkten Revision ohnehin nicht zugänglich erachtet wurde.[209] Erst zu Beginn des 20. Jahrhunderts wuchs allmählich das Bedürfnis nach einer Kontrollmöglichkeit der Strafzumessungsentscheidung in der Rechtsmittelinstanz.[210] In der Folgezeit setzte sich die Auffassung durch, dass auch Strafzumessung Rechtsanwendung sei, der Tatrichter habe die strafzumessungsrelevanten Umstände festzustellen und unter die Strafzumessungsvorgaben des Gesetzes zu subsumieren; ein Vorgang, der sich auf Rechtsanwendungsfehler hin überprüfen lasse.[211] Der (letztlich nicht umgesetzte) Entwurf der großen Strafrechtskommission von 1939[212] wollte das Rechtsmittel der Urteilsrüge (vergleichbar der Revision) in § 331 sogar dahingehend erweitern, dass auch geprüft werden könne, ob die Ausübung richterlichen Ermessens bei der Strafzumessung ungerecht erscheine. Damit wäre die Strafzumessungsentscheidung des Tatrichters in vollem Umfang revisibel gewesen; diese extensive Auffassung konnte sich jedoch nicht durchsetzen. Allerdings dehnte das Reichsgericht in den 40er Jahren den revisiblen Bereich der Strafzumessung durch weite Auslegung des Begriffs „rechtlicher Fehler“ aus.[213] Obgleich weiterhin betont wurde, dass die Angemessenheit des Strafmaßes eine Frage tatrichterlicher Beurteilung sei, die sich grundsätzlich einer revisionsrechtlichen Kontrolle entziehe,[214] begann die Rechtsprechung auch dieses – in begrenztem Umfang – zu überprüfen,[215] extensiver seit dem Verbot des Alliierten Kontrollrats,

209 *Hahn*, S. 250f.

210 Zum Wandel in der Betrachtungsweise der Strafzumessung und damit einhergehenden Reformbestrebungen hinsichtlich § 267 III 1 StPO vgl. auch die historische Auslegung der Norm.

211 Vgl. *Arndt* SJZ 1946, 30f.; *Schmidt* SJZ 1946, 204 (209); ferner *Bruns* (1967), S. 563; ausf. Darstellung der historischen Entwicklung des Verständnisses von Strafzumessung als Rechtsanwendung auch in BVerfGE 118, 212 (229f. m.w.N.); da es zu dieser Zeit an einer zwingenden Begründungspflicht in der Strafprozessordnung fehlte, kam allerdings grundsätzlich, also auch bei Erörterungsmängeln nur die Sachrüge in Betracht, vgl. etwa RG HRR 1936 Nr. 304 (Aufhebung wegen fehlender Erörterung der Anrechnung von Schutzhaft als Sachmangel); ferner RG HRR 1937 Nr. 414 (Mangels Erörterung der Anrechnung der erlittenen Untersuchungshaft fehlende Berücksichtigung derselben und insoweit materiell-rechtliche Gesetzesverletzung angenommen).

212 Abgedruckt bei Schubert, Abteilung 3, Band 1, S. 297ff.

213 RGSt 76, 323 (325); mit der erhöhten revisionsrechtlichen Kontrolle ging auch die Ausweitung der Begründungspflicht einher, nicht zuletzt durch Umwandlung des § 267 III 1 StPO in eine zwingende Vorschrift (vgl. dazu noch 2. Teil, Abschnitt A, II, 2.).

214 RGSt 69, 157 (162).

215 Vgl. etwa RG HRR 1941, 527: „Die verhängte Strafe ist angesichts...so auffallend niedrig, daß sie sich nur mit einer Verkennung des Strafzwecks erklären lässt“; ähnlich RGSt 76, 323 (325): „Dem Reichsgericht kann nicht zugemutet werden, eine Strafzumessung unbeanstandet zu lassen, die nach seiner Überzeugung nicht mit dem Zweck im Einklang steht, den der Gesetzgeber mit der Strafandrohung

übermäßig hohe und grausame Strafen zu verhängen.[216] An diese Praxis schloss sich auch der Bundesgerichtshof an, das „Revisionsgericht [dürfe] nur nachprüfen, ob die Strafzumessung Rechtsfehler enthält, nicht aber, ob die Strafhöhe im Einzelfall angemessen ist“[217]. Eine Aufhebung kam ohne sonstige Rechtsfehler nur in Ausnahmefällen in Betracht, wobei auf ein „unerträglichen Missverhältnis [der Strafe] zu dem [vom Angeklagten] begangenen Unrecht und seiner Schuld“[218], ein „offensichtlich grobes Missverhältnis“[219], „willkürliche Ermessensausübung“[220] oder ähnlich formelhafte Wendungen zurückgegriffen wurde.[221] Nach und nach etablierte sich die – leicht abgewandelt – noch heute (dazu sogleich) geltende Formel, dass die Strafe sich „von ihrer Bestimmung als gerechter Schuldausgleich...weder nach oben noch nach unten inhaltlich lösen“[222] dürfe; das Problem des zu hohen oder zu niedrigen Strafmaßes wurde zutreffend beim Schuldgrundsatz verortet. Daran anknüpfend wurden Strafen als „unvertretbar hoch bzw. milde“ aufgehoben, sie stünden „in keinem angemessenen Verhältnis zum Unrechtsgehalt und zur Gefährlichkeit der Taten sowie zum Grad der persönlichen Schuld der Täter und [würden] somit den dem Tatrichter bei der Strafzumessung eingeräumten Spielraum“[223] überschreiten. Die „Vertretbarkeit“ setzte sich als maßgebliches Kriterium zur Beurteilung der Einhaltung des Ermessensspielraums durch.[224] Fortan konnte der Rechtsmittelführer mit der Rüge, die verhängte Strafe sei zu hoch (zu niedrig) bemessen und erscheine daher nicht mehr vertretbar durchaus Erfolg haben, auch wenn das Urteil ansonsten

verfolgt“; vgl. auch OLG Hessen HESt 1, 195 (196), das die Prüfung des Strafmaßes als dem für den Angeklagten bedeutsamsten Teil als Pflicht des Revisionsgerichts erachtet hat; zum damaligen Prüfungsmaßstab der Rechtsmittelgerichte – dem „Zweck der verletzten Strafvorschrift“ – vgl. *Stöckel* NJW 1968, 1862ff.; ferner *Maurer*, S. 120ff.

216 Gesetz Nr. 1 der Militärregierung Deutschland Art. IV Ziffer 8; ferner Ziff. 8a der Allgemeinen Anweisung an Richter Nr. 1 – zitiert nach BayObLGSt 1949, 129.

217 BGHSt 5, 283.

218 BGHSt 4, 66, (69f.); vgl. auch BayObLG NJW 1968, 1898.

219 BGHSt 17, 35 (37).

220 BGHSt 5, 57 (59).

221 Vgl. *Maurer*, S. 126f. mit weiteren Beispielen.

222 BGH NJW 1992, 3309 (3310) m.w.N. (in BGHSt 38, 356 insoweit nicht abgedruckt); BGHSt 34, 345 (349); BGHSt 29, 319 (320); BGHSt 24, 132 (134).

223 BGH NJW 1978, 174 (175); BGH NJW 1977, 1247.

224 Nunmehr st. Rspr., vgl. nur BGH, Urteil v. 11.06.2013 – 5 StR 184/13 – zitiert nach juris; BGH NJW 2011, 2819 (2821); BGH StV 2007, 76 (77); BGH NStZ-RR 2005, 168 (169); BGH NStZ 2004, 620; BGH, Urteil v. 07.05.2003 – 5 StR 78/03 – zitiert nach juris; BGH StV 2001, 676; BGH, Urteil v. 17.09.1997 – 2 StR 390/97; BGH StV 1992, 271; BGH StV 1990, 494; BGH StV 1988, 60; BGH, Urteil v. 07.10.1981 – 2 StR 259/81 – bei *Spiegel* DAR 1982, 194 (201); BGH NJW 1977, 639; BGH NJW 1977, 1247; BGHR StGB § 46 Abs. 1 Strafhöhe 7, 9, 10 jeweils m. w. N.; OLG Stuttgart NJW 2006, 1222 (1223); OLG Köln NJW 2001, 3491 (3492); dieser Beobachtung zust. Löwe-Rosenberg/*Franke*, § 337 Rn. 172.

rechtsfehlerfrei ergangen war.[225] Neben sich häufenden erfolgreichen Angriffen auf das konkrete Strafmaß, stellte die Rechtsprechung zunehmend höhere Anforderungen an die Darstellung der tragenden Zumessungserwägungen,[226] die sich nunmehr an (noch immer stetig wachsenden) rechtlichen Vorgaben messen lassen musste.[227] Nicht nur die Rechtsprechung war bestrebt, die – überspitzt formuliert – subjektiv geprägte, „über den Daumen gepeilte" Strafzumessungsentscheidung in eine rational fassbare und nachprüfbare umzuwandeln, auch in der Wissenschaft[228] sowie durch den Gesetzgeber wurden und werden weitere Vorgaben für die Strafzumessungsentscheidung entwickelt bzw. normiert (insbesondere in den § 46ff. StGB[229]).

b) Status Quo

Hinsichtlich der Reichweite der Revisibilität der Strafzumessung gehen die Auffassungen (noch immer) weit auseinander, von einer nach wie vor eher geringfügigen Eingriffsmöglichkeit[230] bis hin zu einer vollständigen Überprüfbarkeit[231] wird in der Literatur alles vertreten.[232] In der Rechtsprechung hat sich eine gemäßigte Auffassung durchgesetzt; in den meisten die Strafzumessungsentscheidung betreffenden

---

225 *Bruns* ZStW 94 (1982), 111 (122).

226 Vgl. dazu bereits OLG Hessen HESt 1, 195 (196f.), das schon zu Zeiten als § 267 III 1 StPO noch als Soll-Vorschrift ausgestaltet war, einige zwingend zu erörternde Gesichtspunkte – wie etwa die Persönlichkeit des Täters, seine Berufs-, Familien- und Vermögensverhältnisse und seine Vorstrafen – aufzählt.

227 *Mösl* DRiZ 1979, 164 (166); ausf. dazu 2. Teil, B.

228 Hier seien nur beispielhaft erwähnt die Werke von *Exner*, Studien über die Strafzumessungspraxis der deutschen Gerichte (1931); *Dreher*, Die gerechte Strafe (1947); *Spendel*, Zur Lehre vom Strafmaß (1954); *Bruns*, Strafzumessungsrecht. Allgemeiner Teil (1967); ders. Das Recht der Strafzumessung, 2. Aufl. 1985; *Zipf*, Die Strafmaßrevision (1969); *Frisch*, Revisionsrechtliche Probleme der Strafzumessung (1971); *Terdenge*, Strafsanktionen in Gesetzgebung und Gerichtspraxis (1983); *Hart-Hönig*, Gerechte und zweckmäßige Strafzumessung (1992); *Schäfer/Sander/van Gemmeren*, Praxis der Strafzumessung, 5. Auflage 2012.

229 Die in § 46 StGB niedergelegten Strafzumessungsgrundsätze wurden bereits mit dem 1. StrRG vom 25.06.1969 (BGBl. I, 645) als § 13 in das StGB aufgenommen.

230 *Schmid* ZStW 85 (1973), 360 (392ff.), der allerdings eine Ausweitung der revisionsgerichtlichen Kontrollmöglichkeit insoweit als sinnvoll erachtet, als durch Erforschung der Strafzumessungspraxis bei den einzelnen Delikten der tatrichterliche Freiraum mithilfe vermehrten Erfahrungswissens eingeengt werden könnte.

231 *Jescheck*, Jescheck/Weigend, § 82 V; SK-StPO/*Frisch*, § 337 Rn. 161; ders. in ZStW 99 (1987), 751 (802) wohl auch *Grasnick*, JZ 1992, 260ff.; *Grünwald* MDR 1959, 713ff., 808ff.; vgl aber *Paeffgen*, in: Festgabe für Peters, 61ff., der insoweit auf die faktisch begrenzten Prüfungsmöglichkeiten des Revisionsgerichts hinweist, (73): „Auf welche Punkte aber auch immer die Ermessenskontrolle sich erstrecken oder begrenzen soll, eine wirkliche Überprüfung...läßt sich nicht durchführen, wenn dem Revisor die eigene Tatsachenermittlung verwehrt wird".

232 Vgl. dazu 1.Teil, Abschnitt C, I, 2, c), aa).

Urteilen findet sich noch heute die Eingangsformel, dass es „grundsätzlich Sache des Tatrichters [sei], auf der Grundlage des umfassenden Eindrucks, den er in der Hauptverhandlung von der Tat und der Täterpersönlichkeit gewonnen hat, die wesentlichen entlastenden und belastenden Umstände festzustellen, sie zu bewerten und gegeneinander abzuwägen."[233] Gerade bei der Gewichtung der Strafzumessungsaspekte könne solchen Umständen maßgebliche Bedeutung zukommen, die „aus dem Inbegriff der Hauptverhandlung und dem Eindruck von der Persönlichkeit des Angeklagten gewonnen worden", ein dem Revisionsgericht verschlossener Bereich.[234] Tatsächlich ist der Tatrichter aufgrund der Hauptverhandlung in der Lage, sich einen (zumindest oberflächlichen) Eindruck von der Tat und insbesondere der Täterpersönlichkeit zu verschaffen, den das Revisionsgericht mangels Anwesenheit bzw. in der Regel fehlender eigener Hauptverhandlung nicht zu erlangen vermag; ob dieser allerdings umfassend oder überhaupt zutreffend sein kann, bleibt zu bezweifeln, was ebenfalls für die grundsätzliche Zulässigkeit der Berücksichtigung dieses Eindrucks bei der Strafmaßfindung gilt. Kann die Persönlichkeit eines Menschen wirklich innerhalb weniger Stunden, teilweise nur Minuten vollständig erfasst werden, zumal in einer besonderen Ausnahmesituation für den Angeklagten und durch einen nicht speziell dafür ausgebildeten Richter, oder würde gar die Täterpersönlichkeit des schweigenden Angeklagten anhand seines Gesichtsausdrucks beurteilt?[235] In der Literatur wird die eingeschränkte Revisibilität zum Teil[236] nicht mit dem fehlenden Eindruck des Revisionsgerichts von der Hauptverhandlung begründet, sondern mit „der für die Strafzumessung relevanten Gesamtsituation der sprachlich niemals vollständig fassbaren Persönlichkeit des Angeklagten"; abgestellt wird hier also auf die fehlende Möglichkeit einer vollständigen Darstellung. Bruns[237] führt zur Begründung des irrevisiblen Ermessensbereichs des Tatrichters an, dass dessen Strafzumessungsentscheidung „auf einem schöpferisch gestaltenden Denkprozess, auf einem sozialethischen Gestaltungsakt" beruhe; innerhalb der gesetzlichen Vorgaben bzw. Grenzen enthalte die Strafzumessung eben diese individuelle Komponente, die einer sachlich-objektiven Überprüfung schlicht nicht zugänglich sei.[238]

---

233 BGH StV 2005, 19 (20); BGH NJW 2003, 2036 (2037); BGHSt 57, 123 (127); BGHSt 34, 345 (349); BGHSt 29, 319 (320); BGHSt 17, 35 (36).

234 BGH NStZ 2004, 620.

235 Etwas anderes mag im Jugendstrafrecht gelten, da in solchen Verfahren die Persönlichkeit des Angeklagten mehr im Fokus steht, allein schon wegen der diesbezüglich von der Jugendgerichtshilfe angestellten Nachforschungen (§ 38 II 1 JGG), über die sie gegebenenfalls in der Hauptverhandlung berichten (§ 50 III JGG).

236 *Roxin/Schünemann*, § 55 Rn. 22; ähnlich *Appl*, Meyer-Goßner/Appl, Rn. 421.

237 *Bruns*, ZStW 94 (1982), 111 (125).

238 Kritisch dazu *Hanack* JZ 1973, 727 (728), der die Argumente der „irrationalen Erwägungen bei der Strafzumessung und den nicht-mitteilbaren Imponderabilien" für überholt hält; ebenfalls kritisch *Grasnick*, JZ 1992, 260 (262), der die Vermittlung des persönlichen Eindrucks vom Angeklagten an das Revisionsgericht auch für

Der Kontrollumfang hinsichtlich der Strafzumessungsentscheidung in der Revision wird von diesen abweichenden Begründungen indes nicht tangiert, weshalb auf die Erörterung weiterer diesbezüglicher Theorien an dieser Stelle verzichtet wird.[239] Diesen Umfang hat die Rechtsprechung dahingehend konkretisiert, dass „ein Eingriff des Revisionsgerichts in diese Einzelakte der Strafzumessung...in der Regel nur möglich [sei], wenn [1.] die Zumessungserwägungen in sich fehlerhaft sind, wenn [2.] das Tatgericht gegen rechtlich anerkannte Strafzwecke verstößt bzw. diese außer Acht lässt oder wenn [3.] sich die verhängte Strafe so weit nach oben oder unten von ihrer Bestimmung löst, gerechter Schuldausgleich zu sein, dass sie nicht mehr innerhalb des Spielraums liegt, der dem Tatrichter bei der Strafzumessung eingeräumt ist,“[240] also nicht mehr vertretbar[241] ist. Innerhalb dieses Rahmens sei die Strafzumessungsentscheidung einer exakten Richtigkeitskontrolle entzogen.[242]

Damit ist die Strafzumessungsentscheidung jedoch nach wie vor nicht mit dem bloßen Hinweis auf die unrichtige oder schlicht unangemessene Höhe angreifbar,[243] erst die Überschreitung der Grenze des schuldangemessenen Spielraums bzw. des Vertretbaren kann in der Revision geltend gemacht werden. Lediglich innerhalb dieses von der Rechtsprechung entwickelten Überprüfungsrahmens kann die Strafzumessung mit Sach- und/oder Verfahrensrüge angegriffen werden.

---

möglich und vor allem nötig hält – nur in diesem Maße sei eine Berücksichtigung desselben bei der Strafzumessung überhaupt zulässig.

239 Vgl. dazu aber 3.Teil, Abschnitt A, I, 2.

240 St. Rspr., vgl. nur BGH, Urteil v. 31.07.2014 – 4 StR 216/14 – zitiert nach juris; BGH NStZ 2011, 270; BGH NStZ-RR 2008, 343; BGH StV 2005, 19 (20); BGH NStZ-RR 1996, 133; BGH NJW 1995, 1038; BGHR StGB § 46 Abs. 1 Strafhöhe 1; BGHSt 45, 312 (318); BGHSt 34, 345 (349); BGHSt 29, 319 (320); BGHSt 24, 132 (134); BGHSt 20, 264 (266f.).

241 St. Rspr., vgl. nur BGH, Urteil v. 11.06.2013 – 5 StR 184/13 – zitiert nach juris; BGH NJW 2011, 2819 (2821); BGH StV 2007, 76 (77); BGH NStZ-RR 2005, 168 (169); BGH NStZ 2004, 620; BGH, Urteil v. 07.05.2003 – 5 StR 78/03 – zitiert nach juris; BGH StV 2001, 676; BGH, Urteil v. 17.09.1997 – 2 StR 390/97; BGH StV 1992, 271; BGH StV 1990, 494; BGH StV 1988, 60; BGH, Urteil v. 07.10.1981 – 2 StR 259/81 – bei *Spiegel* DAR 1982, 194 (201); BGH NJW 1977, 639; BGH NJW 1977, 1247; BGHR StGB § 46 Abs. 1 Strafhöhe 7, 9, 10 jeweils m. w. N.; OLG Stuttgart NJW 2006, 1222 (1223); OLG Köln NJW 2001, 3491 (3492).

242 BGHSt 57, 123 (127); BGHSt 50, 299 (308); BGH NStZ 2004, 620; BGH NJW 2001, 83 (84) (in BGHSt 46, 138 insoweit nicht abgedruckt); BGHSt 34, 345 (349); BGHSt 29, 319 (320); BGHSt 27, 2 (3).

243 *Zipf*, S. 249; vgl. auch *Bruns*, in: Festschrift für Engisch, 708 (720): „Die Kontrolle der Strafzumessung muß nur noch auf die letzten, angeblich irreversiblen Fragen nach der Angemessenheit der Strafe ausgedehnt werden, nämlich auf die richtige Abwägung der Strafzumessungsfaktoren und die richtige Einordnung des Falles in die relative Wertskala des Strafrahmens.“.

2. Sachrüge

a) In sich fehlerhafte Strafzumessungserwägungen

Strafzumessung betrifft die Festsetzung der Rechtsfolgen einer Straftat[244]; sie umfasst sowohl die Auswahl der Sanktion als auch die Bemessung ihrer Höhe[245], gegebenenfalls zudem die Entscheidung über die Strafaussetzung zur Bewährung[246]. Fehlerhafte Strafzumessungserwägungen i.S.v. Rechtsanwendungsfehlern können in diesem Bereich darin bestehen, dass eine nach dem festgestellten Sachverhalt einschlägige Rechtsnorm nicht oder nicht richtig angewandt worden ist oder umgekehrt eine Norm angewandt worden ist, die nicht einschlägig war – regelmäßig aufgrund fehlerhafter Feststellungen oder falscher Auslegung oder Subsumtion.[247] Taugliche Rechtsnormen sind insoweit alle Gesetze im formellen und materiellen Sinn[248]; wobei für die Strafzumessung in erster Linie Straf- und Nebenstrafrecht, Strafverfahrensrecht, aber auch die EMRK (insbesondere Art. 6) und einschlägige Verfassungsbestimmungen (etwa das Rechtsstaatsprinzip oder der Gleichheitsgrundsatz) relevant sind. In Betracht kommen hierbei vor allem Verstöße gegen die §§ 38 ff. StGB, z. B. eine falsche Strafrahmenbestimmung (etwa wegen Übersehens eines einschlägigen zwingenden Strafmilderungsgrundes i.S.d. § 49 StGB oder einer fehlerhaften Milderung des Strafrahmens aufgrund einer Norm, deren Voraussetzungen ersichtlich nicht vorlagen), Verstöße gegen das Doppelverwertungsverbot des § 46 III StGB oder die Missachtung des Grundsatzes, dass die Schuld des Täters Grundlage der Zumessung der Strafe sein muss (§ 46 I 1 StGB). Einen Rechtsanwendungsfehler stellt auch die fehlerhafte Würdigung der Strafzumessungsumstände, also der Verstoß gegen das Abwägungsgebot des § 46 II 1 StGB, dar[249]; ein solcher wurde z. B. in einem Fall angenommen, in dem von einer Mehrzahl im Urteil festgestellter für den Angeklagten sprechender Umstände nur der geringere Teil innerhalb der Strafzumessungserwägungen angeführt, die Gesichtspunkte von erheblichem Gewicht hingegen dort völlig unerwähnt blieben, woraus der BGH schloss, dass die durch § 46 II 1 StGB gebotene Abwägung der für und gegen den Angeklagten sprechenden Tatsachen nicht in der erforderlichen Weise vorgenommen wurde[250]. Die Abwägung des Tatrichters wird indes nicht nur auf ihre Fehlerhaftigkeit hin geprüft, sondern auch auf ihre Vollständigkeit, ob sie dem Erfordernis einer umfassenden

---

244 Ausf. zur Reichweite des Begriffs der Strafzumessung *Detter,* in: Festschrift aus Anlaß des fünfzigjährigen Bestehens von Bundesgerichtshof, Bundesanwaltschaft und Rechtsanwaltschaft beim Bundesgerichtshof, 679 (690).

245 *Jescheck,* Jescheck/Weigend, § 82 I.

246 *Detter,* in: Festschrift aus Anlaß des fünfzigjährigen Bestehens von Bundesgerichtshof, Bundesanwaltschaft und Rechtsanwaltschaft beim Bundesgerichtshof, 679 (690).

247 Meyer-Goßner/Schmitt/*Meyer-Goßner,* § 337 Rn. 33; SK-StPO/*Frisch,* § 337 Rn. 149.

248 SK-StPO/*Frisch,* § 337 Rn. 29.

249 BGH wistra 2003, 97; BGH bei Mösl NStZ 1982, 148.

250 BGH StV 1983, 102 (103).

Würdigung von Täterpersönlichkeit und Tat genügt.[251] Auch die Verletzung des Zweifelssatzes (in dubio pro reo) ist als Rechtsanwendungsfehler auf die Sachrüge hin zu beachten,[252] etwa die strafschärfende Berücksichtigung nicht bewiesener Tatsachen.

b) Verstoß gegen bzw. Missachtung rechtlich anerkannter Strafzwecke

Das Revisionsgericht prüft ferner, ob das Tatgericht bei der Strafzumessungsentscheidung gegen rechtlich anerkannte Strafzwecke verstoßen oder solche übersehen hat, was ebenfalls eine Frage des sachlichen Rechts ist.[253] Die heutzutage anerkannten Strafzwecke wurden bereits dargelegt.[254] Die denkbaren Verstöße gegen Strafzwecke sind mannigfaltig, insbesondere im Rahmen präventiver Überlegungen, und hier nur exemplarisch darstellbar.

Soweit der generalpräventive Aspekt der Abschreckung der Allgemeinheit[255] strafschärfend berücksichtigt wird, heben die Revisionsgerichte die Rechtsfolgenentscheidung regelmäßig aufgrund mangelnder Feststellungen zur Notwendigkeit eines solchen Appells auf. Eine Strafschärfung aus Gründen der Abschreckung anderer möglicher künftiger Rechtsbrecher ist nach ständiger Rechtsprechung[256] nämlich nur dann gerechtfertigt, wenn bereits eine gemeinschaftsgefährliche Zunahme solcher oder ähnlicher Straftaten, wie sie zur Aburteilung stehen, festgestellt worden ist. Der Tatrichter hat daher in den Urteilsgründen die Tatsachen darzulegen, anhand derer das Revisionsgericht prüfen kann, ob die Begehung von Straftaten der zur Aburteilung stehenden Art derart zugenommen hat, dass eine allgemeine Abschreckung für den Gemeinschaftsschutz als notwendig anzusehen ist.[257] Verneint wird diese Notwendigkeit in der Regel bei Konflikttaten[258] (etwa Vergewaltigung in der Ehe). Das Beruhen der Strafzumessungsentscheidung auf der fehlerhaften Berücksichtigung eines generalpräventiven Gesichtspunkts wird zumeist bereits aus der Strafhöhe geschlossen.[259] Auch im Hinblick auf den Zweck der positiven Generalprävention sind Rechtsfehler denkbar. Werden etwa von der

---

251 Löwe-Rosenberg/*Stuckenberg*, § 267 Rn. 182.

252 Löwe-Rosenberg/*Franke*, § 337 Rn. 14; *Frisch*, S. 23; näheres zum Zweifelsgrundsatz im 2. Teil, Abschnitt B, I, 4., a), aa).

253 *Frisch*, in Festschrift für Eser, 257 (274f.).

254 S. 1. Teil, Abschnitt A, VII.

255 Kritisch zur grundsätzlichen Zulässigkeit der Strafschärfung aus Gründen der Abschreckung der Allgemeinheit *Roxin*, in: Festgabe für Schultz, 463 (470ff.).

256 Vgl. nur BGHR StGB § 177 Abs. 1 Strafzumessung 8; BGHR StGB § 46 Abs. 1 Generalprävention 2, 3; BGH NStZ 1986, 358; BGH NStZ 1984, 409; BGH NStZ 1982, 463; BGHSt 6, 125 (1267).

257 BGHR StGB § 46 Abs. 1 Generalprävention 3; vgl. auch OLG Düsseldorf StV 1992, 232 (233).

258 Z.B. BGH StV 2001, 453; BGHR StGB § 46 Abs. 1 Generalprävention 3.

259 BGH, Beschl. v. 20.03.2001 – 4 StR 576/00 – zitiert nach juris (in StV 2001, 453 insoweit nicht abgedruckt); vgl. auch BGH NStZ 1995, 77 (78).

Gesellschaft konsensual als strafmildernd betrachtete Umstände vom Tatgericht übergangen, ist denkbar, dass die verhängte Strafe als zu hoch und nicht mehr gerecht empfunden wird.[260] Die Strafmilderung wäre in dieser Konstellation zur Stärkung des Normvertrauens und der Rechtstreue der Bevölkerung geboten, etwa im Falle einer Tatprovokation durch Beamte der Polizei oder nach erfolgter Schadenswiedergutmachung[261]. Das Revisionsgericht könnte dann aus der fehlenden Berücksichtigung des betroffenen Umstands auf die Missachtung dieses generalpräventiven Zwecks schließen und das Urteil deshalb aufheben.

Häufiger stellt das Außerachtlassen strafmildernd zu berücksichtigender Umstände indes einen Verstoß gegen den Gedanken der Spezialprävention dar, z.B. die fehlende Berücksichtigung berufsrechtlicher Konsequenzen bzw. allgemein von der Strafe für den Täter zu erwartender nachteiliger Wirkungen (§ 46 I 2 StGB)[262] oder die fehlende Anerkennung bereits erlittener Untersuchungshaft im Rahmen der Entscheidung nach § 56 StGB[263]. Auch die Stabilisierung der Lebensverhältnisse nach der Tat und die soziale Wiedereingliederung des Täters sind aus spezialpräventiven Erwägungen zwingend strafmildernd zu berücksichtigen;[264] z.B. hat der BGH[265] insoweit einen Strafausspruch aufgrund der Erwägung des Landgerichts, eine Freiheitsstrafe von zwei Jahren und neun Monaten sei „unbedingt erforderlich, um ... [den Angeklagten] von der Begehung weiterer Straftaten abzuhalten", obgleich es zahlreiche Feststellungen zur sozialen Wiedereingliederung des Angeklagten getroffen, aber nicht mildernd berücksichtigt hatte, aufgehoben.

Nach ständiger Rechtsprechung[266] stellt es ebenfalls einen Rechtsfehler dar, wenn der schuldangemessene Spielraum aus general- oder spezialpräventiven Gründen überschritten wird.[267] Dabei wird zumeist aus der Strafhöhe auf eine Übergewichtung des präventiven Aspekts geschlossen; so hat der BGH[268] z.B. einen Strafausspruch von sieben Jahren Freiheitsstrafe für eine Vergewaltigung mit der Begründung aufgehoben, dass in Anbetracht der nach seiner Erfahrung im Verhältnis zu vergleichbaren Fällen relativ hohen Strafe zu besorgen sei, dass die Strafkammer dem Gedanken der Generalprävention (hier hatte die Strafkammer ausgeführt, dass durch die Höhe dieser Strafe eine abschreckende Wirkung erzielt werden müsse, auch in Bezug auf andere potentielle Täter, die zur Begehung ähnlicher Taten

---

260 *Schäfer/Sander/van Gemmeren*, Rn. 848.
261 *Schäfer/Sander/van Gemmeren*, Rn. 848ff., 867.
262 Ausf. dazu 2. Teil, Abschnitt B, II, 3., f).
263 BGH NStZ 2001, 319.
264 BGH, Beschl. v. 16.08.2011 – 5 StR 300/11.
265 BGHR StGB § 46 Abs. 1 Spezialprävention 4.
266 Vgl. nur BGH StV 1990, 109 (110); BGH StV 1981, 235; BGHSt 29, 319 (321f.); BGHSt 28, 318 (326f.); BGHSt 24, 132 (134); BGHSt 20, 264 (266f.).
267 Zur grundsätzlichen Unzulässigkeit der Überschreitung der schuldangemessenen Strafe aus präventiven Gründen vgl. *Frisch* ZStW 99 (1987), 349 (366f.); ferner *Theune*, in: Festschrift für Pfeiffer, 449 (453).
268 BGHR StGB § 46 Abs. 1 Generalprävention 8.

neigen) ein zu hohes Gewicht beigemessen und dabei außer Acht gelassen habe, dass dieser Strafzweck nur innerhalb des Spielraums für die schuldangemessene Strafe berücksichtigt werden dürfe. Auch in Bezug auf spezialpräventive Gesichtspunkte betont der BGH[269], dass nur im Rahmen des schuldangemessenen Spielraums die in § 46 I 2 StGB normierte Pflicht des Gerichts, bei der auf der Grundlage der Schuld des Täters vorzunehmenden Bemessung der Strafe (§ 46 I 1 StGB) die von dieser ausgehende Wirkung für das künftige Leben des Täters zu berücksichtigen, bedacht werden könne; insbesondere dürfe das Bestreben, eine Strafaussetzung zur Bewährung (zur Vermeidung einer Entsozialisierung) zu ermöglichen, nicht dazu führen, dass die Strafe das Schuldmaß unterschreitet.

Auch die Missachtung vorrangig zu berücksichtigender Strafzwecke, insbesondere des Erziehungsgedankens (§ 2 I JGG) bei der Rechtsfolgenentscheidung im Jugendstrafrecht, kann zur Aufhebung des Strafausspruchs führen.

c) Über-/Unterschreitung des schuldangemessenen Spielraums

Ebenfalls mit der Sachrüge angreifbar ist heutzutage das konkrete Strafmaß, allerdings erst, wenn sich die verhängte Strafe so weit nach oben oder unten von ihrer Bestimmung löst, gerechter Schuldausgleich zu sein, dass sie nicht mehr innerhalb des Spielraums liegt, der dem Tatrichter bei der Strafzumessung eingeräumt ist.[270]

aa) Beurteilungskriterium

(1) Rechtsprechung

Das BVerfG[271] knüpft zur Beurteilung des schuldangemessenen Spielraums an das Kriterium der Verhältnismäßigkeit an; das Rechtsstaatsprinzip setze voraus, dass die Strafe in einem gerechtem Verhältnis zur Schwere der Tat und zu dem Verschulden des Täters steht, es dürften also keine unverhältnismäßig hohen/milden Strafen verhängt werden.

In der fachgerichtlichen Rechtsprechung hat sich insoweit als Gradmesser die Vertretbarkeit[272] des Strafmaßes etabliert; dies gilt sowohl hinsichtlich der

---

269 BGHSt 29, 319 (321f.).

270 St. Rspr., vgl. nur BGH, Urteil v. 31.07.2014 – 4 StR 216/14 – zitiert nach juris; BGH NStZ 2011, 270; BGH NStZ-RR 2008, 343; BGH StV 2005, 19 (20); BGH NStZ-RR 1996, 133; BGH NJW 1995, 1038; BGHR StGB § 46 Abs. 1 Strafhöhe 1; BGHSt 45, 312 (318); BGHSt 34, 345 (349); BGHSt 29, 319 (320); BGHSt 24, 132 (134); BGHSt 20, 264 (266f.).

271 BVerfGE 86, 288 (313) = NJW 1992, 2947; BVerfGE 50, 205 (215 m.w.N.) = NJW 1979, 1038; BVerfGE 45, 187 (228, 260); BVerfGE 6, 389 (439).

272 Nunmehr st. Rspr., vgl. nur BGH, Urteil v. 11.06.2013 – 5 StR 184/13 – zitiert nach juris; BGH NJW 2011, 2819 (2821); BGH StV 2007, 76 (77); BGH NStZ-RR 2005, 168 (169); BGH NStZ 2004, 620; BGH, Urteil v. 07.05.2003 – 5 StR 78/03 – zitiert nach juris; BGH StV 2001, 676; BGH, Urteil v. 17.09.1997 – 2 StR 390/97; BGH StV 1992, 271; BGH StV 1990, 494; BGH StV 1988, 60; BGH, Urteil v. 07.10.1981 – 2 StR

verhängten Freiheitsstrafe als auch für Bestimmung der Geldstrafe (§ 40 StGB)[273]. Die sich innerhalb des korrekt ausgewählten Strafrahmens bewegende Strafe wird vom Revisionsgericht also nicht beanstandet, sofern sie nicht unvertretbar milde oder hoch ist, wobei die Zahl der Urteilsaufhebungen wegen Unvertretbarkeit des Strafmaßes zwar gering ist, jedoch stetig zunimmt[274]. Bei der weiteren Konkretisierung der Grenze des Vertretbaren bzw. der Begründung, dass diese über-/unterschritten sei, agiert der BGH eher zurückhaltend, nämlich mit ähnlich weit gefassten, unbestimmten Begriffen.[275] Typische BGH-Formulierungen sind beispielsweise, dass die Strafe in „keinem angemessenen Verhältnis zum Grad der persönlichen Schuld des Angeklagten, zum Unrechtsgehalt und zur Gefährlichkeit der Tat"[276] stehe, dass sie „unverhältnismäßig hoch bzw. gering"[277] sei, sie nicht mehr als „gerechter Schuldausgleich für die Beteiligung des Angeklagten an der Tat"[278] erscheine oder sie gegen das „Gebot des schuldangemessenen Strafens aus Art. 1 I, 2 I GG i.V. mit dem Rechtsstaatsprinzip"[279] verstoße.

Zuweilen wird auch schlicht im Feststellungsstil behauptet, dass die Strafe unvertretbar hoch/milde sei[280] oder sich von ihrer Bestimmung gelöst habe, gerechter Schuldausgleich zu sein[281], ohne dass dies näher erläutert würde. Detter[282] weist insoweit darauf hin, dass ausführlichere Begründungen zur Unvertretbarkeit des Strafmaßes auf eine eigene Strafzumessungsentscheidung des Revisionsgerichts

---

259/81 – bei *Spiegel* DAR 1982, 194 (201); BGH NJW 1977, 639; BGH NJW 1977, 1247; BGHR StGB § 46 Abs. 1 Strafhöhe 7, 9, 10 jeweils m. w. N.; OLG Stuttgart NJW 2006, 1222 (1223); OLG Köln NJW 2001, 3491 (3492).

273 Vgl. nur BGH StV 2007, 76 (77); BGH NJW 1993, 408 (409); BGHSt 27, 228 (230); BGH NJW 1977, 1459 (1460) m.w.N.; OLG Hamm NJW 1980, 1534; OLG Hamburg NJW 1978, 551 (552).

274 So die Beobachtung von *Bruns*, ZStW 94 (1982), 111 (125); zust. *Schäfer/Sander/van Gemmeren*, Rn. 833f. mit zahlreichen Beispielen.

275 Auch *Foth* kritisiert, dass der Standardsatz der Revisionsgerichte (Ein Eingriff des Revisionsgerichts in die Einzelakte der Strafzumessung ist nur möglich, wenn sich die verhängte Strafe so weit nach oben oder unten von ihrer Bestimmung löst, gerechter Schuldausgleich zu sein, dass sie nicht mehr innerhalb des Spielraums liegt, der dem Tatrichter bei der Strafzumessung eingeräumt ist) nicht begründet wird, wann und unter welchen Voraussetzungen dieser Fall eintrete, werde nicht definiert; eine solche Begründung sei jedoch zu verlangen, da die bloße Behauptung, dies sei ein Rechtsfehler, keinesfalls genügen könne, NStZ 1992, 444 (445).

276 So etwa BGH NJW 1990, 846 m.w.N.; BGH NJW 1977, 1247.

277 Vgl. nur BGH StV 1995, 173 (174); BGH StV 1993, 71.

278 BGH StV 2003, 555.

279 OLG Hamm NStZ-RR 2009, 73.

280 So etwa BGH NStZ-RR 2013, 169 (170); BGH, Beschl. v. 31.03.2010 – 2 StR 21/10.

281 BGH NStZ-RR 2013, 184 (185).

282 *Detter*, in: Festschrift aus Anlaß des fünfzigjährigen Bestehens von Bundesgerichtshof, Bundesanwaltschaft und Rechtsanwaltschaft beim Bundesgerichtshof, 679 (698).

hinauslaufen und damit einen zu weitgehenden Eingriff in den Bereich des Tatrichters bedeuten würden. Dies überzeugt angesichts dessen, dass der Eingriff des Revisionsgerichts bereits in der Aufhebungsentscheidung als solcher – und weniger in ihrer Begründung – liegt, nicht.

Weit häufiger nutzt der BGH jedoch als Bezugsgröße für die Frage der Vertretbarkeit die bisherige Praxis in vergleichbaren Fällen;[283] eine gängige Formulierung ist insoweit, dass die verhängte Strafe das für vergleichbare Fälle übliche Maß erheblich über[284]- bzw. unterschreite[285] und deshalb den Anforderungen an einen gerechten Schuldausgleich nicht mehr gerecht werde. Untersuchungen von Maurer[286] zur faktischen Eingriffsintensität anhand der tatsächlich aufgehobenen Sanktionen führten zu dem Ergebnis, dass der BGH die Grenze der Abweichungstoleranz vom für vergleichbare Fälle üblichen Strafmaß nach unten wie nach oben bei ca. 50% ansetzte; d.h. die Aufhebung des Strafausspruchs erfolgte erst, wenn die Strafe nur der Hälfte des Mittelwerts der üblichen Strafe entsprach oder wenn sie das Eineinhalbfache betrug.

Zu bedenken ist allerdings, dass das übliche Strafmaß nicht zwingend auch das richtige bzw. gerechte sein muss, wovon der BGH offenbar ausgeht. Dass eine bestimmte Strafpraxis sich über einen längeren Zeitraum etabliert hat, bietet insoweit keine Gewähr. Dies schließt z.B. nicht aus, dass gleich in den ersten Fällen für einen bestimmten Sachverhalt ein zu hohes oder niedriges Strafmaß angesetzt wurde, an dem sich nachfolgende Entscheidungen orientiert haben. Ebenso ist denkbar, dass ein vor 20 Jahren entwickeltes übliches Strafmaß nicht mehr zeitgemäß ist, sei es aufgrund gesellschaftlichen Wandels, insbesondere hinsichtlich allgemeiner Wertevorstellungen, der Kriminalitätsentwicklung oder auch wegen Gesetzesänderungen, vor allem bezüglich der Strafrahmen; insoweit droht eine Veränderungsstarre. In Ermangelung tauglicher Alternativen für die Vertretbarkeitsprüfung ist die Anknüpfung an das übliche Strafmaß gleichwohl zu befürworten; dieses Kriterium bietet im Vergleich zu den zuvor genannten eher vagen Formulierungen zumindest eine konkrete Größenordnung. Das von den Revisionsgerichten im jeweiligen Fall ermittelte[287] übliche Strafmaß sollte dann jedoch nicht blind übernommen, sondern zumindest auf seine Aktualität, d.h. Angemessenheit vor dem Hintergrund des gesellschaftspolitischen Klimas, überprüft werden.

---

283 So auch die Beobachtung von *Maurer*, S. 139.

284 BGH NStZ-RR 2008, 308 (309); BGH wistra 2001, 177; BGH bei Winkler NStZ 1999, 232 (235); BGH StV 1996, 661; BGH StV 1993, 71; BGH StV 1992, 271; BGH NStZ 1992, 381; BGH StV 1990, 494.

285 BGHR StGB § 46 Abs. 1 Strafhöhe 9; BGH NStZ 1990, 84f.

286 *Maurer*, S. 168.

287 Ausf. zur Bestimmung des üblichen Strafmaß durch die Revisionsgerichte sogleich, 1. Teil, Abschnitt C, I, 2., c), bb).

(2) Literatur (Auswahl)

Auch die Literatur erkennt im Hinblick auf die Beurteilung der Über- oder Unterschreitung des schuldangemessenen Spielraums, auch als „Vergreifen in der Oktave“[288] bezeichnet, das Vertretbarkeitskriterium an. Bruns[289] etwa setzt dies gleich mit der Freiheit von Rechtsfehlern, wobei „ein gewisser Toleranzbereich“ bzw. ein „persönlicher Rest“ verbleibe – der vertretbare, mit der Revision nicht angreifbare Strafhöhenbereich; der Tatrichter könne sich insoweit an den seiner Erfahrung nach üblichen Strafmaßen orientieren.[290]

Die Grenze des Verhältnismäßigen wird ebenfalls in der Literatur vertreten, Appl[291] etwa leitet die Notwendigkeit eines gerechten Verhältnisses zwischen Strafmaß und Tatschwere/-schuld aus dem Grundrecht der Menschenwürde (Art. 1 I GG) und ebenfalls aus dem in Art. 20 GG niedergelegten Rechtsstaatsprinzip ab. Ob und ggf. welcher Unterschied zwischen dem unvertretbaren und dem unverhältnismäßigen Strafmaß besteht, wird indes nicht weiter ausgeführt.

Streng[292] plädiert dafür, die Sachrüge hinsichtlich der Unvertretbarkeit des Strafmaßes direkt auf die Verletzung des aus dem Rechtsstaatsprinzip abzuleitenden und in § 46 I 1 StGB als Grundlage der Strafzumessungsentscheidung konstatierten Schuldprinzips zu stützen; als Argument für das Überschreiten des schuldangemessenen Spielraums könne darauf abgestellt werden, dass die verhängte Strafe im Vergleich zu in ähnlichen Fällen ausgeurteilten Strafen unüblich hoch ausgefallen sei.

Auch Frisch[293] begrüßt die revisionsgerichtliche Beanstandung unvertretbar hoher/milder Strafen und insbesondere den Kontrollmaßstab der üblichen Sanktionspraxis, die er als „Ausdruck gemeinsamer Gerechtigkeitsvorstellungen“ durch richterrechtliche Konkretisierung der Strafrahmen und ihrer Schwereskalen bezeichnet. Konkret hält er die Strafzumessung aus verfassungsrechtlicher Perspektive dann für unhaltbar, „wenn sie sich von den das Schuldprinzip ausformenden Regeln so weit entfernt, dass der verfassungsrechtliche Kern des Schuldprinzips als verletzt angesehen werden muss“; dies gelte zum einen bei Strafen, die den Wertungen des Strafrahmens und der ausformenden Praxis (als das Schuldprinzip ausformende Regeln) offensichtlich nicht entsprechen, etwa weil sie nur für deutlich schwerere oder mildere Fälle gedacht sind. Darin sieht er zugleich einen Verstoß gegen das Verhältnismäßigkeitsprinzip, geht also insoweit mit dem BVerfG konform. Zum anderen sei der verfassungsrechtliche Kern des Schuldprinzips bei offensichtlich willkürlich verhängten Strafen tangiert, wenn die Strafe ohne sachlichen Grund vom üblicherweise in vergleichbaren Fällen verhängten Strafmaß abweicht. Beiden Aspekten ist gemein, dass Frisch die Offensichtlichkeit des Mangels voraussetzt,

---

288 Vgl. MK-StGB/*Miebach*, § 46 Rn. 55; ferner *Schäfer/Sander/van Gemmeren*, Rn. 833.

289 *Bruns* (1985), S. 307, 310f.

290 *Bruns* (1988), S. 64.

291 *Meyer-Goßner/Appl*, Rn. 417.

292 *Streng* JuS 1993, 919 (924).

293 *Frisch* NStZ 2013, 249 (256); ders. in SK-StPO, § 337 Rn. 177.

was im Vergleich zum Vertretbarkeitskriterium hinsichtlich der Eingriffsintensität des Revisionsgerichts deutlich restriktiver anmutet.

Dies gilt entsprechend für die Auffassung von Dahs[294], der die Eingriffsmöglichkeit des Revisionsgerichts auf die Fälle eines unerträglichen Missverhältnisses der Strafe zur Schuld und Gefährlichkeit des Angeklagten beschränken will. Auch hier streitet das geforderte Maß der Unerträglichkeit für eine deutlich restriktivere Haltung.

Ob nun die Über-/Unterschreitung des schuldangemessenen Spielraums bei der Strafmaßbestimmung als unverhältnismäßig oder unvertretbar bezeichnet werden sollte, kann dahin gestellt bleiben, da zumindest die Rechtsprechung diese Begriffe synonym zu verwenden scheint und auch in der Literatur insoweit keine Differenzen zu erkennen sind. In der Literatur wird teilweise die Tendenz sichtbar, den Vertretbarkeitsrahmen weiter zu fassen als die Rechtsprechung durch zusätzliche Kriterien der Offensichtlichkeit oder Unerträglichkeit, wobei diese sich zuweilen auch in Revisionsurteilen wiederfinden[295]. In Übereinstimmung mit der Rechtsprechung knüpft die Literatur zur Bestimmung der Grenze des Vertretbaren überwiegend an das für vergleichbare Fälle übliche Strafmaß an. Insoweit kritisiert Schäfer[296], dass es sich bei dem Vergleich des Strafmaßes mit der sonst üblichen Sanktionspraxis letztlich um eine eigene Strafzumessungsentscheidung des Revisionsgerichts handle, die grundsätzlich (jenseits der Möglichkeiten gemäß § 354 StPO) unzulässig sei. Allerdings verlangt die Vertretbarkeitsprüfung mangels fester Bezugsgröße dem Revisionsgericht ohnehin eine eigene Wertung ab; insofern ist der Vergleichsmaßstab des üblichen Strafmaßes als (mehr oder weniger – dazu sogleich) objektiv bestimmbare Ausgangsgröße durchaus begrüßenswert.

bb) Das übliche Strafmaß als Vergleichsgröße

Wird nun die Vertretbarkeit des Strafmaßes überwiegend anhand der üblichen Sanktionspraxis in vergleichbaren Fällen beurteilt, stellt sich die Frage, wie das Revisionsgericht diese Gegenüberstellung vornimmt und vor allem die Vergleichsgröße bestimmt.

Als Vergleichsgrundlage dient die Strafzumessungsbegründung des Tatrichters; nur dort mitgeteilte Feststellungen kann das Revisionsgericht zur Beurteilung der Schwere des Falles heranziehen; insbesondere da der Spielraum, den das Tatgericht im konkreten Fall als schuldangemessenen zugrunde gelegt hat, im Urteil nicht anzugeben ist, ist die Prüfung der Einhaltung desselben auf die dargelegten Strafzumessungserwägungen beschränkt.[297] Daher ist eine möglichst ausführliche, alle

294 *Dahs*, Rn. 471.

295 Vgl. nur OLG Köln, Beschl. v. 01.10.2013 – 1 RVs 191/13 (in NStZ 2014, 276f. insoweit nicht abgedruckt).

296 *Schäfer/Sander/van Gemmeren*, Rn. 1535.

297 *Meyer-Goßner/Appl*, Rn. 423.

Besonderheiten des Falles aufzeigende Entscheidungsbegründung nötig, um eine ausreichende Vergleichsbasis zu schaffen.

Schwieriger ist indes die Beurteilung der üblichen Strafpraxis. Das Revisionsgericht knüpft insoweit an eigene Erfahrungen an, zumeist jedoch ohne konkrete Vergleichsfälle zu benennen oder auch nur dem üblichen Maß einen Wert zuzuordnen. Beispielsweise hat das Revisionsgericht[298] einen Strafausspruch von acht Jahren und sechs Monaten wegen fortgesetzten unerlaubten Handeltreibens mit Betäubungsmitteln aufgehoben, da sich diese Strafe „an der obersten Grenze dessen, was nach den Beobachtungen des Strafsenats für den Handel mit Haschisch in dieser Größenordnung ohne das Vorliegen besonderer Milderungsgründe von den Gerichten als angemessen angesehen wird, [bewege],...sie [löse] sich eindeutig von ihrer Bestimmung, gerechter Schuldausgleich zu sein, und [liege] damit außerhalb des dem Tatrichter eingeräumten, von den Revisionsgerichten zu respektierenden Rahmens...". Das Revisionsgericht greift also auf eigene Beobachtungen hinsichtlich der von den Tatgerichten verhängten Strafen zurück,[299] wobei es einerseits den Umfang des Handels und andererseits die Abstinenz von strafmildernden Umständen als Vergleichswerte verwendet. Die ähnlich gelagerten Fälle bzw. dort verhängte Strafen, die das Revisionsgericht seinen Beobachtungen zugrunde gelegt hat, werden nicht genannt. Auffällig bei diesem Urteil ist, dass das Revisionsgericht die ausgeurteilte Strafe an der obersten Grenze des in vergleichbaren Fällen als schuldangemessen angesehenen einordnet, aber gleichwohl eine eindeutige Überschreitung des Spielraums annimmt. Gesteht man dem Tatrichter einen Vertretbarkeitsrahmen zu, innerhalb dessen alle Strafen als schuldangemessen anzusehen sind, so wird man doch erst dann ein Verlassen dieses Rahmens annehmen dürfen, wenn die Grenze überschritten ist und nicht bereits ab dem Erreichen derselben.[300] Zumeist gebraucht der BGH insoweit deutliche Formulierungen, wie etwa, dass die verhängte Freiheitsstrafe „...das für vergleichbare Fälle übliche Maß erheblich [überschreite], damit den Anforderungen an einen gerechten Schuldausgleich nicht mehr [entspreche] und deshalb rechtsfehlerhaft [sei]...[dass] nach den Erkenntnissen des Strafsenats sich die in einschlägigen Fällen gegen die Kindesmütter verhängten Strafen deutlich unterhalb der hier erkannten Freiheitsstrafe (hielten]."[301] Auch hier knüpft das Revisionsgericht an eigene Erkenntnisse im Hinblick auf die in vergleichbaren Fällen übliche Sanktionspraxis an, ohne diesbezüglich ins Detail zu gehen. Die Unvertretbarkeit des Strafmaßes wird allerdings mit einer erheblichen bzw. deutlichen Überschreitung des in Vergleichsfällen üblichen Maßes begründet.[302] Auch, dass die

---

298 BGH NStZ 1985, 415.

299 Vgl. auch BGH NJW 1990, 846, wo als Vergleichsgröße auf vom Senat in ähnlich schweren Fällen des Delikts bestätigte Strafen zurückgegriffen wurde

300 Zu dem Bestreben der Rspr., den vertretbaren Strafmaßspielraum zu verengen, vgl. *Hart-Hönig*, S. 94.

301 BGH NStZ-RR 2008, 308 (309).

302 Vgl. auch BGHR StGB § 54 Abs. 1 Bemessung 10: Die „nach den Umständen sehr hohe Gesamtfreiheitsstrafe von sieben Jahren [Handeltreiben mit insgesamt etwa

verhängte Strafe das in vergleichbaren Fällen übliche Maß bei weitem übersteige,[303] ist insoweit eine gängige Formulierung.

Die Revisionsgerichte prüfen demnach zur Beurteilung der Vertretbarkeit der im Einzelfall verhängten Strafe, ob sie sich im Rahmen dessen hält, was nach ihrer Auffassung in derartigen Konstellationen üblicherweise ausgeurteilt wird, wobei sie auf eigene Beobachtungen zurückgreifen. Die Über-/Unterschreitung dieses üblichen Maßes wird dann schlicht behauptet. Weder wird eine Größenordnung hinsichtlich des ihrer Ansicht nach üblichen Strafmaßes angegeben, noch wird insoweit die Beurteilungsgrundlage offengelegt, etwa durch Angabe der Urteile, die zur Bestimmung der Vergleichsgröße herangezogen wurden.

Ob dies tatsächlich als taugliche Begründung der Überschreitung der Vertretbarkeitsgrenze dienen kann, muss jedoch bezweifelt werden. Das Vorliegen eines Rechtsfehlers lässt sich auch nicht damit begründen, dass er offensichtlich sei. Vielmehr ist zu fordern, dass zumindest – wie in der zuerst zitierten Entscheidung – die verglichenen strafschärfenden/-mildernden Umstände benannt werden, um zu verdeutlichen, auf welche Fallkonstellation sich das vom Revisionsgericht zugrunde gelegte übliche Strafmaß bezieht. Noch dringender ist jedoch die Angabe der vom Revisionsgericht beobachteten üblichen Sanktionspraxis, wenn nicht als exakter Wert, dann doch zumindest ein Bereich üblicherweise verhängter Strafen. Anderenfalls kann die vermeintliche Überschreitung – mag sie auch als deutlich oder erheblich bezeichnet werden – weder von den Verfahrensbeteiligten noch von der Öffentlichkeit nachvollzogen werden. Auch im Hinblick auf den Begründungszweck der Sicherung einer einheitlichen Rechtsprechung[304] bzw. ein gebotenes Mindestmaß an Rechtssicherheit auch bei der Strafzumessungsentscheidung ist die Offenbarung des üblichen Strafmaßes als Orientierungsgröße für andere Tatgerichte wünschenswert. Insoweit gibt es immer wieder Forderungen, aber auch Hilfsbestrebungen in der Wissenschaft[305], den Rahmen des Üblichen durch Sammlung und Analyse der Strafzumessungspraxis innerhalb eines gewissen Zeitraums zu konkretisieren.

Auch Schöch[306] hält die Orientierung am üblichen Strafmaß für tauglich, die Einheitlichkeit der Rechtsprechung zu fördern. Zur Herausbildung des für vergleichbare Fälle üblichen Strafmaßes sei an die tatrichterliche Sanktionspraxis, wie sie sich in einer Vielzahl von Fällen herauskristallisiert hat, anzuknüpfen. Daraus

---

130 g Heroingemisch bei einem Heroinhydrochloridanteil von etwa 8 g] [fällt] aus dem Rahmen der dem Senat bekannten Strafzumessungspraxis <u>deutlich</u> heraus.

303 BGH, Beschl. v. 08.12.1994 – 4 StR 536/94 (insoweit in NStZ 1995, 244 nicht abgedruckt).

304 Zur Notwendigkeit einer umfassenden Sammlung richterlicher Entscheidungen samt Begründung im Hinblick auf den Zweck der Sicherung einer möglichst einheitlichen Spruchpraxis vgl. bereits 1. Teil, Abschnitt A, VIII.

305 Vgl. nur *Exner*, Studien über die Strafzumessungspraxis der deutschen Gerichte (1931); *Terdenge*, Strafsanktionen in Gesetzgebung und Gerichtspraxis (1983).

306 *Schöch*, S. 27, 68f., 76.

seien dann konkrete „Leitlinien, die auf einem intersubjektiven Wertungsprozess aller an der Strafzumessung beteiligten Richter beruhen", als Orientierungsgrößen für die schuldangemessene Strafe bei typischen Fallkonstellationen zu entwickeln; so könne auf eine einheitliche Spruchpraxis hingewirkt werden, ohne dass zugleich ein starres Taxenstrafrecht[307] droht. An diesen Leitlinien könnten sich dann nicht nur Tatrichter orientieren, auch die Revisionsgerichte hätten damit taugliche Vergleichsgrößen zur Beurteilung der Vertretbarkeit des ausgeurteilten Strafmaßes.

Theune[308] sieht es ebenfalls als Aufgabe der Revisionsgerichte an, auf eine möglichst einheitliche Sanktionspraxis hinzuwirken, indem sie den bezüglich der Strafhöhe vertretbaren Entscheidungsspielraum (und damit auch das in bestimmten Konstellationen übliche Strafmaß) durch Konkretisierung der gesetzlichen Wertungsvorgaben für die Strafzumessung eindämmen; wie diese Konkretisierung vorzunehmen ist, wird indes nicht erläutert.

Streng[309] hält grundsätzlich das Revisionsgericht für geeigneter, das übliche Strafmaß zu bestimmen, als das Tatgericht, da es einen besseren Überblick über die allgemeinen Gerechtigkeitsstandards, die regelmäßig bei einem bestimmten Tatbild verhängten Strafen habe. Dieses üblicherweise in vergleichbaren Fällen verhängte Strafmaß kennzeichne die „gerechte Strafe im Sinne von schuldadäquat, wenn und weil das Übliche als intersubjektiver Wertungskompromiss die gesellschaftlich getragene Wertordnung widerspiegelt und konkretisiert"[310]. Er weist jedoch zugleich auf mangelhafte Voraussetzungen zur Ermittlung des üblichen Strafmaßes hin, insbesondere erhalte der Revisionsrichter aufgrund fehlender bzw. unvollständiger Datenerhebungen lediglich persönliche und zudem äußerst selektive Eindrücke aus ihm zufällig und unsystematisch zur Kenntnis gelangten Fällen; verlässliche, allgemeingültige Vorstellungen der üblichen Strafe könne daher auch das Revisionsgericht nicht entwickeln.[311] Obgleich Streng also grundsätzlich die Vergleichsgröße der üblichen Sanktionspraxis für geeignet (bzw. gerecht) hält, um die Vertretbarkeit von Strafmaßen durch das Revisionsgericht zu überprüfen, fehle es derzeit für solche Strafmaßkontrollen an verlässlichen Aussagen zum üblichen Strafmaß. Erst wenn zum üblichen Strafmaß durch umfassende Datenbanken klare Aussagen erlaubt seien, könne man die Vertretbarkeitsgrenzen im Rahmen der revisionsrechtlichen Kontrolle enger fassen.[312] Er plädiert insoweit für eine systematische, bundesweite

307 Eine kritische Betrachtung von Straftaxen bei *Wilcken*, S. 114ff.; insoweit ebenfalls kritisch *Schöch*, S. 76, der darauf hinweist, dass richterliche Strafpraxis „nicht Rechtsquelle, sondern Rechtserkenntnisquelle" ist und bleiben muss.

308 *Theune*, in: Festschrift für Pfeiffer, 449 (457).

309 *Streng* JR 2012, 252 (254).

310 *Streng* (1984), S. 302.

311 *Streng* (1984), S. 303.

312 *Streng* (1984), S. 304; ähnlich *Meier*, S. 238ff.

Erfassung der Strafzumessungspraxis;[313] die Auswertung in der Strafverfolgungsstatistik des Statistischen Bundesamtes sei dafür zu undifferenziert.[314]

Seebald[315] schlägt vor, neben der Sammlung der tatsächlichen Sanktionspraxis – z. B. in Rechtsprechungstabellen – Veränderungs- oder Belassungsvorschläge im Hinblick auf diese Praxis etwa in Form von Richterempfehlungen, die auf regionalen Richtertagungen beschlossen werden könnten, zu entwickeln. Mit einer derartigen Bestimmung des üblichen Strafmaßes würde nicht nur die Einheitlichkeit der Rechtsprechung (einerseits durch das Bereitstellen von Orientierungshilfen für den die Strafe bemessenden Tatrichter, andererseits als Vergleichsgröße bei der Nachprüfung des Revisionsgerichts),[316] sondern auch die Rechtsfortbildung gesichert. Er erachtet das so gefundene übliche Maß als das gerechte, da es auf der Erfahrung und Kompetenz einer Vielzahl von Fachleuten basiere und davon auszugehen sei, dass diese Mehrheit im Hinblick auf die schuldangemessene Strafe in typischen Fallgestaltungen – zumindest im Groben – richtig liegt.[317]

Festzuhalten bleibt, dass die Revisionsgerichte nach wie vor einen irrevisiblen Bereich der Strafzumessungsentscheidung im Hinblick auf das konkrete Strafmaß annehmen: Die sich innerhalb des schuldangemessenen Spielraums bewegende Strafe ist vertretbar und damit vom Revisionsgericht nicht zu beanstanden. Nach wohl überwiegender Auffassung wird die Strafe dann als vertretbar angesehen, wenn sie das für vergleichbare Fälle übliche Maß nicht erheblich über-/unterschreitet. Während die Rechtsprechung das Abweichen vom üblichen Strafmaß regelmäßig schlicht behauptet, ohne auch nur den zugrunde gelegten Vergleichswert zu bezeichnen, weist die Literatur seit Jahren auf die Notwendigkeit der Erstellung einer verlässlichen Datenbasis zur Ermittlung der üblichen Sanktionspraxis, zumindest in typischen Fallkonstellationen, hin. Eine solche bundesweite Datenerfassung ist zwar durchaus erstrebenswert, aufgrund mangelnder Ressourcen jedoch in absehbarer Zeit kaum zu realisieren. Die Vertretbarkeitskontrolle des Revisionsgerichts solange auszusetzen, ist indes keine Option. Um einer zufälligen, gar willkürlichen Beanstandung der erheblichen Über-/Unterschreitung des üblichen Strafmaßes entgegenzuwirken, bedarf es daher zumindest einer sowohl die Vergleichskriterien (Strafzumessungsumstände) als auch die Vergleichsgröße (das – wenn auch subjektiv ermittelte – zugrunde gelegte übliche Strafmaß) benennenden Entscheidungsbegründung durch die Revisionsgerichte, wenn nicht gar zusätzlich der Angabe einiger insoweit einschlägiger Entscheidungen. Dies soll keineswegs zur Herausbildung eines starren Richterrechts bezüglich der Strafzumessungsentscheidung

313 *Streng* (1984), S. 303.
314 NK-StGB/Streng, § 46 Rn. 197.
315 *Seebald* GA 1974, 193 (197).
316 *Seebald* GA 1974, 193 (208).
317 *Seebald* GA 1974, 193 (202, 206); vgl. auch Theune, in: Festschrift für Pfeiffer, 449 (451), der im Hinblick auf die „gerechte Strafe" feststellt, dass „allein ein argumentativ begründetes Mehrheitsvotum (i.S.e. eines Wertungskonsens) Anspruch darauf erheben kann, den Anforderungen der Gerechtigkeitsidee zu entsprechen."

führen; vielmehr soll lediglich ein Mindestmaß an Rechtssicherheit bezüglich der zu erwartenden Sanktion sichergestellt werden. Vom Revisionsgericht zu fordern ist lediglich eine (auch bei sonstigen Gesetzesverletzungen i.S.v. § 337 StPO vorzunehmenden) Begründung dafür, dass eine Strafe als unvertretbar – da erheblich vom üblichen Maß abweichend – erachtet, also eine Verletzung materiellen Rechts angenommen wird.

cc) Einschränkung der Begründungspflicht hinsichtlich des irrevisiblen Bereichs

Angesichts dessen, dass die materiell-rechtliche Begründungspflicht den Tatrichter zwingt, seine Strafzumessungsentscheidung so zu begründen, dass dem Revisionsgericht eine vollständige Nachprüfung auf sachlich-rechtliche Fehler ermöglicht wird, ist zu erwägen, ob Einschränkungen im Hinblick auf die Nachprüfbarkeit (ein irrevisibler Bereich bei der Strafhöhenbemessung) Auswirkungen auf den Umfang der Begründungspflicht haben. Das Revisionsgericht überprüft zwar (grundsätzlich) nicht die Angemessenheit der ausgeurteilten Strafe, jedoch ihre Vertretbarkeit, d.h. in der Regel, ob das in vergleichbaren Fällen üblicherweise verhängte Strafmaß (erheblich) über- oder unterschritten wurde. Dies erfordert allerdings den gleichen Begründungsumfang der tatrichterlichen Entscheidung wie die Prüfung der Angemessenheit der Strafhöhe. Ob lediglich eine konkrete Strafhöhe oder ein Strafhöhenbereich vom Revisionsgericht toleriert wird, hat keine Auswirkungen auf die insoweit zur Nachprüfung erforderliche Strafzumessungsbegründung. In beiden Fällen muss die Strafzumessungsbegründung die Umstände, die für die Strafmaßentscheidung nach den konkreten Umständen des Falles relevant sind, enthalten: Eine eigene Angemessenheitsprüfung wäre dem Revisionsgericht ohnehin nur bei vollständiger Tatsachenkenntnis möglich.[318] Die Beurteilung, ob die Strafe der in ähnlich gelagerten Fällen üblicherweise verhängten entspricht, vermag das Revisionsgericht indes auch nur mithilfe einer ausreichenden Vergleichsbasis zu beurteilen; durch etwaige Aussparungen bei der Begründung – sei es aufgrund der Einordnung vom Tatrichter als unerheblich oder wegen Übersehens einzelner Umstände – könnten die Vergleichsparameter derart verändert werden, dass eine fehlerhafte Typisierung des Falles erfolgt und dementsprechend auch ein falsches übliches Strafmaß zugrunde gelegt wird. Die sowohl aus den Zwecken als auch aus den rechtlichen Grundlagen der Begründungspflicht erwachsende Forderung nach einer erschöpfenden Darstellung der Strafzumessungsentscheidung im Urteil wird demnach von dem verbleibenden irrevisiblen Bereich des schuldangemessenen, also vertretbaren, Spielraums nicht tangiert.

---

318 Vgl. BVerfGE 118, 212 (234) zur Angemessenheitsprüfung gemäß § 354 Ia StPO: Dem Revisionsgericht müsse ein zutreffend ermittelter, vollständiger und aktueller Strafzumessungssachverhalt zur Verfügung stehen.

3. *„Darstellungsrüge“*

a) Anwendungsbereich

aa) Revisionsrechtliche Prüfung von Darstellungsmängeln

Nach heute ständiger Rechtsprechung prüfen die Revisionsgerichte ferner, ob die schriftlichen Urteilsgründe überhaupt eine tragfähige Grundlage für die Prüfung von Rechtsanwendungsfehlern bieten[319] bzw. eine sachlich-rechtliche Nachprüfung der Entscheidung des Tatrichters ermöglichen[320], d.h. das Urteil wird auf mögliche Darstellungsmängel hin kontrolliert. Auch bei Verhängung der Geldstrafe muss die Begründung von Anzahl und Höhe der verhängten Tagessätze so angelegt sein, dass eine revisionsrechtliche Kontrolle der Entscheidung ermöglicht wird.[321]

Die sog. Darstellungsrüge wurde in den 20er Jahren des 20. Jahrhunderts entwickelt, zunächst nur um dem Revisionsgericht die Überprüfung der Beweiswürdigung zu ermöglichen, zumindest soweit es schwerwiegende Bedenken im Hinblick auf die Richtigkeit der festgestellten Tatsachen hatte.[322] Seit den 50er Jahren des letzten Jahrhunderts wird sie auch auf die Strafzumessungsbegründung angewandt[323] und seitdem ständig ausgeweitet[324]. Die Rechtsprechung ist zum Teil bereits dazu übergegangen, den Darstellungsmangel mit in die Standardformel zum Prüfungsumfang des Revisionsgerichts aufzunehmen, z.B.: „Die Strafbemessung ist grundsätzlich Sache des Tatrichters, so dass das Revisionsgericht nur bei Vorliegen eines Rechtsfehlers eingreifen darf. Ein solcher kann etwa dann gegeben sein, *wenn die Begründung für die verhängte Strafe dem Revisionsgericht die ihm obliegende sachlich-rechtliche Nachprüfung nicht ermöglicht,* die Erwägungen des Tatrichters in sich fehlerhaft sind oder sich die Strafe von ihrer Bestimmung, gerechter Schuldausgleich zu sein, nach oben oder unten löst.“[325] Ähnliche Formulierungen lauten, dass eine Fehlerhaftigkeit „ferner dann anzunehmen (sei), *wenn die Darlegungen des Tatrichters*

---

319 Vgl. nur BGH StV 2011, 728; BGH NStZ-RR 2000, 304; BGH NStZ-RR 1998, 103; OLG Köln, Beschl. v. 09.06.2004 – Ss 224/04 – zitiert nach juris; KG Berlin, Beschl. v. 03.01.1997 – (3) 1 Ss 339/96 (120/96) – zitiert nach juris; OLG Düsseldorf NStZ 1988, 325 (326).

320 Vgl. nur BGH NStZ-RR 2012, 336 (337); BGH StV 2011, 728; BGH NStZ-RR 2000, 304; BGHSt 24, 268.

321 BGH StV 2007, 76 (77); BGH NJW 1993, 408 (409); BGH, Beschl. v. 05.01.1977 – 3 StR 497/76 – bei *Spiegel* DAR 1978, 146 (150); BGHSt 27, 228 (230); BGHSt 27, 212 (215); OLG Naumburg, Beschl. v. 10.05.2012 – 1 Ss 8/12; KG Berlin NZV 2010, 530; KG Berlin VRS 129, 97 (99); OLG Frankfurt StV 1984, 157 m.w.N.

322 *Sarstedt,* in: Festschrift für Dreher, 681 (683); ausf. dazu *Schmitt,* Die richterliche Beweiswürdigung im Strafprozess (1992).

323 Vgl. dazu *Krause,* S. 49; ferner SK-StPO/*Frisch,* § 337 Rn. 159; zur historischen Entwicklung vgl. bereits die Ausführungen zur materiell-rechtlichen Begründungspflicht, 1.Teil, Abschnitt B, III.

324 So etwa die Beobachtung von *Hamm* StV 2008, 205f.

325 BGH NStZ-RR 2015, 240; ebenso BGH NStZ-RR 2012, 336 (337).

zu den Strafzumessungserwägungen lückenhaft sind und dem Revisionsgericht eine ausreichende Kontrolle nicht ermöglichen“[326] oder dass ein revisionsrechtlich beachtlicher Rechtsfehler vorliege, wenn „die Zumessungserwägungen in sich fehlerhaft sind, gegen rechtlich anerkannte Strafzwecke verstoßen, *bestimmende Strafzumessungstatsachen übergangen wurden* oder sich die verhängte Freiheitsstrafe von ihrer Bestimmung eines gerechten Schuldausgleichs offenkundig löst“[327]. Einer noch präziseren Variante zufolge, sei es rechtsfehlerhaft, „wenn der Tatrichter rechtlich anerkannte Strafzwecke außer Acht gelassen hat, *nach den Feststellungen erkennbar wesentliche be- bzw. entlastende Strafzumessungserwägungen nicht berücksichtigt hat* oder wenn sich die Strafe nach oben oder unten von ihrer Bestimmung löst, gerechter Schuldausgleich zu sein“[328]. Diese den Darstellungsmangel ausdrücklich in den revisionsrechtlichen Kontrollumfang miteinbeziehenden Formulierungen haben sich jedoch keineswegs bereits durchgesetzt, diesbezügliche Recherchen ergaben vielmehr, dass sie auch heutzutage[329] noch die Ausnahme bilden, was indes nicht bedeutet, dass in den übrigen Entscheidungen der Revisionsgerichte keine Prüfung der Strafzumessungsbegründung auf etwaige Darlegungslücken hin enthalten war. Zumeist wird auf die Erwähnung des Prüfungsrechts hinsichtlich der Darstellung, teilweise sogar auf die gesamte Standardformel zum Kontrollumfang verzichtet und dann im Rahmen der Prüfung der Strafzumessungsentscheidung schlicht festgestellt, dass die Strafzumessungserwägungen lückenhaft sind[330] oder ein für die Strafzumessung wesentlicher Gesichtspunkt unberücksichtigt geblieben ist[331], ohne dass dieser Mangel rechtlich eingeordnet würde.

bb) Einzelne Aspekte des Darstellungsmangels

Um eine sachlich-rechtliche Nachprüfung durch das Revisionsgericht zu ermöglichen, also insoweit frei von Darstellungsmängeln zu sein, müssen die Urteilsgründe zunächst eindeutig, geschlossen und grundsätzlich aus sich heraus verständlich sein.[332] Verständlichkeit meint zunächst das Abfassen der Gründe in einer verständlichen (deutschen, vgl. § 184 GVG) Sprache; ein bereits aus dem Rechtsstaatsprinzip und Art. 19 IV GG folgendes Erfordernis.[333] Vor allem aber sind Bezugnahmen in der Regel unzulässig, gebotene eigene Urteilsfeststellungen oder Würdigungen dürfen

---

326 OLG Hamm StraFo 2005, 33.
327 BGH NStZ-RR 2012, 168.
328 OLG Brandenburg, Beschl. v. 04. 04.2011 – (1) 53 Ss 25/11 (20/11) – zitiert nach juris Rn. 6.
329 Vgl. nur aus neuesten Rspr. BGH, Urteil v. 31.07.2014 – 4 StR 216/14 (in NStZ-RR 2014, 320 insoweit nicht abgedruckt).
330 So etwa BGH NStZ-RR 2011, 370; ferner BGH StV 1993, 72.
331 Z.B. BGH NStZ-RR 2010, 39; ferner BGH StV 1986, 149.
332 BGH NStZ-RR 2007, 22; BGH NStZ-RR 1996, 109; BGH NStZ 1992, 49 (50); BGHSt 33, 59 (60); BGHSt 30, 225 (227 m.w.N.).
333 Zur Frage der ausreichenden Verständlichkeit i.d.S. bei Verwendung zahlreicher medizinischer Fachausdrücke vgl. OLG Hamm NStZ-RR 2010, 348.

grundsätzlich nicht durch Verweisungen oder Bezugnahmen ersetzt werden.[334] Dies betrifft in erster Linie Bezugnahmen auf andere Urteile,[335] insbesondere auf die Gründe des ersten tatrichterlichen Urteils nach Aufhebung im Strafausspruch und Zurückweisung,[336] aber auch der Verweis auf ein eigenes früheres Urteil vermag erneute Ausführungen im Urteil nicht zu ersetzen[337]. Die Bezugnahme auf andere Schriftstücke bzw. Erkenntnisquellen außerhalb der eigenen Urteilsgründe ist ebenfalls grundsätzlich unzulässig – wie etwa der Verweis auf Aktenbestandteile (Ausnahme in § 267 I 3 StGB), z.B. die Anklageschrift[338] oder das Sitzungsprotokoll; insoweit hob der BGH[339] ein Urteil auf, in dem das Tatgericht in den Gründen ausführte, dass „auf den Teil der Aussage, den das Gericht wegen des Verdachts der Falschaussage wörtlich protokollierte, Bezug genommen [werde]" statt den wesentlichen Inhalt dieser Aussage in den Urteilsgründen darzulegen. Unterschiedlich behandelt die Rechtsprechung die Frage der Zulässigkeit einer pauschalen Bezugnahme bei der Strafzumessung im engeren Sinne auf die im Rahmen der Strafrahmenbestimmung erörterten Zumessungserwägungen. Der BGH[340] verneint dies zuweilen mit dem Argument, dass das Revisionsgericht anderenfalls nicht prüfen könne, ob das erkennende Gericht sich von rechtsfehlerhaften Erwägungen hat leiten lassen. Überwiegend[341] wird die Zulässigkeit dieser Bezugnahme als von den Umständen des Einzelfalles abhängig beurteilt; je ausführlicher Strafzumessungserwägungen schon bei der Strafrahmendiskussion erörtert wurden, desto eher genüge die Bezugnahme hierauf zur Strafmaßbegründung. Dem ist insoweit zuzustimmen, als eine eingehende Strafrahmenbegründung bereits eine ausreichende Prüfungsgrundlage für das Revisionsgericht im Hinblick auf unzulässige Erwägungen bietet, eine erneute Darlegung derselben Umstände erschöpfte sich in unnötigen, der Verständlichkeit der Urteilsgründe wohl eher abträglichen Wiederholungen. Eine Verweisung auf die Strafzumessungserwägungen eines anderen Richters verbiete

334 BGH v. 9.10.2008 – 1 StR 238/08 – zitiert nach juris; BGH NStZ-RR 2007, 22; BGH NStZ-RR 2000, 304.

335 BGH NJW 1951, 413; zust. KK-StPO/Kuckein, § 267 Rn. 24; Löwe-Rosenberg/Stuckenberg, § 267 Rn. 92; Löwe-Rosenberg/Franke, § 337 Rn. 156.

336 BGH StraFo 2011, 97; BGH StraFo 2004, 211; BGH NJW 1977, 1247; BGH StV 1982, 105 m.w.N.; BGHSt 24, 274 (275); vgl. auch BGH NStZ 2000, 441, der darauf hinweist, dass eine Bezugnahme in diesen Fällen auch nicht dadurch zulässig wird, dass sie mit den Hinweis verbunden wird, die neue Hauptverhandlung habe zu denselben Feststellungen geführt; vgl. dazu Martin DAR 1975, 114 (121).

337 BGH NStZ-RR 2007, 22; so bereits *Lichti* DRiZ 1952, 150 (152), der in diesem Fall die wörtliche Übernahme des gebilligten Teils empfiehlt.

338 BGH NStZ 1987, 374 m.w.N.

339 BGH NStZ-RR 2000, 304.

340 BGH StV 1991, 346 m.w.N.; vgl. auch BGH NStZ 1984, 214.

341 BGH NStZ 1997, 337 (338); BGH NJW 1992, 324 (325); BGHR StGB § 177 Abs. 1 Strafzumessung 12.

sich indes nach der Rechtsprechung[342] schon deshalb, weil dies der Bedeutung der Strafzumessung und der besonderen Bewertungsaufgabe des Tatrichters nicht gerecht würde. Auf die wenigen Ausnahmen bzw. die strengen Voraussetzungen, unter denen Bezugnahmen zulässig sind, soll hier nicht weiter eingegangen werden[343], da diese nicht die Strafzumessungsbegründung betreffen.

Der wohl wesentlichste Aspekt des Darstellungsmangels ist die Lückenhaftigkeit der Urteilsgründe; diese müssen grundsätzlich vollständig sein, um dem Revisionsgericht als taugliche Prüfungsgrundlage zu dienen.[344] Dies bezieht sich auf den gesamten Inhalt der schriftlichen Urteilsbegründung, gleich ob die Sachverhaltsfeststellungen[345], die Beweiswürdigung[346], die Feststellungen zu den persönlichen Verhältnissen[347] oder die Strafzumessung[348] betroffen sind. Soweit das Urteil erkennbar lückenhaft ist, führt dies zur Aufhebung durch das Revisionsgericht (zumindest, sofern – wie regelmäßig der Fall – das Beruhen des Urteils auf diesem Mangel nicht ausgeschlossen ist). Ein solcher Darstellungsmangel ist etwa dann anzunehmen, wenn das Urteil nicht erkennen lässt, welcher Strafrahmen zugrunde gelegt wurde.[349] Fehlerhaft ist es auch, wenn sich das Tatgericht über das Gebot zur Ganzheitsbetrachtung von Tatgeschehen und Täterpersönlichkeit (d. h. der notwendigen Gesamtschau der Tatumstände im weitesten Sinne sowie der Persönlichkeit des Täters)[350] hinwegsetzt und sich in seinen Ausführungen lediglich auf einen dieser beiden Aspekte konzentriert, etwa nur die Persönlichkeit des Angeklagten berücksichtigt oder diese außer Acht lässt und sich lediglich mit der Schwere der Tat auseinandersetzt.[351] Mit der Darstellungsrüge kann ferner geltend gemacht werden, eine nach den Umständen sich aufdrängende Strafzumessungserwägung sei unerörtert geblieben,[352] insbesondere wenn dies gemäß § 46 II 2 StGB grundsätzlich im Rahmen der Zumessung zu erörternde Umstände betrifft, wenn beispielsweise Ausführungen zum Vorleben des Täters, seinem Nachtatverhalten

---

342 BGH NStZ 2000, 441 m.w.N.; grundlegend dazu BGH, Urteil v. 19.05.1988 – 2 StR 166/88 – zitiert nach juris.

343 Vgl. dazu BGHSt 33, 59 (60); BGHSt 30, 225 (227); *Schäfer/Sander/van Gemmeren*, Rn. 1372; *Fuhrmann* JR 1962, 81 (83).

344 Vgl. nur OLG Hamm NStZ-RR 2010, 348; vgl. dazu AK-StPO/*Wassermann*, § 267 Rn. 7; ferner *Haller/Conzen*, Rn. 1027.

345 BGH NStZ 2008, 352.

346 BGH NStZ-RR 1999, 45.

347 Dazu ausf. 2. Teil, Abschnitt B, II, 1.

348 BGH NStZ-RR 1998, 17f.; BGHR StPO § 267 Abs. 3 Satz 1 Strafzumessung 8, 17; BGH NStZ 1982, 433.

349 OLG Koblenz NZV 2012, 404 (405).

350 BGH NStZ 1981, 389; BGHSt 24, 268 (269f.); BGHSt 16, 351 (353); BGHSt 7, 28 (31).

351 Vgl. dazu Krekeler-Löffelmann/*Martis*, § 267 Rn. 19, ebenso *Schäfer/Sander/van Gemmeren*, Rn. 1542.

352 S. dazu die Untersuchung einiger konkreter, erörterungspflichtiger Strafzumessungsumstände in 2. Teil, Abschnitt B, II.

oder zu den Auswirkungen der Tat fehlen. Aber auch darüber hinaus gehende, nach den konkreten Umständen naheliegende Gesichtspunkte, die im Rahmen der Strafzumessungsbegründung übergangen wurden, etwa Besonderheiten des Tathergangs oder die Beteiligung Dritter oder sonstige spezial- oder generalpräventive Aspekte können im Einzelfall einen Darstellungsmangel begründen.[353]

Besonders häufig sind die Fälle, in denen das Revisionsgericht bei besonders niedrigen bzw. auffällig hohen Strafen einen Begründungsmangel darin findet, dass die Urteilsgründe das Abweichen vom Üblichen nicht an den Besonderheiten des Falles verständlich gemacht haben, teilweise versehen mit dem weiteren Hinweis, dass deshalb nicht auszuschließen sei, dass die Grenzen des Schuldangemessenen überschritten wurden.[354] Bereits in den 50er Jahren des letzten Jahrhunderts hat der BGH in der fehlenden Erläuterung der Abweichung vom üblichen Strafmaß einen Darstellungsmangel gesehen.[355] Statt die Unvertretbarkeit der konkreten Strafhöhe zu rügen, wird auf die mangelhafte Begründung derselben abgestellt. Hinsichtlich der Problematik bei der Bestimmung der Bezugsgröße des üblicherweise in vergleichbaren Fällen verhängten Strafmaßes gelten die im Rahmen der allgemeinen Sachrüge gemachten Ausführungen entsprechend.[356]

Weitestgehend Einigkeit[357] besteht auch hinsichtlich der Einordnung von Verstößen gegen Denkgesetze und Erfahrungssätze sowie widersprüchlichen Ausführungen bei der Darstellungsrüge, ebenso wie dies hinsichtlich der Beweiswürdigung angenommen wird[358]. Die Rechtsprechung hat bereits Mitte des letzten Jahrhunderts einen Verstoß gegen Denkgesetze angenommen, soweit das Tatgericht die von ihm getroffenen Feststellungen für die Strafzumessung nicht ausgewertet hat[359] (was heute wohl eher als lückenhaft bezeichnet würde). Wegen Widersprüchlichkeit aufgehoben wurde beispielsweise eine Entscheidung wegen der strafschärfenden Berücksichtigung der Bewährungszeit bei Tatbegehung, obwohl aus den im Urteil mitgeteilten Vorstrafen hervorging, dass diese eigentlich zu diesem Zeitpunkt

---

353 Vgl. dazu Löwe-Rosenberg/*Stuckenberg*, § 267 Rn. 182 m.w.N.

354 Vgl. nur BGH NStZ-RR 2013, 108; BGH StraFo 2012, 419; BGH NStZ-RR 2011, 5; BGHR StGB § 46 Abs. 1 Strafhöhe 1, 2, 8; BGH StV 1993, 71; BGH StV 1986, 57; BGH StV 1983, 102; so auch die Beobachtung von *Goydke*, in: Festschrift für Meyer-Goßner, 541 (544f.).

355 BGH NJW 1954, 1375.

356 S. 1. Teil, Abschnitt C, I, 2., c), bb).

357 S. nur *Krause*, S. 49; *Weidemann/Scherf*, Rn. 596; AK-StPO/*Wassermann*, § 267 Rn. 7; Löwe-Rosenberg/*Stuckenberg*, § 267 Rn. 182 m.w.N.; a.A. wohl BayObLGSt 1993, 195 (197), die Strafzumessungserwägungen seien im Falle eines Verstoßes gegen Denkgesetze oder Erfahrungssätze in sich rechtsfehlerhaft; damit wären derartige Fehler bereits im Rahmen der allgemeinen Sachrüge zu prüfen – dieser vermeintliche Disput kann indes dahinstehen, soweit die Darstellungsrüge als Unterfall der Sachrüge qualifiziert wird, dazu sogleich.

358 Vgl. dazu KK-StPO/*Ott*, § 261 Rn. 81ff.

359 OLG Koblenz SJZ 1947, 441 (442).

bereits abgelaufen war.[360] Bei einer Verurteilung nach § 176 StGB wurde als widersprüchlich erachtet, dass einerseits festgestellt wurde, dass die betroffenen Mädchen durch die Handlungen des Angeklagten keinen seelischen Schaden erlitten hatten, dem Angeklagten jedoch gleichwohl strafschärfend angelastet wurde, dass ihm die Einsicht fehle, dass er unter Umständen Schaden angerichtet habe.[361] Noch offensichtlicher tritt die (die Urteilsaufhebung nach sich ziehende) Widersprüchlichkeit in einer Urteilsbegründung zu Tage, in der zunächst ausgeführt wird, dass die Angeklagte „als gereifte Frau, die eine Ehe hinter sich hatte, derart schwerwiegend straffällig geworden" sei, während ihr Tatbeitrag später als „jeweils verhältnismäßig gering" beschrieben wird.[362] Diese (die Fehlerhaftigkeit auf der Stirn tragenden) Beispiele verdeutlichen auch, weshalb die Rechtsprechung bereits frühzeitig (bezüglich der Beweiswürdigung bereits 1920er Jahre[363]) begonnen hat, Urteile wegen Darstellungsmängeln aufzuheben.

b) Rechtliche Einordnung

Ebenso wie im Bereich der revisionsrechtlichen Kontrolle der Beweiswürdigung[364] ist die Einordnung der Darstellungsrüge als Verfahrens- und/oder Sachrüge umstritten. Kann die Verletzung der auf die Strafzumessung bezogenen Darlegungspflicht bereits umfänglich mit der Sachrüge geltend gemacht werden oder lediglich mit der Verfahrensrüge als Verstoß gegen § 267 III 1, 2. HS StPO oder ist der Darstellungsmangel zugleich ein solcher formeller Verstoß und ein sachlich-rechtlicher Fehler? Dies wird in Rechtsprechung und Literatur nicht einheitlich beurteilt.

aa) Verfahrensmangel

Da § 267 III 1, 2. HS StPO explizit festlegt, dass in den Gründen des Strafurteils die Umstände anzuführen sind, die für die Zumessung der Strafe bestimmend gewesen sind, liegt es nahe, Darstellungsmängel hinsichtlich der Strafzumessung, insbesondere das Fehlen derartiger Umstände in den Urteilsausführungen, als Verletzung dieser Norm einzuordnen.

Auch in der früheren Rechtsprechung finden sich vereinzelt Urteile, die den Darstellungsmangel ausschließlich als prozessualen Fehler qualifizieren. Das OLG Köln hat in einem Urteil von 1947[365] aus dem Rechtssatz des Alliierten Kontrollrats (Gesetz Nr. 1 der Militärregierung Deutschland Art. IV Ziffer 8 „Keine grausame oder übermäßig hohe Strafe darf verhängt werden.") eine über die Anforderungen des damals als Soll-Vorschrift ausgestalteten § 267 III 1 StPO hinausgehende prozessuale

---

360 BGH bei *Theune* StV 1985, 162 (164).
361 BGH, Beschl. v. 29.07.1980 – 1 StR 356/80 – zitiert nach juris.
362 BGH, Beschl. v. 06.04.1984 – 2 StR 863/83 – bei *Mösl* NStZ 1984, 492 mit weiteren Beispielen widersprüchlicher Urteilsgründe.
363 Vgl. 1. Teil, Abschnitt C, I, 3., a), aa).
364 Dazu *Schmitt*, S. 489ff.
365 OLG Köln HESt 1, 200 (203f.).

und revisible Rechtspflicht, die Zumessungstatsachen vollständig zu ermitteln und vollständig in die Begründung des Urteils aufzunehmen, hergeleitet. Eine Verletzung dieser prozessualen Pflicht wurde dann allerdings – konsequenterweise – mangels erhobener Verfahrensrüge nicht geprüft. Lediglich die Überschreitung der zulässigen Höchstgrenze bzw. des „Höchstmaßes der individuell-schuldgerechten Strafe“ wurde als Sachmangel diskutiert, eine materiell-rechtliche Pflicht zur Darstellung der Strafzumessungsgründe war dem OLG Köln demnach fremd. Auch in Bezug auf die spezielle Erörterungspflicht des § 267 III 4 StPO wurde mitunter allein ein Verfahrensfehler angenommen, soweit sich die Urteilsgründe trotz eines in der Hauptverhandlung gestellten Antrags, die Strafe zur Bewährung auszusetzen, mit dieser Frage nicht befassten.[366]

In Teilen der Literatur findet sich ebenfalls die Auffassung, dass im Falle von Begründungsmängeln ein prozessualer Verstoß vorliege. So nimmt etwa Streng[367] diese Einordnung vor (hier bezogen auf die Revisibilität der konkreten Strafhöhe): Die Über-/Unterschreitung der Grenze des Vertretbaren bzw. schuldangemessenen Spielraums sei eine materiell-rechtliche Frage, während die mangelhafte Begründung der Strafmaßentscheidung als Verstoß gegen § 267 III StPO zu rügen sei (zumindest, wenn die außergewöhnliche, vom üblichen Maß abweichende Strafhöhe durch die Strafzumessungsgründe nicht ausreichend erläutert würde). Auch Velten[368] vertritt die Auffassung, dass Begründungsmängel Verstöße gegen das Verfahrensrecht seien, da die Begründungsvorschriften dort und nicht im materiellen Recht normiert seien. Indes könne die Darstellungsrüge gleichwohl als Sachrüge oder zumindest nach den Regeln der Sachrüge erhoben werden, da sich derartige Mängel direkt aus der Urteilsurkunde selbst ergäben, wie dies auch sonst bei sachlich-rechtlichen Fehlern der Fall sei. Der für die Erhebung der Verfahrensrüge geltenden formalen Anforderungen bedürfe es daher nicht, so dass eine Verletzung der Begründungsanforderungen (des § 267 StPO) trotz verfahrensrechtlichen Charakters dieses Verstoßes bereits auf Grundlage der Sachrüge geprüft werden könne und müsse.

bb) Sowohl materiell-rechtlicher als auch prozessualer Mangel

Während die Einordnung als ausschließlich prozessualer Fehler seit Anerkennung des Darstellungsmangels im Rahmen der Strafzumessungsbegründung in den 50er Jahren des letzten Jahrhunderts die Ausnahme blieb, wurde der Doppelcharakter dieses Verstoßes vor allem in der früheren Rechtsprechung häufiger vertreten. Das OLG Koblenz hob bereits 1947[369] ein Urteil mangels Entscheidung über die

366 BGH bei Pfeiffer NStZ 1983, 354 (359); ferner BGH, Beschl. v. 20.01.1982 – 3 StR 354/81 – zitiert nach juris; BGH, Beschl. v. 03.11.1981 – 1 StR 586/81 – zitiert nach juris.

367 *Streng* JuS 1993, 919 (924).

368 SK-StPO/*Velten*, § 267 Rn. 75.

369 OLG Koblenz SJZ 1947, 441 (442).

Anrechnung erlittener Untersuchungshaft wegen Sachmangels auf. Dazu führt es aus, dass diese Unterlassung „an sich nur eine Verletzung des § 267 Abs. 3 StPO dar[stelle], wonach die für die Zumessung der Strafe bestimmenden Umstände angeführt werden sollen, und [könne], da es sich um die Verletzung einer Soll-Vorschrift [handle], die Revision allein nicht rechtfertigen. Wenn aber das Urteil keinerlei Hinweis darüber [enthalte], daß die Frage der Anrechnung geprüft wurde, so [müsse] das als ein Anzeichen für die Unterlassung jener Prüfung angesehen werden. Das [bedeute] aber einen sachlich-rechtlichen Verstoß gegen § 60 StGB [heute § 51 StGB]." Das OLG Koblenz verortete also den Darstellungsmangel der nicht erörterten Anrechnungsentscheidung bei § 267 III 1 StPO und qualifizierte ihn aufgrund der lediglich fakultativen Ausgestaltung dieser Norm als irrevisiblen Verfahrensfehler. Allerding schloss es zugleich aus der fehlenden Erörterung, dass die nach materiellem Recht gebotene Prüfung dieses Aspekts unterblieben war, was als Sachmangel zur Aufhebung des Urteils führte – eine Entscheidung, die eher ergebnisorientiert anmutet: Ist die Erörterung der Anrechnungsentscheidung in den Urteilsgründen nicht zwingend vorgeschrieben, überzeugt es kaum, aus der fehlenden Darstellung auf die unterbliebene Prüfung zu schließen. Das Ausweichen auf den (vermeintlichen) materiell-rechtlichen Verstoß war wohl der Unzufriedenheit des Gerichts mit der lediglich fakultativen und damit irrevisiblen Begründungspflicht des § 267 III 1 StPO geschuldet. Der Darstellungsmangel als solcher wurde vom OLG Koblenz indes nicht als Sachmangel angesehen.

Ähnlich ging das OLG Köln in einem Urteil von 1954[370] vor: Ein prozessualer Mangel sei darin zu sehen, dass das Tatgericht es entgegen § 267 Abs. 3 StPO unterlassen habe, in den Urteilsgründen Umstände, die für die Schwere der Strafe bestimmend waren, aufzuführen. Da allerdings keine Verfahrensrüge erhoben worden war, wich auch das OLG Köln auf einen Sachmangel aus – mit der Begründung, dass die Strafzumessung in diesem Fall entweder an einem Begründungs- oder einem (ebenfalls nicht gerügten) Aufklärungsmangel bezüglich wesentlicher Strafzumessungstatsachen leide und daher nicht auszuschließen sei, dass diese materiell-rechtlich fehlerhaft ist. Eine Vorschrift des materiellen Rechts, aus deren Verletzung sich die Fehlerhaftigkeit ergeben soll, wurde nicht genannt; dazu heißt es nur, dass ein Sachmangel vorliegen könne, „wenn eine Strafzumessung auf einer verfahrensrechtlich mangelhaften Tatsachengrundlage beruht, so wenn es beim Tatrichter an der Überzeugung gefehlt hat, daß weitere Aufklärung für das Strafmaß bedeutungslos wäre, oder wenn eine sich aufdrängende tatsächliche Möglichkeit unaufgeklärt blieb, die für das Strafmaß entscheidend wichtig sein kann". Ebenso wie in der Entscheidung des OLG Koblenz wurde hier aus dem als Verfahrensfehler eingeordneten Begründungsmangel auf einen Sachmangel geschlossen, allerdings wurde dieser darin gesehen, dass der Tatrichter weitere nach seiner Ansicht oder nach den konkreten Umständen naheliegende strafzumessungsrelevante Aspekte nicht aufgeklärt hat;

370 OLG Köln NJW 1954, 1053 (1054).

das OLG Köln ging offenbar insoweit von einer materiell-rechtlichen Aufklärungs-, nicht aber von einer Begründungspflicht aus.

Der BGH hat in einem Urteil von 1952[371] den Darstellungsmangel erstmals sowohl als prozessualen als auch als materiell-rechtlichen Fehler eingeordnet. Als sachlich-rechtlicher Verstoß wurde eine Verletzung des Grundsatzes, dass Grundlage der Strafzumessung die Bedeutung der Tat für die durch sie verletzte Rechtsordnung und der Grad der persönlichen Schuld des Täters sein sollen, angenommen. Aus dem Umstand, dass das Tatgericht in den Strafzumessungsgründen insgesamt nur zwei strafmildernde Umstände angeführt hatte, schloss der BGH, dass die Tatschwere gar nicht geprüft und deshalb die Unrechtstat selbst mit ihren Folgen nicht berücksichtigt wurde. Darin liege ein Verstoß gegen § 267 Abs. 3 StPO und zugleich ein sachlicher Mangel. Auch hier wird jedoch – streng genommen – der Begründungsmangel lediglich als prozessualer Verstoß eingeordnet, der materiell-rechtliche Fehler wird erst daraus abgeleitet: Die fehlende Erörterung in den Urteilsgründen deute auf eine den sachlich-rechtlichen Grundsätzen der Strafzumessung zuwider laufende Prüfung bzw. Entscheidung hin. Ähnlich hat der BGH[372] zwei Jahre später entschieden, dass bei Verhängung einer wesentlich schärferen als erfahrungsgemäß erwarteten Strafe diese Abweichung an den Besonderheiten des Falles verständlich gemacht werden müsse und anderenfalls „nicht nur ein Verstoß gegen § 267 III StPO [vorliege], weil dann die bestimmenden Umstände nicht erkennbar seien, sondern möglicherweise auch eine Verkennung von Wesen und Zweck der Strafe, und damit eine Verletzung des sachlichen Rechts." Der Unterschied zum vorherigen Urteil besteht lediglich darin, dass der Sachmangel in der Verkennung von Wesen und Zweck der Strafe, statt der Grundlagen der Strafzumessung erblickt wurde, abgeleitet wurde er abermals aus der fehlenden Erörterung, die für sich genommen nur als prozessualer, nicht als sachlich-rechtlicher Mangel qualifiziert wurde.

In einem deutlich späteren Urteil[373] wurde dann tatsächlich ein Doppelcharakter des Darstellungsmangels angenommen, allerdings bezogen auf § 267 Abs. 3 Satz 2 StPO: In der fehlenden Auseinandersetzung mit einem in der Hauptverhandlung gestellten Antrags i.S. dieser Vorschrift liege ein Verfahrensverstoß, zugleich aber stelle die fehlende Erörterung eines minder schweren Falles einen Sachmangel dar, wenn der Sachverhalt dies nahe lege oder Urteilsausführungen insoweit als Grundlage für die revisionsrechtliche Überprüfung geboten seien; aufgehoben wurde das tatrichterliche Urteil dann auf die Sachrüge hin wegen fehlender Erörterung eines minder schweren Falls, obgleich dessen Annahme nach den konkreten Umständen nahe lag. In der neueren Rechtsprechung[374] wurde die fehlende Auseinandersetzung

371 BGHSt 3, 179f.

372 BGH, Urteil v. 26.05.1954 – 4 StR 86/54 (in NJW 1954, 1375 insoweit nicht abgedruckt).

373 BGH, Beschl. v. 18. 11. 1998 – 1 StR 525/98 – zitiert nach juris.

374 BGH, Beschl. v. 13.03.2008 – 4 StR 534/07 – zitiert nach juris (in StV 2008, 345 insoweit nicht abgedruckt).

mit der von der Verteidigung beantragten Strafaussetzung zur Bewährung (bei einer Gesamtfreiheitsstrafe von einem Jahr und drei Monaten) sowohl als Verletzung der Vorschrift des § 267 III 4 StPO als auch als materiell-rechtlicher Verstoß eingeordnet. Die Begründung erschöpft sich allerdings darin, dass dieser Mangel von der Revision mit einer entsprechenden Verfahrensrüge und mit der Sachrüge zu Recht beanstandet worden sei. Im Unterschied zu den zuvor erörterten Urteilen ist diesen beiden gemein, dass der Darstellungsmangel als solcher sowohl als Verfahrensverstoß als auch direkt, d.h. ohne daraus auf weitere, dem möglicherweise zugrunde liegende materiell-rechtliche Fehler zu schließen, als Sachmangel qualifiziert wurde. Die Darlegungspflicht wurde also dem § 267 StPO und dem materiellen Recht unmittelbar entnommen, jedoch ohne insoweit eine konkrete Rechtsvorschrift zu benennen, aus der sich diese Verpflichtung ableiten ließe. Zwar beziehen sich diese Entscheidungen auf Satz 2 und 4 des § 267 III StPO; wenn die Gerichte allerdings sogar im Falle dieser im Vergleich zu Satz 1 der Norm deutlich präziseren Vorgaben zu den notwendigen Urteilsausführungen gleichwohl zusätzlich eine sachlich-rechtliche Begründungspflicht angenommen haben, liegt der Schluss nahe, dass dies entsprechend für den allgemein gefassten (möglicherweise sogar Einschränkungen bei den Strafzumessungsgründen zulassenden) Satz 1 gelten muss.

Entscheidungen, die diese Doppelnatur des Darstellungsmangels bezogen auf die grundsätzliche Begründungspflicht nach § 267 III 1 StPO hervorheben, waren (fast) nicht zu anzutreffen. Die meisten Urteile enthalten gar keine Überlegungen zur rechtlichen Einordnung des Darstellungsmangels der Strafzumessungsgründe oder lassen bei Annahme eines sachlich-rechtlichen Fehlers, der bereits zur Urteilsaufhebung führt, offen, ob die zugleich erhobene Verfahrensrüge ebenfalls zum Erfolg geführt hätte, also überdies ein Verfahrensmangel vorgelegen hat. Aus prozessökonomischer Sicht ist dies durchaus nachvollziehbar. In dem insoweit jüngsten (und einzigen sich explizit zum Rechtsfehler doppelter Natur äußernden) Urteil des BGH[375] wird die unzulässige Bezugnahme durch den Tatrichter auf Schriftstücke bzw. Erkenntnisquellen außerhalb der eigenen Urteilsgründe anstelle eigener Urteilsfeststellungen/Würdigungen sowohl als Verstoß gegen §§ 261, 267 StPO (weil das Urteil nicht aus sich heraus verständlich sei) als auch als Sachmangel (da es an der Möglichkeit der Nachprüfung durch das Revisionsgericht fehle) bezeichnet, weshalb Verfahrens- und Sachrüge erfolgreich seien.

In der Literatur hingegen wird die Frage der rechtlichen Einordnung der fehlerhaften Darstellung intensiver beleuchtet. Ein Verfechter des doppelten Charakters des Begründungsmangels ist Schäfer[376], der in dem Unterlassen der nach § 267 II und III StPO gebotenen Feststellungen und Erörterungen einen Verfahrensfehler sieht, der durch die Urteilsgründe bewiesen werde. Die Vorschrift stelle nämlich Verfahrensvorgaben, d.h. Feststellungs- und Erörterungspflichten, für die Hauptverhandlung und die Beratung auf. Dass diesen Vorgaben entsprochen wurde, werde

375 BGH NStZ-RR 2000, 304.
376 *Schäfer/Sander/van Gemmeren*, Rn. 1359, 1514, 1523.

durch die Urteilsgründe, die ja das Beratungsergebnis wiedergeben, bewiesen; umgekehrt könne aus dem Fehlen entsprechender Ausführungen im Urteil auf eine Verletzung dieser Verfahrensvorschrift geschlossen werden. Diesen verfahrensrechtlichen Darstellungspflichten komme in der Praxis aber nur geringe Bedeutung zu, da die materiell-rechtliche Begründungspflicht (auf die die Sachrüge anwendbar ist) Urteilsausführungen bereits verlange, wenn dies nach den tatsächlichen Umständen nur nahe liege oder zur Ermöglichung der revisionsrechtlichen Kontrolle notwendig sei – die Reichweite der Feststellungs- und Erörterungspflichten des § 267 StPO bleibe dahinter zurück. Diese Auffassung entspricht im Wesentlichen den Ausführungen der zuvor zitierten BGH-Urteile zu § 267 III 2 und 4 StPO, insbesondere hinsichtlich der Voraussetzungen für die Annahme eines sachlich-rechtlichen Verstoßes im Falle eines Darstellungsmangels, allerdings abermals ohne die materiell-rechtliche Begründungspflicht jenseits ihrer Wechselbeziehung zur revisionsrechtlichen Prüfung herzuleiten. Auch Kuckein[377] erachtet die mangelhafte Darstellung der Strafzumessungsentscheidung insoweit als Sachmangel, als sie dem Revisionsgericht deren sachlich-rechtliche Nachprüfung auf ihre Richtigkeit nicht ermöglicht. Den in § 267 enthaltenen Verfahrensbestimmungen komme indes dieselbe Funktion wie der materiell-rechtlichen Begründungspflicht zu, nämlich die Sicherstellung der Kontrollmöglichkeit des Revisionsgerichts und damit der „Findung des richtigen Urteils", so dass im Falle der Verletzung dieser Vorschrift zugleich auch ein sachlich-rechtlicher Verstoß vorliege.

Schmid[378] hingegen knüpft zur Begründung des doppelt relevanten Mangels eher an die früheren Revisionsurteile an: Die mangelhafte Darlegung der Strafzumessungsgründe stelle eine Verletzung der Verfahrensvorschrift des § 267 III StPO dar; aus diesem Begründungsmangel ergebe sich jedoch zumindest auch der (zur Urteilsaufhebung ausreichende) Verdacht eines materiell-rechtlichen Verstoßes. Eine dem materiellen Recht unmittelbar zu entnehmende Begründungspflicht erkennt er nicht an, vielmehr zieht er aus dem Darstellungsmangel lediglich den Schluss, dass im Rahmen der Strafzumessungsentscheidung materiell-rechtliche Vorgaben verletzt wurden. Ähnlich formuliert Dahs[379], dass die „Unzulänglichkeit der Urteilgründe die Basis für die Sachrüge" sei, d.h. aus der fehlenden Erörterung könne eine Verletzung von der Strafzumessungsentscheidung zugrunde liegende materiell-rechtlichen Vorschriften abgeleitet werden. Hinsichtlich des im Falle eines Begründungsmangels anzunehmenden Verstoßes gegen § 267 III StPO sei die Verfahrensrüge zwar möglich, aber nicht erfolgversprechend, weil das zuvor ergangene Urteil auf einem späteren Darstellungsfehler nicht beruhen könne. Zwar sind keine Ausführungen zu einer materiell-rechtlichen Begründungspflicht enthalten,

377 KK-StPO/*Kuckein*, § 267 Rn. 47; zust. Löwe-Rosenberg/*Franke*, § 337 Rn. 154.
378 *Schmid* ZStW 85 (1973), 360 (394).
379 *Dahs*, Rn. 469.

konsequenterweise müsste er jedoch – sofern er eine solche Pflicht überhaupt anerkennt – auch insoweit das Beruhen verneinen.[380]

Soweit der Darstellungsmangel sowohl mit der Verfahrens- als auch mit der Sachrüge als angreifbar erachtet wird, werden demnach zwei verschiedene Ansätze vertreten. Einerseits wird tatsächlich neben dem prozessualen Verstoß gegen § 267 StPO zugleich eine unmittelbare Verletzung materiellen Rechts angenommen, da es neben der prozessualen auch eine materiell-rechtliche Begründungspflicht zur Ermöglichung einer revisionsrechtlichen Kontrolle gebe; beide seien im Falle mangelhafter Ausführungen zur Strafzumessung in gleichem Maße verletzt, wobei hinsichtlich des Verstoßes gegen § 267 StPO wiederum unterschiedliche Begründungsansätze vertreten werden. Auf der anderen Seite wird eine etwaige materiell-rechtliche Begründungspflicht gar nicht erörtert und stattdessen aus dem als Verfahrensverstoß eingeordneten Begründungsmangel auf eine das materielle Recht verletzende Strafzumessungsentscheidung geschlossen. Dieser mit der Sachrüge verfolgbare Rechtsfehler liegt also nicht in der mangelhaften Begründung als solcher, sondern der vermeintlich – da nicht erörtert – unterlassenen, aber materiell-rechtlich gebotenen Prüfung; der Sache nach handelt es sich dabei nicht um die Darstellungsrüge.

cc) Sachmangel

Die wohl überwiegende Auffassung verortet den Darstellungsmangel ausschließlich bei der Sachrüge. Dies mag innerhalb der Rechtsprechung z.T. dem bereits erwähnten Umstand geschuldet sein, dass die Revisionsgerichte, soweit die Sachrüge bereits zur Aufhebung des Urteils führt, von weiteren Ausführungen zu daneben erhobenen Verfahrensrügen absehen. Oftmals wird schlicht festgestellt, dass zu besorgen sei, dass das Tatgericht einen gewichtigen strafzumessungserheblichen Umstand unberücksichtigt gelassen habe, die Strafzumessungsbegründung also lückenhaft und deshalb auf die Sachrüge hin aufzuheben sei.[381]

Teilweise wird jedoch ausdrücklich darauf hingewiesen, dass der Begründungsmangel gerade keinen Verfahrensfehler, sondern einen sachlich-rechtlichen Mangel darstelle.[382] Auffällig ist, dass die Einordnung als Verfahrensfehler (bzw. Rechtsfehler

---

380 Insoweit zust. *Cramer*, in Festschrift für Peters, 239 (241): Im Fall des § 338 Ziff. 7 StPO werde die Vermutung des § 338 StPO für die Kausalität des Verfahrensfehlers zur bloßen Fiktion, weil das Fehlen der schriftlichen Entscheidungsgründe für das vorher beschlossene und verkündete Urteil niemals ursächlich sein könne, was entsprechend für die Beruhensfrage bei lediglich unvollständigen Gründen gelte. Allerdings handle es sich bei der Darstellungsrüge um eine „Rüge besonderer Art“, bei der auf das Kausalitätserfordernis zu verzichten sei, da ohne zulängliche schriftliche Begründung das Urteil vom Revisionsgericht nicht nachgeprüft werden könne.

381 So etwa BGH NStZ-RR 2011, 370; BGH NStZ 1991, 231; BGHR StPO § 267 Abs. 3 S. 1 Strafzumessung 8; BGH NJW 1976, 2220.

382 Z.B. BGH, Urteil v. 07.10.1981 – 2 StR 259/81 – bei *Spiegel* DAR 1982, 194 (201).

doppelter Natur) überwiegend in der früheren Rechtsprechung, Mitte des letzten Jahrhunderts, zu finden ist. Dass sich einige Revisionsgerichte später explizit zum Vorliegen eines materiell-rechtlichen Verstoßes bekannt haben – wie etwa das OLG Köln[383] und das OLG Koblenz[384] – lässt daher vermuten, dass damit die Änderung der insoweit zuvor vertretenen Auffassung verdeutlicht werden sollte. Auch soweit der Darstellungsmangel darin gesehen wurde, dass die Urteilsgründe die Abweichung des Strafmaßes von in vergleichbaren Fällen verhängten Strafen nicht an den Besonderheiten des Falles verständlich gemacht haben, wurde die Aufhebung des Strafausspruchs unter dem sachlich-rechtlichen Gesichtspunkt unzureichender Begründung hervorgehoben und zusätzlich darauf hingewiesen, dass diese „nicht im Hinblick auf die prozessual-technischen Forderungen des § 267 III 1 StPO" erfolge.[385] Das BayObLG[386] betont in einem Urteil hinsichtlich desselben Darstellungsmangels, dass die Besonderheiten, die das Abweichen vom üblichen Strafmaß rechtfertigen, „in hohem Maße Umstände [seien], die für die Strafzumessung bestimmend sind… Sie [müssten] daher nach § 267 Abs. 3 Satz 1 und 2 StPO in den Urteilsgründen angeführt werden." Gleichwohl wurde eine Verletzung dieser Norm aufgrund der fehlenden Ausführungen zu wesentlichen, sich nach dem Inhalt des Urteils aufdrängenden Strafzumessungsumständen nicht angenommen und stattdessen wegen fehlender Nachprüfbarkeit bezüglich der tatrichterlichen Ermessensentscheidung ein sachlich-rechtlicher zur Aufhebung führender Mangel bejaht. Auch der BGH hat in einer jüngeren Entscheidung[387] den Umstand, dass eine strafgerichtliche Verurteilung nach den Vorschriften des Beamtenrechts die Beendigung des Beamtenverhältnisses zur Folge hat, ausdrücklich als bestimmenden und damit zwingend zu erörternden Strafzumessungsgrund i.S.v. § 267 Absatz 3 Satz 1 StPO bezeichnet. Die Aufhebung des Strafausspruchs erfolgte dann allerdings ebenfalls auf die Sachrüge hin; da das Urteil zu diesem Gesichtspunkt keine Ausführungen enthalte, sei „zu besorgen, dass ein für die Strafzumessung wesentlicher Gesichtspunkt unberücksichtigt geblieben ist." Obwohl also beide zuletzt zitierten Urteile dem § 267 III 1 StPO eindeutig eine Erörterungspflicht für bestimmende Strafzumessungsumstände entnehmen, wird der insoweit festgestellte Darstellungsmangel (die fehlende Auseinandersetzung mit einem explizit als „bestimmend" bezeichneten Umstand) nicht als Verletzung dieser Norm erachtet (oder zumindest nicht so bezeichnet); in beiden Fällen wird darin eine Verletzung materiellen Rechts gesehen.

Vereinzelt wird die bezüglich eines Begründungsmangels erhobene Verfahrensrüge vom Revisionsgericht in eine Sachrüge umgedeutet. Z.B. hat das OLG Bamberg[388] eine insoweit vorgetragene Aufklärungsrüge als (sachlich-rechtliche)

383 OLG Köln NJW 1966, 895 (896), das 10 Jahre zuvor sogar noch ausschließlich einen Verfahrensfehler annahm (OLG Köln HESt 1, 200 (203f.).

384 OLG Koblenz VRS 51, 105 (106f.).

385 BGH bei *Dallinger* MDR 1967, 897 (898).

386 BayObLG NJW 1973, 1808.

387 BGH NStZ-RR 2010, 39.

388 OLG Bamberg NZV 2011, 44 (45).

Darstellungsrüge ausgelegt: Die Beanstandung der Lückenhaftigkeit der Urteilsgründe, dass diese „bereits keine tragfähige Tatsachengrundlage für die Rechtsfolgenbemessung [abgäben], namentlich keine hinreichenden Feststellungen zu den bestimmenden Zumessungstatsachen im Sinne von § 267 III 1, 2. Halbsatz StPO (i.V.m. § 71 OWiG) für die Begründung der über dem an sich verwirkten Bußgeldregelsatz verhängten Geldbuße enthalten" würden, sei als Behauptung der Verletzung sachlichen Rechts auszulegen. Die Umdeutung in eine Verfahrensrüge im Hinblick auf die Verletzung des § 267 III 1 StPO wurde ungeachtet des Vortrags, dass es insoweit an hinreichenden Feststellungen mangele, nicht erwogen. Das OLG Hamm[389] hat sogar die aufgrund mangelnder Verständlichkeit des Urteils erhobene Verfahrensrüge wegen Verletzung des § 184 GVG in Verbindung mit § 267 StPO als Sachrüge ausgelegt: Der Angriff des Beschwerdeführers betreffe nicht die Verfahrensweise des Landgerichts in der Hauptverhandlung, sondern die Darstellung in den schriftlichen Urteilsgründen; dass wegen der Unverständlichkeit des Urteils keine revisionsrechtliche Nachprüfung möglich sei, stelle eine auf die Sachrüge hin zu prüfende Verletzung materiellen Rechts dar.

Eine nähere Begründung für die Einordnung der Darstellungsrüge als Sachrüge lassen die Revisionsurteile zumeist vermissen; in der Regel beschränkt sich diese auf den Hinweis, dass die Urteilsgründe aufgrund des Darstellungsmangels keine tragfähige Grundlage für die Prüfung von Rechtsanwendungsfehlern bieten[390] bzw. eine sachlich-rechtliche Nachprüfung der Entscheidung durch das Revisionsgericht nicht ermöglichen würden,[391] was eine Verletzung sachlichen Rechts darstelle. Gemeint ist damit eine Verletzung der materiell-rechtlichen Begründungspflicht, die in der Rechtsprechung seit Jahrzehnten ganz unstrittig anerkannt ist[392], was wiederum ursächlich dafür sein mag, dass die Revisionsgerichte von weiteren Ausführungen dazu absehen (wobei insoweit festzuhalten bleibt, dass diese Enthaltungstaktik seit Einführung der materiell-rechtlichen Begründungspflicht betrieben wird). Nur vereinzelt finden sich ausführlichere oder konkretere Erläuterungen – wie etwa, dass das Tatgericht sich mit den festgestellten Umständen auseinanderzusetzen habe, wenn sie für die Anwendung des materiellen Rechts erheblich sind (eine Begründungspflicht, die gegebenenfalls weiter reiche als die des § 267 StPO)[393] oder dass der Begründungsmangel (hier die fehlende Darstellung der Einlassung des

389 OLG Hamm, Beschl. v. 22.04.2010 – III-2 RVs 13/10, 2 Rvs 13/10 – zitiert nach juris.

390 Vgl. nur BGH StV 2011, 728; BGH NStZ-RR 2000, 304; BGH NStZ-RR 1998, 103; OLG Köln, Beschl. v. 09.06.2004 – Ss 224/04 – zitiert nach juris; KG Berlin, Beschl. v. 03.01.1997 – (3) 1 Ss 339/96 (120/96) – zitiert nach juris; OLG Düsseldorf NStZ 1988, 325 (326).

391 Vgl. nur BGH NStZ-RR 2012, 336 (337); BGH StV 2011, 728; BGH NStZ-RR 2000, 304; BGHSt 24, 268.

392 Vgl. nur BGH NStZ-RR 2012, 336 (337); BGH StV 2011, 728; BGH NStZ-RR 2000, 304; BGHSt 24, 268; OLG Koblenz NZV 2012, 404 (405); OLG Hamm StraFo 2005, 33.

393 So z. B. BGH NStZ 1999, 473.

Angeklagten) deshalb einen sachlich-rechtlichen Mangel darstelle, weil das Revisionsgericht anderenfalls nicht überprüfen könne, „ob der Tatrichter die Bedeutung der Angaben des Angeklagten zutreffend erkannt bzw. bewertet [habe] und damit den Feststellungen eine erschöpfende Würdigung des Sachverhalts zugrunde [liege]",[394] was sich durchaus als Hinweis auf eine mögliche Verletzung des Gebots einer umfassenden Abwägung gemäß § 46 II 1 StGB deuten lässt.

Die wohl überwiegend in der Literatur vertretene Auffassung verortet den Darstellungsmangel ebenfalls ausschließlich bei der Sachrüge. Soweit die Urteilsgründe lückenhaft, unverständlich oder widersprüchlich sind oder gegen Denk- und Erfahrungssätze verstoßen, sei dies als unmittelbare Verletzung materiellen Rechts mit der Sachrüge geltend zu machen.[395] Eine Verfahrensrüge wegen Verstoßes gegen § 267 III 1 StPO scheide in diesen Fällen aus.[396] Begründet wird dies zumeist mit der Funktion dieser Vorschrift, die gerade nicht darin bestehe, die Richtigkeit oder Vollständigkeit der Strafzumessungsgründe zu gewährleisten, sondern die Wahrheit der Gründe sicherzustellen.[397] Erst durch Beachtung dieser Norm, d. h. der wahrheitsgetreuen Angabe des Tatrichters bezüglich der seines Erachtens bestimmenden Strafzumessungsumstände, werde eine materiell-rechtliche Prüfung der Strafzumessungserwägungen in Bezug auf ihre Richtigkeit, Verständlichkeit, Lückenhaftigkeit etc. ermöglicht.[398] Dass bedeute, dass der Begründungspflicht des § 267 III 1 StPO bereits dann ausreichend Rechnung getragen sei, wenn der Tatrichter die für ihn im konkreten Fall bestimmend gewesenen Umstände in den Urteilsgründen dargelegt hat; eine Verfahrensrüge bezüglich dieser Norm jenseits der Behauptung einer wahrheitswidrigen Angabe komme nicht in Betracht.[399] Die fehlerhafte Darstellung könne demnach nur als Sachmangel wegen Verletzung der materiell-rechtlichen Begründungspflicht gerügt werden[400]; erst diese Pflicht lege den Maßstab für die Strafzumessungsbegründung fest, damit sie als „sachlich-rechtlich einwandfreie

---

394 OLG Köln StraFo 2003, 313; OLG Köln StraFo 2009, 242.

395 Vgl. nur *Willms* JR 1975, 52 (54); *Cramer*, in Festschrift für Peters, 239 (241); *Hassemer* MschrKrim 66 (1983), 26 (29), die sich allerdings mit einem möglicherweise zugleich vorliegenden Verfahrensfehler nicht auseinandersetzen.

396 So bereits *Schmidt* (1957), § 267 Rn. 19f.

397 Vgl. nur *Schmidt* (1957), § 267 Rn. 19f.; *Bruns* (1985), S. 263; *Frisch*, S. 25; *Zipf*, S. 230; *Sassenberg-Walter*, S. 99; *Krause*, S. 51.

398 Löwe-Rosenberg/*Stuckenberg*, § 267 Rn. 183.

399 *Frisch*, S. 25; so auch *Krause*, S. 51.

400 Vgl. dazu allerdings *Bruns* (1985), S. 263ff., der insoweit einräumt, dass es sich bei dem Darstellungsmangel in wenigen Ausnahmefällen um einen „Doppelfehler", also Verfahrens- und Sachmangel zugleich, handeln könne, nämlich wenn die Unvollständigkeit der Urteilsgründe zugleich den Schluss zulasse, das sie nicht wahrheitsgetreu angegeben worden sein können, etwa wenn das Urteil keinerlei Strafzumessungsgründe enthält; insoweit zust. *Zipf*, S. 230 – Näheres zu den Ausnahmefällen des doppelt relevanten Fehlers s. 1. Teil, Abschnitt C, I, 4.

Lösung der Strafzumessungsaufgabe angesehen werden [könne]".[401] Welche Gesichtspunkte nach den konkreten Umständen des Einzelfalls strafzumessungserheblich und daher erörterungspflichtig seien, ergebe sich somit ausschließlich aus dem materiellen Recht.[402]

Während innerhalb der die Darstellungsrüge als Sachrüge einordnenden Vertreter weitestgehend Einigkeit darüber herrscht, weshalb Begründungsdefizite nicht zu einem Verstoß gegen § 267 III 1 StPO führen, finden sich nur bei wenigen Autoren Ausführungen dazu, weshalb der Erörterungsmangel eine Verletzung materiellen Rechts darstellt bzw. mit der Sachrüge zu verfolgen ist, die über die auch in der Rechtsprechung verwendete Formel der Ermöglichung einer revisionsrechtlichen Nachprüfung hinausgehen. El-Ghazi[403] verortet die Darstellungsrüge bei der Sachrüge, weil die Grundlage dieser revisionsrechtlichen Kontrolle (die Urteilsfeststellungen des Tatgerichts) – ebenso wie bei der Sachrüge – für das Revisionsgericht bindend ist. Die Einordnung des Begründungsmangels sei demnach bereits konzeptionell vorgegeben, die Bindungswirkung des Revisionsgerichts an die tatrichterlichen Feststellungen lasse das Erfordernis eines im Rahmen der Verfahrensrüge vorausgesetzten Tatsachenvortrags des Beschwerdeführers entfallen. Diese Einordnung als Sachrüge erfolgt also losgelöst von der Qualifizierung des Darstellungsfehlers als Verfahren- und/oder Sachmangel, woran z. B. Wagner[404] anknüpft. Er vertritt insoweit die Auffassung (allerdings bezogen auf den Darstellungsmangel bei der Beweiswürdigung), dass der sachlich-rechtliche Fehler nicht in der Missachtung einer dem Revisionsrichter gegenüber obliegenden Informationspflicht oder dem durch die fehlende Erörterung hervorgerufenen Verdacht eines zugrunde liegenden Rechtsanwendungsfehlers liege, womit er die materiell-rechtliche Begründungspflicht (als Informationspflicht bezeichnet) als solche und die Zulässigkeit des Rückschlusses von einem Darstellungsmangel auf eine Verletzung materiellen Rechts im Rahmen der Entscheidungsfindung (wie z.T. von den Anhängern der Doppelnatur des Darstellungsmangels vertreten) gleichermaßen in Frage stellt. Vielmehr fehle dem schriftlichen Urteil im Falle einer mangelhaften Darstellung die Legitimation für den Eingriff in die persönliche Freiheit; unklare oder unvollständige Urteilsgründe liefen der rechtsstaatlichen Aufgabe zuwider, den Verurteilten von der Richtigkeit der Entscheidung zu überzeugen. Er stellt hinsichtlich der Verletzung materiellen Rechts also unmittelbar auf die Verfassung ab – konkret das Rechtsstaatsprinzip, verankert in Art. 20 III GG. Dieser Rückgriff auf die Verfassung zur Begründung der Einordnung als Sachrüge überzeugt insoweit, als – obgleich im Detail umstritten – heute weitestgehend Einigkeit besteht, dass sich die Begründungspflicht bei richterlichen Strafurteilen

---

401 *Zipf*, S. 230.
402 *Bruns* (1985), S. 266.
403 *El-Ghazi*, S. 314ff. zur Darstellungsrüge in Bezug auf die Beweiswürdigung.
404 *Wagner* ZStW 106 (1994), 259 (281f.; 287f.; 292).

direkt aus der Verfassung herleiten lässt[405] und u. a. auch das Erfordernis einer vollständigen, verständlichen und widerspruchsfreien Darstellung der Gründe umfasst. Im Falle eines Darstellungsmangels eine Verletzung dieser verfassungsrechtlichen Verpflichtung anzunehmen, ist daher nicht nur konsequent, sondern dogmatisch und denklogisch zwingend. Auch Frisch[406] kritisiert, dass die Rechtsprechung bei Erörterungsmängeln in den Urteilsgründen ganz unproblematisch einen sachlichrechtlichen Fehler wegen Verletzung der materiell-rechtlichen Begründungspflicht annimmt, ohne den materiell-rechtlichen Charakter dieser Verpflichtung je näher begründet zu haben. Das Argument fehlender revisionsrechtlicher Nachprüfbarkeit überzeuge insofern nicht, als sich aus Beurteilungsdefiziten des Revisionsgerichts allein noch kein Rechtsfehler des Tatgerichts begründen lasse; ein solcher lasse sich auch nicht zwingend aus einem Erörterungsmangel ableiten, da eine – die Aufhebung des Urteils nach sich ziehende – Gesetzesverletzung eindeutig feststehen müsse (und nicht nur wegen darauf hindeutender Urteilslücken als möglich erscheinen dürfe).[407] Insoweit geht er mit der Auffassung Wagners konform. Die Verletzung materiellen Rechts führt er indes darauf zurück, dass die Rechtsanwendung in den schriftlichen Urteilsgründen selbst liege, weil die Darstellung essentieller Bestandteil einer vollständigen Rechtsanwendung sei; der Begründungsmangel als solcher sei also ein Rechtsanwendungsfehler.[408] Soweit die schriftlichen Urteilsfeststellungen subsumtionsrelevante Mängel aufweisen, widerspreche dies „gewissen im materiellen Recht selbst [und zwar der je angewandten Norm] stillschweigend vorausgesetzten Prinzipien methodengerechter Anwendung",[409] d. h. den Anforderungen, die gewährleisten sollen, dass die prozessual rekonstruierten Feststellungen dem in der Norm als wirklich vorausgesetzten Sachverhalt möglichst entsprechen.[410] Dem aber würden nur solche Ausführungen gerecht, die im Einklang mit den Denkgesetzen und Erfahrungssätzen stünden und zudem eindeutig, widerspruchsfrei und vollständig seien.[411] Damit verstoße im Rahmen der Strafzumessungsentscheidung die fehlende Erörterung eines zwar festgestellten, aber nicht berücksichtigten oder eines gänzlich fehlenden, nach den Umständen aber nahegelegenen strafzumessungsrelevanten Aspekts gegen jene materiell-rechtlichen Normen (einschließlich ungeschriebener Grundsätze), die die entsprechenden Umstände in die Rechtsfolgenentscheidung einbezogen wissen wollen.[412] Im Gegensatz zu der abstrakt gehaltenen, also losgelöst von konkreten Normen betrachteten, materiell-rechtlichen Begründungspflicht will Frisch also bei jedem Erörterungsmangel an eine bestimmte sachlich-rechtliche

405 Vgl. 1. Teil, Abschnitt B, I, 7.
406 *Frisch*, in: Festschrift für Eser, 257 (268).
407 SK-StPO/*Frisch*, § 337 Rn. 150.
408 SK-StPO/*Frisch*, § 337 Rn. 121f.
409 SK-StPO/*Frisch*, § 337 Rn. 150.
410 SK-StPO/*Frisch*, § 337 Rn. 120.
411 SK-StPO/*Frisch*, § 337 Rn. 120ff.
412 SK-StPO/*Frisch*, § 337 Rn. 153.

Vorschrift (bzw. ungeschriebenen Grundsatz) anknüpfen; es sei also keine allgemeingültige (und damit zugegebener Maßen recht willkürlich handhabbare) Begründungspflicht verletzt, sondern die jeweilige Rechtsnorm, deren richtige und vollständige Rechtsanwendung die Erörterung des im Urteil nicht oder fehlerhaft dargelegten Gesichtspunkts erfordert. Diese Herleitung des Sachmangels überzeugt zwar dogmatisch in hohem Maße, stellt jedoch die Praxis – zumindest im Hinblick auf lückenhafte Darstellungen – vor eine gewisse Herausforderung: Das Revisionsgericht hätte bei jedem Darstellungsmangel die zugrunde liegende materielle Norm (den Grundsatz) zu ermitteln und zu begründen, weshalb daraus eine Erörterungspflicht bezüglich eben dieses fehlenden Strafzumessungsaspekts erwächst, was wohl bei dem vom Revisionsgericht häufig als Aufhebungsgrund angeführten Rechtsfehler, dass die Abweichung vom sonst üblichen Strafmaß nicht an den Besonderheiten des Falles verständlich gemacht worden sei, kaum möglich wäre, da nach der Methodik von Frisch dem materiellen Recht keine allgemeinen Begründungsvorgaben – etwa hinsichtlich des Umfangs wie in der genannten Konstellation – zu entnehmen sind, sondern nur spezielle Erörterungspflichten für bestimmte Zumessungsgesichtspunkte.

dd) Stellungnahme

Die wohl h.M. in Rechtsprechung und Literatur verortet die Darstellungsrüge zu Recht bei der Sachrüge. Zwar ist die Verfahrensvorschrift des § 267 III 1 StPO tatsächlich die einzige Norm, die eine Begründungspflicht für die Strafzumessungsentscheidung ausdrücklich statuiert; Begründungsdefizite als Verstoß gegen diese Norm einzuordnen, liegt daher auf den ersten Blick nahe. Maßgeblich ist jedoch, worauf sich diese Begründungspflicht erstreckt. Der Auffassung Schäfers (sowohl Verfahrens- als auch Sachmangel), dass § 267 bereits Feststellungs- und Erörterungspflichten für die Hauptverhandlung und Beratung aufstelle, deren Einhaltung dann durch die Urteilsgründe lediglich bewiesen werden, ist der Wortlaut der Norm entgegenzuhalten, der eindeutig von den Gründen des Strafurteils spricht; nur insoweit normiert die Vorschrift Erörterungspflichten. Im Übrigen streitet dafür auch die Systematik der StPO: Die letzte die Hauptverhandlung betreffende Vorschrift ist § 260 StPO, der u. a. den Schluss der Verhandlung durch Urteilsverkündung regelt und die einzige die Beratung betreffende Norm ist § 263 StPO – der erst anschließend normierte § 267 StPO befasst sich hingegen ausschließlich mit den erst nach der Beratung und Verkündung des Urteils abzufassenden Entscheidungsgründen, daraus rückwirkende Pflichten für bereits abgeschlossene Verfahrensteile herzuleiten, überzeugt daher nicht. Die Vorschrift bezieht sich demnach nur auf die schriftlichen Urteilsgründe und erstreckt sich dabei lediglich auf die Wahrheit derselben. Dem Wortlaut nach hat das Tatgericht die Umstände anzuführen, die für die Strafzumessungsentscheidung „bestimmend gewesen sind“, also die Umstände, die es seiner Entscheidung tatsächlich zugrunde gelegt hat. Der Zweck der Vorschrift besteht – wie von zahlreichen Vertretern in der Literatur bereits dargelegt wurde[413] – darin, die Wahrheit der Urteilsgründe bzw. ihre Überstimmung mit dem Beratungsergebnis des erkennenden Gerichts sicherzustellen. Erst dies ermöglicht eine Prüfung der sachlich-rechtlichen Richtigkeit der Strafzumessungsentscheidung. Der Darstellungsmangel stellt daher solange keine Verletzung des § 267 StPO dar, als die im Urteil angeführten Gründe den wirklich angestellten Erwägungen des Tatgerichts entsprechen. Gleich, ob die Ausführungen widersprüchlich sind, ein zwingend zu erörternder Strafzumessungsaspekt unerwähnt blieb oder die Besonderheiten des Falles zur Rechtfertigung der unüblich hohen/milden Strafe nicht dargelegt wurden, einen Verstoß gegen § 267 StPO begründen diese Mängel erst, wenn sie den wahren Urteilsgründen nicht entsprechen.

Indes stellen diese Begründungsmängel eine Verletzung sachlichen Rechts dar. Nicht überzeugend ist jedoch insoweit die Ableitungskonstruktion, dass die fehlende/fehlerhafte Strafzumessungsbegründung in den schriftlichen Urteilsgründen den Verdacht bzw. die Vermutung eines zugrunde liegenden materiell-rechtlichen Verstoßes begründe, der zur Aufhebung des Urteils genüge. Zu Recht weist Frisch insofern darauf hin, dass die Fehlerhaftigkeit der Entscheidung nachgewiesen bzw. eindeutig erkennbar sein muss, um die Aufhebung durch das Revisionsgericht zu rechtfertigen. Die Vermutung eines Rechtsfehlers ist nicht ausreichend – eine Wertung des Gesetzgebers, die sich bereits § 274 StPO entnehmen lässt, wonach die Beobachtung der für die Hauptverhandlung vorgeschriebenen Förmlichkeiten und im Umkehrschluss auch deren revisionsrelevante Missachtung nur durch das Protokoll bewiesen werden kann[414], aber auch muss. Auch der BGH[415] weist – zumindest im Hinblick auf Verfahrensmängel – darauf hin, dass das Revisionsgericht zu prüfen habe, ob die entsprechenden behaupteten Tatsachen erwiesen sind; nur dann könne eine Verfahrensrüge erfolgreich sein, der Grundsatz in dubio pro reo greife im Revisionsverfahren nicht. Dies muss für die Sachrüge, im Rahmen derer die Fehlerhaftigkeit regelmäßig direkt aus den Urteilsgründen erkennbar ist, gleichermaßen gelten; lässt sich etwa im Falle fehlender Erörterung eines Zumessungsaspekts nicht feststellen, ob dieser vom Tatgericht übersehen wurde bzw. ein entsprechender Wertungsfehler vorlag oder nicht, kann ein solcher nicht zugunsten des Angeklagten (auch nicht unter Hinweis auf den Zweifelsgrundsatz) unterstellt werden. Soweit

---

413 Vgl. nur *Schmidt* (1957), § 267 Rn. 19f.; *Bruns* (1985), S. 263; *Frisch*, S. 25; *Zipf*, S. 230; *Sassenberg-Walter*, S. 99; *Krause*, S. 51.

414 Zu den begrenzten Ausnahmen hinsichtlich der Beweiskraft des Protokolls vgl. *Beulke*, Rn. 564, der allerdings ebenfalls darauf hinweist, dass Verfahrensmängel bewiesen werden müssen, was sich bei der Sachrüge ohne weiteres aus dem Urteil ergebe (Rn. 567); dass dies im Hinblick auf Darstellungslücken, aus denen auf eine vermeintlich fehlerhafte Wertung oder unterlassene Berücksichtigung geschlossen wird, nicht der Fall ist, wird er bei dabei nicht bedacht haben.

415 BGH NStZ 2008, 353 m.w.N; BGHSt 16, 164 (167 m.w.N.); vgl. auch BVerfG, Beschl. v. 11.11.2001 – 2 BvR 1151/01: Die Beweislast für das Vorliegen der die Revisionsrüge begründenden Tatsachen trägt der Angeklagte, der Grundsatz in dubio pro reo gilt nicht.

dieser Rückschluss herangezogen wird, weil das zuvor ergangene Urteil auf einem späteren Darstellungsfehler nicht beruhen könne, ist dem entgegenzuhalten, dass § 338 Nr. 7 StPO einen absoluten Revisionsgrund und damit die unwiderlegliche Vermutung des Beruhens des Urteils auf dem Verstoß der gänzlich fehlenden Entscheidungsgründe enthält; mag also die Beruhensfrage bei Begründungsmängeln auch zweifelhaft sein, entspricht es zumindest dem Willen des Gesetzgebers, dass derartige Mängel zur Urteilsaufhebung führen können.

Der Sachmangel besteht – wie von Wagner[416] vertreten – direkt in der Verletzung von Verfassungsrecht. Wie bereits dargelegt[417] folgt die Pflicht, Urteilsgründe verständlich, vollständig und rational nachvollziehbar (also auch ohne Verstöße gegen Denkgesetze und Erfahrungssätze oder widersprüchliche Erwägungen) darzulegen, aus der Verfassung, vor allem dem Rechtsstaatsprinzip. Genügt die Entscheidungsbegründung diesen Anforderungen nicht, stellt dies eine Verletzung dieser verfassungsrechtlichen Begründungspflicht dar. Zu Unrecht weist Wagner allerdings die Informationspflicht gegenüber dem Revisionsgericht und damit die materiell-rechtliche Begründungspflicht von der Hand, denn auch diese lässt sich unmittelbar aus der Verfassung herleiten. Wenn aus dem Rechtsstaatsprinzip bzw. dem dort verorteten allgemeinen Justizgewährungsanspruch folgt, dass jeder Bürger das Recht hat, sich gegen staatliche Eingriffe effektiv zu wehren, sich also im Falle einer strafrechtlichen Verurteilung dagegen verteidigen zu können, geht damit auch das Erfordernis der Mitteilung der diesem Urteil zugrunde liegende Erwägungen einher, denn erst dies ermöglicht die Durchsetzung dieses Anspruchs. Mit diesem Verteidigungsrecht korreliert indes auch die Notwendigkeit, dem Revisionsgericht die vollständige Nachprüfung der angefochtenen Entscheidung zu ermöglichen, was wiederum eine verständliche und umfassende Urteilsbegründung erfordert. Bei Darstellungsmängeln ist dem Revisionsgericht die Prüfung des Vorbringens des Beschwerdeführers bzw. allgemein die Nachprüfung der Strafzumessungsentscheidung im Hinblick auf materiell-rechtliche Fehler verwehrt und damit der Justizgewährungsanspruch, also Art. 20 III GG, unmittelbar verletzt. Die von der Rechtsprechung regelmäßig als Begründung für die Verortung des Darstellungsmangels bei der Sachrüge angeführte Formel, dass der Darstellungsmangel dem Revisionsgericht die sachlich-rechtliche Nachprüfung verwehre, wurzelt demnach in der Verfassung bzw. auf den Punkt gebracht: Die materiell-rechtliche Begründungspflicht ist nichts anderes als die verfassungsrechtliche Pflicht zur Begründung eines Strafurteils. Der Begründungsmangel stellt eine Verletzung dieser Pflicht und somit einen Verstoß gegen materielles Recht dar. Auf die zwar ebenfalls überzeugende, in der Praxis allerdings – nicht zuletzt aufgrund begrenzter Ressourcen – schwer umsetzbare Auffassung Frischs bezüglich der Begründung eines Sachmangels im Falle von Darstellungsmängeln muss daher nicht mehr zurückgegriffen werden.

416 *Wagner* ZStW 106 (1994), 259 (281f.; 287f.; 292).

417 S. 1. Teil, Abschnitt B, I.

Zudem überzeugt die Einordnung bei der Sachrüge auch konzeptionell, da die Prüfung von Darstellungsmängeln bereits auf Grundlage der Urteilsurkunde erfolgen kann, also kein weiterer Tatsachenvortrag des Beschwerdeführers i.S.v. § 344 II 2 StPO nötig ist, weshalb selbst Anhänger der Einordnung als Verfahrensrüge zum Teil gleichwohl die Erhebung nach den Regeln der Sachrüge für zulässig erachten. Nach alledem ist die Darstellungsrüge als Sachrüge einzuordnen.

Im Übrigen sind Ausnahmefälle denkbar, in denen neben dem mit der Sachrüge angreifbaren Darstellungsmangel zugleich ein Verstoß gegen § 267 III 1 StPO vorliegt, nämlich wenn der Begründungsfehler zweifelsfrei den Schluss zulässt, dass die angegebenen Gründe nicht den wahren entsprechen (dazu sogleich).

c) Konsequenz für die Revisibilität der Strafzumessungsentscheidung

aa) Ausdehnung der Revisibilität

Mit Einführung der Darstellungsrüge haben die Revisionsgerichte eine neue Angriffsmöglichkeit in Bezug auf die Strafzumessungsentscheidung geschaffen. Der derzeit anerkannte Kontrollumfang hinsichtlich der Strafzumessungsentscheidung, dass ein Rechtsfehler anzunehmen sei, wenn die Zumessungserwägungen in sich fehlerhaft sind, gegen rechtlich anerkannte Strafzwecke verstoßen oder sich die verhängte Freiheitsstrafe von ihrer Bestimmung eines gerechten Schuldausgleichs löst,[418] wird erweitert um Fehler bei der Darstellung der Strafzumessungsgründe im Urteil. Neben Verstößen gegen Denkgesetze und Erfahrungssätze sowie widersprüchlichen und unverständlichen Erwägungen führen insbesondere Urteilslücken vermehrt zur Aufhebung durch die Revisionsgerichte, die diesen Darstellungsfehler zum Anlass genommen haben und auch weiterhin nehmen, die Anforderungen an die Begründung von Strafmaßentscheidungen deutlich zu erhöhen.[419] Das betrifft nicht nur eine ganze Reihe im jeweiligen Einzelfall als strafzumessungsrelevant und damit erörterungspflichtig herausgearbeiteter Umstände, inklusive der insoweit notwendigen Feststellungen,[420] auch die Erwartungen hinsichtlich des Begründungsumfangs als solchem in Abhängigkeit zur jeweils ausgeurteilten Strafhöhe sind stetig gestiegen. Dabei führt vor allem der Einwand, dass die Abweichung des Strafmaßes von der nach Ansicht des Revisionsgerichts in vergleichbaren Fällen üblicherweise verhängten Strafe nicht an den Besonderheiten des Falles verständlich

---

418 St. Rspr., vgl. nur BGH, Urteil v. 31.07.2014 – 4 StR 216/14 – zitiert nach juris; BGH NStZ 2011, 270; BGH NStZ-RR 2008, 343; BGH StV 2005, 19 (20); BGH NStZ-RR 1996, 133; BGH NJW 1995, 1038; BGHR StGB § 46 Abs. 1 Strafhöhe 1; BGHSt 45, 312 (318); BGHSt 34, 345 (349); BGHSt 29, 319 (320); BGHSt 24, 132 (134); BGHSt 20, 264 (266f.).

419 So auch die Beobachtung von *Hamm* StV 2008, 205f.; zust. *Jescheck*, Jescheck/Weigend, § 82 I; Löwe-Rosenberg/*Franke*, § 337 Rn. 158.

420 *Weider* NStZ 1989, 580 (581); ausf. dazu s. 2. Teil, Abschnitt B, II.

gemacht worden sei, zu einer erheblichen Ausweitung der Revisibilität der Strafzumessungsentscheidung.[421]

bb) Kritik

(1) Contra

Die Erweiterung des revisionsgerichtlichen Prüfungsumfangs um den Darstellungsmangel und die damit einhergehenden steigenden Anforderungen an die Urteilsgründe stoßen in der Literatur durchaus auf Kritik. Jescheck[422] betont insoweit den enormen Aufwand, den die Tatgerichte nunmehr zu betreiben hätten, um diesen Vorgaben gerecht zu werden und bezweifelt zugleich, dass die daran orientierten Ausführungen dann noch den tatsächlichen angestellten Erwägungen des Gerichts entsprächen. Laut Roxin/Schünemann[423] wird im Rahmen der Darstellungsrüge nur die „Kunstfertigkeit" des Tatgerichts beim Abfassen der Urteilsgründe, also juristisches Geschick und logisches Denken, überprüft; auf Rechtsfehler bei der eigentlichen Entscheidung komme es dabei gar nicht an.

Besonders kritisch wird das Begründungserfordernis bei auffälligen Strafmaßentscheidungen betrachtet. Maurer[424] sieht darin eine versteckte Verschärfung der Kontrolle der konkreten Strafhöhe über das Vertretbarkeitskriterium hinaus, da die zwar ungewöhnlich, aber noch vertretbar hohe Strafe dann gleichwohl allein im Hinblick auf die nicht ausreichende Begründung bezüglich der Besonderheiten des Falles aufgehoben werde. Theune[425] hält diese Vorgehensweise für eine Tarnung eines vom Revisionsgericht empfundenen Wertungsfehlers in Gestalt eines Begründungsmangels, mit dem ein anderes Strafmaß erreicht werden soll; da sich in der Regel keine neuen Strafzumessungstatsachen würden ermitteln lassen, müsse der neue Tatrichter – da die bereits festgestellten zur Begründung der ausgesprochenen Strafe ja nicht ausreichen sollen – zwangsläufig auf eine an die Vorstellungen des BGH angepasste Strafe erkennen. Auch Bruns[426] hält dies für eine Ausweichmethode; statt die Unvertretbarkeit des Strafmaßes festzustellen, werde gerügt, die Begründung sei nicht ausreichend, um diese Strafhöhe im Vergleich zu anderen zu rechtfertigen; damit werde letztlich die konkrete Strafhöhe ohne sonstige Rechtsfehler wegen bloßer Schuldinadäquanz beanstandet. Dies werde umso bedenklicher, je geringere Anforderungen man an das Maß der Abweichung, die es zu rechtfertigen gilt, stelle. Für Streng[427] ist eine solche Ausweitung der Strafmaßkontrolle zwar grundsätzlich wünschenswert; die Anknüpfung an das übliche Strafmaß als Vergleichsgröße sei jedoch nur dann vertretbar, wenn die tatrichterliche Strafzumessungspraxis in der

421 Vgl. dazu NK-StGB/*Streng*, § 46 Rn. 191; vgl. auch *Streng*, Rn. 662.
422 *Jescheck*, Jescheck/Weigend, § 32 V.
423 *Roxin/Schünemann*, § 55 Rn. 32.
424 *Maurer*, S. 145.
425 *Theune* StV 1985, 205 (208).
426 *Bruns* (1985), S. 301ff.
427 *Streng* (1984), S. 300, 303; NK-StGB/*Streng*, § 46 Rn. 198.

Bundesrepublik systematisch erfasst würde, damit einheitliche, klare Aussagen zu in ähnlich gelagerten Fällen üblicherweise verhängten Strafen getroffen werden können. Bis derartige einheitliche Maßstäbe gefunden seien, sei hinsichtlich einer allzu strengen Strafmaßkontrolle – auch im Gewand dieser Ausweichkonstruktion – Zurückhaltung geboten.

(2) Pro

Die Ausweitung der revisionsrechtlichen Kontrolle der Strafzumessungsentscheidungen, insbesondere auch die erhöhten Begründungsanforderungen bei vom üblichen Strafmaß abweichenden Urteilen, wird allerdings in großen Teilen der Literatur durchaus begrüßt. Laut Wassermann[428] führt die erhöhte Prüfungsdichte der Revisionsgerichte zu einer verstärkten Selbstkontrolle des Tatrichters im Hinblick auf unzulässige, insbesondere irrationale oder gar verfassungswidrige Strafzumessungserwägungen. Zipf[429] bezeichnet die erhöhte Begründungspflicht bei unüblich hohen Strafen – ebenso wie die Kritiker derselben – als Instrumentarium zur Ermöglichung einer Überprüfung der Schuldangemessenheit der Strafe; eine solche Nachprüfung sei jedoch auch zwingend erforderlich, vor allem um den Angeklagten vor unangemessen hohen Strafen[430] zu schützen. Daneben fördere diese Kontrolle die Einheitlichkeit bzw. Gleichmäßigkeit der Rechtsprechung und verhindere tatrichterliche Willkür im Hinblick auf die Beurteilung der Schuldadäquanz bei im Wesentlichen gleichen Fallkonstellationen. Auch Schöch[431] behauptet, dass der wahre Aufhebungsgrund im Falle der Rüge eines Begründungsmangels bei auffällig hohen Strafen zumeist allein die vom Revisionsgericht empfundene Unangemessenheit der Strafhöhe gewesen sei; die Überprüfung der Schuldangemessenheit durch das Revisionsgericht anhand eines eigenen Maßstabs sei indes als quantitative Begrenzung des tatrichterlichen Entscheidungsspielraums wünschenswert. Frisch[432] betont, dass diese Ausweitung der Revisibilität der Strafzumessung auch im Einklang mit den Vorstellungen des Gesetzgebers der RStPO stehe: Nur Rechtsfragen sollten revisibel sein; die Rechtsfolgenentscheidung sei damals jedoch als Tatfrage erachtet worden (ein „zeitbedingter rechtstheoretischer Motivirrtum des Gesetzgebers“). Die Erweiterung der revisionsrechtlichen Prüfung trage nur der zutreffenden Erkenntnis Rechnung, dass Strafzumessung Rechtsanwendung und damit grundsätzlich revisibel sei; einer Rechtfertigung bedürfte daher vielmehr,

---

428 AK-StPO/*Wassermann*, § 267 Rn. 16.

429 *Zipf*, S. 216ff.

430 *Zipf*, S. 216f., verweist insoweit auf ein wegen Begründungsmangels aufgehobenes Urteil (BGH bei Dallinger MDR 1967, 898), in dem für einen eher leichteren Verstoß gegen § 176 StGB die seiner Ansicht nach völlig überzogene Strafe von 10 Jahren Zuchthaus ausgeurteilt wurde; anschließend wurde der Angeklagte – akzeptabler Weise – zu lediglich 3 Jahren und 2 Monaten Zuchthaus verurteilt.

431 *Schöch*, S. 27.

432 *Frisch*, in: Festschrift für Fezer, 353 (374); ders. in: Festschrift für Eser, 259 (262).

weshalb der Strafzumessungsentscheidung gleichwohl ein irrevisibler Bereich verbleiben sollte.[433] Auch Grünwald[434] stellt dies in Frage unter Hinweis darauf, dass doch gerade die Höhe des Strafmaßes der für den Angeklagten maßgebliche Teil sei, nicht aber der einzelne zu Unrecht nicht oder fehlerhaft erörterte Strafzumessungsaspekt. Die Ausweitung der revisionsrechtlichen Nachprüfung auf den Darstellungsmangel sei noch immer zu restriktiv: Dass eine Strafe allein wegen einer unrichtigen Strafzumessungserwägung aufgehoben werde, dieselbe oder eine gar noch höhere Strafe ohne diese fehlerhafte Erwägung jedoch nicht erfolgreich angegriffen werden könne, sei wenig überzeugend. Auf die begrenzten tatsächlichen Auswirkungen der erweiterten Revisibilität durch den als Aufhebungsgrund angeführten Begründungsfehler weist auch Terhorst[435] hin; die angestrebte Veränderung der Strafmaßentscheidung bleibe in diesen Fällen nämlich vielfach aus, da der neu entscheidende Tatrichter oftmals lediglich eine Korrektur der vom Revisionsgericht beanstandeten Strafzumessungserwägung vornehme und dann gleichwohl auf dieselbe Strafe wie im aufgehobenen Urteil erkenne. Dies belegen auch einige Untersuchungen zur Strafmaßentscheidung des Tatgerichts nach Aufhebung und Zurückweisung durch das Revisionsgericht, regelmäßig wurde wie in erster Instanz erkannt[436] oder allenfalls etwas milder,[437] wobei letzteres auf den neu hinzugetreten Milderungsgrund der längeren Verfahrensdauer zurückzuführen sein könnte.

(3) Stellungnahme

Die Ausweitung der revisionsrechtlichen Kontrolle um die Darstellungsrüge ist insgesamt positiv zu bewerten. Dabei steht die Notwendigkeit, die Urteilsbegründung widerspruchfrei, im Einklang mit Denkgesetzen und Erfahrungssätzen und insbesondere verständlich abzufassen, völlig außer Frage; anderenfalls wären sowohl Aufklärungs- als auch Legitimationsfunktion der Urteilsgründe in hohem Maße gefährdet. Auch die Möglichkeit, die Lückenhaftigkeit der Strafzumessungsbegründung zu rügen, ist eine begrüßenswerte Erweiterung. Der insoweit vorgetragenen Befürchtung, dass die mit Hilfe dieses Begründungsmangels von der

433 *Frisch* bezieht sich damit primär auf den Rahmen des Vertretbaren, innerhalb dessen eine Strafe nicht beanstandet werden könne, wofür er anschließend allerdings eine Begründung anführt.

434 *Grünwald* MDR 1959, 713 (716).

435 *Terhorst* JR 1983, 376; ebenso HK-StPO/*Julius*, § 267 Rn. 2.

436 Vgl. dazu die Studie von *Hanack*, in: Festschrift für Tröndle, 495 (504f.), bei 112 erfolgreichen Revisionen wurde in 58 Fällen (51,8 %) anschließend auf dasselbe oder ein nur leicht verändertes (seines Erachtens aufgrund des längeren Abstands zwischen Tat und Urteil gemildertes) Strafmaß erkannt; vgl. dazu auch *Hillenkamp* StV 1986, 150; Mösl NStZ 1982, 453.

437 Vgl. die Untersuchungen von *Barton*, S. 58, von 76 geprüften Angeklagtenrevisionen (mit 81 Beschwerdeführern) endete das neue Verfahren – nach Aufhebung und Zurückweisung des BGH (1992/1993) – in 54 Fällen (67 %) mit einem besseren Ausgang, in den übrigen 27 Fällen blieb das Urteil unverändert.

Rechtsprechung entwickelten stetig steigenden Begründunganforderungen zur Folge hätten, dass die Tatgerichte sich mehr auf die revisionsfeste Darstellung der Gründe, als auf die inhaltliche Richtigkeit ihrer Entscheidung konzentrieren würden, ist entgegenzuhalten, dass ja gerade der Zwang zur vollständigen Darlegung der strafzumessungsrelevanten Aspekte den Richter dazu anhält, diese auch umfassend zu ermitteln und sich – notgedrungen – damit auseinanderzusetzten. Die inhaltliche Richtigkeit der Entscheidung wird durch die revisionsrechtliche Nachprüfung also gefördert. Aufgrund des Umfangs der derzeitigen Begründungsanforderungen, insbesondere der doch eher für den jeweiligen Einzelfall statuierten Erörterungspflichten, droht indes – zumindest im Hinblick auf die Erfolgsaussichten der erhobenen Darstellungsrüge – ein gewisses Maß an Rechtsunsicherheit. Dies betrifft insbesondere auch den Begründungsmangel hinsichtlich der Abweichung des Strafmaßes vom sonst in vergleichbaren Fällen üblicherweise verhängten. Insoweit ist Streng zuzugeben, dass es hinsichtlich des üblichen Strafmaßes an einer tauglichen Datenbasis fehlt, so dass es sowohl dem Tatrichter bei der Entscheidungsfindung, als auch den Beschwerdeführern bei Abschätzung der Erfolgsaussichten ihrer Revision zumeist (von Ausnahmefällen wie etwa Bußgeldkatalogen für Ordnungswidrigkeiten abgesehen) an Orientierungsgrößen mangelt. Überdies stößt auch das den Mangel feststellende Revisionsurteil zuweilen auf Unverständnis, wenn die Abweichung vom in der Regel nicht bezifferten üblichen Strafmaß schlicht behauptet wird. Gleichwohl ist die mit diesem Darstellungsmangel einhergehende Ausweitung der revisionsrechtlichen Nachprüfung gerade auch der Schuldangemessenheit – wie von einigen Autoren zu Recht behauptet – begrüßenswert. Ähnlich wie bei der Beurteilung der Vertretbarkeit der Strafhöhe, also der Einhaltung des schuldangemessenen Spielraums, ist auch das übliche Strafmaß keine starre – zumal derzeit ohnehin nicht ausreichend spezifizierte – Größe, sondern vielmehr ebenfalls ein Bereich von in gleichgelagerten Fällen regelmäßig als schuldangemessen erachteter Strafhöhen. Der Unterschied zwischen diesen beiden Spielräumen des Tatgerichts lässt sich kaum beziffern und fällt daher im Hinblick auf den Kontrollumfang des Revisionsgerichts allenfalls unwesentlich ins Gewicht. Entscheidend ist vielmehr, dass dem Angeklagten überhaupt die Möglichkeit gegeben wird, sich gegen die konkrete Strafhöhe zur Wehr zu setzen, gleich mit welcher Rüge (zumal beide Aspekte bereits auf die Sachrüge zu prüfen sind). Einzelfallgerechtigkeit, insbesondere der Schutz vor übermäßig hohen Strafen, aber auch die Sicherung einer einheitlichen Rechtsprechung rechtfertigen eine derart weitreichende revisionsrechtliche Kontrolle, obgleich insoweit weiterhin eine bundeseinheitliche Datenerfassung und -analyse zu fordern ist.

4. *Verfahrensrüge*

Die Abgrenzung von Verfahrens- und Sachrüge ist nach wie vor in vielen Bereichen umstritten, nicht zuletzt im Hinblick auf die bereits erörterte Darstellungsrüge;

eine (weitergehende) Vertiefung dieser Problematik ist im Rahmen dieser Arbeit nicht möglich.[438]

a) *Rüge des § 267 III 1 StPO*

Mit Einordnung der Darstellungsrüge als Sachrüge ist fraglich, ob überhaupt Verstöße des Tatgerichts verbleiben, die ausschließlich als Verletzung des § 267 III 1 StPO angesehen werden können.

In Betracht kommt insoweit nur die Rüge, dass das Gericht der dieser Vorschrift zu entnehmenden Pflicht zur wahrheitsgemäßen Angabe der Strafzumessungsgründe nicht genügt habe.[439] Legt das Gericht im Urteil nicht die Erwägungen dar, die es der Entscheidung in Wirklichkeit zugrunde gelegt hat, führt es auch nicht die Umstände an, die es bei der Zumessung der Strafe für bestimmend i.S. des § 267 III 1 StPO hielt.[440] Die Vorschrift setzt voraus, dass die Urteilsbegründung mit dem Beratungsergebnis des erkennenden Gerichts übereinstimmt.[441] Dies bedeutet einerseits, dass die innerhalb der Beratung angestellten Erwägungen sich auch in den schriftlichen Gründen wiederfinden müssen, andererseits ist es unzulässig, solche Erwägungen dort aufzunehmen, die nicht in der Beratung erörtert wurden.[442] Die Norm soll also gerade verhindern, dass das Tatgericht seine wahren Strafzumessungsgründe verheimlicht oder gar nachträglich – etwa zur Absicherung gegen Revisionsangriffe – zurechtschneidet.[443] Die wahren, dem Beratungsergebnis entsprechenden Gründe sind indes die der Mehrheitsauffassung, die in den Gründen eindeutig und überzeugend zum Ausdruck kommen müssen; unzulässig ist es daher, wenn der Berichterstatter seine eigene, von der Mehrheit aber überstimmte Auffassung zu Papier bringt.[444] Gibt das Tatgericht seine Strafzumessungsgründe wahrheitsgemäß an, ist die Darstellung der Rechtsfolgenentscheidung im Urteil prozessual korrekt, die materielle Richtigkeit der Gründe verlangt die Vorschrift des § 267 III 1 StPO nicht.[445]

Problematisch ist allerdings der Nachweis wahrheitswidriger Angaben im Urteil. Der BGH hat insoweit bereits Zweifel an der grundsätzlichen Zulässigkeit einer

---

438 Insoweit wird auf die einschlägige Literatur verwiesen; aus jüngster Zeit vgl. nur *El-Ghazi*, Die Zuordnung von Gesetzesverletzungen zu Sach- und Verfahrensrüge in der strafprozessualen Revision; *Jähnke*, Zur Abgrenzung von Verfahrens- und Sachrüge, in: Festschrift für Meyer-Goßner, 559ff.

439 Vgl. nur *Schmidt* (1957), § 267 Rn. 19f.; *Bruns* (1985), S. 263; *Frisch*, S. 25; *Zipf*, S. 230; *Sassenberg-Walter*, S. 99; 102f.; *Krause*, S. 51; Löwe-Rosenberg/*Stuckenberg*, § 267 Rn. 183.

440 So auch BGH bei *Dallinger* MDR 1970, 896 (899).

441 KK-StPO/*Kuckein*, § 267 Rn. 1.

442 AK-StPO/ *Wassermann*, § 267 Rn. 4.

443 *Bruns* (1985), S. 263f.

444 *Seibert* MDR 1957, 597.

445 *Bruns* (1985), S. 263ff.; vgl. auch die Ausführungen im 1. Teil, Abschnitt C, I, 3., b), dd).

solchen Rüge im Hinblick auf eine Durchbrechung des Beratungsgeheimnisses (§ 43 DRiG) geäußert.[446] Dass das Tatgericht in der Beratung andere Erwägungen angestellt hat als die in den Gründen dargelegten bzw. ihnen ein anderes Gewicht beigemessen hat, ist jedenfalls aber dem Beweis nicht bzw. nur schwer zugänglich.[447]

Der Inhalt der Beratung ist ebenso wie das Abstimmungsergebnis keine wesentliche Förmlichkeit der Hauptverhandlung, die gemäß § 273 I StPO zu protokollieren wäre, und damit auch nicht Gegenstand der formellen Beweiskraft des Protokolls gemäß § 274 StPO; in Betracht kommt daher lediglich die Klärung im Freibeweisverfahren, etwa durch dienstliche Erklärungen der beteiligten Richter.[448] Ob insoweit ein Eingeständnis zu erwarten ist, dass nicht die wahren, der Entscheidung zugrunde liegenden Erwägungen Einzug in die schriftliche Begründung des Urteils gefunden haben, ist allerdings zweifelhaft. Teilweise[449] wird vertreten, dass auch die Fassung des mündlich verkündeten Urteils – zumindest als Indiz – für den Nachweis des Abweichens der tatsächlichen von den schriftlichen Gründen herangezogen werden könne, wenn es sich offensichtlich auf andere Gründe stützt. Bei der mündlichen Urteilsverkündung genügt allerdings gemäß § 268 II StPO die Mitteilung des wesentlichen Inhalts der Urteilsgründe, eine vollständige Wiedergabe der Beratungsergebnisse ist nicht erforderlich. Die fehlende mündliche Auseinandersetzung mit einem in den schriftlichen Gründen aufgeführten Umstand beweist somit noch nicht deren Abweichung von den wahren Erwägungen. Allenfalls im umgekehrten Fall einer (nachweisbar) mündlichen, nicht aber schriftlichen Erörterung eines Aspekts ist eine Indizwirkung theoretisch denkbar. Der BGH vertritt jedoch insoweit in ständiger Rechtsprechung[450], dass die Rüge, die schriftlichen Urteilsgründe würden von den mündlich verkündeten abweichen, in der Revision nicht geltend gemacht werden könne, da für das Revisionsgericht allein die schriftlichen Urteilsgründe maßgebend seien. Dies überzeugt insofern, als der Inhalt der mündlichen Urteilsgründe auch nicht protokolliert wird, man also auf die Wiedergabe der Beteiligten angewiesen wäre.[451]

Enthält das Urteil gar keine oder eine völlig unzureichende Begründung,[452] z. B. lediglich allgemeine, nichtssagende Wendungen,[453] inhaltlose Floskeln wie etwa die

---

446 BGH VRS 48, 362 (363), hat die Frage allerdings wegen unzulässig erhobener Verfahrensrüge gemäß § 344 II 2 StPO offen gelassen.

447 *Sassenberg-Walter*, S. 102f.; Löwe-Rosenberg/*Stuckenberg*, § 267 Rn. 183; AK-StPO/*Wassermann*, § 267 Rn. 4; KK-StPO/*Kuckein*, § 267 Rn. 47.

448 *Weidemann/Scherf*, Rn. 465; so auch BGH NStZ 2009, 105f. bereits in Bezug auf die Frage, ob der Urteilsverkündung überhaupt eine Beratung vorausging.

449 SK-StPO/*Velten*, § 267 Rn. 11.

450 Vgl. nur BGH NJW 1996, 2044 (in BGHSt 42, 43 insoweit nicht abgedruckt); BGH VRS 25, 113; BGHSt 15, 263 (264f.); BGHSt 7, 363 (370f. m.w.N.).

451 Zust. *Weidemann/Scherf*, Rn. 574.

452 *Bruns* (1985), S. 264; zust. *Michalke-Detmering*, S. 265.

453 Löwe-Rosenberg/*Stuckenberg*, § 267 Rn. 183.

Strafe sei tat- oder schuldangemessen, sie sei notwendig und ausreichend[454] oder im Bereich der bei vorliegenden Straftaten zu verhängenden Strafen[455] oder eine nur formelhafte Bezugnahme auf § 46 StGB[456], kann dies als Verstoß gegen die Pflicht zur wahrheitsgemäßen Angabe der Strafzumessungsgründe gemäß § 267 III 1 StPO gerügt werden. Davon ausgehend, dass jedes Tatgericht im Rahmen seiner Strafzumessungsentscheidung grundsätzlich irgendwelche Erwägungen angestellt hat, liegt das Abweichen der schriftlichen von den wirklichen Gründen im Falle einer gänzlich fehlenden oder derart unzulänglichen (nicht schlicht unvollständigen, allein mit der Darstellungsrüge angreifbaren) Begründung auf der Hand.[457] Dem Fehlen der Gründe steht die unzulässige und damit unbeachtliche Bezugnahme gleich.[458] Der BGH[459] ordnet den Mangel gänzlich fehlender eigener Urteilsfeststellungen (hier wegen unzulässiger Bezugnahmen) allerdings als Verfahrens- und Sachmangel (oder nur letzteres) ein; verfahrensrechtlich fehle es an einer Urteilsbegründung und sachlich-rechtlich an der Möglichkeit der Nachprüfung durch das Revisionsgericht. Letzteres meint die Verletzung der materiell-rechtlichen Begründungspflicht. Auch im Hinblick auf die völlig unzureichende Begründung nimmt die Rechtsprechung also mangels ausreichender Prüfungsgrundlage für das Revisionsgericht zugleich eine Verletzung materiellen Rechts an. In der Literatur[460] (selbst unter den Vertretern der Einordnung der Darstellungsrüge bei der Sachrüge) wird bei diesen speziellen Begründungsmängeln ebenfalls ein Rechtsfehler doppelter Natur angenommen, also sowohl ein Verstoß gegen § 267 III 1 StPO als auch ein sachlich-rechtlicher Fehler. Erkennt man mit der h.M. in Rechtsprechung und Literatur eine materiell-rechtliche Begründungspflicht an, überzeugt dies durchaus: Zum einen stimmen im Falle fehlender oder gänzlich unzureichender Urteilsgründe diese nicht mit den in Wahrheit angestellten Erwägungen überein (Verfahrensverstoß), zum anderen fehlt der revisionsrechtlichen Kontrolle dieser wahren, aber eben nicht dargelegten

454 Vgl. etwa BGH NJW 1972, 454 (455); OLG Zweibrücken NJW 1967, 364 (365); *Sassenberg-Walter*, S. 102; ausf. dazu s.2. Teil, Abschnitt B, I, 3., b).

455 OLG Köln NJW 1966, 895.

456 BGH bei Dallinger MDR 1976, 13.

457 So auch *Hassemer* MschrKrim 66 (1983), 26 (29) im Hinblick auf den Darstellungsmangel der fehlenden Erörterung der Besonderheiten des Falles zur Rechtfertigung der Abweichung des verhängten Strafmaßes vom sonst üblichen: Dass der Tatrichter bei der Herstellung der Strafzumessungsentscheidung überhaupt Gründe für eine abweichende Sanktionsbemessung hatte, könne nicht zweifelhaft sein; er habe diese Gründe lediglich nicht mitgeteilt und damit die gesetzlich vorausgesetzte Verknüpfung beider Bereiche aufgelöst, worin eine Verletzung des sog. prozessualen Begründungszwanges liege; allerdings nimmt er zugleich einen Verstoß gegen die materiell-rechtliche Begründungspflicht (also einen Sachmangel) allein wegen fehlender Darlegung der Besonderheiten des Falles, also unvollständiger Begründung an.

458 Löwe-Rosenberg/*Stuckenberg*, § 267 Rn. 183.

459 Z.B. BGH NStZ-RR 2000, 304.

460 Vgl. nur *Bruns* (1985), S. 265; zust. *Zipf*, S. 230 m.w.N.

Gründe im Hinblick auf ihre Übereinstimmung mit materiell-rechtlichen Vorgaben eine taugliche Prüfungsgrundlage (Sachmangel).

Denkbar ist, dass sich aus den übrigen Teilen des Urteils Anhaltspunkte dafür ergeben, dass bestimmte, in der Begründung nicht erörterte Gesichtspunkte unter Verstoß gegen § 267 III 1 StPO bei der Strafzumessung berücksichtigt worden sein müssen.[461] Der BGH[462] hat z.B. ein Urteil im Rechtsfolgenausspruch (allerdings im Hinblick auf die Unterbringung in einem psychiatrischen Krankenhaus nach § 63 StGB) deshalb aufgehoben, weil die Prognose vom Tatgericht vornehmlich darauf gestützt wurde, dass das Verhalten des Angeklagten „nach der Urteilsverkündung, als er die Haftzelle des LG zertrümmerte, [gezeigt habe], daß er sich gegen jede unbequeme Entscheidung innerlich [auflehne] und in Zuständen akuter Erregung zu überschießenden Reaktionen [neige]". Beanstandet wurde, dass diese Erkenntnis nicht vor bzw. in der Urteilsberatung gewonnen worden sein könne, da sie auf Ereignissen nach Urteilsverkündung basiere; damit sei erwiesen, dass die Urteilsbegründung bezüglich dieses Aspekts nicht den wahren, in der Beratung angestellten Gründen entspricht. Der BGH hob gleichwohl nicht wegen des im Übrigen gar nicht erwähnten, eine Begründungspflicht für Anordnungen von Besserungsmaßregeln statuierenden § 267 VI 1 StPO auf, sondern auf die Sachrüge hin – mit der Begründung, dass nicht nachgeprüft werden könne, ob die Prognoseentscheidung rechtsfehlerfrei ergangen sei. Die Rechtsprechung stellt demnach auch in Konstellationen, in denen die schriftlichen Urteilsgründe selbst Anhaltspunkte dafür geben, dass sie den in der Beratung angestellten Erwägungen nicht entsprechen, auf die insoweit fehlende tragfähige Grundlage für die revisionsrechtliche Nachprüfung ab.[463] Eine – gar ausschließliche – Verletzung der Wahrheitspflicht gemäß § 267 StPO wurde nicht angenommen bzw. gar nicht erörtert. Dies mag allerdings auch dem Umstand geschuldet sein, dass eine entsprechende Verfahrensrüge nicht erhoben wurde (aus dem Urteil ist dies nicht ersichtlich); zumindest im Hinblick auf die Verpflichtung des Tatgerichts nach § 267 III 1 StPO zur Angabe der in Wahrheit angestellten Strafzumessungserwägungen werden nämlich auch in der Rechtsprechung keine Einwände erhoben, sondern allenfalls darüber hinausgehende Verpflichtungen entnommen. Dieser sich aus dem Urteil selbst ergebende Mangel stellt also durchaus eine erwiesene Verletzung des § 267 III StPO dar, da er allerdings bereits im Rahmen der Sachrüge zur Aufhebung des Strafausspruch, wird auf die Prüfung der (zuweilen ohnehin nicht bzw. nicht ordnungsgemäß i.S.v. § 344 II 2 StPO erhobenen) Verfahrensrüge regelmäßig verzichtet bzw. diese tritt quasi im Wege der Gesetzeskonkurrenz hinter der erfolgreichen Sachrüge zurück.

Damit verbleibt dem Revisionsgrund einer Verletzung der prozessualen Begründungspflicht gemäß § 267 III 1 StPO i.S. eines Verstoßes gegen die Pflicht zur wahrheitsgemäßen Wiedergabe der angestellten Strafzumessungserwägungen

---

461 *Krause*, S. 52.
462 BGH bei *Miebach* NStZ 1988, 209 (213).
463 So etwa auch BGH VRS 48, 362 (363).

kaum praktische Bedeutung.[464] Ergibt er sich nicht bereits aus dem Urteil selbst, bedarf es insoweit einer Klärung im Freibeweisverfahren, also insb. der Einholung dienstlicher Äußerungen. Zwar ist in diesem Fall denkbar, dass nicht zugleich ein sachlich-rechtlicher Fehler vorliegt, weil die dargelegten Gründe – trotz des Verdachts, sie entsprächen nicht den wahren – eine ausreichende Grundlage für eine revisionsrechtliche Nachprüfung bieten könnten. Allerdings ist insofern nicht nur zweifelhaft, woraus sich dann überhaupt der Verdacht einer wahrheitswidrigen Urteilsbegründung ergeben soll, auch der Nachweis der Abweichung vom geheimen Beratungsergebnis wird regelmäßig nicht gelingen, sofern er nicht ohnehin bereits als unzulässig erachtet wird. Folgt dieser Fehler hingegen unmittelbar aus der Urteilsurkunde, sei es aufgrund fehlender oder gänzlich unzulänglicher Gründe oder sonstiger dort enthaltener Anhaltspunkte, liegt neben dem Verstoß gegen § 267 III 1 StPO zugleich eine Verletzung der materiell-rechtlichen Begründungspflicht vor, sowohl Verfahrens- als auch Sachrüge können erhoben werden. Da die Sachrüge jedoch ohne weiteren Tatsachenvortrag i.S.v. § 344 II 2 StPO zulässig ist und zu einer umfassenden Prüfung der Urteilsgründe führt, während die Revisionsgerichte an die Erhebung der Verfahrensrüge sehr strenge Anforderungen stellen[465], dürfte die Priorität des Revisionsführers – obgleich der pflichtbewusste Verteidiger oder Staatsanwalt beide Rügen erheben wird – regelmäßig auf der einfacher handhabbaren und zugleich eine weitreichendere Prüfung ermöglichende Sachrüge fallen.[466]

Festzuhalten bleibt somit, dass der Rüge des Verstoßes gegen § 267 III 1 StPO neben der Sachrüge nur dort ein eigenständiger Anwendungsbereich verbleibt, wo der Fehler der wahrheitswidrigen Angabe der Strafzumessungsgründe sich nicht aus dem Urteil selbst ergibt, das seinerseits gleichwohl als taugliche Grundlage revisionsrechtlicher Nachprüfung angesehen werden kann. Dann allerdings wird die Abweichung der schriftlichen Gründe von den Beratungsergebnissen – von doch eher theoretischen Ausnahmenfällen abgesehen – nicht nachweisbar sein. Dementsprechend stellt § 267 III 1 StPO zwar durchaus Anforderungen an die schriftliche Strafzumessungsbegründung, die über die der materiell-rechtlichen Begründungspflicht hinausgehen, nämlich die vollständige Überstimmung mit den in Wahrheit vom Tatgericht angestellten Erwägungen, eine zusätzliche Angriffsmöglichkeit in der Revision und damit eine erweiternde Funktion im Hinblick auf die Revisibilität der Strafzumessung bietet diese Vorschrift aus den genannten Gründen jedoch nicht.

b) Sonstige Verfahrensverstöße

Neben dem Verstoß gegen § 267 StPO kann der Revisionsführer die Strafzumessungstatsachen auch mit zahlreichen weiteren Verfahrensrügen angreifen.[467]

---

464 Zust. *Krause*, S. 51f., 53; ebenso Löwe-Rosenberg/*Stuckenberg*, § 267 Rn. 172.
465 *Pfeiffer, § 344 Rn. 7.*
466 So auch *Sassenberg-Walter*, S. 105; *Bruns* (1985), S. 266.
467 *Frisch*, S. 22f.

Als Verletzung des § 261 StPO kann beispielsweise gerügt werden, der Tatrichter habe bei der Strafzumessungsentscheidung Tatsachen berücksichtigt, die nicht Gegenstand der mündlichen Verhandlung waren,[468] oder solche Tatsachen, die zwar in der Verhandlung ordnungsgemäß festgestellt wurden, die allerdings einem Verwertungsverbot unterlagen.[469]

Daneben kommt insbesondere die Aufklärungsrüge wegen Verstoßes gegen § 244 II StPO in Betracht. Der dieser Vorschrift zu entnehmende Amtsermittlungsgrundsatz erstreckt sich auch auf strafzumessungsrelevante Tatsachen und Beweismittel.[470] Sie sind in dem Umfang zu ermitteln, als sich dem Gericht eine Beweiserhebung nach den konkreten Umständen aufdrängt.[471] Die Rechtsprechung[472] neigt in diesen Fällen jedoch dazu, einen bereits auf die Sachrüge hin zur Aufhebung führenden Darstellungsmangel anzunehmen. Zur Begründung wird zumeist darauf verwiesen, dass ohne Urteilsfeststellungen zu diesen nach den jeweiligen Umständen nahegelegenen Gesichtspunkten dem Revisionsgericht die Beurteilung unmöglich sei, ob der Tatrichter die Strafzumessungsgründe umfassend gewürdigt hat. Teilweise[473] spricht der BGH insoweit auch von einer sachlich-rechtlichen Aufklärungspflicht: „Von der (auch) aus Gründen sachlichen Rechts bestehenden Verpflichtung, die persönlichen Verhältnisse des Täters aufzuklären, wird das Gericht nicht schon deswegen frei, weil der Angeklagte wie hier in der Hauptverhandlung Angaben zu seinem Lebenslauf verweigert hat...Der Umfang der in dieser Beziehung bestehenden Aufklärungspflicht kann zwar unter Umständen dadurch beeinflußt sein, daß der Angeklagte zu Fragen seines persönlichen Lebensbereichs nicht aussagt. Ein solches Verhalten rechtfertigt es jedoch nicht, von weiteren Ermittlungen dazu ganz abzusehen. Das Urteil muß in jedem Falle erkennen lassen, daß sich das Gericht für die Strafzumessung um die Aufklärung der persönlichen Verhältnisse des Angeklagten – wenn auch vergeblich – bemüht hat.“ Die fehlende Erörterung der persönlichen Verhältnisse in den Urteilsgründen wird auch in diesen Entscheidungen als Sachmangel eingeordnet; statt jedoch – wie sonst üblich – schlicht auf die Lückenhaftigkeit des Urteils (also die Verletzung der materiell-rechtlichen Begründungspflicht) abzustellen, wird eine Verletzung einer sachlich-rechtlichen Aufklärungspflicht angenommen. Ein Verstoß gegen den Amtsermittlungsgrundsatz des § 244 II StPO (so er denn überhaupt gerügt wurde) wurde indes in keiner der genannten Entscheidungen diskutiert. Der 5. Strafsenat des BGH hat Ende der

468 *Frisch*, S. 22.

469 *Theune* StV 1985, 162 (166).

470 So bereits OLG Köln HESt 1, 200 (203f.); *Bruns* (1985), S. 278.

471 *Bruns* (1985), S. 278.

472 Vgl. nur BGHR StPO § 267 Abs. 3 S. 1 Strafzumessung 8, 9, 17; BGH StV 1986, 287; BGH NStZ 1985, 309 BGH NJW 1976, 2220; dieser Beobachtung zust. *Theune* StV 1985, 162 (165).

473 Etwa BGH StV 1992, 463; BGH NStZ 1991, 231.

90er Jahre des letzten Jahrhunderts[474] diese Handhabung zu reformieren versucht. Zwar hat er die fehlenden Ausführungen zu den persönlichen Verhältnissen des Angeklagten unter Hinweis auf die insoweit gängige Rechtsprechung als Verletzung sachlichen Rechts eingeordnet; er merkte jedoch an, dass dieser Mangel vorzugsweise als Frage einer etwaigen Verletzung der prozessualen Aufklärungspflicht nach den für Verfahrensfehler geltenden Grundsätzen zu behandeln sei und daher allein auf eine entsprechende Verfahrensrüge wegen Verletzung der Vorschrift des § 244 II StPO geprüft werden solle.[475] Durchgesetzt hat sich diese Auffassung jedoch nicht, der BGH scheint nach wie vor in dieser Konstellation den Sachmangel der Lückenhaftigkeit des Urteils zu bevorzugen.[476] Soweit sich die Lückenhaftigkeit unmittelbar aus der Urteilsurkunde selbst ergibt – wie etwa im Falle gänzlich fehlender Ausführungen zur Täterpersönlichkeit (s. oben genannte Urteile), überzeugt dies durchaus. Ist das allerdings nicht der Fall, bedarf es seitens des Revisionsführers weiteren Tatsachenvortrags im Hinblick auf den nicht festgestellten Umstand und weshalb dessen Ermittlung sich nach den konkreten Umständen aufgedrängt hätte. Die Verortung bei der Verfahrensrüge wegen Verletzung der Aufklärungspflicht gemäß § 344 II StPO (anstelle einer – ohne Bedarf – neu konstruierten sachlich-rechtlichen Aufklärungspflicht) erscheint daher aus dogmatischen Gründen sachgerecht.

Als Verfahrensrüge geltend gemacht werden kann z. B. auch die Verletzung von § 244 III StPO wegen fehlerhafter Ablehnung eines Beweisantrags bezüglich einer die Strafzumessung betreffenden Tatsache oder ein Verstoß gegen § 258 III StPO, wenn dem Angeklagten das letzte Wort nicht gewährt wurde; dass der Angeklagte zur Strafzumessung noch Wesentliches vorgetragen hätte, lässt sich – und ebenso das Beruhen des Urteils auf diesem Verfahrensfehler – wohl in der Regel nicht ausschließen.[477]

Eine vollständige Aufzählung aller denkbaren Verfahrensrügen ist an dieser Stelle nicht möglich und auch nicht nötig, da sich daraus jedenfalls keine weiteren Vorgaben für das Abfassen der Urteilsgründe, konkrete Anforderungen an die Darstellung der Strafzumessungsentscheidung, ableiten lassen.

II. Anforderungen an die Strafzumessungsbegründung

Auch die revisionsrechtliche Betrachtung der Anforderungen an die Strafzumessungsbegründung hat – ebenso wie die Analyse ihrer Funktionen und rechtlichen Grundlagen – ergeben, dass das Tatgericht grundsätzlich alle angestellten Erwägungen umfassend, eindeutig, aus sich heraus verständlich sowie widerspruchsfrei darzulegen hat. Nur die erschöpfende Urteilsbegründung ermöglicht eine Überprüfung der Entscheidung in dem vom Revisionsgericht in ständiger Rechtsprechung

474 BGH NStZ-RR 1999, 46; bereits zuvor in BGHR StPO § 267 Abs. 3 S. 1 Strafzumessung 18.

475 So auch bereits *Wimmer* DAR 1953, 145 (149).

476 BGH NStZ-RR 2007, 236 (237).

477 Vgl. dazu *Schäfer/Sander/van Gemmeren*, Rn. 1523.

vertretenen Kontrollumfang, d.h. bezüglich der Fehlerhaftigkeit der Strafzumessungserwägungen, also Rechtsanwendungsfehlern, der Beachtung der anerkannten Strafzwecke und der Vertretbarkeit der Strafhöhe. Eine Einschränkung dieser Begründungspflicht folgt insbesondere auch nicht aus dem wohl letzten irrevisiblen Bereich des vertretbaren Strafmaßes. Gleich wie der vertretbare Spielraum des Tatrichters nun abstrakt definiert oder vom Revisionsgericht im Einzelfall bestimmt wird, die Überprüfung kann nur mittels einer vollständigen und verständlichen Urteilsbegründung, die eine ausreichende Beurteilungsgrundlage bietet, erfolgen. Der insoweit notwendige Begründungsumfang unterscheidet sich nicht von dem, der bei einer konkreten Angemessenheitsprüfung erforderlich wäre. Mit Einführung und Ausweitung der Darstellungsrüge sind die Anforderungen an die Begründung von Strafmaßentscheidungen deutlich gestiegen. Die bereits genannten Mindestanforderungen, insbesondere das Erfordernis einer vollständigen Begründung, wurden vom Revisionsgericht u. a. dahingehend konkretisiert, welcher Begründungsumfang in Abhängigkeit zur jeweils verhängten Strafe notwendig ist (vor allem im Hinblick auf eine vom üblicherweise verhängten Strafmaß abweichende Entscheidung) und welche Umstände im Einzelfall erörterungspflichtig sind, was im Folgenden noch genauer zu untersuchen ist. Der Vorschrift des § 267 III 1 StPO ist zusätzlich die (allerdings nur schwerlich in der Revision rügbare bzw. nachweisbare) Pflicht zur wahrheitsgemäßen Angabe der Strafzumessungsgründe zu entnehmen, eine darüber hinausgehende Angriffsmöglichkeit in der Revision bietet diese Norm nicht, bleibt also in ihrer Reichweite deutlich hinter der materiell-rechtlichen Begründungspflicht zurück. Damit bleibt noch zu untersuchen, ob § 267 III 1 StPO dann nicht eine einschränkende Funktion im Hinblick auf die Revisibilität der Strafzumessungsentscheidung zukommt, indem sie den bereits materiell-rechtlich (also verfassungsrechtlich) geforderten Begründungsumfang limitiert.

2. Teil: Reichweite und Grenzen der Begründungspflicht

Neben den Mindestanforderungen an die Strafzumessungsbegründung wurde auch die Abgrenzung von materiell-rechtlicher und prozessualer Begründungspflicht im Hinblick auf ihre Revisibilität bereits erörtert; zu prüfen bleibt, welche Dimension die materiell-rechtliche Begründungspflicht heutzutage angenommen hat und ob bzw. inwiefern § 267 III 1, 2. HS StPO sie einzuschränken vermag, welche dieser Begründungspflichten sich also im Kollisionsfall durchsetzt. Ob sich dieser Grundsatz auf die prozessuale und materiell-rechtliche Begründungspflicht übertragen lässt, soll im Folgenden durch Auslegung der Vorschrift des § 267 III 1, 2. HS StPO und eine Untersuchung der revisionsrechtlichen Praxis beleuchtet werden.

A. Auslegung des § 267 III 1, 2. HS StPO

I. Grammatisch

Die grammatische Auslegung orientiert sich am Wortlaut bzw. Wortsinn einer Norm. Aus dem Bestimmtheitsgebot des Art. 103 II GG folgt, dass der Gesetzgeber die Voraussetzungen der Strafbarkeit so genau darzulegen hat, dass der Normadressat Tragweite und Anwendungsbereich der Straftatbestände erkennen und somit vorhersehen kann, ob ein Verhalten strafbar ist.[478] Die Auslegung einer Norm hat sich dementsprechend primär nach dem Empfängerhorizont des Normadressaten und damit dem Alltagssprachgebrauch zu richten; auch der Gesetzgeber will (in Umsetzung der Vorgaben des Art. 103 II GG) den Begriff im Zweifel so verstanden wissen, wie er im Alltag verwendet wird[479]. Der danach ermittelte Wortsinn ist sowohl Ausgangspunkt als auch Grenze möglicher Auslegungen.[480]

In § 267 III 1 StPO heißt es: „Die Gründe des Strafurteils müssen ferner das zur Anwendung gebrachte Strafgesetz bezeichnen und die Umstände anführen, die für die Zumessung der Strafe bestimmend gewesen sind.“ Angesichts dessen, dass die materiell-rechtliche Begründungspflicht eine erschöpfende Darlegung aller nach materiellem Recht und den konkreten Umständen nahegelegenen Erwägungen erfordert, ist für die Beurteilung der einschränkenden Funktion des § 267 III 1 StPO maßgeblich, wie die Begriffe „bestimmend gewesen sind“ auszulegen sind.

478 Vgl. BVerfGE 71, 108 (114) m.w.N.
479 *Christensen/Kudlich*, S. 363f.
480 BVerfG NJW 2013, 365 (366) m.w.N.

Aus der Verwendung des Perfekts „bestimmend gewesen sind" schließt u.a. Bruns[481], dass der Tatrichter nur die tatsächlich angestellten, also die in Wahrheit berücksichtigten Erwägungen darstellen muss. Zwar ließe sich einwenden, dass der Wortlaut durchaus auch eine objektive Betrachtung ex ante im Hinblick auf die nach den konkreten Umständen im Zeitpunkt der Entscheidung als bestimmend zu erachtenden Erwägungen zuließe, auch hätte eine subjektive Betrachtung – so sie denn gewollt war – im Wortlaut deutlicher hervorgehoben werden können, etwa durch die Formulierung „..., die für das Tatgericht bei Zumessung der Strafe bestimmend gewesen sind". Aus der Zusammenschau mit dem ersten Halbsatz, dass „das zur Anwendung gebrachte Strafgesetz" anzugeben ist, ergibt sich jedoch eindeutig, dass es auf die Perspektive des Tatgerichts ankommen soll; er hat die Strafgesetze, die er tatsächlich zugrunde gelegt hat, zu bezeichnen. Dementsprechend hat er auch lediglich die nach seiner Auffassung bestimmenden Umstände anzugeben. Diese Schlussfolgerung ist auch denklogisch zwingend: Das Tatgericht kann im Urteil doch nur die Umstände anführen, die es selbst auch erkannt (und dann als bestimmend bewertet hat); nach materiellem Recht zu erörternde, vom Gericht jedoch übersehene Umstände können im Urteil schlicht nicht dargelegt werden. Der Auffassung Bruns ist also zuzustimmen. Die erste sich aus § 267 III 1 StPO ergebende Einschränkung in Bezug auf den materiell-rechtlich geforderten Begründungsumfang ist demnach die Begrenzung auf die vom Tatgericht als bestimmend zugrunde gelegten Erwägungen; eine Erörterung der im Einzelfall nahegelegenen Umstände erfordert diese Vorschrift nicht.

Die zweite Auslegungsfrage betrifft den Begriff „bestimmend". Im Duden[482] (als Repräsentant des Alltagssprachgebrauchs) wird dem Wort „bestimmend" die Bedeutung „prägend", „entscheidend" zugewiesen, als Synonyme werden „ausschlaggebend", „beherrschend", „dominant", „dominierend", „entscheidend", „führend", „maßgebend", „maßgeblich", „tonangebend", „überlegen" und „zentral" zugeschrieben; nicht zu finden sind „relevant", „von Bedeutung" oder ähnlich allgemein gefasste, noch als „sämtliche" auslegbare Begriffe. Zwar weisen Christensen und Kudlich[483] insoweit darauf hin, dass Wörterbücher keine abschließenden Sprachgesetzbücher seien, sondern vielmehr nur Beispielssammlungen, weshalb ihnen auch keine negative Ausschlussfunktion hinsichtlich nicht erwähnter Synonyme zukomme. Allerdings ist allen aufgezählten Synonymen gemein, dass sie lediglich eine Teilmenge bzw. eine Auswahl einer Gesamtheit bezeichnen; dies stellt zumindest ein gewichtiges Indiz für den Ausschluss der Gesamtmenge als möglichen Bedeutungsgehalt dar. Das Adjektiv „bestimmend" lässt sich dem Verb „bestimmen" zuordnen, dessen Herkunft laut Duden[484] mittelhochdeutsch ist und das von

481 *Bruns* (1985), S. 266; ebenso *Schmidt* (1957), § 267 Rn. 19f.; *Frisch*, S. 25; *Zipf*, S. 230; *Sassenberg-Walter*, S. 99; *Krause*, S. 51.
482 Http://www.duden.de/rechtschreibung/bestimmend.
483 *Christensen/Kudlich*, S. 364.
484 Http://www.duden.de/rechtschreibung/bestimmen.

„(mit der Stimme be)nennen“ abgeleitet wurde. Dem Verb wird die Bedeutung[485] (1) „festlegen“, „festsetzen“, „verbindlich entscheiden“; (2) „für jemanden, etwas vorsehen“, „zu etwas ausersehen“; (3) etwas „ermitteln“, „klären“, „definieren“; (4) „verfügen“; (5) „zu etwas veranlassen“, „drängen“, „bewegen“; (6) „prägen“, „entscheidend beeinflussen“ bzw. „von etwas entscheidend beeinflusst werden“. Aus den Bedeutungssynonymen, die das Handeln gegenüber einer Person betreffen (Nr. 2 und 5, gegebenenfalls auch 1), lassen sich im Hinblick auf die bestimmenden Umstände i.S.v. § 267 III 1 StPO keine Rückschlüsse ziehen, da nur Menschen, nicht aber Umstände „zu etwas veranlasst“ (o.ä.) werden können. Begreift man die bestimmenden Umstände als die vom Tatgericht „festgelegten“ (Nr. 1), die „definierten“ (Nr. 3) oder – der Herkunft entsprechend – als die mit der Stimme benannten, könnte sich dies durchaus auf eine Gesamtmenge (alle festgelegten Umstände) beziehen; ebenso lässt sich dieser Bedeutungsgehalt jedoch als Auswahl verstehen, von allen möglichen Umständen werden einige als strafzumessungserheblich definiert. Für die letztgenannte Auslegung spricht auch die in Nr. 6 aufgezählte Bedeutung; danach wären die bestimmenden Umstände die, von denen die Strafzumessungsentscheidung des Tatgerichts entscheidend beeinflusst wurde, nicht aber solche, denen insofern eine nur untergeordnete Bedeutung beigemessen wurde. Da sich diese Auslegung mit dem Bedeutungsgehalt und den Synonymen, die im Duden dem Adjektiv „bestimmend“ zugeschrieben werden, deckt, liegt der Schluss nahe, dass bei Ableitung des Adjektivs von dem Verb „bestimmen“ diese Bedeutungsvariante die maßgebliche ist. Der allgemeine Sprachgebrauch spricht demnach eher dafür, dass mit „bestimmend“ nicht alle Zumessungsumstände gemeint sind, die bei der Entscheidung bedacht wurden, sondern lediglich diejenigen, die vom Tatgericht als dominierend (o.ä.) angesehen wurden.

Die grammatische Auslegung der Norm ergibt also eine in doppelter Hinsicht einschränkende Funktion: Statt erschöpfender Darlegung aller angestellten und anzustellenden Erwägungen verlangt die prozessuale Begründungspflicht lediglich die Angabe einer Auswahl der vom Tatgericht der Strafzumessungsentscheidung zugrunde gelegten Umstände.

II. Historisch/genetisch

1. § 266 RStPO

Die aktuelle Fassung des § 267 III 1 StPO entspricht im Wesentlichen noch der ursprünglichen Regelung des § 266 III 1 RStPO.[486] Im ersten Gesetzesentwurf zur RStPO von 1874 war eine Strafzumessungsbegründung im Urteil nicht vorgesehen[487];

485 Http://www.duden.de/rechtschreibung/bestimmen; fast identisch in *Wahrig*, Grosses Deutsches Wörterbuch, S. 657f.

486 SK-StPO/*Velten*, § 267 Rn. 2.

487 *Hahn*, S. 30.

erst die mit der Vorbereitung der Entwürfe eines Gerichtsverfassungsgesetzes, einer Zivilprozessordnung und einer Strafprozessordnung betraute Kommission erweiterte die Vorschrift über die Urteilsgründe nach zahlreichen Debatten[488] um die Pflicht zur Angabe der für die Zumessung der Strafe bestimmenden Umstände, zunächst als zwingende Vorschrift ausgestaltet.[489]

Motivation der Kommission, den Richter zur Angabe der Strafzumessungsgründe anzuhalten, war damals weniger die Kontrollierbarkeit durch ein Rechtsmittelgericht zu ermöglichen,[490] als vielmehr das Bestreben, eine ausreichende Erörterung der insoweit relevanten Umstände in der Hauptverhandlung sicherzustellen und dem Aufklärungsbedürfnis des Angeklagten Rechnung zu tragen, zumal angesichts der weit gefassten Strafrahmen.[491] Darüber hinaus rechnete man mit positiver Resonanz in der Öffentlichkeit,[492] hoffte demnach durch Mitteilung der Gründe auf mehr Akzeptanz seitens der Bürger. Letztlich unterlegenen Gegenstimmen innerhalb der Kommission, die eine Strafzumessungsbegründung jenseits allgemeiner Phrasen ob des Ermessens des Richters für schlicht nicht durchführbar hielten, entgegnete man, den Richter gerade weg von einer lediglich nach dem Gesamteindruck des Angeklagten bemessenen Strafe hin zu einer intensiven Befassung mit den zumessungsrelevanten Aspekten führen zu wollen.[493] Dabei wurde jedoch betont, dass die Vorschrift von dem Richter kein „voluminöses Werk", sondern lediglich die Angabe der „wesentlichen Momente" fordere.[494] „Bestimmend" sollten demnach nur die wesentlichen Strafzumessungsumstände sein, nur diese wollte man das Tatgericht verpflichten darzustellen. Dieses zögerliche oder zurückhaltende Vorgehen ist sicherlich dem Umstand geschuldet, dass es sich bei dem gesamten RStPO-Entwurf und gerade auch in Bezug auf die Strafzumessungsbegründung um eine Kompromisslösung handelte; auch jene, eine solche Verpflichtung gänzlich ablehnende Gruppierung der Kommission musste überzeugt werden. Primäres Ziel war es, überhaupt eine derartige Begründungspflicht einzuführen, ohne dabei allzu weit in des Tatrichters „Domäne" einzugreifen. Gleichwohl lässt sich festhalten, dass nach der ursprünglichen Intention des Gesetzgebers dem Begriff „bestimmend" eine einschränkende Funktion hinsichtlich des Darstellungsumfangs zukommen sollte. Erst durch Beschluss des Bundesrats wurde das Wort „sollen" ergänzt[495], was von der Kommission ohne Debatte genehmigt wurde.[496] Motive für dieses Einlenken der Kommission sind nicht dokumentiert, vermutlich lässt sich aber auch dies auf den Prozess der Kompromissfindung

---

488 Dokumentiert bei *Hahn*, S. 876f., 1378f., 1588f.
489 *Hahn*, S. 876.
490 SK-StPO/*Velten*, § 267 Rn. 2.
491 *Hahn*, S. 1588f., vgl. ferner *Sassenberg-Walter*, S. 31.
492 *Hahn*, S. 876.
493 *Hahn*, S. 1378f.
494 *Hahn*, S. 1378.
495 *Hahn*, S. 1621.
496 *Hahn*, S. 1658.

zurückführen, ausgestaltet als Soll-Vorschrift konnte ein Verstoß nämlich (zunächst) nicht erfolgreich in der Revision gerügt werden,[497] womit es faktisch bei einer unantastbaren Ermessensentscheidung des Tatrichters verblieb – ganz i.S. der die Vorschrift gänzlich ablehnenden Kommissionsmitglieder. Die Fassung des § 266 III 1 RStPO, verkündet am 01.02.1877 und in Kraft getreten am 01.10.1879, lautete:

> *„Die Gründe des Strafurteils müssen ferner das zur Anwendung gebrachte Strafgesetz bezeichnen und sollen die Umstände anführen, welche für die Zumessung der Strafe bestimmend gewesen sind."*[498]

2. *Reformbestrebungen bis zur Neufassung des § 267 III 1 StPO durch das VereinhG von 1950*

Nach Verabschiedung der RStPO gab es immer wieder Bestrebungen, das Strafverfahrensrecht zu reformieren, zwischen 1895 und 1939 gab es fünf amtliche, letztlich jedoch nicht verwirklichte Entwürfe[499]. Dabei wurde u.a. eine Ausweitung der Begründungspflichten diskutiert, erstmals unter dem Gesichtspunkt der Kontrollierbarkeit der Urteile in der Rechtsmittelinstanz.[500] Dies verdeutlicht auch die Einführung des heutigen § 267 IV StPO durch das Gesetz zur Entlastung der Gerichte vom 11. 03. 1921[501], der zwar für den Fall des allseitigen Rechtsmittelverzichts die Begründungspflicht stark einschränkte, insbesondere war die Angabe der Strafzumessungsgründe entbehrlich; gleichwohl zeigt er das gewandelte Verständnis in Bezug auf die Funktionen der Begründungspflicht, im Vordergrund stand nunmehr der Zweck, im Falle der Rechtsmitteleinlegung die Nachprüfbarkeit des Urteils zu ermöglichen. Dementsprechend sah bereits der Entwurf eines Gesetzes über den Rechtsgang in Strafsachen von 1919[502] in § 261 IV 1 die Umwandlung der fakultativen Strafzumessungsbegründung in eine zwingende vor. Auch die große Strafrechtskommission plädierte innerhalb ihres Entwurfs von 1939[503] für eine Umgestaltung des § 267 III 1 RStPO in eine zwingende Vorschrift mit der Begründung, dass auf die Strafzumessung in den Urteilsgründen bislang viel zu wenig eingegangen worden sei; gerade im Hinblick darauf, dass Strafzumessung zunehmend an Bedeutung gewonnen habe, sei dem Tatrichter eine besonders eingehende Auseinandersetzung mit den Gründen sowie eine gründliche Darlegung derselben abzuverlangen.[504]

---

497 So die damals herrschende Auffassung, vgl. nur OLG Hessen HESt 2, 115 (117); ferner *Meves* GA 36 (1888), 102 (140).

498 *Hahn*, S. 2434.

499 Ausf. zu den einzelnen Reformvorschlägen *Rieß*, in: Festschrift für Rissing-van Saan, 491 (497ff.).

500 SK-StPO/*Velten*, § 267 Rn. 2.

501 RGBl. I, 229 (231).

502 Abgedruckt bei *Schubert*, I. Abteilung, Band 4, S. 51ff.

503 Schubert, III. Abteilung 3, Band 1, S. 297ff.

504 Vgl. die Beratungen der Kommission bei *Schubert*, Abteilung 3, Band 2, 1. Teil, 259f.

In der Fassung dieses Entwurfs reichte die Tragweite der Begründungsverpflichtung sowohl über die damals geltende als auch über heutige hinaus, die Urteilsgründe sollten „die Strafbemessung im Einzelnen dar[legen]" und „dabei insbesondere die in § 48 des Strafgesetzbuches aufgestellten Grundsätze"[505] beachten. Dem Wortlaut nach sollte der Tatrichter seine Strafzumessungserwägungen detailliert („im Einzelnen") und mangels einschränkender Zusätze umfassend darlegen; dies verdeutlicht, dass § 267 III 1 StPO damals gerade nicht als prozessökonomische Einschränkung der Begründungspflicht, sondern vielmehr als rechtlich nachprüfbare Erweiterung derselben gedacht war.[506] Weniger bedeutsam ist der Hinweis, dass § 48 StGB zu beachten sei, da der Tatrichter bei seiner Entscheidung ohnehin an das materielle Recht gebunden war (und ist); dieser Passus verdeutlicht jedoch ebenfalls den Wandel in der Betrachtungsweise der Strafzumessung: ursprünglich als weitestgehend unantastbare Domäne des Tatrichters aufgefasst,[507] nunmehr als nachprüfbare Entscheidung, die sich an rechtlichen Vorgaben messen lassen muss. Umgesetzt wurde zwar auch dieser Entwurf nicht,[508] gleichwohl begann die Rechtsprechung zum Teil[509] von sich aus, die Vorschrift des § 267 III 1 als zwingende auszulegen. Dieser Rechtsprechungsentwicklung und der auch in der Literatur[510] fortan dominierenden Forderung nach einer zwingenden Begründungspflicht trug dann Art. 3 Nr. 119 des Gesetzes zur Wiederherstellung der Rechtseinheit (VereinhG) vom 12. 09. 1950[511] Rechnung, der in § 267 III 1 StPO[512] die Angabe der Strafzumessungsgründe verpflichtend vorschrieb; das Wort „sollen" wurde gestrichen, die Vorschrift erhielt ihre aktuell gültige Fassung:

---

505 *Schubert*, Abteilung 3, Band 1, S. 297ff.

506 Vgl. auch *Wimmer* NJW 1947/48, 176 (178): „Die Nachprüfung (der Strafe) setzt voraus, daß alle dem Angeklagten günstigen und ungünstigen Tatsachen entsprechend dem Ergebnis ihrer Erforschung vollständig und richtig in den Urteilsgründen stehen.".

507 Zur historischen Entwicklung der Revisibilität s. 1. Teil, Abschnitt C, I, 1.

508 *Rieß*, in: Festschrift für Rissing-van Saan, 491 (505).

509 Vgl. nur OLG Hessen HESt 1, 195 (196); OLG Hessen HESt 2, 115 (117) – beide unter Hinweis auf das Verbot der Besatzungsmächte, übermäßig hohe und grausame Strafen zu verhängen (Gesetz Nr. 1 der Militärregierung Deutschland Art. IV Ziffer 8), dem nur dann genüge getan werden könne, wenn das Strafmaß revisibel sei, was wiederum die Auslegung des § 267 III 1 StPO als zwingende Vorschrift voraussetze; ebenso OLG Köln HESt 1, 200 (203), allerdings nur hinsichtlich der Strafzumessungstatsachen, nicht auch der -erwägungen; a.A. OLG Stuttgart SJZ 1948, 775 (776).

510 Vgl. nur *Sachs* SJZ 1948, 777 (778); *Schmidt* SJZ 1946, 204 (209); weitere Nachweise bei *Schmidt* (1957), § 267 Rn. 1 und *Sassenberg-Walter*, S. 46ff.

511 BGBl. I, 493.

512 Im Zuge der Emmingerschen Reform von 1924 wurde § 266 ohne inhaltliche Änderungen zu § 267 RStPO umgewandelt, vgl. *Sassenberg-Walter*, S. 42f.

„Die Gründe des Strafurteils müssen ferner das zur Anwendung gebrachte Strafgesetz bezeichnen und die Umstände anführen, die für die Zumessung der Strafe bestimmend gewesen sind."

3. Fazit

Der Gesetzgeber hatte ursprünglich also keinesfalls eine Einschränkung der Pflicht zur Begründung der Strafzumessungsentscheidung im Sinn; Ziel war es, überhaupt eine derartige Pflicht zu normieren – wider den anhaltenden Gegenstimmen. Etwaige Beschränkungen, insbesondere die lediglich fakultative Ausgestaltung sowie die Begrenzung auf die Angabe der „wesentlichen Momente", dienten lediglich als Kompromissvorschlag, um zumindest die grundsätzliche Aufnahme einer solchen Verpflichtung zu sichern. Eine materiell-rechtliche bzw. verfassungsrechtliche Begründungspflicht war dem damaligen Gesetzgeber fremd. Intention der Einführung der Begründungspflicht war, einerseits die Richter zu intensiverer Befassung mit insoweit relevanten Umständen zu bewegen und andererseits das nachvollziehbare Interesse der Verfahrensbeteiligten zu befriedigen, spätestens ab Umwandlung in eine zwingende Vorschrift stand indes die revisionsrechtliche Nachprüfbarkeit im Vordergrund. Diesen gesetzgeberischen Zielsetzungen ist mit vollständiger Darlegung der vom Tatgericht der Strafzumessungsentscheidung zugrunde gelegten Erwägungen am besten gedient.[513] Gleichwohl fällt auf, dass mit Umgestaltung des § 267 III 1 StPO in eine Muss-Vorschrift das zweite Zugeständnis an die ursprünglichen Begründungsgegner – die Beschränkung auf die bestimmenden, d. h. die „wesentlichen Momente" – (bis heute) nicht aufgehoben wurde. Ob dies – den eigentlichen Bestrebungen der Mehrheit zuwider – übersehen wurde, doch bewusst geschah oder der seit den 50er Jahren des 20. Jahrhunderts anerkannten materiell-rechtlichen Begründungspflicht geschuldet ist, kann nur spekuliert werden.

III. Systematisch

Bei der systematischen Auslegung ist der Kontext der Norm, also die Stellung im Gesetz bzw. die Rechtsordnung als Ganzes zu betrachten.[514] Die einzige ebenfalls eine Begründungspflicht normierende Vorschrift ist § 34 StPO; darin heißt es: „Die durch ein Rechtsmittel anfechtbaren Entscheidungen sowie die, durch welche ein Antrag abgelehnt wird, sind mit Gründen zu versehen". Konkrete Vorgaben für Inhalt und Umfang der Gründe werden zwar nicht genannt, allerdings auch keine Einschränkungen – etwa auf die wesentlichen oder bestimmenden Aspekte der Entscheidungsgründe vergleichbar der Formulierung in § 267 III 1 StPO. Damit wird im Grunde auch bereits eine prozessuale Pflicht zur schriftlichen Begründung der

---

513 Vgl. auch die Ausführungen zu den entsprechenden heutigen Zwecken der Begründungspflicht und das daraus resultierende Erfordernis einer erschöpfenden Urteilsbegründung.

514 *Christensen/Kudlich*, S. 365.

(revisiblen) Strafzumessungsentscheidung statuiert, der Regelung des § 267 StPO bedürfte es insoweit nicht mehr. Indes ist § 34 StPO in den allgemeinen Vorschriften der StPO geregelt und betrifft damit alle im Strafprozess (ab Einleitung bis Abschluss Vollstreckung) ergehenden Entscheidungen – sofern sie anfechtbar sind oder Anträge ablehnen. In § 267 StPO finden sich hingegen lediglich Regelungen bezüglich der Urteilsgründe nach Abschluss der Hauptverhandlung im Verfahren im ersten Rechtszug, dies jedoch viel detaillierter bzw. spezifischer. § 267 StPO ist damit lex specialis zu § 34 StPO,[515] stellt also eine Konkretisierung dieser Norm dar. Fordert § 34 StPO nun allgemein und vollständig die Angabe der Entscheidungsgründe, kommt der spezielleren Vorschrift des § 267 III 1 StPO im Hinblick auf die Strafzumessungsgründe eine einschränkende Funktion zu, nämlich die Beschränkung auf die Darlegung der bestimmenden statt aller Erwägungen.

Auch solche Normen, die zwar nicht das Adjektiv „bestimmend“ (derartige Paragraphen waren nicht zu finden), jedoch die Verbform „bestimmen“ beinhalten, können als systematische Auslegungshilfe herangezogen werden. Dies betrifft etwa § 26 StGB („Als Anstifter wird gleich einem Täter bestraft, wer vorsätzlich einen anderen zu dessen vorsätzlich begangener rechtswidriger Tat bestimmt hat.“), § 216 I StGB („Ist jemand durch das ausdrückliche und ernstliche Verlangen des Getöteten zur Tötung bestimmt worden, so ist auf Freiheitsstrafe von sechs Monaten bis zu fünf Jahren zu erkennen.“), § 176 II StGB („Ebenso wird bestraft, wer ein Kind dazu bestimmt, daß es sexuelle Handlungen an einem Dritten vornimmt oder von einem Dritten an sich vornehmen läßt.“) und § 30 a II Nr. 1 BtMG („Ebenso wird bestraft, wer 1. als Person über 21 Jahre eine Person unter 18 Jahren bestimmt, mit Betäubungsmitteln unerlaubt Handel zu treiben, sie, ohne Handel zu treiben, einzuführen, auszuführen, zu veräußern...“). Der Begriff „bestimmen“ wird bei allen aufgezählten Vorschriften in ständiger Rechtsprechung[516] als Einflussnahme auf den Willen des anderen, die ihn zu einem Verhalten bringt, zu dem er sich ohne die Beeinflussung nicht entschlossen haben würde, ausgelegt; dabei muss die Willensbeeinflussung nicht die alleinige Ursache für das Verhalten des anderen sein, vielmehr genügt bloße Mitursächlichkeit. Übertragen auf die bestimmenden Umstände i.S.v. § 267 III 1 StPO wäre somit eine Mitursächlichkeit für die Strafzumessungsentscheidung ausreichend. Das bedeutet jedoch nicht, dass sämtliche, vom Tatgericht in Erwägung gezogene Umstände in die Urteilsgründe aufzunehmen wären, sondern eben nur diejenigen, die als mitursächlich erachtet wurden. Damit scheiden bereits solche Aspekte aus, die zwar erwogen wurden, denen jedoch gar kein Einfluss auf das Strafmaß zuerkannt wurde. Aber auch hinsichtlich der Umstände, die als die Strafhöhe beeinflussend eingeordnet wurden, folgt die Qualifizierung als mitursächlich nicht ohne weiteres. So ist auch bezüglich der zuvor zitierten Normen umstritten, welche Qualität das Handeln des Bestimmenden haben muss, um mitursächlich zu

515 *Christensen/Kudlich* GA 2002, 337 (339).

516 Vgl. nur BGHSt 45, 373 (374); BGH NStZ 2000, 421; BGH NStZ 1994, 29 (30); BGH NJW 1985, 924; BGH, Beschl. v. 18.07.1978 – 1 StR 301/78; BGHSt 9, 111 (113).

sein, insbesondere ob insoweit bloße Kausalität bereits genügt.[517] Ist aber nicht jeder für das verhängte Strafmaß kausale Umstand zugleich ein bestimmender, betrifft letzteres wiederum nur eine Auswahl aller kausalen, nicht aber die Gesamtheit. Die Anknüpfung an den Begriff der Mitursächlichkeit mag zwar für ein weites Verständnis im Hinblick auf die bestimmenden Strafzumessungsumstände sprechen, etwa bezüglich der Anforderungen an den Grad der Einflussnahme auf das Strafmaß[518], eine erschöpfende Darlegungspflicht lässt sich daraus jedoch nicht ableiten bzw. die das Verb „bestimmend" enthaltenen Vorschriften sprechen für eine einschränkende Auslegung des Adjektivs „bestimmend".

Auch die Normstruktur kann als systematische Auslegungshilfe herangezogen werden – eine Betrachtung kann allerdings nicht losgelöst von der historischen Entwicklung des übrigen § 267 StPO erfolgen. Bei Inkrafttreten der RStPO enthielt der damalige § 266 III 2 RStPO bereits besondere Begründungspflichten bei Annahme eines minder schweren Falles oder Ablehnung eines entsprechenden Antrags, ebenso wie der heutige § 267 III 2 StPO. Dies muss allerdings nicht zwingend auf den einschränkend formulierten Satz 1 (nur bestimmende Umstände sollten angeführt werden) zurückzuführen sein, sondern kann ebenso der lediglich fakultativen Ausgestaltung geschuldet sein, um in diesen Fällen Ausführungen in den Urteilsgründen sicherzustellen. Für den heutigen § 267 VI StPO – Begründungspflicht bezüglich (Nicht-)Anordnung einer Maßregel der Sicherung und Besserung, eingeführt durch das Ausführungsgesetz zum Gesetz gegen gefährliche Gewohnheitsverbrecher und über Maßregeln der Besserung und Sicherung vom 24. 11. 1933 (Art. 2 Nr. 24)[519] – gilt dies entsprechend. Der heutige § 267 IV StPO – die Möglichkeit, im Falle allseitigen Rechtsmittelverzichts ein abgekürztes, insbesondere die Strafzumessungsgründe gänzlich aussparendes Urteil, zu verfassen – wurde durch das Gesetz zur Entlastung der Gerichte vom 11. 03. 1921 (Art. III Nr. 4 a, b)[520] hinzugefügt. Der darin bereits zum Ausdruck kommende Begründungszweck, eine revisionsgerichtliche Nachprüfbarkeit des Urteils zu ermöglichen, spricht gegen eine einschränkende Auslegung des § 267 III 1 StPO; was das Tatgericht in den Urteilsgründen ausspart, kann vom Revisionsgericht nicht überprüft werden.

Nachdem § 267 III 1 StPO mit dem Vereinheitlichungsgesetz von 1950[521] in eine zwingende Vorschrift umgewandelt wurde, ist mit dem Dritten Strafrechtsänderungsgesetz vom 04. 08. 1953[522] (Art. 4 Nr. 30) neben den Vorschriften zur Strafaussetzung zur Bewährung auch Satz 3 – die Begründungspflicht hinsichtlich dieser Entscheidung – eingefügt worden. Die Begründungspflicht bei Verhängung kurzer Freiheitsstrafen gemäß des zeitgleich neu eingefügten § 14 StGB (heutiger § 47 StGB)

517 Ausf. dazu MK-StGB/*Joecks*, § 26 Rn. 10ff.; ein besonders restriktiver Ansatz findet sich bei *Puppe* GA 1984, 101 (118ff.).
518 Vgl. dazu 3. Teil, Abschnitt A, I, 3.
519 RGBl. I, 1000.
520 RGBl. I, 231.
521 BGBl. I, 493.
522 BGBl. I, 735.

und bei Annahme eines besonders schweren Falles wurde durch das Erste Gesetz zur Reform des Strafrechts vom 25. 06. 1969[523] (Art. 9 Nr. 13) ergänzt, die bei Nichtannahme trotz Vorliegens der gesetzlichen Voraussetzungen erst durch das Einführungsgesetz zum Strafgesetzbuch (EGStGB) vom 02. 03. 1974[524] (Art. 21 Nr. 70), mit dem zugleich die Begründungspflicht für die durch das Zweite Gesetz zur Reform des Strafrechts vom 4. 7. 1969[525] eingefügte Verwarnung mit Strafvorbehalt und das Absehen von Strafe normiert wurde. Absatz 6 wurde um einen Satz 2 – Pflicht zur Begründung der Entscheidung, eine Fahrerlaubnis nicht zu entziehen oder eine Sperre nicht anzuordnen (vergleichbar den heutigen Regelung) – durch das Zweite Gesetz zur Sicherung des Straßenverkehrs vom 26. 11. 1964[526] (Art. 2 Nr. 4), das auch die Maßregel als solche erst einführte, hinzugefügt. All diese, erst nach Ausgestaltung des § 267 III 1 StPO als zwingende Regelung hinzugefügten besonderen Begründungspflichten deuten auf eine nur eingeschränkte Begründungspflicht dieser Vorschrift hin. Davon ausgehend, dass Strafzumessung sich auf den gesamten Bereich der Rechtsfolgen einer Straftat erstreckt[527] und diese Rechtsfolgen der Tat, geregelt im dritten Abschnitt des StGB (§§ 38–76 a), auch die mit gesonderten Begründungspflichten versehenen Regelungen zur Strafaussetzung zur Bewährung (§§ 56ff. StGB), zur Verhängung kurzzeitiger Freiheitsstrafen (§ 47 StGB), zur Verwarnung mit Strafvorbehalt (§§ 59ff. StGB), zur Entziehung der Fahrerlaubnis (§§ 69ff. StGB), etc. mit umfassen, erschließt sich die Notwendigkeit (jeweils nach Einführung der neuen Rechtsfolgenvorschrift) insoweit explizit eine Begründungspflicht zu statuieren nur daraus, dass der Gesetzgeber eine solche durch § 267 III 1 StPO nicht ausreichend gewährleistet sah. Der Normstruktur nach erfordert die Pflicht zur Angabe der bestimmenden Strafzumessungsumstände also keine vollständige Wiedergabe der angestellten Erwägungen; bei derart weiter Auslegung wären die nachträglich ergänzten besonderen Begründungspflichten des § 267 III und VI StPO überflüssig.

IV. Teleologisch

Bei der teleologischen Auslegung steht der Regelungszweck des Gesetzes im Fokus; bevorzugt wird die Interpretation, die zur Erreichung des mit der Norm verfolgten Ziels bestmöglich geeignet ist.[528] Umstritten ist, ob dieser Regelungszweck subjektivhistorisch – d.h. nach dem Willen des ursprünglichen Gesetzgebers – oder objektivteleologisch, auf den aktuellen Sinn und Zweck einer Norm – den objektiven, vom

---

523 BGBl. I, 645.
524 BGBl. I, 469.
525 BGBl. I, 717.
526 BGBl. I, 921.
527 *Detter*, in: Festschrift aus Anlaß des fünfzigjährigen Bestehens von Bundesgerichtshof, Bundesanwaltschaft und Rechtsanwaltschaft beim Bundesgerichtshof, 679 (690).
528 *Christensen/Kudlich*, S. 372.

historischen Gesetzgeber losgelösten Gesetzeswillen – abstellend, zu ermitteln ist.[529] Dieser Streit kann jedoch dahinstehen, da der Wille des ursprünglichen Gesetzgebers im Rahmen der historischen Auslegung ohnehin bereits herausgearbeitet wurde.[530] Zunächst diente die Normierung der Pflicht zur Begründung der Strafzumessungsentscheidung der Rationalisierung dieses Prozesses, das Verschriftlichen der Gründe sollte die Selbstkontrolle des Zumessenden fördern. Zudem sollte das Aufklärungsbedürfnis der Prozessbeteiligten (insbesondere des Angeklagten) sowie der Öffentlichkeit befriedigt werden. Bei Umgestaltung des § 267 III 1 StPO in die heute gültige Fassung als Muss-Vorschrift hinsichtlich der Darlegung der Strafzumessungsgründe war primäre Intention des Gesetzgebers, die Nachprüfbarkeit der Entscheidung durch die Rechtsmittelgerichte zu ermöglichen. Diesen noch heute der Begründungspflicht zugeschriebenen Funktionen der Selbstkontrolle, Aufklärung und Ermöglichung einer revisionsrechtlichen Überprüfung dient die uneingeschränkte Darlegung der Strafzumessungserwägungen am besten.[531] Dass der Gesetzgeber bei Einführung der Vorschrift mit dem Wort bestimmend eine Beschränkung der Begründungspflicht auf die „wesentlichen Momente" erreichen wollte, ist – zumal lediglich einem notwendigen Kompromiss geschuldet – im Hinblick auf die seinem Willen bestmöglich Rechnung tragende Auslegung irrelevant.

Heutzutage wird der primäre Zweck des § 267 III 1 StPO darin gesehen, die Wahrheit der Strafzumessungsründe sicherzustellen.[532] Das Tatgericht soll ausschließlich, aber vollständig diejenigen Erwägungen in den Urteilsgründen darlegen, die im Rahmen der Beratung zur Strafzumessungsentscheidung angestellt wurden.[533] Damit soll die Übereinstimmung zwischen den mündlich verkündeten, den schriftlichen und den wahren Strafzumessungsgründen gewährleistet werden.[534] Diese § 267 III 1 StPO zugeschriebene Funktion fordert demnach lediglich die Darstellung der vom Tatgericht tatsächlich angestellten Erwägungen; Ausführungen zu nach den konkreten Umständen nahegelegenen Aspekten erfordert diese Vorschrift nicht. Insoweit geht die teleologische Auslegung mit der grammatischen konform; hinsichtlich des Umfangs der Darlegungspflicht ist dies indes nicht der Fall: Dem Zweck der Wahrheitssicherung wird nämlich nur die umfassende Pflicht zur Angabe der Strafzumessungsgründe gerecht. Die Beschränkung auf eine Auswahl der insoweit als tragend erachteten Umstände liefe letztlich doch auf eine Abweichung der schriftlichen von den in Wirklichkeit angestellten Erwägungen hinaus.

---

529 Das BVerfG vertritt die objektiv-teleologische Auslegung, vgl. BVerfGE 105, 135 (157 m.w.N.); ausf. zu dieser Streitfrage Schönke/Schröder/*Stree/Perron/Sternberg-Lieben/Heine/Lenckner/Eser/Eisele*, § 1 Rn. 40ff.

530 Vgl. 2. Teil, Abschnitt A, II, 1.

531 Vgl. dazu das Ergebnis der Begründungszweckanalyse, 1. Teil, Abschnitt A, IX.

532 Vgl. nur *Schmidt* (1957), § 267 Rn. 19f.; *Bruns* (1985), S. 263; *Frisch*, S. 25; *Zipf*, S. 230; *Sassenberg-Walter*, S. 99; *Krause*, S. 51.

533 Löwe-Rosenberg/*Stuckenberg*, § 267 Rn. 87.

534 Kritisch zur tatsächlichen Überstimmung bereits *Schmidt* (1957), § 267 Rn. 22.

Demnach wird dem Regelungszweck des § 267 III 1 StPO – unabhängig davon, ob subjektiv-historisch oder objektiv-teleologisch betrachtet – die Auslegung als Pflicht zur erschöpfenden Darlegung der angestellten Strafzumessungserwägungen am besten gerecht.

V. Fazit

Eine Pflicht zur umfassenden Darlegung der Strafzumessungsgründe – allerdings nur bezüglich der tatsächlich vom Tatgericht angestellten Erwägungen – hat indes nur die teleologische Auslegung ergeben. Die grammatische spricht für eine einschränkende Funktion des § 267 III 1 StPO in doppelter Hinsicht; nur vom Tatgericht tatsächlich angestellte (nicht auch nahegelegene) Umstände sind darzulegen und davon auch lediglich eine Auswahl der insoweit tragenden Aspekte. Dieses Ergebnis zeitigt auch die historische Betrachtung der Norm. Zwar diente die Einführung des § 267 III 1 StPO primär dazu, überhaupt die Aufnahme der Strafzumessungserwägungen in die schriftlichen Urteilsgründe zu gewährleisten und die spätere Ausgestaltung als zwingende Begründungspflicht dazu, eine revisionsrechtliche Kontrolle sicherzustellen, gleichwohl war – wenn auch lediglich als Zugeständnis an die Gegner einer solchen Verpflichtung – mit der gewählten Formulierung der „bestimmenden" Umstände eine Beschränkung auf die „wesentlichen Momente" angestrebt. Eine Pflicht zur erschöpfenden Darstellung der Strafzumessungsgründe hat auch die systematische Auslegung nicht ergeben; sowohl das Verhältnis zur allgemeinen Begründungspflicht des § 34 StPO als auch der Vergleich mit anderen das Wort „bestimmen" enthaltenen Vorschriften sowie die Normstruktur streiten für eine einschränkende Funktion des § 267 III 1 StPO.

Räumte man bei Zugrundelegung dieser Interpretation (abgesehen von der teleologischen) der prozessualen Pflicht Vorrang vor der materiell-rechtlichen ein, liefe das auf eine immense Verkürzung der Darstellungsrüge hinaus, da zumindest jeder die Lückenhaftigkeit der Urteilsgründe betreffende revisionsrechtliche Angriff mit dem Argument abgewehrt werden könnte, dass der fragliche Umstand vom Tatgericht nicht zwingend übersehen worden sein muss (unter Verletzung materiellen Rechts), sondern ebenso lediglich als nicht bestimmend qualifiziert und aus diesem Grund in den Urteilsgründen nicht erörtert wurde. Im Hinblick auf das Verhältnis der prozessualen zur materiell-rechtlichen Begründungspflicht in derartigen Kollisionsfällen kann aufgrund der Auslegung des § 267 III 1 StPO indes noch keine Aussage getroffen werden.

B. Revisionsrechtliche Untersuchung

Die Anforderungen an die Begründung der Strafzumessungsentscheidung wurden im Lichte der Reichweite ihrer Revisibilität bereits beleuchtet, also die notwendige Beschaffenheit der Urteilsgründe zur Gewährleistung einer revisionsrechtlichen Nachprüfung in dem heutzutage anerkannten Kontrollumfang. Nunmehr soll die Perspektive gewechselt und die von der Rechtsprechung entwickelten

Vorgaben – allgemein zu den Begründungsanforderungen und speziell hinsichtlich einiger ausgewählter Strafzumessungsumstände – sollen untersucht werden, insbesondere im Hinblick darauf, welches Ausmaß die materiell-rechtliche Begründungspflicht erreicht hat und inwiefern der prozessualen Begründungspflicht des § 267 III 1 StPO insoweit eine (ihrer Normauslegung überwiegend entsprechende) einschränkende Funktion zukommt.

I. Allgemeine Vorgaben

1. *Quantifizierung nach Strafmaß*

Den notwendigen Begründungsumfang bemisst die Rechtsprechung regelmäßig anhand des verhängten Strafmaßes, zuweilen verknüpft mit besonderen Erörterungspflichten für spezielle Strafhöhen.

a) Nach Grad der Abweichung vom Üblichen/Normalstrafmaß

Bereits das OLG Köln[535] stellte 1954 den Grundsatz auf, dass die Anforderungen an die Strafzumessungsbegründung im Urteil „umso strenger [seien], je auffälliger das Strafmaß von der relativen Durchschnittsstrafe nach oben oder unten abweicht." Der BGH[536] entschied kurz danach erstmals, dass ein Strafausspruch aufzuheben sei, weil die Begründung ihn nicht trage; während bei Verhängung herkömmlicher Strafen für typische Delikte eine knappe Urteilsbegründung genüge, bedürfe es einer eingehenderen Begründung, wenn eine deutlich höhere, als nach dem festgestellten Unrechtsgehalt der Tat erfahrungsgemäß erwartete Strafe ausgeurteilt wurde – diese Abweichung sei dann an den Besonderheiten des Falles verständlich zu machen. Dieser letzte Passus fand Einzug in die heute in ständiger Rechtsprechung[537] vertretene Standardformel: Weicht die verhängte Strafe erheblich von den Strafen anderer Gerichte in vergleichbaren Fällen ab, so muss dies an den Besonderheiten des Falls verständlich gemacht werden.

Als unzureichende Begründung wurde insoweit eine bloße Bezugnahme auf die Strafrahmenwahl bei Verurteilung wegen schweren Raubes zu einer Freiheitsstrafe in Höhe von sechs Jahren erachtet, da diese Strafhöhe im Hinblick auf die mitgeteilten Milderungsgründe nicht der dem BGH bekannten üblichen

---

535 OLG Köln NJW 1954, 1053.

536 BGH, Urteil v. 26.05.1954 – 4 StR 86/54 (in NJW 1954, 1375 insoweit nicht abgedruckt).

537 Vgl. nur BGH NStZ-RR 2013, 108; BGH StraFo 2012, 419; BGH, Beschl. v. 19.06.2012 – 5 StR 264/12 – zitiert nach juris; BGH NStZ-RR 2011, 5; BGHR StGB § 46 Abs. 1 Strafhöhe 1, 2, 8; BGH StV 1993, 71; BGH StV 1992, 271; BGH StV 1986, 57; BGH StV 1983, 102; BGH, Urteil v. 25.10.1977 – 1 StR 420/77 – bei *Spiegel* DAR 1978, 146 (149); BGH bei *Dallinger* MDR 1967, 897 (898).

Strafzumessungspraxis der Tatgerichte in vergleichbaren Fällen entspreche.[538] Die Urteilsgründe hätten demnach ausführlicher auf strafschärfende Gesichtspunkte eingehen müssen. Eine Freiheitsstrafe von fünf Jahren wegen Vergewaltigung wurde wegen Überschreitung des für vergleichbare Fälle üblichen Maßes mit dem Hinweis aufgehoben, dass die maßgeblichen Erwägungen besonders eingehend hätten dargestellt werden müssen;[539] die Begründung war dem Revisionsgericht hier schlicht zu knapp gehalten bzw. nicht mit der „gebotenen Sorgfalt" vorgenommen worden. Mit dem gleichen Argument hob der BGH eine ausgeurteilte Freiheitsstrafe von acht Jahren wegen unerlaubter Einfuhr von Betäubungsmitteln in nicht geringer Menge in Tateinheit mit unerlaubtem Handeltreiben mit Betäubungsmitteln und mit unerlaubtem Betäubungsmittelerwerb auf, sie sei gemessen am objektiven Schuldgehalt der Tat nach den Erfahrungen des Strafsenats mit der Strafzumessungspraxis in Betäubungsmittelsachen ungewöhnlich hoch.[540] Deutlich spezifischer kritisierte der BGH, dass bei einer verhängten Einsatzstrafe von 6 Jahre und 9 Monaten wegen Beschaffung von Falschgeld im Nennwert von 110.000 Euro die strafschärfende Erwägung, „die Nähe des Angeklagten zu Strukturen der organisierten Kriminalität, die es ihm ermöglicht habe, kurzfristig eine Falschgeldmenge in beachtlicher Qualität zu beschaffen", nicht solche Besonderheiten aufzeige, die die Erforderlichkeit einer derart hohen Strafe gerade in diesem Einzelfall nachvollziehbar erklären könnten;[541] es hätte also weiterer Ausführungen zu strafschärfenden Gesichtspunkten bedurft. Eine solch konkrete Herausarbeitung des Begründungsdefizits bildet indes die Ausnahme, in der Regel begnügt sich der BGH hinsichtlich der Begründung dieses Darstellungsmangels mit der Feststellung, dass es einer eingehenderen Auseinandersetzung mit den maßgeblichen Gründen bedurft hätte. Heraus sticht insoweit eine BGH-Entscheidung, die zunächst betont, dass das Landgericht „die straferschwerenden und strafmildernden Umstände vollständig aufgeführt und erschöpfend gewürdigt" habe, den Strafausspruch (Freiheitsstrafe von zwölf Jahren wegen schwerer räuberischer Erpressung) dann jedoch aufhebt, weil diese Würdigung „gerade nicht solche Besonderheiten des Falles auf[zeige], die in nachvollziehbarer Weise erklären könnten, weshalb die Verhängung derart hoher Strafen erforderlich gewesen sein soll.[542] Ob hier – wie vom BGH als solcher qualifiziert – tatsächlich noch ein Begründungsmangel hinsichtlich der Abweichung vom Üblichen vorliegt, ist zweifelhaft. Wenn das Tatgericht alle strafzumessungsrelevanten Umstände vollständig und erschöpfend gewürdigt dargelegt hat, ist fraglich, was darüber hinaus überhaupt noch in die Urteilsgründe hätte aufgenommen werden können bzw. müssen, um Begründungsdefizite auszuschließen. Hier verbirgt sich hinter dem gerügten Darstellungsmangel ein vom Revisionsgericht

538 BGH StV 1996, 33.
539 BGH, Beschl. v. 11.01.1989 – 2 StR 606/88 – zitiert nach juris.
540 BGHR BtMG § 29 Strafzumessung 19.
541 BGH NStZ-RR 2011, 5.
542 BGH StV 1986, 57.

empfundener Wertungsfehler und damit die direkte Beanstandung des konkreten Strafmaßes und zwar über den Rahmen des Vertretbarkeitsmaßstabs hinaus, spricht der BGH doch lediglich von einer „derart hohen Strafe". Mehr als eine vollständige Strafzumessungsbegründung kann dem Tatgericht in Bezug auf den erforderlichen Begründungsumfang nicht abverlangt werden, auch nicht im Falle einer vom üblichen Strafmaß abweichenden Sanktion; in der Regel fordern die Revisionsgerichte daher auch nur eine ausführlichere Darstellung der maßgeblichen Erwägungen. Das BayObLG weist insoweit explizit darauf hin, dass Besonderheiten, die das Abweichen vom Üblichen rechtfertigen, „in hohem Maße Umstände [seien], die für die Strafzumessung...bestimmend sind...sie [müssten] daher nach § 267 Abs. 3 Satz 1 und 2 StPO in den Urteilsgründen angeführt werden.[543] Die übrigen Entscheidungen enthalten diesen Verweis indes nicht, was darauf hindeutet, dass die geforderte eingehendere Begründung sich nicht nur auf die vom Tatgericht als bestimmend angesehenen Umstände, sondern vielmehr auch auf die nach den Sachverhaltsfeststellungen naheliegenden erstreckt, soweit sie Besonderheiten des Falles aufzeigen.

Bei Verhängung einer Geldstrafe wird dann eine besonders ausführliche Begründung verlangt, wenn das Tatgericht bei Bemessung der Höhe des Tagessatzes von den in § 42 II StGB aufgestellten Regeln, also dem rechnerisch ermittelten Tagesnettosatz, abweichen will; in diesem Fall müsse in den Urteilsgründen dargelegt werden, welche besonderen Umstände diese Abweichung rechtfertigen.[544]

Im Falle eines von der üblichen Sanktionspraxis abweichenden Strafmaßes verlangt die Rechtsprechung also (in der Regel) eine besonders ausführliche Darlegung der tragenden Erwägungen im Hinblick auf die Besonderheiten des Falles, die zur Verhängung dieser ungewöhnlich hohen bzw. milden Strafe geführt haben. Angesichts dessen, dass die übliche Sanktionspraxis allein vom Revisionsgericht anhand eigener Sachkunde beurteilt wird[545], ist für das Tatgericht schwer abschätzbar, wann es nun einer besonders eingehenden Begründung bedarf. Ebenso unsicher ist, welchen Begründungsumfang dies dann im Einzelfall erfordert, wann also die Besonderheiten des Falles ausreichend verständlich gemacht wurden. Jedenfalls bei erschöpfender Erörterung aller Strafzumessungsumstände dürfte die Begründung nicht wegen eines solchen Darstellungsmangels beanstandet werden. Entgegen der o.g. (Ausnahme-)Entscheidung des BGH bleibt dem Revisionsgericht in diesem Fall nur die Beanstandung der Unvertretbarkeit des Strafmaßes, also die Überschreitung des schuldangemessenen Spielraums.

Die h.A.[546] in der Literatur teilt dieses Begründungserfordernis bei erheblicher Abweichung der verhängten Strafe von denen anderer Gerichte in vergleichbaren

543 BayObLG NJW 1973, 1808.
544 Vgl. nur BGH NStZ 1989, 178.
545 Vgl. 1. Teil, Abschnitt C, I, 2., c), bb).
546 Vgl. nur *Mösl* DRiZ 1979, 165 (166); Löwe-Rosenberg/*Stuckenberg*, § 267 Rn. 88; AK/*Wassermann*, § 267 Rn. 17; Meyer-Goßner/Schmitt/*Meyer-Goßner*, § 267 Rn. 18; HK-StPO/*Julius*, § 267 Rn. 21

Fällen – dies müsse an den Besonderheiten des Falls verständlich gemacht werden. Nur so könne überprüft werden, ob diese Abweichung auf übersehene oder fehlerhaft gewürdigte Strafzumessungsumstände oder gar Willkür zurückzuführen sei.[547] Der insoweit erforderliche Begründungsumfang korreliere zum einen mit der Bedeutung der Sache, insbesondere aber mit dem Grad der Abweichung von der üblichen Sanktionspraxis; je größer die Abweichung, desto höher der notwendige Begründungsaufwand.[548] Grünwald[549] hingegen bestreitet diese Abhängigkeit des erforderlichen Begründungsumfangs von der Abweichung der verhängten Strafe vom üblichen Strafmaß grundsätzlich; die Abweichung stelle für sich genommen bereits eine Rechtsverletzung dar (gemeint ist vermutlich die – zu dieser Zeit (1959) allerdings noch nicht fest in den revisionsrechtlichen Kontrollumfang aufgenommene – Unvertretbarkeit der Strafhöhe), die an die Sachaufklärung und Urteilsbegründung zu stellenden Anforderungen seien in jedem Falle die gleichen. Das ist unter rechtsstaatlichen Gesichtspunkten auch nicht gänzlich von der Hand zu weisen, zumindest vor dem Hintergrund des Rechts auf ein faires Verfahren darf jeder Angeklagte die gleiche Sorgfalt bei Verhandlung und Aburteilung seiner Strafsache erwarten. Zudem wird bei Prüfung der Vertretbarkeit des Strafmaßes ebenfalls an das üblicherweise in vergleichbaren Fällen verhängte angeknüpft, so dass im Falle einer erheblichen Abweichung die unvertretbare Strafhöhe tatsächlich bereits für sich genommen einen Sachmangel begründet; der erhöhten Begründungsanforderung bedarf es somit zur Beanstandung des Strafmaßes tatsächlich nicht. Im Hinblick auf den Begründungszweck der Legitimation gegenüber den Verfahrensbeteiligten, aber auch aus präventiven Gesichtspunkten, überzeugt die gesteigerte Begründungspflicht allerdings durchaus. Ein Strafmaß, das im Vergleich zu der von anderen Gerichten in ähnlichen Konstellationen verhängten Strafhöhe auffällig hoch bzw. niedrig ist, wird regelmäßig auf Unverständnis bei den Betroffenen und auch der Öffentlichkeit stoßen. Um eine solche Entscheidung einsichtig und nachvollziehbar zu machen, sogar Akzeptanz zu erreichen, ist ein erhöhter Begründungsaufwand des erkennenden Gerichts unerlässlich.

b) Strafhöhe am Rande des zulässigen Strafrahmens

Im Hinblick auf besonders hohe bzw. niedrige Strafen ist h.A. in Rechtsprechung[550] und Literatur[551], dass die Begründung umso eingehender und detaillierter sein muss, je mehr sich die Strafe oder andere Rechtsfolge der oberen oder unteren

---

547 Löwe-Rosenberg/*Stuckenberg*, § 267 Rn. 88.

548 SK-StPO/*Velten*, § 267 Rn. 48.

549 *Grünwald* MDR 1959, 713 (715).

550 Vgl. nur BGH NStZ-RR 2012, 306; BGH NStZ-RR 2011, 5; BGH NStZ-RR 2003, 52 (53); BGH NJW 2001, 83 (84) (in BGHSt 46, 138 insoweit nicht abgedruckt); BGHSt 24, 268 (271); BGH bei *Dallinger* MDR 1976, 13.

551 Vgl. nur *Hanack*, JZ 1973, 727 (728); Meyer-Goßner/Schmitt/*Meyer-Goßner*, § 267 Rn. 18, HK-StPO/*Julius*, § 267 Rn. 21; SK-StPO/*Velten*, § 267 Rn. 48.

Grenze des zulässigen Strafrahmens nähert. Die Strafzumessungserwägungen seien dann besonders ausführlich zu erörtern.[552] Wann eine solche eine gesteigerte Begründungspflicht auslösende Annäherung erreicht ist, wurde bislang nicht weiter konkretisiert. Das OLG Karlsruhe[553] hat insoweit allerdings eine solche aus dem mittleren Bereich des Strafrahmens genügen lassen (Gesamtfreiheitsstrafe von einem Jahr und drei Monaten wegen unerlaubter Ausübung der Heilkunde gemäß § 5 HeilPraktG und wegen Verleumdung); diese Strafe sei bereits sehr hoch ausgefallen und bedürfe dementsprechend einer besonderen Begründung. Die Verurteilung zu einer Freiheitsstrafe von fünf Jahren – bei Zugrundelegung eines Strafrahmens von drei Monaten bis sieben Jahre und sechs Monate – hob der BGH[554] insofern wegen Begründungsmangels auf, als das Tatgericht im Rahmen der Strafzumessungsentscheidung mehrere gewichtige Strafmilderungsgründe angeführt und anschließend festgestellt habe, dass „besondere Straferschwerungsgründe nicht ersichtlich [seien]"; bei dieser im oberen Bereich des Strafrahmens liegenden Strafe hätte es näherer Ausführungen zu etwaigen Strafschärfungsgründen bedurft, zumindest aber hätte das Tatgericht erklären müssen, weshalb trotz der zahlreichen Milderungsgründe eine derart hohe Strafe zu verhängen gewesen sei. In dieser Entscheidung bezieht sich das gerügte Begründungsdefizit auf die fehlende Erörterung erschwerender Zumessungsfaktoren; in der Regel wird jedoch hinsichtlich des erhöhten Begründungsumfangs – ebenso wie bei der Abweichung vom üblichen Strafmaß – nur das Erfordernis einer besonders ausführlichen oder eingehenden Darstellung der Zumessungserwägungen betont, dem dann – nach Wertung des Revisionsgerichts – das aufgehobene tatrichterliche Urteil im jeweiligen Fall nicht gerecht geworden sei. Daraus ließe sich allenfalls ein Negativkatalog zusammenstellen, wie viele und welche Strafzumessungsaspekte in bestimmten Fallkonstellationen für besonders hohe Strafen nicht genügen. So hat der BGH[555] z. B. eine Verurteilung zu einer Freiheitsstrafe von zwei Jahren wegen Nötigung als unzureichend begründet erachtet; die verhängte Strafe komme der Obergrenze des zugrunde gelegten Strafrahmens auffällig nahe, was die mitgeteilten Erwägungen – ein Geständnis und die weder schwerwiegende noch sonst irgendwie nachteilig gewesene abgenötigte Handlung als mildernde und die Vorstrafen sowie die Gefährlichkeit der Handlungsweise des Angeklagten als straferschwerende Faktoren – nicht ausreichend verständlich machten. Aus diesen Einzelfallentscheidungen tatsächlich verwertbare Rückschlüsse auf die abstrakten Anforderungen an eine „besondere Begründung" ziehen zu können, ist ob der Vielfalt der Straftaten indes nicht möglich. Auch hier findet sich allerdings eine Ausnahmeentscheidung des BGH[556], in der betont wird, dass das Tatgericht angesichts der sehr hohen verhängten Strafe eine umfassende

552 BGH StV 1984, 152.
553 OLG Karlsruhe StV 1993, 403 (404).
554 BGH, Beschl. v. 15.01.2003 – 2 StR 463/02.
555 BGH, Beschl. v. 01.07.1983 – 3 StR 191/83 – zitiert nach juris.
556 BGHR StGB § 222 Strafzumessung 1; ähnlich BGH NStZ-RR 2003, 52 (53).

Abwägung und erschöpfende Würdigung der für die Bemessung der Strafe maßgeblichen straferschwerenden und strafmildernden Umstände hätte vornehmen müssen. Der in diesem Urteil geforderte erhöhte Begründungsumfang hat zumindest klare Konturen, der Tatrichter muss schlicht alle Erwägungen darlegen.

Bei besonders niedrigen Freiheitsstrafen stellte die frühere Rechtsprechung eher geringere Anforderungen an die Darlegung der Urteilsgründe; so hat der BGH[557] eine äußerst kurze Strafzumessungsbegründung deshalb ausreichen lassen, weil die verhängte Strafe nur wenig über der gesetzlichen Mindeststrafe lag. Auch im Bußgeldverfahren, in dem über § 71 I OWiG der § 267 III 1 StPO und die dazu entwickelten Vorgaben für die Strafzumessungsbegründung entsprechend gelten, fordert die Rechtsprechung mitunter nur einen verminderten Begründungsumfang;[558] dies rechtfertige sich daraus, dass eine Ordnungswidrigkeit im allgemeinen nicht so schwer wiege wie eine Straftat. Dass im Falle besonders milder Strafen geringere Begründungsanforderungen an das Tatgericht zu stellen sind, findet vereinzelt auch in der Literatur Zustimmung: Schäfer[559] hält insofern ein etwas „schematischeres Vorgehen" für zulässig, weil bei diesen Strafzumessungsentscheidungen primär das Tatgeschehen zum Tragen komme, in der Persönlichkeit des Täters liegende Umstände fielen daneben kaum ins Gewicht und seien dementsprechend bei der Urteilsbegründung zu vernachlässigen. Die Rechtsprechung ist davon jedoch – bei Straftaten – wieder abgerückt und fordert selbst bei geringen Geldstrafen eine jedenfalls über allgemeine Floskeln und formelhafte Bezugnahmen auf § 46 StGB hinausgehende Strafzumessungsbegründung.[560] Zumindest aber bei extrem milden, sich der zulässigen Untergrenze nähernden Strafen wird ebenso wie bei sehr hohen eine besondere Begründung verlangt.[561] Ebenso handhabt es die Rechtsprechung bei der Beweiswürdigung; im Falle eines Freispruchs hat das Tatgericht die Würdigung aller festgestellten Tatsachen aus allen in Betracht kommenden rechtlichen Gesichtspunkten genauso erschöpfend darzulegen wie bei einer Verurteilung.[562] Auch Christensens und Kudlichs[563] lehnen eine Einschränkung der Begründungspflicht bei milden Strafen als grundsätzlich nicht gerechtfertigt ab; vielmehr werde in diesen Fällen „die Begründung auf dem Opfertisch der Verfahrensökonomie dargebracht".

c) Mindest-/Höchststrafe

Auch im Falle der Verhängung der Mindest- oder Höchstfreiheitsstrafe wird eine besonders eingehende Begründung dafür verlangt, weshalb der Rückgriff auf die

557 BGH VRS 25, 41 (42).
558 OLG Hamm NJW 1972, 1150 (1151); ferner BayObLG NJW 1972, 1433.
559 *Schäfer/Sander/van Gemmeren*, Rn. 880.
560 Vgl. etwa BGH bei *Dallinger* MDR 1976, 13.
561 BGH NJW 1995, 2234 (2235); OLG Karlsruhe NJW 1980, 133 (134).
562 Vgl. nur BGH NStZ 2002, 446; BGH NStZ 1990, 448f. jeweils m.w.N.
563 *Christensen/Kudlich*, S. 341.

äußerste Grenze des Strafrahmens notwendig und schuldangemessen ist,[564] was sich bereits aus einem erst-recht-Schluss angesichts der gesteigerten Begründungspflicht im Falle – lediglich – besonders hoher bzw. milder Strafen ergibt.

Bei der Mindeststrafe ist dann ein erhöhter Begründungsaufwand nötig, wenn zugleich gravierende strafschärfende Gesichtspunkte in Betracht kommen.[565] Zwar schließe das Vorliegen mehrerer Strafschärfungsgründe die Verhängung der Mindeststrafe nicht grundsätzlich aus, sie komme nämlich nicht nur für die leichtesten aller denkbaren Fälle in Betracht; aus den Urteilsgründen müsse dann jedoch hervorgehen, dass die strafmildernden Umstände von solchem Gewicht sind, dass sie die erschwerenden Aspekte gänzlich zurückdrängen.[566] Die Forderung nach einer eingehenden Begründung der geringstmöglichen Strafhöhe betrifft demnach ganz konkret die besonders ausführliche Erörterung der strafmildernden Faktoren und zudem ihren Vorrang gegenüber den schärfenden. Dies gilt entsprechend – umgekehrt – für die Verurteilung zur Höchststrafe; auch hier wird die Verhängung in Fällen schwerster Kriminalität trotz Vorliegens strafmildernder Faktoren grundsätzlich für zulässig erachtet, soweit ihr Zurücktreten in den Urteilsgründen nachvollziehbar dargelegt wird.[567] Darüber hinaus bzw. der Vorrangdiskussion noch vorgelagert erstrecken sich die gesteigerten Begründungsanforderungen bei Erkennung auf die Höchststrafe auf Ausführungen zu (nur) möglichen Strafmilderungsfaktoren; in den Urteilsgründen müsse dargelegt werden, dass das Vorliegen solcher Umstände geprüft wurde – sogar, wenn sich im Ergebnis keine oder zumindest keine die Strafhöhe beeinflussenden Umstände feststellen ließen[568] oder diese bereits zur Milderung des Strafrahmens geführt hätten (auch dann sei eine erneute Erörterung im Rahmen der Strafzumessung im engeren Sinne notwendig)[569]. Allerdings bedürfe es, wenn tatsächlich keinerlei Milderungsgründe auch nur naheliegen, keiner formelhaften Feststellung, dass keine Strafmilderungsgründe zu finden waren; in diesen Fällen genüge zur Begründung der Höchststrafe die Erörterung derjenigen strafschärfenden Gesichtspunkte, aus denen sich die Notwendigkeit zur Verhängung dieses Strafmaßes für eine schuldgerechte Ahndung ergebe.[570]

Die von der Rechtsprechung bei Verhängung der Mindest- bzw. Höchststrafe geforderte besonders eingehende Begründung betrifft demnach dem jeweiligen Strafmaß entgegenstehende Strafzumessungsfaktoren, allenfalls diesbezüglich wird eine vollständige Darlegung verlangt. Insoweit unterscheidet sich der hier notwendige Begründungsumfang von dem bei besonders oder ungewöhnlich hohen oder

---

564 Vgl. nur BGH NStZ-RR 2010, 237 (238); BGHR StGB § 46 Abs. 1 Schuldausgleich 29; zust. *Zipf* NStZ 1984, 359.

565 BGH NStZ-RR 2010, 237 (238).

566 BGH NStZ 1984, 410; ferner BGH NStZ 1984, 117 m.w.N.

567 BGH StV 1998, 480 (481).

568 BGH StV 1984, 152; BGH NStZ 1983, 268 (269); BGH, Beschl. v. 17.09.1975 – 3 StR 329/75 – zitiert nach juris.

569 BGH bei *Müller* NStZ 1985, 158 (159).

570 BGH, Urteil v. 04.04.1978 – 1 StR 48/78 – bei *Holtz* MDR 1978, 623.

niedrigen Strafen geforderten, der sich auf die gesamte Strafzumessungsbegründung erstreckt – also insgesamt eine ausführlichere bzw. gar vollständige Darstellung der Zumessungserwägungen verlangt.

d) Lebenslange Freiheitsstrafe

Erwägungen zur Bemessung der Höhe der Freiheitsstrafe sind bei solchen Delikten, die eine lebenslange Freiheitsstrafe als einzige Rechtsfolge vorsehen, wie bei Mord (§ 211 StGB) und Völkermord (§ 6 VStGB), freilich nicht anzustellen. Erst wenn die lebenslange Freiheitsstrafe als mögliche Alternative zur zeitigen aufgezählt wird, z.B. bei Raub mit Todesfolge (§ 251 StGB), das Tatgericht also eine Strafzumessungsentscheidung zu treffen hat, muss es sowohl gemäß § 267 III 1 StPO als auch aufgrund der materiell-rechtlichen Begründungspflicht die insoweit tragenden Strafzumessungserwägungen im Urteil darstellen. Die Ausführungen zu den Begründungsanforderungen bei Verhängung der Höchststrafe gelten entsprechend.

In beiden Fällen müssen sich die Gründe allerdings damit auseinandersetzen, ob ein Fall der besonderen Schwere der Schuld i.S.d. § 57 a I 1 Nr. 2 StGB gegeben ist. Das BVerfG[571] hat dazu – zunächst nur für den vollendeten Mord gemäß § 211 StGB – ausgeführt: „Die Regelungen der § 454, § 462 a StPO und des § 74 I, II 1 Nr. 4 GVG sind, insoweit sie die Aussetzung einer lebenslangen Freiheitsstrafe wegen Mordes betreffen, mit dem Grundgesetz nur dann vereinbar, wenn die für die Bewertung der Schuld gem. § 57a I 1 Nr. 2 StGB erheblichen Tatsachen im Erkenntnisverfahren vom Schwurgericht festgestellt und im Urteil dargestellt werden, wenn das Urteil darüber hinaus auf dieser Grundlage die Schuld – unter dem für die Aussetzungsentscheidung erheblichen Gesichtspunkt ihrer besonderen Schwere – gewichtet und wenn das Strafvollstreckungsgericht daran gebunden ist“, diese Gewichtung unterliege auch der Revision[572]. Der BGH[573] hat diese Vorgaben auf sonstige Fälle lebenslanger Freiheitstrafe übertragen, auch dann treffe das Tatgericht eine revisible Erörterungspflicht. Die Vorschrift des § 267 III 1 StPO und die hierzu entwickelten Grundsätze seien darauf entsprechend anzuwenden[574]; erforderlich sei danach die Ermittlung der schuldrelevanten Gesichtspunkte, die dann im Rahmen einer Gesamtwürdigung von Tat und Täterpersönlichkeit im Hinblick auf die besondere Schwere der

571 BVerfGE 86, 288 (315).

572 Zust. *Stree* NStZ 1992, 464 (465), die Entscheidung über die besondere Schwere der Schuld sei in der Revision in gleichem Maße bzw. nach den gleichen Grundsätzen wie die Strafzumessungsentscheidung angreifbar, d.h. sowohl die fehlerhafte als auch die gänzlich fehlende Gewichtung der Schuldschwere könne gerügt werden.

573 BGHSt 44, 350 (352ff.); kritisch dazu (u.a.) *Müller-Dietz* JR 2000, 122 (124); Lackner/Kühl/*Lackner*, § 57a Rn. 3 – beide unter Hinweis darauf, dass es den Fachgerichten (hier dem 1. Strafsenat des BGH) nicht zustehe, über den Wortlaut einer rechtsverbindlichen verfassungsgerichtlichen Entscheidung hinausgehende Rechtsfortbildung zu betreiben.

574 BGH NStZ-RR 1996, 321; zust. *Stree* NStZ 1992, 464.

Schuld i.S.v. § 57 a I 1 Nr. 2 StGB zu bewerten und darzulegen seien.[575] Zwar sei dem Revisionsgericht bezüglich dieser Beurteilung ebenso wie bei der Strafzumessungsentscheidung eine ins einzelne gehende Richtigkeitskontrolle versagt, dementsprechend sei die Wertung des Tatgericht grundsätzlich zu respektieren; ob alle maßgeblichen Umstände insoweit bedacht und rechtsfehlerfrei abgewogen wurden, unterliege indes der revisionsrechtlichen Nachprüfung und sei dementsprechend in den Urteilsgründen auszuführen.[576] Stree[577] fordert angesichts der Bedeutung dieser Entscheidung für die Dauer der Vollstreckung, dass das Tatgericht in der Begründung das „gesamte Ausmaß der Schuldsteigerung" (gegenüber der Schuldschwere, die eine lebenslange Freiheitsstrafe ohnehin voraussetzt) darlege, wozu es einer vollständigen Ermittlung und Würdigung sämtlicher, das Maß der Schuldschwere betreffender Umstände bedürfe. Ob auch die Rechtsprechung mit den Formulierungen, dass „alle maßgeblichen Umstände" bzw. „erheblichen Tatsachen" zu erörtern seien, eine Pflicht zur vollständigen Darlegung der Gründe statuieren wollte, lässt sich den insoweit ergangenen Entscheidungen nicht eindeutig entnehmen. Dass damit jedoch zumindest eine besonders eingehende Begründung gemeint ist, liegt ob der Tragweite dieser Entscheidung durchaus nahe, zumal die Dauer der Strafvollstreckung den Angeklagten gleichermaßen tangiert wie die Höhe des Strafmaßes.

Abgesehen vom notwendigen Begründungsumfang bezüglich der Entscheidung über die besondere Schwere der Schuld § 57 a I 1 Nr. 2 StGB enthalten die Revisionsurteile auch Vorgaben hinsichtlich der zu erörternden Umstände. Die Feststellung der besonderen Schuldschwere komme nämlich nur bei Vorliegen solcher Umstände in Betracht, die Gewicht haben; als in diesem Sinne ausreichend gewichtig nennt der BGH in beispielhafter Aufzählung eine „besondere Verwerflichkeit der Tatausführung oder der Motive, mehrere Opfer bei einer Tat, die Begehung mehrerer Mordtaten oder – im oder ohne Zusammenhang mit dem Mord begangene – weitere schwere Straftaten".[578] Diese Auflistung ist weder abschließend noch zwingend für das Tatgericht, stellt aber eine Orientierung dar – zumindest hinsichtlich der zu erörternden Umstände, mag auch die tatrichterliche Wertung anders ausfallen. Der BGH wird die Bejahung der besonderen Schuldschwere nur dann als ausreichend begründet erachten, wenn derartige Aspekte – so sie nach den konkreten Umständen des Falles in Betracht kommen – auch angeführt werden. Damit gehen diese Begründungsanforderungen über die bei auffällig hohen oder niedrigen Strafen hinaus; gefordert wird nicht nur eine besonders eingehende, die Besonderheiten des Falles verständlich machende Begründung, auch die Art der dazu notwendigen, d.h. zur Rechtfertigung der Feststellung der besonderen Schuldschwere überhaupt geeigneten, Umstände wird hier – zumindest grob – umrissen.

---

575 BGHSt 40, 360 (370); vgl. auch BGHSt 39, 121 (123f.).
576 BGH NStZ-RR 1996, 321; vgl. auch BGHSt 40, 360 (370).
577 *Stree* NStZ 1992, 464.
578 BGHSt 40, 360 (370); vgl. auch BGHSt 39, 121 (125).

f) Freiheitsstrafe nahe der Aussetzungsgrenze

Soweit die verhängte Freiheitsstrafe nahe einer solchen liegt, bei der gemäß § 56 StGB eine Strafaussetzung zur Bewährung in Betracht kommt, fordert die Rechtsprechung[579] regelmäßig eine besonders sorgfältige Begründung der Strafzumessung; die Strafzumessungserwägungen seien umso eingehender darzustellen, je dichter sich die verhängte Strafe an eine an sich noch bewährungsfähige annähere[580]. Den Strafausspruch von 2 Jahren und 3 Monaten Freiheitsstrafe wegen sexuellen Missbrauchs eines Kindes hob der BGH[581] mit der Begründung auf, dass das Tatgericht angesichts der außergewöhnlichen Häufung gewichtiger Strafmilderungsgründe nicht ausreichend dargelegt hätte, weshalb nicht eine aussetzungsfähige Strafe ebenfalls noch schuldangemessen gewesen wäre und hätte verhängt werden können. Die ausgeurteilte Strafhöhe wurde also als schuldangemessen erachtet, eine Aufhebung wegen Unvertretbarkeit des Strafmaßes kam demnach nicht in Betracht. Um gleichwohl das konkrete Strafmaß beanstanden zu können, stellt der BGH auf einen Begründungsmangel ab, das Ausscheiden einer aufgrund zahlreicher mildernder Faktoren nahegelegenen noch aussetzungsfähigen Strafe sei nicht ausreichend begründet worden. Im Unterschied zu den zuvor erörterten Strafhöhen, denen die Rechtsprechung eine gesteigerte Begründungspflicht zugeschrieben hat, ist das betroffene Strafmaß hier weder besonders noch unüblich hoch oder mild, sondern schlicht nahe der – nach Ansicht des BGH – gleichermaßen schuldangemessenen noch bewährungsfähigen Strafe. Das Erfordernis einer besonders sorgfältigen bzw. eingehenden Begründung bezieht sich in dieser Konstellation ausschließlich auf das Überschreiten einer noch zur Bewährung aussetzbaren Strafhöhe. Angesichts dessen, dass die Schuldangemessenheit der verhängten Strafe hier keinen Zweifel lässt (wie zumeist bei den zuvor erläuterten Quantifizierungen) und – zumindest in der Regel – auch nicht die fehlende Erwähnung eines bestimmten nach materiellem Recht und den konkreten Umständen nahegelegenen Aspekts gerügt wird, stellt diese Begründungsvorgabe den wohl bislang intensivsten Eingriff des Revisionsgerichts in die Strafzumessungsentscheidung des Tatgerichts dar. Vermutlich sieht sich der BGH[582] aus diesem Grund – ausnahmsweise – dazu verpflichtet, die erhöhte Darlegungspflicht zu begründen: Innerhalb des Spielraums schuldangemessener Strafen treffe den Richter nach § 46 I 2 StGB die Pflicht, die von der Strafe ausgehende Wirkung für das künftige Leben des Täters zu berücksichtigen, was auch die Vermeidung unbeabsichtigter Nebenwirkungen von Verurteilung und Vollzug beinhalte, etwa die „Gefahr, dass die Strafe einen bisher sozial ausreichend eingepassten Täter aus der sozialen Ordnung herausreiße". Dieser Gesichtspunkt könne dazu führen, dass auf eine noch schuldangemessene Strafe in einer Höhe

---

579 BGH StV 2011, 364, vgl. auch BGH StV 1992, 462f. m.w.N.

580 BGH, Urteil v. 23.10.2002 – 5 StR 392/02 – zitiert nach juris; BGH, Beschl. v. 19.11.2002 – 1 StR 374/02 – zitiert nach juris.

581 BGH NStZ 1993, 584.

582 BGH StV 1991, 513.

zu erkennen sei, die der Strafaussetzung zur Bewährung nicht entgegenstehe. Diese Ausführungen erklären indes lediglich die Erörterungspflicht hinsichtlich des Strafzumessungsumstands der Vermeidung unbeabsichtigter Nebenfolgen, insoweit könnte der BGH eventuell[583] einen Darstellungsmangel annehmen. Eine darüber hinaus gehende, abstrakt gesteigerte Begründungspflicht für Strafhöhen nahe der Aussetzungsgrenze – etwa zur Entkräftung zahlreicher gewichtiger, eine aussetzungsfähige Strafhöhe noch rechtfertigender Milderungsgründe, wie in der o.g. Entscheidung ausgeführt – lässt sich daraus nicht herleiten. Schäfer[584] verlangt dementsprechend auch lediglich, dass das Tatgericht deutlich macht, dass es die verhängte Strafe, trotz eine Aussetzung bei Verhängung einer Strafe bis zu zwei Jahren nahe liegend erscheinen lassender Umstände, im Bewusstsein dieser Konsequenz gewählt hat, diesen Strafzumessungsaspekt also bedacht hat.

Darüber hinaus verlangt der BGH[585], dass Strafbemessungs- und Bewährungsfragen dabei nicht vermischt werden; zunächst habe der Tatrichter die schuldangemessene Strafe zu finden, erst wenn diese innerhalb der Grenzen des § 56 StGB liege, seien im nächsten Schritt die sonstigen Voraussetzungen für die Aussetzung der Vollstreckung zur Bewährung zu prüfen. Bei ausgeurteilten Freiheitsstrafen nahe der Aussetzungsgrenze von zwei Jahren müsse in den Urteilsgründen daher klar zum Ausdruck gebracht werden, dass die Strafhöhe unabhängig von dem Umstand, ob sie eine Aussetzung der Strafvollstreckung zur Bewährung ermöglicht, als schuldangemessen erachtet wurde. Aber auch losgelöst von dem Aspekt der Schuldangemessenheit hat der BGH[586] ein Urteil wegen unzulässiger Vermengung von Strafzumessungs- und Aussetzungsfrage aufgehoben, weil das Tatgericht zur Begründung der Strafhöhe von drei Jahren und neun Monaten u.a. auf die Erwägung abstellt, dass Täter in dieser Konstellation „nicht von vorneherein bei einem umfassenden Geständnis mit einer Strafaussetzung zur Bewährung rechnen können... Bei Straftaten mit solchem Unrechtsgehalt im Normalfall [müsse] auch beim Vorliegen vieler Milderungsgründe weiterhin grundsätzlich mit einer zu verbüßenden Freiheitsstrafe zu rechnen sein“. Den darin zum Ausdruck kommenden generalpräventiven Gedanken ließ der BGH unbeanstandet; der genannte Gesichtspunkt sei jedoch primär für Fragen der Strafaussetzung maßgeblich und dürfe daher für die Strafhöhenbemessung nicht ausschlaggebend sein. Ganz ohne weitere Anhaltspunkte oder nähere Begründung hat der BGH[587] einen Strafausspruch dahingehend beanstandet, dass „angesichts der auffallend milden Einzelstrafen und der Gesamtstrafe zudem zu besorgen [sei], dass der Tatrichter Gesichtspunkte der Strafzumessung i.S. der Findung einer schuldangemessenen Strafe mit solchen der Strafaussetzung

583 S. dazu 2. Teil, Abschnitt B, II, 3., f), bb).

584 *Schäfer/Sander/van Gemmeren*, Rn. 1446.

585 Vgl. nur BGHSt 32, 60 (65); BGHSt 29, 319 (321); zust. *Meyer-Goßner* NStZ 1988, 529 (535); *Schäfer/Sander/van Gemmeren*, Rn. 1447.

586 BGH NStZ 1988, 309.

587 BGH, Urteil v. 05.04.2007 – 4 StR 5/07 – zitiert nach juris; ähnlich BGH, Urteil v. 14.01.2015 – 1 StR 93/14.

zur Bewährung vermengt und die Bemessung der Strafen so vorgenommen [habe], dass die Vollstreckung noch zur Bewährung ausgesetzt werden konnte". Dieses Urteil ist insofern besonders, als das Revisionsgericht einen Darstellungsmangel in der Regel damit begründet, dass das Tatgericht den ausgesparten Umstand hätte berücksichtigen und deshalb darlegen müssen; hier jedoch unterstellt der BGH dem Tatrichter, eine in Wahrheit vermeintlich angestellte Erwägung, nämlich eine noch aussetzungsfähige Strafhöhe erreichen zu wollen, verschwiegen zu haben und das allein aufgrund der nach Auffassung des BGH auffällig milden Strafe. Hier hat der BGH wohl eindeutig seinen eigenen Prüfungsmaßstab überschritten, ganz abgesehen davon, dass er diesen Rechtsfehler – da nur auf die nicht erhobene Rüge der Verletzung des § 267 III 1 StPO zu beachten[588] – gar nicht hätte prüfen dürfen.

Als zusätzliche, nur ergänzende Erwägung zur Findung schuldangemessener Sanktionen soll die Frage der Aussetzbarkeit der Strafvollstreckung indes zulässig sein.[589] Dazu führt der BGH[590] aus, dass die Frage der Aussetzbarkeit der Strafvollstreckung bei Findung der schuldangemessenen Strafe im Hinblick auf § 46 I 2 StGB grundsätzlich mitberücksichtigt werden dürfe; erst wenn diese Erwägung (wie in dem Fall aufgrund der Urteilsausführungen angenommen) im Rahmen der Strafzumessung zur Unterschreitung des schuldangemessenen Spielraums führe, stelle dies einen Rechtsfehler dar. So ließ der BGH[591] eine Strafzumessungsbegründung unbeanstandet, in der das Tatgericht es explizit als „verantwortbar" bezeichnet, die zuvor als schuldangemessen gefundene Strafhöhe angesichts der Nähe zur bewährungsfähigen Grenze (1 Monat) noch weiter abzusenken, um dem Angeklagten eine Bewährungsmöglichkeit einräumen zu können, die dann auch gewährt wurde. Diese Erwägungen betreffe die gemäß § 46 I 2 StGB zu berücksichtigende von der Strafe für das künftige Leben des Täters zu erwartende Wirkung in der Gesellschaft und stelle daher einen zulässigen Strafzumessungsaspekt dar; ferner ergebe sich aus den Urteilsgründen, dass „die vom Tatrichter vorläufig für angemessen erachtete Gesamtfreiheitsstrafe von zwei Jahren und einem Monat nur ein gedanklicher Zwischenschritt zur Findung der letztlich konkret für tat- und schuldangemessen erachteten Strafe war". In dieser Entscheidung ist es dem Tatrichter also gelungen, durch geschickte Formulierung den komplexen Anforderungen an die Begründung eines Strafmaßes an der Grenze zur Aussetzbarkeit gerecht zu werden.

Zusammenfassend fordert die Rechtsprechung hier einerseits eine besonders eingehende Begründung, zumindest im Hinblick auf das Ausscheiden einer ebenfalls schuldangemessenen aussetzungsfähigen Strafhöhe, andererseits darf die Erwägung der Aussetzbarkeit im Rahmen der Strafzumessungsbegründung nur ergänzend angeführt werden, da Straffindungs- und Aussetzungsfrage nicht vermengt werden

588 Vgl. 1. Teil, Abschnitt C, I, 4., a).

589 BGH, Urteil v. 10.06.2008 – 5 StR 180/08 – zitiert nach juris; BGH, Urteil v. 13.12.2001 – 4 StR 363/01 – zitiert nach juris.

590 BGH, Urteil v. 07.02.2012 – 1 StR 525/11 – zitiert nach juris.

591 BGH NStZ 2001, 365f.

dürften. Diese beiden Forderungen stellen das Tatgericht vor ein nahezu unlösbares Problem: Wie soll die Verhängung einer konkreten Strafhöhe statt einer nur unwesentlich (teils 1–3 Monate) niedrigeren oder höheren begründet werden, wenn beide gleichermaßen schuldangemessen sind und der insoweit einzige Unterschied in der Aussetzbarkeit des einen Strafmaßes besteht, ohne dass diesem Umstand im Rahmen der Strafmaßentscheidung ein derart großes Gewicht beigemessen wird, dass zugleich eine unzulässige Vermengung mit Strafaussetzungsfragen gegeben ist – ein Drahtseilakt des Tatgerichts.

2. *Besondere Entscheidungskonstellationen*

a) *Strafmaßentscheidung nach Aufhebung und Zurückweisung durch das Revisionsgericht*

Eine besonders eingehende Strafzumessungsbegründung verlangt die Rechtsprechung[592] auch in der Konstellation, dass der neu entscheidende Tatrichter nach vorheriger Aufhebung und Zurückweisung durch das Revisionsgericht auf dasselbe Strafmaß erkennt, obgleich er neue Feststellungen getroffen hat, die die Tat in einem wesentlich milderen Licht erscheinen lassen. Dies gilt entsprechend für das Verhältnis von erstinstanzlichem Urteil und der Entscheidung des Berufungsgerichts.[593] Der notwendige Begründungsaufwand wird insbesondere dann als erhöht erachtet, wenn nach den neuen Feststellungen ein deutlich niedrigerer Strafrahmen zugrunde zu legen ist.[594] Zwar stelle die ursprüngliche Bewertung der Tat bzw. die gesamte (aufgehobene) Strafzumessungsentscheidung keinen verbindlichen Maßstab für die neue Strafzumessung dar; die erhöhte Begründungspflicht rechtfertige sich jedoch daraus, dass der Angeklagte einen Anspruch darauf habe, zu erfahren, warum er für ein wesentlich geringeres Vergehen nun gleich hoch bestraft wird.[595] Ohne eingehende Erläuterung dieses tatrichterlichen Vorgehens sei die spezialpräventive Wirkung der Verurteilung gefährdet, da bei dem Angeklagten der Eindruck entstehen könne, dass „die Strafe nicht nach vom Gesetz vorgesehenen oder sonst allgemein gültigen objektiven Wertmaßstäben bestimmt wurde".[596] Auch in der Literatur wird eine besonders ausführliche Darlegung der Strafzumessungsgründe des neuen Tatrichters gefordert, so er nach Aufhebung und Zurückweisung trotz niedrigeren Strafrahmens die gleiche Strafe verhängt, um aufzuzeigen, dass diese Entscheidung in willkürfreier Anwendung

---

592 Vgl. nur BGH NStZ-RR 2013, 113 m.w.N.; BGH wistra 2008, 386 (387); BGH StV 1991, 19; BGH NJW 1983, 54; OLG Hamm StV 1993, 365; OLG Köln NJW 1986, 2328 (2329).

593 OLG Bamberg NStZ-RR 2012, 138 (139); OLG München NJW 2009, 160 (161).

594 BGH NJW 1983, 54.

595 BGH NStZ-RR 2013, 113.

596 BGH NJW 1983, 54.

des Rechts ergangen ist.[597] Velten[598] weist zutreffend darauf hin, dass diese Vorgabe entsprechend gelten müsse, wenn das nach Aufhebung und Zurückweisung mit dem Fall betraute Tatgericht auf eine deutlich höhere oder niedrigere Strafe als bei der ersten Verurteilung erkennt, obwohl nach den neuen Feststellungen derselbe Strafrahmen anzuwenden ist und auch die Strafzumessungsgesichtspunkte gleich geblieben sind.

Der gesteigerte Begründungsaufwand bezieht sich demnach darauf, zu erklären, weshalb dasselbe Strafmaß trotz veränderter Voraussetzungen bzw. ein anderes trotz gleicher Ausgangslage verhängt wird; eine für das Tatgericht leicht umsetzbare und – gerade aus spezial-, aber auch generalpräventiven Gesichtspunkten (eine solche Vorgehensweise stieße wohl auch in der Öffentlichkeit auf Unverständnis) nachvollziehbare Vorgabe.

b) Gegen mehrere Tatbeteiligte verhängte Strafen

Soweit mehrere Tatbeteiligte in einem Verfahren abgeurteilt werden, verlangt die Rechtsprechung[599], dass die jeweils verhängten Strafen „aus der Sache selbst" gefunden, also individuell bemessen, werden, aber gleichwohl in einem gerechten Verhältnis zueinander stehen, so dass etwaige Unterschiede der Bestrafung in ausreichendem Maße erläutert werden müssen.

Dies gelte grundsätzlich nur, wenn die Tatbeteiligten in demselben Verfahren verurteilt werden und insoweit ein einheitliches Urteil ergeht, was sich auch – im Umkehrschluss – aus § 357 StPO herleiten lasse.[600] Nach dieser Vorschrift erstreckt sich die Revisionseinlegung des Beschwerdeführers auf Mitangeklagte, allerdings nur, wenn sie wegen der davon betroffenen Tat in demselben Urteil verurteilt wurden;[601] erst daraus ergibt sich laut BGH[602] die Notwendigkeit einer einheitlichen Behandlung, was für die Strafzumessung im Hinblick auf das gerechte Verhältnis der Strafen zueinander und dementsprechend die Erläuterungspflicht bezüglich etwaiger Unterschiede ebenfalls gilt. Der dritte Strafsenat des BGH[603] hat in einer Entscheidung aus dem Jahr 2000 die These aufgestellt, dass der Verstoß gegen das Gebot der Gleichmäßigkeit des Strafens im Falle der Aburteilung der Mittäter vor verschiedenen Gerichten bzw. Strafkammern mit der Verfahrensrüge (Aufklärungsrüge) beanstandet werden könne; der Beschwerdeführer müsse dann in der

---

597 Meyer-Goßner/Schmitt/*Meyer-Goßner*, § 267 Rn. 18; Löwe-Rosenberg/*Stuckenberg*, § 267 Rn. 88; HK-StPO/*Julius*, § 267 Rn. 22.

598 SK-StPO/*Velten*, § 267 Rn. 48.

599 Vgl. nur BGHSt 56, 262 (263); BGH NStZ-RR 2009, 71; BGH NStZ-RR 1998, 50; BGH NStZ-RR 1997, 196 (197); BGHR StGB § 46 Abs. 2 Wertungsfehler 23; BGH StV 1991, 557; BGHR StGB § 46 Abs. 2 Zumessungsfehler 1; BGHSt 28, 318 (324).

600 BGHSt 56, 262 (267).

601 KK-StPO/*Gericke*, § 357 Rn. 11 m.w.N.

602 BGHSt 56, 262 (267).

603 BGH, Beschl. v. 20.09.2000 – 3 StR 88/00 – zitiert nach juris.

Revisionsbegründung die Tatsachen so umfassend vortragen, dass eine Nachprüfung durch das Revisionsgericht allein aufgrund der Begründungsschrift möglich ist. Dem trat der erste Strafsenat bereits 2008[604] und noch deutlicher in einem Urteil von 2011[605] entgegen: Zum einen sei es unzulässig, Beweis darüber zu erheben, welche Strafen andere Gerichte in ähnlich gelagerten Fällen verhängt haben, da jedes Strafmaß nach der individuellen Schuld des Täters zu bemessen sei und zudem der Gang der Rechtspflege in einer Weise beeinträchtigt würde, die nicht tragbar sei. Zum anderen fehle es insoweit grundsätzlich an einer Aufklärungspflicht, auch bei Urteilen anderer Strafkammern zum selben Tatkomplex, weil das in anderen Urteilen verhängte Strafmaß ohnehin keine Bindungswirkung für das erkennende Gericht entfalte. Der BGH[606] weist insoweit darauf hin, dass aufgrund der fehlenden rechtlichen Bindung das erkennende Gericht zwar keinesfalls die Pflicht treffe, die Höhe der für den Mittäter in dem anderen Verfahren ausgeurteilten Strafe als bestimmenden Strafzumessungsumstand i.S.v. § 267 III Satz 1 StPO in die Urteilsgründe aufzunehmen; ein Verbot, die angeführten Strafzumessungsgründe in die eigenen Erwägungen mit einfließen zu lassen, ergebe sich daraus jedoch auch nicht. Macht das Tatgericht allerdings von dieser Befugnis Gebrauch, müsse in den Urteilsgründen dargelegt werden, dass die Strafe gleichwohl „aus der Sache selbst" gefunden wurde, d.h. nach dem Maß der individuellen Schuld bemessen wurde, was entsprechend bei Aburteilung der an derselben Tat Beteiligten vor dem gleichen Gericht gelte; unzulässig sei daher eine Strafschärfung allein im Hinblick auf die gegen den Mitangeklagten verhängte Strafe vorzunehmen (gleich, ob nun die Aburteilung in demselben oder einem anderen Verfahren erfolgt ist).[607] Aus diesem Grund eine als angemessen gewertete Strafe zu mildern, verbietet sich ebenfalls.[608]

Auf der anderen Seite muss das Tatgericht bei gemeinsamer Aburteilung der Beteiligten auch den Grundsatz, dass gegen Mittäter verhängte Strafen in einem gerechten Verhältnis zueinander stehen sollten, beachten.[609] Zwar soll das Verhältnis der gegen Mitangeklagte verhängten Strafen zueinander grundsätzlich irrevisibel sein,[610] in Ausnahmefällen erkennt die Rechtsprechung dies jedoch als Revisionsgrund an. Der BGH hat auf die „Unerträglichkeit"[611] des Unterschieds der jeweils verhängten Strafen abgestellt oder darauf, dass das Verhältnis der Strafen zueinander „schlicht unvertretbar"[612] sei. Schäfer[613] erachtet das Gebot gerechten Strafens

604 BGH StV 2008, 295f.
605 BGHSt 56, 262 (268f.).
606 BGH StV 2008, 295; vgl. auch BGH, Beschl. v. 13.06.1979 – 3 StR 178/79 – bei *Holtz* MDR 1979, 985 (986).
607 BGHSt 56, 262 (268f.); BGH NStZ-RR 1997, 196 (197).
608 BGHR StGB § 46 Abs. 2 Wertungsfehler 23; BGHSt 28, 318 (323).
609 BGH NStZ-RR 2009, 71 (72).
610 BGHSt 56, 262 (268); BGH NJW 1999, 2129 (2130); BGH NStZ 1991, 581 m.w.N.
611 BGH, Urteil v. 25.05.1977 – 3 StR 130/77 – bei *Holtz* MDR 1977, 807 (808).
612 BGH NStZ-RR 2000, 278 (279).
613 *Schäfer/Sander/van Gemmeren*, Rn. 878.

nur im Falle „grober Wertungsfehler“ als missachtet, wenn trotz offensichtlich unterschiedlicher Voraussetzungen gleich hohe Strafen oder unterschiedliche Strafen trotz gleicher Voraussetzungen verhängt werden. Streng[614] hingegen hält nicht das vergleichende Vorgehen als solches für revisibel, dem in isolierter Betrachtung ausgeurteilten Strafmaß hafte jedoch gleichwohl ein erhöhtes Aufhebungsrisiko an, das daraus resultiere, dass die für den gleichen Tatkomplex gegen Mittäter verhängten Strafen voraussichtlich den vom Revisionsgericht zugrunde gelegten Vertretbarkeitsrahmen verengen (zumindest sei eine Strafmilderung nach § 354 I a StPO wahrscheinlich). Die Rechtsprechung greift auch in diesen Fällen häufig auf eine bewährte Ausweichkonstruktion zurück: Statt das Verhältnis der gegen Mittäter verhängten Strafen einer eigenen Gerechtigkeitswertung zu unterziehen, wird darauf abgestellt, dass der Unterschied nicht ausreichend begründet wurde und sich auch nicht aus der Sache selbst ergebe.[615] Ein Rechtsfehler sei daher anzunehmen, wenn eine die Abweichung der Strafhöhen rechtfertigende Begründung gänzlich fehle und auch nicht aus den sonstigen Urteilsfeststellungen zu erschließen sei[616] bzw. sich nicht von selbst verstehe.[617]

Dieses Begründungsdefizit kann sich darauf beziehen, dass in den Urteilsgründen nicht nachvollziehbar erläutert wurde, weshalb gleiche Strafen trotz abweichender Strafzumessungsfaktoren oder warum unterschiedliche Strafen trotz gleicher Voraussetzungen verhängt wurden.

Im Falle zweier nahezu gleicher Strafaussprüche hob der BGH[618] den einen mangels hinreichender Gründe auf; zwar seien die Tatbeiträge weitgehend identisch gewesen, während der eine Angeklagte jedoch vielfach vorbestraft gewesen sei und zur Tatzeit unter Bewährung gestanden habe, habe der andere keinerlei Vorstrafen, sei besonders haftempfindlich und habe voll umfänglich gestanden, angesichts dieser erheblichen Unterschiede hätte die Verhängung nahezu gleich hoher Strafen einer „ausdrücklichen Begründung [bedurft], die dem Revisionsgericht die Prüfung ermöglicht, ob die Strafzumessung auf rechtsfehlerfreien Erwägungen beruht“. Das Tatgericht hätte also näher ausführen müssen, weshalb trotz dieser unterschiedlichen Zumessungsaspekte gleichwohl dieselbe Strafhöhe gerechtfertigt war. Dies rügte der BGH[619] auch bei Verhängung derselben Strafe wegen Verwirklichung des Verbrechenstatbestands nach § 30 Abs. 1 Nr. 4 BtMG, wobei der eine Angeklagte als Täter, der andere nur wegen Beihilfe (§ 27 StGB) verurteilt wurde; das Urteil enthalte keine darüber hinausgehende Differenzierung zwischen den beiden Angeklagten, die insoweit angeführten Strafzumessungserwägungen stimmten nahezu wörtlich überein, es fehle daher an einer nachvollziehbaren Begründung für das gleiche

614 *Streng* JR 2012, 252 (254).
615 Vgl. nur BGH NStZ-RR 2009, 71 (72); BGHR StGB § 46 II Zumessungsfehler 1.
616 BGH StV 2010, 677 (678).
617 BGH NStZ-RR 1998, 50.
618 BGH StV 2011, 725 (726).
619 BGH StV 2010, 677f.

Strafmaß trotz unterschiedlicher Beteiligungsform. Umgekehrt hat der BGH[620] einen Strafausspruch von zwei Jahren und acht Monaten Freiheitsstrafe aufgehoben, da der wegen derselben Tat zu einer Freiheitsstrafe von nur einem Jahr bei Strafaussetzung zur Bewährung verurteilte Mittäter der eigentlich federführende gewesen sei; die übrigen für beide im Wesentlichen gleichermaßen geltenden Strafzumessungsgründe würden die erhebliche Benachteiligung des einen Angeklagten nicht in nachvollziehbarer Weise erläutern.

Aber auch wenn das Tatgericht Umstände zur Begründung der unterschiedlichen Behandlung der Mittäter anführt, hebt das Revisionsgericht das Urteil mitunter gleichwohl mangels ausreichender Begründung auf. So hat der BGH[621] etwa die Verhängung einer Freiheitsstrafe von drei Jahren und sechs Monaten als im Hinblick auf die gegen den Mitangeklagten ausgeurteilte – zudem zur Bewährung ausgesetzte – Freiheitsstrafe von zwei Jahren als nicht nachvollziehbar begründet beanstandet, da der einzige vom Tatgericht zur Differenzierung herangezogene Aspekt, dass ausschließlich der Beschwerdeführer unmittelbar von der Schusswaffe Gebrauch gemacht habe, derart unterschiedliche Strafhöhen nicht rechtfertige. Auch im Falle der Verurteilung zu einer im Vergleich zu der gegen den Mittäter verhängten Strafe von vier Jahren (für schweren Raub) deutlich höheren Strafe von sechs Jahren und sechs Monaten nahm der BGH[622] einen Begründungsmangel hinsichtlich dieses Unterschieds an, obwohl der Strafbemessung beim Mitangeklagten ein nach §§ 21, 49 I StGB gemilderter Strafrahmen zugrunde lag; dieser Umstand sei aufgrund der massiv straferhöhend wirkenden einschlägigen Vorverurteilung des Mittäters negiert und daher nicht geeignet, den Strafunterschied von 2½ Jahren zu erklären. Das Differenzierungskriterium, dass der eine Mittäter nach allgemeinem Strafrecht, der andere nach Jugendstrafrecht verurteilt wird, genügt dem BGH ebenfalls nicht; auch insoweit gelte der Grundsatz, dass gegen Mittäter verhängte Strafen in einem gerechten Verhältnis zueinander stehen und Unterschiede in der Bestrafung dementsprechend erläutert werden müssen, zumindest die Verhängung einer gegenüber der gegen den Mittäter verhängten Jugendstrafe weit mehr als doppelt so hohen Freiheitsstrafe bedürfe näherer Ausführungen.[623] In einem ähnlich gelagerten Fall hob der BGH[624] den gegen den erwachsenen Mittäter verhängten Strafausspruch mit der Begründung auf, dass dieser im Vergleich zu den gegen die jugendlichen Mitangeklagten verhängten Strafen auffallend streng sei und besorgen lasse, dass „der Tatrichter von einer dominierenden Rolle des Angeklagten S. bei den Straftaten ausgegangen [sei], obgleich das Urteil hierzu keine Feststellungen [enthalte]". Der BGH rügt hier nicht lediglich, dass das vergleichsweise hohe Strafmaß des einen Mittäters nicht ausreichend begründet wurde, er unterstellt dem Tatgericht, seiner

---

620 BGH StV 2011, 725.
621 BGH NStZ-RR 1998, 50.
622 BGH NStZ-RR 2009, 71 (72).
623 BGH NStZ 2009, 382 (383).
624 BGH StV 1993, 71.

Strafzumessungsentscheidung eine unzulässige, da nicht festgestellte, Erwägung zugrunde gelegt und dann in den Urteilsgründen verschwiegen zu haben. Damit verlässt der BGH abermals den von ihm entwickelten Prüfungsrahmen bezüglich der Strafzumessungsentscheidung, zumal ein Verstoß gegen § 267 III 1 StPO in der Revision nicht geltend gemacht wurde, die Wahrheit der Urteilsgründe also nicht in Frage gestellt wurde. Das Abstellen auf die fehlende Erläuterung der auffallend strengen Strafhöhe hätte genügt.

In manchen Urteilen erscheinen die Anforderungen an eine ausreichende Begründung des gerechten Verhältnisses der gegen Mittäter verhängten Strafen kaum noch umsetzbar: So mahnt er nach Aufhebung des Rechtsfolgenausspruchs das neue Tatgericht im Rahmen der Strafzumessungsentscheidung zu bedenken, dass die weit höhere Bestrafung des Angeklagten (vier Jahre und sechs Monate) im Vergleich zu der gegen den Mittäter verhängten Strafe von neun Monaten „ungeachtet des etwas weitergehenden Schuldspruchs, seiner massiven Vorbelastungen, des Geständnisses des Mittäters und des Umstandes, dass der Angeklagte nach den Feststellungen die „Zentralfigur" des Geschehens gewesen ist, nicht nachvollziehbar [sei]"[625]; auch diese Vielzahl gewichtiger, eine unterschiedliche Bestrafung erläuternder Strafzumessungsaspekte genügte dem BGH als Begründung nicht. Da dem Tatgericht zur Begründung der eigenen Wertung allerdings kaum mehr als das Vorgetragene abverlangt werden kann, wäre es überzeugender, der BGH würde hier auf die Unvertretbarkeit des Strafmaßes bzw. des Strafhöhenunterschieds statt auf einen Begründungsmangel abstellen.

Abgesehen von den im Einzelfall zu weitreichenden Beanstandungen der Revisionsgerichte ist der grundsätzlichen Forderung nach einer ausreichenden, nachvollziehbaren Begründung der unterschiedlichen Behandlung von Mittätern – und damit der Einhaltung des Gebots gleichmäßigen und gerechten Strafens – zuzustimmen, gerade im Hinblick auf eine erhoffte spezialpräventive Wirkung der Strafe. Bei dem sich allzu ungerecht (d. h. im Vergleich zu anderen Tatbeteiligten zu streng bestraft) behandelt fühlenden Angeklagten wird das Urteil kaum auf Akzeptanz stoßen oder auch nur Einsicht oder gar Reue zu Tage bringen, vielmehr werden Unverständnis und gegebenenfalls auch Neid vorherrschen, was in Bezug auf den erstrebten Resozialisierungseffekt sicher kontraproduktiv wirkt. Soweit das Tatgericht allerdings Gründe für eine differenzierte Betrachtung anführt, muss dies vom Revisionsgericht als ausreichende Begründung akzeptiert werden. Das Verhältnis der ausgeurteilten Strafen zueinander kann dann nur noch über das Kriterium der (Un-)Vertretbarkeit des jeweiligen Strafmaßes beanstandet werden, ebenso wie bei Überprüfung der Einhaltung des schuldangemessenen Spielraums bei Bestrafung des Alleintäters. Der Darstellungsmangel darf – zumal angesichts der Ausdehnung, die er bereits erfahren hat – nicht völlig beliebig zur Begründung jedweder Art von vermeintlichen Rechtsfehlern oder auch nur dem Revisionsgericht missfallender

---

625 BGH, Beschl. v. 27.05.2009 – 5 StR 187/09 (in NStZ-RR 2009, 279 insoweit nicht abgedruckt).

Ausführungen und Wertungen herangezogen werden, insbesondere wenn die revisionsgerichtlichen Anforderungen ein vom Tatgericht nicht mehr umsetzbares Ausmaß erreichen.

c) Gesamtstrafe

Nach heutiger Rechtsprechung[626] ist die Verhängung einer Gesamtstrafe als eigenständiger Strafzumessungsvorgang gesondert zu begründen. Dies ergibt sich bereits aus § 54 Abs. 1 Satz 3 StGB, demzufolge bei Bildung der Gesamtstrafe die Person des Täters und die einzelnen Straftaten zusammenfassend zu würdigen sind.

Vor Umwandlung des § 267 III 1 StPO von einer Soll- in eine zwingende Vorschrift war dies nicht der Fall, vielmehr war damals üblich, zur Höhe der Gesamtstrafe gar nicht mehr Stellung zu nehmen.[627] Bereits kurz nach Umgestaltung der Norm 1950 forderte die Rechtsprechung indes unter Hinweis auf die ausschlaggebende Bedeutung der Gesamtstrafe als für den Angeklagten wichtigsten Teil des Urteils eine über die der Einzelfallstrafen hinausgehende Begründung.[628]

aa) Begründungsumfang

Hinsichtlich des Begründungsumfangs sollen in einfach gelagerten Fällen wenige Hinweise, zusätzlich zu den Strafzumessungserwägungen bezüglich der Einzelstrafen, genügen.[629] Einer eingehenderen Begründung der Gesamtstrafe bedürfe es jedoch dann, wenn sie die Einsatzstrafe nur geringfügig überschreitet oder nahe der Summe der Einzelstrafen gebildet wird, also nahe der unteren oder oberen Grenze des Gesamtstrafrahmens.[630] Dabei gilt ebenso wie bei der Einzelstrafbildung, dass die Anforderungen an die Begründung der Strafhöhe umso strenger sind, je mehr sie sich der zulässigen Grenze des Gesamtstrafrahmens nähert.[631] Eine erhöhte Begründungspflicht soll indes auch bereits eine lediglich hohe Gesamtstrafe, die

---

626 Vgl. nur BGH, Beschl. v. 31.01.2012 – 2 StR 409/11 – zitiert nach juris; BGH NJW 1995, 2234; BGHSt 24, 268 (271).

627 Ausf. dazu *Michalke-Detmering*, S. 276ff.

628 Vgl. nur OLG Bremen NJW 1952, 1069; daran anschließend OLG Köln NJW 1953, 275 (276).

629 Vgl. BGHSt 24, 268 (271); BGH NJW 1956, 149; BGHSt 8, 205 (211).

630 BGH bei *Cierniak/Zimmermann* NStZ-RR 2014, 165 (167); BGH bei Detter NStZ 2006, 146 (149); BGH, Beschl. v. 02.10.2001 – 4 StR 381/01 – zitiert nach juris; BGHR StGB § 54 Abs. 1 Bemessung 8; BGH NJW 1972, 454 (456); vgl. allerdings auch BGHSt 5, 57 (59), der in den 50er Jahren noch einen willkürlichen Missbrauch der tatrichterlichen Ermessensfreiheit forderte, soweit die Gesamtstrafe die Einsatzstrafe nur wenig überschritt und damit in einem sehr auffälligen und krassen Missverhältnis zu Art, Zahl und Höhe der übrigen Einzelstrafen stand; nur dann sei ein Rechtsfehler anzunehmen.

631 BGH NStZ 2006, 568.

sich auffallend von der Einsatzstrafe entfernt, auslösen.[632] Der BGH[633] hob insoweit einen Rechtsfolgenausspruch mit der Begründung auf, dass angesichts der genannten Strafmilderungsgründe die Abweichung zwischen Einsatz- (ein Jahr und sechs Monate) und gebildeter Gesamtstrafe (drei Jahre) ohne nähere Erörterung nicht gerechtfertigt sei. In bedenklicher Weise zieht er anschließend daraus den Schluss, dass das Tatgericht den „besonders engen zeitlichen und situativen Zusammenhang der Taten trotz Erwähnung tatsächlich nicht berücksichtigt [habe]". Damit stellt der BGH abermals auf eine – nicht gerügte – Verletzung der Pflicht zur wahrheitsgemäßen Angabe der Strafzumessungserwägungen nach § 267 III 1 StPO ab, hier allerdings umgekehrt: Während er in den zuvor dargelegten Fällen dem Tatgericht die Berücksichtigung eines in den Urteilsgründen nicht aufgeführten Strafzumessungsaspekts unterstellt hat, behauptet er nun, ein im Urteil explizit als Strafzumessungsumstand erörterter Gesichtspunkt sei gleichwohl in Wahrheit nicht bedacht worden – mit anderen Worten, das Tatgericht habe in den schriftlichen Urteilsgründen bewusst wahrheitswidrige Angaben gemacht; dies ist wohl die bislang deutlichste Abkehr vom zulässigen revisionsrechtlichen Prüfungsmaßstab. Das OLG Hamburg[634] leitet in Bezug auf den Begründungsumfang bei der Gesamtstrafenbildung bereits aus einer besonders großen Spanne zwischen der verhängten und der höchstmöglichen Gesamtstrafe (neun Monate bei an sich möglichen 41 Monaten Gesamtstrafe) eine besondere Begründungspflicht her.

Neben der allgemeinen und eher vagen Vorgabe einer besonders eingehenden Begründung bei Annäherung der Gesamtstrafhöhe an die Grenzen des Strafrahmens, hat die Rechtsprechung auch konkrete Anforderungen an die Gesamtstrafenbegründung entwickelt. So hat der BGH[635] in einer Grundsatzentscheidung von 1972 festgelegt, dass im Rahmen der bei Bemessung der Gesamtstrafe gesetzlich vorgeschriebenen Gesamtschau aller Taten „namentlich das Verhältnis der einzelnen Straftaten zueinander, insbesondere ihr Zusammenhang, ihre größere oder geringere Selbständigkeit, ferner die Häufigkeit der Begehung, die Gleichheit oder Verschiedenheit der verletzten Rechtsgüter und der Begehungsweisen sowie das Gesamtgewicht des abzuurteilenden Sachverhalts zu berücksichtigen [sei]. Maßgeblich [sei] ferner die zusammenfassende Würdigung der Person des Täters, neben seiner Strafempfänglichkeit vor allem seine größere oder geringere Schuld im Hinblick auf das Gesamtgeschehen sowie die Frage, ob die mehreren Straftaten einem kriminellen Hang bzw. bei Fahrlässigkeitstaten einer allgemeinen gleichgültigen Einstellung entspringen oder ob es sich um Gelegenheitsdelikte ohne innere Verbindung handelt". Zwar hat die Rechtsprechung bei den Begründungsanforderungen

---

632 BGH NStZ-RR 2009, 277; BGH, Beschl. v. 02.10.2001 – 4 StR 381/01 – zitiert nach juris; BGHR StGB § 54 Abs. 1 Bemessung 8.

633 BGH NStZ-RR 2010, 40.

634 OLG Hamburg NJW 1981, 1281 (1282).

635 BGHSt 24, 268 (269f.) unter Rückgriff auf erste vom BGH in den 50er Jahren des 20. Jahrhunderts aufgestellte Begründungserfordernisse bei der Gesamtstrafe, BGHSt 5, 57 (58f.); heute st. Rspr. vgl. nur BGH NJW 1995, 2234 m.w.N.

für spezielle Strafmaßentscheidungen zuweilen ebenfalls konkrete, über das Erfordernis einer besonders ausführlichen Begründung hinausgehende Vorgaben aufgestellt (etwa die notwendige Erörterung möglicher Strafmilderungsgründe bei Erkennung auf die Höchststrafe), ein derart umfangreicher Katalog abzuhandelnder Strafzumessungsumstände ist jedoch einzigartig. Das Tatgericht mag sich ob dieser Detailvorgaben eventuell in seiner Entscheidungsfreiheit eingeengt sehen, im Unterschied zu der schlicht erhöhten Begründungspflicht, deren Nichtbeachtung dann als Aufhebungsgrund herangezogen wird, bieten sie indes konkrete Orientierungspunkte sowohl beim Straffindungsprozess als auch im Hinblick auf das Abfassen revisionsfester Urteilsgründe; bei Berücksichtigung bzw. Darlegung der genannten Zumessungsaspekte im Urteil wird es dem Revisionsgericht kaum möglich sein, den Strafausspruch mangels hinreichender Gesamtstrafenbegründung aufzuheben.

bb) Bezugnahme auf Begründung der Einzelstrafen

Von diesen strengen Begründungsanforderungen lässt der BGH[636] jedoch insoweit eine Ausnahme zu, als das Tatgericht bei der Gesamtstrafenbegründung auf die bereits zuvor im Zusammenhang mit den Einzelstrafen erörterten Strafzumessungsaspekte – sowohl die Taten als auch die Person des Täters betreffend – Bezug nehmen darf, auch um unnötige Wiederholungen zu vermeiden. Von dieser Möglichkeit sei insbesondere bei den regelmäßig bereits bei Bildung der Einzelstrafen bedachten und dementsprechend auch dargelegten persönlichen und wirtschaftlichen Verhältnissen des Angeklagten Gebrauch zu machen.[637] Eine – ob der hohen revisionsrechtlichen Begründungsanforderungen drohende – zu ausführliche, vor allem Wiederholungen enthaltende Strafzumessungsbegründung soll durch diese Verweisungsmöglichkeit vermieden werden.[638] Velten[639] weist insoweit allerdings darauf hin, dass dies nur dann zulässig sei, wenn die bereits bei der Zumessung der Einzelstrafen genannten, im Rahmen der Gesamtstrafenbegründung in Bezug genommenen Gesichtspunkte an jener Stelle noch einmal zusammenfassend gewürdigt werden.

Grundsätzlich unzulässig sei eine (zumindest ausschließliche) Bezugnahme auf die Strafzumessungserwägungen, die zur Begründung der Einzelstrafen bereits dargelegt wurden, bei extremer Erhöhung der Einsatzstrafe; der BGH[640] hob insoweit eine Gesamtstrafe von zehn Jahren auf, weil es bezüglich der ungewöhnlich starken Erhöhung der Einsatzstrafe von einen Jahr und sechs Monaten an einer hinreichenden (da sich im Wesentlichen in Bezugnahmen erschöpfenden) Begründung

---

636 BGH NStZ 2009, 565; vgl. auch BGH NJW 2001, 83 (84 m.w.N.) (in BGHSt 46, 138 insoweit nicht abgedruckt).

637 BGH NJW 1972, 454 (456).

638 Zust. hinsichtlich der notwendigen Vermeidung unnötiger Wiederholungen durch Bezugnahmen *Schäfer/Sander/van Gemmeren*, Rn. 1473.

639 SK-StPO/*Velten*, § 267 Rn. 49.

640 BGH, Beschl. v. 04.06.2004 – 2 StR 163/04 – zitiert nach juris.

mangele; dies lasse besorgen, „dass die Kammer sich zu sehr von der Summe der Einzelstrafen [habe] leiten lassen". Auch die Phrase, dass die Gesamtstrafe von vier Jahren „unter nochmaliger Abwägung der vorgenannten Strafzumessungsgesichtspunkte sowie ergänzender Berücksichtigung des engen zeitlichen und situativen Zusammenhangs" gebildet worden sei, genügte dem BGH in einer anderen Entscheidung[641] angesichts der erheblichen Überschreitung der Einsatzstrafe von einem Jahr und sechs Monaten nicht, zumal der einzige ausschließlich die Gesamtstrafe betreffende Aspekt (der enge zeitliche und situative Zusammenhang) ein strafmildernder Zumessungsgrund war; dem Revisionsgericht sei aufgrund der unzureichenden Begründung die Prüfung verwehrt, ob der Tatrichter die Gesamtstrafenzumessung gemäß § 54 StGB anhand zutreffender Maßstäbe vorgenommen habe. Während der BGH sich in der zuvor genannten Entscheidung der (rechtlich zweifelhaften[642]) Konstruktion des Rückschlusses von dem Begründungsmangel auf eine vermeintlich fehlerhafte Würdigung bedient, rügt er hier – zu Recht – schlicht eine Verletzung der materiell-rechtlichen Begründungspflicht. Diese verlangt im Falle einer die Einsatzstrafe nur geringfügig oder besonders stark überschreitenden Gesamtstrafe eine ausführlichere Begründung im Hinblick auf diese Auffälligkeit; keinesfalls genügt insoweit eine Bezugnahme auf die bei den Einzelstrafen dargelegten Strafzumessungserwägungen.

cc) Zulässige Einschränkungen bei Tatserien

Grundsätzlich sind bei Tatmehrheit auch die Einzelstrafen gesondert zu begründen.[643] Einschränkungen dieser Begründungspflicht lässt der BGH zu, soweit sich die einzelnen Deliktsverwirklichungen als Serie von im Wesentlichen gleichartiger Einzeltaten darstellen; in diesem Fall sei es zulässig, „diese bei der Strafzumessung zusammenfassend zu würdigen und gemeinsame Erwägungen vor die Klammer zu ziehen".[644] Dies betreffe indes nur solche Umstände, die für alle bzw. die jeweils zusammengefassten einander ähnlichen Taten in gleichem Maße gelten; darzustellen seien sie jeweils zu Beginn des betreffenden Abschnitts der schriftlichen Urteilsgründe.[645] Diese Vereinfachung der Urteilsbegründung wird auch in der Literatur[646] befürwortet, vor allem bei sehr umfangreichen, zuweilen hunderte von Einzelstrafen umfassenden Urteilen sei eine separate Strafzumessungsbegründung jeder einzelnen Strafe kaum möglich und zudem unübersichtlich; vorzuziehen sei daher eine zusammenfassende Darlegung der gemeinsamen Gründe vorab und eine Beschränkung der Einzelstrafenbegründung auf die Schilderung der jeweiligen

---

641 BGH, Beschl. v. 08.08.2007 – 2 StR 285/07 – zitiert nach juris.
642 Vgl. 1. Teil, Abschnitt C, I, 3., b), dd).
643 Vgl. Meyer-Goßner/Schmitt/*Meyer-Goßner*, § 267 Rn. 19.
644 BGH NJW 1995, 2234.
645 BGH NStZ-RR 1996, 336.
646 Vgl. nur AK/*Wassermann*, § 267 Rn. 18; Löwe-Rosenberg/*Stuckenberg*, § 267 Rn. 97; *Schäfer/Sander/van Gemmeren*, Rn. 1476.

Besonderheiten der einzelnen Taten, sofern vorhanden. Zulässig sei auch, anstelle einer vorangestellten abstrakten Darstellung der gemeinsamen Zumessungsaspekte, zunächst eine Einzelstrafe umfassend zu begründen und anschließend darauf hinzuweisen, dass diese Gründe in gleicher Weise für die übrigen, keine Besonderheiten aufweisenden Fälle gelten würden, weshalb in allen Einzelfällen dieselbe Einzelstrafe verhängt werde.[647] Diese Begrenzung des Begründungsumfangs ist, unabhängig von der Frage, an welcher Stelle des Urteils die zusammenfassende Darstellung der gemeinsamen Gründe erfolgt, sowohl unter ökonomischen Gesichtspunkten als auch im Hinblick auf die Verständlichkeit des Urteils sinnvoll.

dd) Nachträgliche Gesamtstrafenbildung

Bei nachträglicher Gesamtstrafenbildung (§ 55 StGB) hat die Rechtsprechung ebenfalls festgelegt, welche Angaben die Begründung enthalten muss. Zunächst seien die einzelnen früheren Taten – zumindest kurz – darzustellen[648] unter Angabe der genauen Tatzeiten[649], letzteres dient primär der Ermöglichung der Nachprüfung, ob eine nachträgliche Gesamtstrafenbildung überhaupt zulässig war oder insoweit eine Zäsurwirkung einer vorherigen unerledigten Verurteilung entgegenstand; eine Gesamtstrafenbildung ist grundsätzlich nur für die bis dahin begangenen Taten möglich[650]. Ferner anzugeben sei der Vollstreckungsstand im Zeitpunkt der nachträglichen Gesamtstrafenbildung;[651] dies betrifft ebenfalls die Frage, ob die Bildung einer nachträglichen Gesamtstrafe noch möglich oder gegebenenfalls ein Härteausgleich[652] vorzunehmen war.[653] Auch die jeweils festgesetzten Einzelstrafen seien mitzuteilen, sofern in dem betreffenden Urteil eine Gesamtstrafe gebildet wurde.[654] Des Weiteren seien die wesentlichen Strafzumessungserwägungen (gegebenenfalls auch bezüglich der Einzelstrafen) darzustellen, soweit sie im Rahmen der nunmehr zu bildenden Gesamtstrafe berücksichtigt werden sollen.[655] Eine Bezugnahme auf die Strafzumessungsgründe aus dem einbezogenen Urteil, ohne sie ihrem wesentlichen Inhalt nach wiederzugeben, sei ein unzulässiger Verweis auf Erkenntnisquellen außerhalb des eigenen Urteils.[656] In einfach gelagerten Fällen genüge indes die Darlegung der Taten und Einzelstrafen des früheren Urteils und der – kurzgefassten – Abwägung mit den neuen Taten und den insoweit erörterten

---

647 *Meyer-Goßner/Appl*, Rn. 335.
648 BGH bei *Detter* NStZ 2000, 189; ferner BGH NStZ 1987, 183.
649 BGH NStZ-RR 2011, 307; BGH, Beschl. v. 23.08.2011 – 4 StR 373/11.
650 Vgl. BGHSt 33, 367 (369); BGHSt 32, 190 (193 m.w.N.).
651 BGH NStZ-RR 2011, 307.
652 Dazu sogleich 2. Teil, Abschnitt B, I, 2., c), cc).
653 BGH, Beschl. v. 10.05.2011 – 3 StR 133/11 – zitiert nach juris.
654 BGH, Beschl. v. 09.01.2007 – 5 StR 489/06; vgl. dazu auch BGH, Beschl. v. 20.02.2002 – 3 StR 338/01 – zitiert nach juris; BGH NStZ 1987, 183.
655 BGH, Beschl. v. 08.02.2011 – 4 StR 658/10 – zitiert nach juris.
656 BGH NStZ-RR 2009, 277; BGH NStZ-RR 2002, 137.

Strafzumessungsumständen.[657] Der Tatrichter ist ohnehin bei Bildung der nachträglichen Gesamtstrafe nur an die Feststellungen des früheren Urteils zu den Einzelstrafen gebunden, nicht aber an die Zumessungsgründe.[658]

Zu dem bei Bemessung der Gesamtstrafe abzuhandelnden Katalog erörterungspflichtiger Umstände kommen demnach bei Anwendung des § 55 StGB noch eine Reihe darzulegender Gesichtspunkte, welche die einzubeziehenden, zuvor ausgeurteilten Strafen betreffen, hinzu, insbesondere um dem Revisionsgericht die Nachprüfung der richtigen Anwendung dieser Vorschrift zu ermöglichen.

ee) Härteausgleich

Bei dem sogenannten Härteausgleich handelt es sich um einen von der Rechtsprechung entwickelten Strafmilderungsgrund, der dann zum Tragen kommt, wenn die Voraussetzungen des § 55 StGB zwar nicht (mehr) vorliegen, dies dem Täter jedoch nicht zum Nachteil gereichen soll.[659] Dies betrifft in erster Linie die Fälle, in denen eine in einem vorausgegangenen, jedoch nach der Tatzeit der nunmehr verhandelten Tat ergangenen Urteil verhängte Strafe bereits erledigt, also vollstreckt, verjährt oder erlassen worden (vgl. § 55 I 1 StGB), und damit keine Gesamtstrafenbildung mehr möglich ist.[660] Auch beim Aufeinandertreffen von Freiheitsstrafe und einer früher ausgeurteilten Jugendstrafe ist ein Härteausgleich vorzunehmen, da eine nachträgliche Gesamtstrafenbildung insoweit unzulässig ist.[661] Ist aufgrund der Zäsurwirkung einer einzubeziehenden Verurteilung die Bildung mehrerer Gesamtstrafen nötig, ist der sich unter Umständen dadurch ergebende Nachteil – ein zu hohes Gesamtstrafenübel – ebenfalls ausgleichen.[662] Neuerdings hält der BGH[663] auch den Verlust der bezüglich der einbezogenen Strafe gewährten Strafaussetzung zur Bewährung für ausgleichspflichtig. Eine abschließende Auflistung aller in Rechtsprechung und Literatur diskutierten Konstellationen ist an dieser Stelle nicht möglich.[664]

---

657 BGH NStZ 1987, 183.

658 BGH NStZ-RR 2003, 9 (10).

659 St. Rspr. vgl. nur BGH NJW 1989, 236; BGHSt 33, 131 (132); BGHSt 33, 367 (368f.); BGHSt 31, 102 (103 m.w.N.); BGH, Beschl. v. 15.08.1979 – 3 StR 269/79 – bei *Holtz* MDR 1979, 985 (987).

660 BGH NStZ-RR 2008, 370; BGH, Beschl. v. 15.08.1979 – 3 StR 269/79 – bei *Holtz* MDR 1979, 985 (987).

661 So erstmals BGHSt 14, 287 (290); vgl. auch BGHSt 36, 270 (275f. m.w.n.).

662 BGH StV 2011, 225; vgl. auch BGH NStZ-RR 2008, 234; BGHSt 44, 179 (185); BGHSt 41, 310 (312f. m.w.N.).

663 BGH NJW 2010, 2600.

664 Ausf. dazu BGH, Beschl. v. 29.10. 2008 – 2 StR 386/08 – zitiert nach juris (in NJW-Spezial 2009, 458 insoweit nicht abgedruckt; vgl. auch *Fischer, StGB,* § 55 Rn. 21 ff.; *Arnoldi/Rutkowsky* NStZ 2011, 493 (496ff.).

Soweit die Voraussetzungen für einen Härteausgleich vorliegen, fordert der BGH[665], dass aus den Urteilsgründen die Art und Weise, in der das Tatgericht diesen Ausgleich vollzogen hat, hervorgehen muss, wobei er zwei Varianten für zulässig erachtet (dargelegt für den Fall der bereits vollstreckten Strafe): Zum einen könne das Tatgericht von einer unter Einbeziehung der bereits vollstreckten Strafe gebildeten fiktiven Gesamtstrafe ausgehen und diese dann um die vollstreckte Strafe mindern; zum anderen könne der Nachteil, dass mit der früheren Strafe wegen Vollstreckung keine Gesamtstrafe mehr gebildet werden könne, unmittelbar bei Bemessung der Strafe als mildernder Umstand berücksichtig werden. In jedem Fall müsse der Härteausgleich angemessen und in den Urteilsgründen klar erkennbar sein.[666] Der 5.[667] und anschließend auch der 2. Strafsenat[668] des BGH halten es für vorzugswürdig, den Härteausgleich im Rahmen der Vollstreckungslösung vorzunehmen, der zu gewährende Härteausgleich sei durch Anrechnung auf die Vollstreckungsdauer unter doppelt analoger Anwendung des § 51 I 1 StGB vorzunehmen. Der 4. Strafsenat[669] wendet hingegen weiterhin das Zumessungsmodell an; ob insoweit eine Entscheidung des Großen Strafsenats ergehen wird, bleibt abzuwarten. In der Literatur[670] wird zu Recht eingewandt, dass das Begründungserfordernis eines erkennbaren und angemessenen Härteausgleichs für das Revisionsgericht einen „einfachen Hebel [darstelle], um einen so begründeten Rechtsfolgenausspruch zu Fall zu bringen". Bei dem Vollstreckungsmodell bliebe nur die Angemessenheit des Ausgleichs als Prüfungsansatz, wobei dem Tatgericht sicherlich – wie auch in sonstigen Wertungsfällen – ein gewisser Vertretbarkeitsrahmen verbliebe. Allerdings sieht sich jedwede Form des Darstellungsmangels dieser Kritik ausgesetzt; statt der Missachtung von durch die Rechtsprechung entwickelter Begründungsanforderungen nur noch auf Wertungsfehler abzustellen, ist indes keine Alternative, zumal angesichts der zahlreichen mit der Begründungspflicht – neben der revisionsrechtlichen Nachprüfbarkeit – verfolgten Zwecke.

Die revisionsgerichtlichen Anforderungen an die Urteilsgründe bei Vornahme eines Härteausgleichs sind im Vergleich zu den sonstigen, die Gesamtstrafenbildung betreffenden Vorgaben also eher gering; ausreichend ist, dass das Tatgericht darlegt, dass, auf welche Weise und – allerdings nur, sofern es zunächst eine fiktive Gesamtstrafe bildet oder die Vollstreckungslösung anwendet – in welcher Höhe ein Härteausgleich vorgenommen wurde.

---

665 BGH StV 2010, 240.

666 St. Rspr. BGH, Beschl. v. 28.05.2009 – 5 StR 114/09; BGH, Beschl. v. 24.07.2007 – 4 StR 237/07 – zitiert nach juris; BGHSt 43, 34 (36); BGHSt 41, 310 (311f.); BGHSt 33, 131 (132); BGHSt 31, 102 (103).

667 BGH, Beschl. v. 17.08.2011 – 5 StR 322/11 – zitiert nach juris m.w.N.; so bereits BGHSt 54, 259 (262f.).

668 BGHSt 55, 1 (3).

669 Vgl. nur BGH StV 2012, 15f.

670 *Arnoldi/Rutkowsky* NStZ 2011, 493 (498); vgl. dazu bereits *Loos* NStZ 1983, 260f.

ff) Entscheidung nach § 53 II StGB

Weicht das Tatgericht von der Regel ab, beim Aufeinandertreffen von Freiheits- und Geldstrafe eine Gesamtstrafe zu bilden (§ 53 II 1 StGB), und erkennt stattdessen neben der Freiheitsstrafe gesondert auf Geldstrafe (§ 53 II 2 StGB), muss es diese Entscheidung näher begründen;[671] wobei die Rechtsprechung betont, dass dies nicht im Umkehrschluss bedeute, dass die Gesamtstrafenbildung aus Freiheits- und Geldstrafe niemals einer besonderen Begründung bedürfe.[672] Dies sei nämlich dann der Fall, wenn sich die geahndeten Taten gegen unterschiedliche Rechtsgüter richten[673] oder die Gesamtstrafe durch die einbezogene Geldstrafe zu einem schwereren Übel wird[674]. In diesen Fällen sei zu erörtern, ob nicht doch statt einer Gesamtfreiheitsstrafe die Verhängung einer gesonderten Gesamtgeldstrafe nach § 53 II 2 StGB in Betracht kommt,[675] zumindest müsse den Urteilsgründen zu entnehmen sein, dass sich das Tatgericht dieser Wahlmöglichkeit bewusst war.[676] Ein dieses Begründungserfordernis auslösendes schwereres Strafübel durch Einbeziehung der Geldstrafe ist nicht bereits dann anzunehmen, wenn dadurch lediglich die Freiheitsstrafe erhöht wird, notwendig sind vielmehr darüber hinausgehende Nachteile für den Angeklagten.[677] Einen Begründungsmangel nahm der BGH[678] z. B. in der Konstellation an, dass bei der gesonderten, in Urteilsgründen jedoch nicht erörterten Festsetzung einer Geldstrafe statt der verhängten Gesamtstrafe die zeitige Freiheitsstrafe noch zur Bewährung hätte ausgesetzt werden können. Auch soweit die Einbeziehung zu einer Gesamtstrafe führt, die zwingende beamtenrechtliche Folgen (insbesondere die Beendigung des Beamtenverhältnisses) auslöst, wird die Auseinandersetzung mit der Möglichkeit, nach § 53 II 2 StGB zu verfahren, gefordert,[679] was indes allgemein für berufsrechtliche Konsequenzen gelten muss[680]. Ebenso entschieden hat der BGH[681] in der Konstellation, dass durch die Strafhöhe die Möglichkeit eröffnet wird, den Verlust der Amtsfähigkeit nach § 358 StGB zu prüfen.

In der Regel beschränkt sich die Rechtsprechung hinsichtlich der notwendigen Begründung in den genannten Konstellationen auf die Forderung, dass dem Urteil zu entnehmen sein müsse, ob der Tatrichter sich der Wahlmöglichkeit nach § 53

671 OLG Köln NStZ-RR 2005, 169; vgl. dazu *Meyer-Goßner/Appl*, Rn. 455.
672 BGH bei *Dallinger* MDR 1973, 16 (17).
673 BGH, Beschl. v. 20.11.2001 – 4 StR 467/01 – zitiert nach juris.
674 St. Rspr. vgl. nur BGH NStZ 2008, 283 (284); BGHR StGB § 53 Abs. 2 Einbeziehung, nachteilige 1, 6; BGH bei *Dallinger* MDR 1973, 16 (17).
675 BGH NStZ 2008, 283.
676 BGH NStZ-RR 2002, 264.
677 OLG Köln NStZ-RR 2005, 169 (170).
678 BGH StV 2007, 129; ferner BGHR StGB § 53 Abs. 2 Einbeziehung, nachteilige 2, 4 m.w.N.; BGH StV 1986, 58.
679 BGH wistra 2004, 264; BGHR StGB § 53 Abs. 2 Einbeziehung, nachteilige 1, 3; BGH NJW 1989, 2900.
680 Dazu ausf. 2. Teil, Abschnitt B, II, 3., f), bb).
681 BGH NStZ 2008, 283.

II 2 StGB bewusst war; nähere Vorgaben zu dem diesbezüglichen Umfang und Inhalt der Gründe sind in den betreffenden Entscheidungen nicht enthalten. Eine Ausnahme bildet insoweit ein Urteil des BGH[682], in dem er die Ausführungen des Tatgerichts, dass „die Bildung einer Gesamtstrafe [ihm] sachgemäß erschien (§§ 53 Abs. 2 Satz 1, 54 Abs. 3 StGB)", als den „strengeren Begründungserfordernissen hinsichtlich des Absehens von der Möglichkeit, die Geldstrafe gesondert bestehen zu lassen (§ 53 Abs. 2 Satz 2 StGB), nicht genügend" kritisiert. Inwiefern die Begründungsanforderungen strenger sind, wurde allerdings nicht näher ausgeführt. Wegen des Ausnahmecharakters dieser Entscheidung ist davon auszugehen, dass das Revisionsgericht regelmäßig eine kurze Auseinandersetzung mit der Option, eine Geldstrafe gesondert zu verhängen, wird ausreichen lassen.

3. Einzelfallbezogene Begründung

Grundsätzlich muss die Rechtsfolgenentscheidung auf den Einzelfall bezogen begründet werden.[683] Daraus hat die Rechtsprechung einige konkrete vom Tatrichter beim Abfassen seiner Gründe zu beachtende Vorgaben abgeleitet.

a) Hilfserwägungen

Unzulässig, da nicht auf den konkret abzuurteilenden Fall bezogen, sind Hilfserwägungen.[684] Die Strafzumessungsentscheidung hat sich an dem tatsächlich festgestellten Sachverhalt und dessen rechtlicher Wertung auszurichten, für abweichende Konstellationen lasse sich hinsichtlich der Angemessenheit der Strafe keine hinreichend sichere Aussage treffen.[685]

Bereits das Reichsgericht[686] beanstandete die Angabe des Tatgerichts, es hätte die Strafe auch nicht anders bemessen, wenn ein anderes rechtliches Verhältnis zwischen den einzelnen Straftaten vorgelegen hätte, etwa ein Vergehen nur als mitbestrafte Nachtat eines anderen anzusehen gewesen wäre. Auch die Erwägung des Tatrichters, er hätte eine Strafmilderung gemäß § 51 II StGB a.F. auch dann versagt, wenn ein tatsächlich oder rechtlich abweichender Sachverhalt zugrunde gelegen hätte, der die Voraussetzungen dieser Vorschrift erfüllt, erachtete der BGH[687] als unzulässig. Unbeachtlich ist dem BGH[688] zufolge ferner die Hilfserwägung, dass die Strafkammer auch im Rahmen der Qualifikation des § 92a I AuslG (gewürdigt hatte sie die Tat nur als Beihilfe zu § 92 I Nr. 6 AuslG) keine höhere als die festgesetzte

682 BGHR StGB § 53 Abs. 2 Einbeziehung, nachteilige 2.
683 Vgl. dazu Löwe-Rosenberg/*Stuckenberg*, § 267 Rn. 92; HK-StPO/*Temming*,§ 337 Rn. 27.
684 BGHSt 55, 174 (179 m.w.N.).
685 BGH, Beschl. v. 29.10.2008 – 2 StR 386/08 – zitiert nach juris.
686 RGSt 70, 400 (403).
687 So bereits BGHSt 7, 359 (360).
688 BGH NStZ 1998, 305 (306).

Straftat verhängt hätte. Aufgehoben hat der BGH[689] einen Strafausspruch, weil das Tatgericht – zu Unrecht – einen Härteausgleich für im Ausland verhängte (nicht gesamtstrafenfähige) Strafen vorgenommen und das gefundene Strafmaß bei Unterschreitung der Strafrahmenuntergrenze des zugrunde gelegten § 250 II StGB um vier Jahre und sechs Monate gemildert hatte; ergänzend weist der BGH darauf hin, dass die Ausführungen der Kammer, dass sie auch auf dieses Strafmaß erkannt hätte, wenn sie die Unterschreitung des Mindeststrafrahmens des § 250 II StGB nicht vorgenommen hätte, da sie dann aufgrund der zu erwartenden langen Haftzeit des Angeklagten aus den ausländischen Urteilen einen minder schweren Fall nach § 250 III StGB angenommen hätte, unbeachtlich – da als Hilfserwägung zur Strafzumessung unzulässig – seien. Zuletzt rügte der BGH[690] den tatrichterlichen Hinweis, dass die Kammer wohl im Rahmen des § 73 c I 2 StGB von einer Ermessensreduzierung auf Null ausgegangen wäre; dies könne im Hinblick auf den fehlerhaft nicht angeordneten Verfall auch nicht das Beruhen des Urteils auf diesem Rechtsfehler ausschließen.

Die Beruhensfrage (§ 337 StPO) ist – obgleich nur in der letztgenannten Entscheidung explizit angesprochen – der revisionsrechtliche Anknüpfungspunkt für die Beanstandung von Hilfserwägungen des Tatgerichts. Die hilfsweise vorgetragene Argumentation betrifft stets eine andere Ausgangslage, sei es ein abweichender zugrunde gelegter Sachverhalt oder eine andere rechtliche Würdigung bzw. Wertung, weshalb diese Erwägung keinen Einfluss auf die Strafzumessungsentscheidung für den tatsächlich abzuurteilenden Fall haben kann. Der BGH stellt daher zumeist auch nur die Unbeachtlichkeit dieser Begründung fest. Soweit sie als unzulässig bezeichnet wird, kann dies im Grunde nur die Frage betreffen, ob sie vom Tatgericht zum Ausschluss der Kausalität zwischen einem etwaigen Rechtsfehler (z. B. einem falschen zugrunde gelegten Strafrahmen) und dem verhängtem Strafmaß angeführt werden darf, wobei dies ohnehin nur dann relevant wird, wenn das Revisionsgericht gerade die Konstellation für gegeben erachtet, die von der Hilfserwägung betroffen ist.

Im Übrigen stellen Hilfserwägungen keinen mit der Darstellungsrüge angreifbaren Begründungsmangel dar; die Vermeidung solcher Ausführungen ist daher aus tatrichterlicher Perspektive im Grunde keine revisionsrechtlich relevante Begründungsanforderung, sondern vielmehr nur eine ökonomisch sinnvolle Vorgehensweise, bleibt die Hilfserwägung doch schlicht unbeachtet.

b) Pauschale Hinweise/Floskeln

Einen von der Rechtsprechung anerkannten Darstellungsmangel stellen hingegen pauschale Hinweise sowie inhaltsleere Phrasen und Floskeln in den Strafzumessungsgründen dar.[691] Unzulässig seien formelhafte Bezugnahmen auf § 46 StGB oder

---

689 BGH, Beschl. v. 29.10.2008 – 2 StR 386/08 – zitiert nach juris.
690 BGHSt 55, 174 (179).
691 Vgl. dazu HK-StPO/*Temming*, § 337 Rn. 27.

phrasenhafte Wendungen zur Strafzumessung bereits deshalb, weil sie dem Revisionsgericht die Nachprüfung der tatsächlich vom Tatgericht angestellten Strafzumessungserwägungen verwehren.[692] Als insoweit ungenügende formelhafte Wendung erachtete der BGH[693] die tatrichterliche Begründung, dass die Gesamtstrafe in Höhe von fünf Jahren „angemessen...[erschienen habe und] die Vorschrift des § 13 StGB beachtet [worden sei]". Ebenfalls als inhaltsleere, eine revisionsrechtliche Nachprüfung nicht ermöglichende Formel bezeichnete der BGH[694] die Ausführungen des Tatgerichts, dass „die Strafkammer nach Wertung aller für und gegen den Angeklagten sprechenden Gesichtspunkte eine Freiheitsstrafe von sechs Monaten für erforderlich [halte]". Bei Verhängung der Mindeststrafe sah der BGH den Begründungsmangel darin, dass die zusammenfassende Würdigung das Tatgerichts sich auf die Floskel, „die Strafzumessungsgesichtspunkte seien abgewogen worden", beschränkte.[695] Zwar als floskelhaft, aber zur Begründung noch ausreichend, erachtete der BGH[696] hingegen die Formulierung, „die Verhängung einer Einheitsjugendstrafe von vier Jahren wegen gefährlicher Körperverletzung in drei Fällen, davon in einem Fall in Tateinheit mit versuchtem Totschlag sei erzieherisch ausreichend, aber auch erforderlich, um auf den Angeklagten einzuwirken". Ob diese kurz gehaltene Begründung tatsächlich gehaltvoller ist als die zuvor beanstandeten, ist zu bezweifeln. Für die Strafbemessung relevante, also mildernd oder schärfend zu berücksichtigende, Umstände werden zumindest in dieser Entscheidung ebenfalls nicht genannt.

Aber auch der (wegen auffälliger Hervorhebung in den Gründen) befürchtete Einfluss phrasenhafter Vorwürfe auf die Strafhöhenbemessung rechtfertigt nach Ansicht des BGH[697] die Aufhebung des Strafausspruchs; etwa die Ausführungen, der Angeklagte habe „in hohem Maße leichtfertig" und „grob fahrlässig" gehandelt, er habe „in unverantwortlicher Weise...Grundregeln im Straßenverkehr mißachtet", sich „in seltener Sorglosigkeit...im Straßenverkehr bewegt und eine leichtsinnige Fahrweise an den Tag gelegt", er habe ein „bedenken- und verantwortungsloses Fahren" gezeigt, „sich unbekümmert über die Verkehrsvorschriften hinweggesetzt" und „eine schwere Schuld auf sich geladen" – zumindest diese extreme Häufung phrasenhafter Wendungen ließ den BGH eine unzulässige Einflussnahme befürchten.

Seibert weist insoweit darauf hin, dass Verallgemeinerungen zwar stets unzweckmäßig seien, etwa „die (fakultative) Strafermäßigung...werde bei Zuwiderhandlungen

---

692 BGH bei *Dallinger* MDR 1976, 13.

693 BGH NJW 1972, 454 (455).

694 BGH StV 1981, 277.

695 BGH NStZ-RR 2010, 237 (238); ähnlich bzgl. der Gesamtstrafenbildung BGH, Beschl. v. 21.09.2005 – 2 StR 266/05 – zitiert nach juris: die Bemessung der Gesamtstrafe halte wegen des lediglich floskelhaften Verweises auf eine zusammenfassende Würdigung anstelle einer dem Einzelfall angemessenen Abwägung revisionsrechtlicher Überprüfung nicht stand.

696 BGH NStZ-RR 2010, 88 (89).

697 OLG Zweibrücken NJW 1967, 364 (365).

dieser Art grundsätzlich abgelehnt",[698] er mahnt jedoch zugleich, nicht allzu streng im Hinblick auf allgemeine Phrasen oder Floskeln in den Urteilsgründen zu sein, da es offensichtlich eine schwierige Herausforderung für „die schwer kämpfenden Tatrichter" sei, eine nicht formelhafte, sondern sachbezogene Strafzumessungsbegründung abzufassen, die sich nicht in der bloßen Wiederholung von Tatbestandsmerkmalen erschöpft.[699] Aus dieser Hürde auf die Zulässigkeit pauschaler Hinweise und Floskeln zu schließen, überzeugt jedoch nicht. Soweit das Tatgericht tatsächlich keine über die Tatbestandsmerkmale hinausgehenden Aspekte für die Strafzumessungsentscheidung anführen kann, was schon allein im Hinblick auf die zwingend zu berücksichtigende Täterpersönlichkeit, aber auch angesichts der zahlreichen, beispielhaft in § 46 II StGB aufgezählten Umstände, äußerst unwahrscheinlich ist, muss er seine Ausführungen auf eben diese Gesichtspunkte (unter Beachtung von § 46 III StGB) beschränken. Zu Recht führt Schmidt[700] dazu aus, dass nichtssagende Floskeln gegen § 267 III 1 StPO verstoßen (neben der Verletzung der materiell-rechtlichen Begründungspflicht, dazu bereits oben), weil sie Strafzumessungsgründe nicht angeben, sondern verschleiern.

4. *Erörterungspflichtige Umstände (abstrakt)*

Die Pflicht zur Begründung der Strafzumessungsentscheidung bezieht sich sowohl auf Zumessungstatsachen[701] als auch auf Zumessungserwägungen,[702] also die Überlegungen, die zur Verhängung gerade dieser konkreten und keiner anderen Rechtsfolge geführt haben.[703]

a) Strafzumessungstatsachen

aa) In dubio pro reo

In Bezug auf die Strafzumessungstatsachen gilt ebenso wie bei den die Schuldfrage betreffenden Tatsachen der Grundsatz in dubio pro reo[704]. Dieser Grundsatz ist in der StPO zwar nicht ausdrücklich geregelt, wird jedoch als Umkehrschluss oder

698 *Seibert* DRiZ 1955, 32 (34).
699 *Seibert* NJW 1967, 365.
700 *Schmidt* (1957), § 267 Rn. 23.
701 So bereits OLG Köln HESt 1, 201 (203) als § 267 III 1 StPO noch als Soll-Vorschrift ausgestaltet war.
702 Aus der Rspr. vgl. nur BGH, Urteil v. 16.04.2015 – 3 StR 605/14; BGH NStZ 2014, 105 (107); BGH NJW 1987, 2685 (2686); BGH, Beschl. v. 16.07.1980 – 3 StR 247/80; BGH, Urteil v. 28.08.1978 – 1 StR 414/79 – bei *Holtz* MDR 1980, 104 (105); BGH NJW 1976, 2220; OLG Koblenz, Urteil v. 29.09.1988 – 1 SS 362/88; zust. aus der Literatur vgl. nur *Bruns* ZStW 94 (1982), 111 (123); *Dahs*, Rn. 470; *Wimmer* NJW 1947/48, 126f.; Löwe-Rosenberg/*Franke*, § 337 Rn. 154.
703 Meyer-Goßner/Schmitt/*Meyer-Goßner*, § 267 Rn. 18.
704 H. M. in Rspr. und Lit., vgl. nur BGH NStZ-RR 2001, 296; BGH NStZ 1997, 336 (337); ferner BGH StV 1983, 456; HK-StPO/*Julius*, § 267 Rn. 17; SK-StPO/*Frisch*, § 337 Rn. 159; *Lackner/Kühl/Lackner*, § 46 Rn. 32 m.w.N.

Ergänzung dem § 261 StPO und zudem Art. 6 II EMRK entnommen.[705] Alle strafzumessungsrelevanten Tatsachen, die zulasten des Angeklagten berücksichtigt werden sollen, müssen danach zur Überzeugung des Gerichts feststehen,[706] also erwiesen sein.[707] Dementsprechend ist die strafschärfende Verwertung einer bloßen Vermutung bzw. eines Verdachts unzulässig.[708]

Der BGH[709] hob insoweit einen Strafausspruch auf, bei dem das Tatgericht dem mildernden Umstand der verbalisierten Reue des geständigen Angeklagten deshalb nur geringfügiges Gewicht beigemessen hat, weil sie „erheblich emotionslos" geäußert worden sei und der Angeklagte „den Eindruck [vermittle], als betrachte er das Geschehene als irgendein geschichtliches Ereignis, angesichts dessen ohnehin nichts anderes übrigbleibe, als zur Tagesordnung überzugehen"; der BGH sah darin eine Verletzung des Zweifelsgrundsatzes, das Tatgericht habe den vom Angeklagten vermittelten Eindruck und damit eine bloße Vermutung zu seinen Lasten gewertet. Ähnlich beanstandete das OLG Köln[710], dass das Tatgericht zur Begründung der Strafaussetzungsentscheidung einzig den „Eindruck, den die Kammer in der Hauptverhandlung vom Angeklagte gewonnen hat, [nach dem] keineswegs sichergestellt [sei], daß der Angeklagte auch durch Strafaussetzung zur Bewährung erreicht werden [könne]", herangezogen hat; zumindest müsse dann erläutert werden, aus welchem Verhalten ein solcher Eindruck gewonnen wurde, um dem Revisionsgericht die Nachprüfung zu ermöglichen, ob daraus in zulässiger Weise tatsächliche Schlüsse und rechtliche Folgerungen gezogen wurden. Freilich ist die Strafaussetzungsentscheidung mit einer Zukunftsprognose und damit zwangsläufig mit anzustellenden Vermutungen verbunden, die Tatsachen, aus denen insoweit Rückschlüsse gezogen werden – hier das Verhalten des Angeklagten in der Hauptverhandlung (wobei schon zweifelhaft ist, ob dieser Umstand allein überhaupt eine ausreichende Beurteilungsgrundlage für diese Entscheidung bieten kann) – müssen jedoch zweifelsfrei feststehen und in den Urteilsgründen mitgeteilt werden. Eine unzulässig als strafschärfend berücksichtigte Vermutung nahm der BGH[711] auch bei folgender Strafzumessungsbegründung an: „Auch wenn bislang keine negativen Auswirkungen bei der Geschädigten erkennbar wurden, so ist die abstrakte Gefahr

---

705 Ausf. und m.w.N. dazu BayVerfGH NJW 1983, 1600 (1602), der zudem den Verfassungsrang des Zweifelssatzes – als Teil des rechtsstaatlichen Grundsatzes nulla poena sine culpa – betont.

706 BGH NStZ-RR 2012, 368 m.w.N.; vgl. dazu *Frisch*, S. 12.

707 So bereits BGHSt 10, 373 (374); vgl. dazu AK-StPO/*Wassermann*, § 267 Rn. 18; Löwe-Rosenberg/*Stuckenberg*, § 267 Rn. 86.

708 BGH NStZ-RR 2012, 368; ferner BGH NStZ 1995, 439; BGHR StGB § 46 Abs. 2 Vorleben 14; dieser Grundsatz ist auch bei Berücksichtigung verjährter Taten oder von nach den §§ 154, 154 a StPO ausgeschiedenem Prozessstoff zu beachten, zu den insoweit notwendigen Feststellungen vgl. 2. Teil, Abschnitt B, II, 2., b) und c).

709 BGH NStZ-RR 2001, 296.

710 OLG Köln GA 1967, 187 (188).

711 BGH NStZ-RR 2004, 41 (42).

sehr groß, dass ein Opfer durch die im oben genannten Fall 1 vorgenommenen Handlungen in seiner Entwicklung nachhaltig beeinflusst werden könnte. Auch im konkreten Fall liegt das Tatgeschehen bislang erst ein Jahr zurück, so dass nicht ausgeschlossen werden kann, dass zukünftig noch erhebliche Folgewirkungen eintreten"; die lediglich abstrakte, nicht sicher feststellbare Möglichkeit erheblicher Spätfolgen dürfe dem Angeklagten im Hinblick auf den auch für die Strafzumessung uneingeschränkt geltenden in dubio pro reo-Grundsatz nicht zum Nachteil gereichen.[712] Gemäß § 46 II 2 StPO dürfen nur verschuldeten Auswirkungen der Tat zu Lasten des Täters berücksichtigt werden; dies erfordert mindestens die Vorhersehbarkeit und Vorwerfbarkeit der Tatfolgen,[713] was wiederum (als erste Voraussetzung) den Nachweis Ursächlichkeit der Tat für diese Auswirkungen voraussetzt[714]. Daran aber fehlt es bei einer nur möglichen, nicht sicher feststellbaren Spätfolge. Eine andere Beurteilung wäre allenfalls dann zu erwägen, wenn der spätere Eintritt einer Tatfolge mit einer konkreten (wohl mindesten 50 % betragenden) Wahrscheinlichkeit bevorstünde; allerdings verbleibt auch dann ein Rest-Zweifel, der sich (in dubio pro reo) zugunsten des Angeklagten auswirken muss.

Eine besonders deutliche Missachtung des Zweifelsgrundsatzes enthalten die strafschärfenden Erwägungen, dass der (wegen Betäubungsmitteldelikten) Angeklagte vor der ersten festgestellten Tat „vermutlich schon seit längerem mit verbotenen Rauschgiftgeschäften zu tun gehabt [habe]" und bei ihm „offenbar das Ziel, auf schnelle und leichte Art verhältnismäßig viel Geld zu verdienen, für seine Teilnahme am Rauschgifthandel ausschlaggebend gewesen zu sein [erscheine]"; der BGH[715] hob das Urteil wegen unzulässiger Berücksichtigung einer bloßen Vermutung auf, was bereits den verwendeten Begriffen „vermutlich" und „erscheine...offenbar" zu entnehmen ist. Die strafschärfende Wertung des bloßen Verdachts, der Angeklagte habe bereits seit längerem Betäubungsmitteldelikte verwirklicht, ist darüber hinaus sowohl hinsichtlich der Unschuldsvermutung als auch des Anklagegrundsatzes äußerst bedenklich. Als unzulässige Erwägung beanstandete der BGH[716] die Ausführungen des Tatrichters „der Angeklagte scheine sich der Schwere und Verwerflichkeit seiner Tat auch heute noch nicht bewusst zu sein"; dieser bloße Verdacht dürfe nicht zulasten des Angeklagten gewertet werden. Derartige Formulierungen des Tatgerichts mögen im Einzelfall zwar nur Höflichkeitserwägungen geschuldet sein; da sie jedoch einen Verstoß gegen den Zweifelsgrundsatz befürchten lassen, sind sie in der Urteilsbegründung zu vermeiden.

---

712 Vgl. dazu auch BGH NJW 1991, 307 (308); zust. MK-StPO/*Miebach*, § 46 Rn. 94, nur vermutlich auftretende Spätfolgen dürften wegen des Zweifelssatzes nicht strafschärfend gewertet werden.

713 Dazu ausf. und m.w.N. *Lackner/Kühl/Lackner*, § 46 Rn. 34; *Streng*, Rn. 558f.; Schönke/Schröder/*Stree/Kinzig*, § 46 Rn. 26ff.

714 BGH NStZ 1991, 392 m.w.N.

715 BGH, Beschl. v. 21. 05. 1980 – 3 StR 136/80 – bei *Mösl* NStZ 1981, 131 (132).

716 BGH bei *Dallinger* MDR 1973, 16.

Vermutungen lassen sich im Rahmen der Rechtsfolgenentscheidung nicht gänzlich vermeiden, nicht nur soweit Prognosen erforderlich sind (etwa bei § 56 StGB oder Maßregelentscheidungen wie z. B. §§ 69, 70 StGB), auch im Hinblick auf subjektive Umstände (etwa die Gesinnung des Täters, vgl. § 46 II 2 StGB) lassen sich regelmäßig keine sicheren Aussagen treffen. Die diesen Erwägungen zugrunde liegenden Tatsachen, aus denen entsprechende Schlussfolgerungen gezogen werden, unterliegen jedoch – ebenso wie objektive Umstände, die zulasten des Täters gewertet werden sollen – uneingeschränkt dem Zweifelsgrundsatz. Dessen Beachtung muss aus den Urteilsgründen eindeutig hervorgehen.

bb) Welche Umstände

Hinsichtlich der Frage, welche Umstände das Tatgericht in den Strafzumessungsgründen anzuführen hat, lassen sich der Rechtsprechung nur vereinzelt allgemeine Vorgaben entnehmen, keinesfalls gibt es abschließende Kataloge oder etwa einen Mindestkanon abzuhandelnder Aspekte. Aufgrund der unendlichen Vielfalt möglicher Fallkonstellationen und der zwingend auf den jeweiligen Einzelfall zu beziehenden Begründung ist dies auch nicht möglich. Die Vorschrift des § 46 II 2 StGB enthält nur eine beispielhafte Aufzählung möglicher Strafzumessungsumstände. Alle dort genannten Aspekte abzuhandeln, verlangt die Rechtsprechung jedoch nicht,[717] so dass die fehlende Erörterung eines solchen Umstands für sich genommen noch keinen revisiblen Rechtsfehler begründet.[718]

Nach ständiger Rechtsprechung[719] beruht die Strafzumessung auf einer „Ganzheitsbetrachtung von Tatgeschehen und Täterpersönlichkeit", in jüngeren Entscheidungen auch als „gebotene Gesamtschau von Täterpersönlichkeit und Tat"[720] formuliert. Dementsprechend müssen die Urteilsgründe Ausführungen zu beiden Komponenten enthalten, also Umstände, die die Persönlichkeit des Täters betreffen, und solche des Tatgeschehens. Beschränkt sich die Strafzumessungsbegründung auf die Täterpersönlichkeit betreffende Aspekte, lässt jedoch solche, die für die Beurteilung des Unrechts- und Schuldgehalts und damit die Schwere der Tat erheblich sind, deren Einbeziehung in die Strafzumessungsüberlegungen deshalb nahe lag, außer Acht, begründet dies einen auf die Sachrüge zu beachtenden Begründungsmangel.[721]

---

717 Vgl. BGH NJW 1976, 2220; BGH, Urteil v. 22.10.1974 – 1 StR 258/74 – zitiert nach juris.

718 BGH bei Dallinger MDR 1971, 720 (721).

719 Vgl. nur BGH bei *Kusch* NStZ 1996, 323 (326); BGH NStZ 1991, 231; BGH, Beschl. v. 14.11.1983 – 3 StR 439/83; BGH NStZ 1981, 389; BGH, Beschl. v. 25.10.1978 – 3 StR 360/78 – bei *Holtz* MDR 1979, 105 (106); BGH JR 1977, 162; BGHSt 26, 311f.; BGHSt 24, 268 (269f.); BGHSt 16, 351 (353).

720 BGH, Urteil v. 26.04.2007 – 4 StR 557/06; BGH NStZ 2004, 620; BGH, Urteil v. 27.06.2001 – 1 StR 179/01.

721 BGH NStZ 2006, 227; ebenso OLG Koblenz NVZ 2012, 404 (405f.); vgl. dazu auch *Meyer-Goßner/Appl*, Rn. 419.

Umgekehrt liegt ebenfalls ein Verstoß gegen sachliches Recht – konkret die materiell-rechtliche Begründungspflicht – vor, wenn das Tatgericht in den Strafzumessungsgründen ausschließlich Ausführungen zu den Umständen der Tat enthält, die persönlichen und wirtschaftlichen Verhältnisse des Täters hingegen gar nicht oder nur unzureichend erörtert.[722] Wie sich bereits aus § 46 II 2 StGB ergebe, seien diese Umstände – wie etwa auch das Vorleben des Täters – für die Strafzumessungsentscheidung derart wesentliche Gesichtspunkte, dass auf ihre Aufklärung und Darlegung in den Urteilsgründen auch im Hinblick auf § 267 III 1 StPO nicht verzichtet werden könne.[723] Der Hinweis des BGH auf die Erörterungspflicht nach § 267 StPO lässt sich hier nur dahingehend auslegen, dass das Tatgericht Umstände zur Täterpersönlichkeit, die es ja bereits nach materiellem Recht in den Urteilsgründen anzuführen hat, auch nicht als insgesamt für die Strafzumessungsentscheidung nicht bestimmend i.S. der Norm einordnen und deshalb in der schriftlichen Begründung aussparen dürfe. Das Tatgericht muss demnach derartige Umstände nicht nur aufklären und berücksichtigen, es hat ihnen auch solches Gewicht beizumessen, dass sie als bestimmende Umstände in die Strafzumessungsbegründung Einzug finden müssen. Fehlen Ausführungen zur Tat oder Täterpersönlichkeit in den Urteilsgründen gänzlich, sei dem Revisionsgericht die Prüfung, ob das Tatgericht die notwendige Ganzheitsbetrachtung bzw. umfassende Würdigung und Abwägung beider Elemente vorgenommen hat, verwehrt; dies verletze das materielle Recht.[724]

Eine weitere abstrakte Vorgabe der Rechtsprechung hinsichtlich der erörterungspflichtigen Umstände ist die Pflicht zur schriftlichen Darlegung sowohl mildernder als auch schärfender Gesichtspunkte, zumindest, wenn die Strafmaßentscheidung Anlass zu der Vermutung gibt, dass trotz fehlender Ausführungen derartige Umstände berücksichtigt wurden. Das OLG Koblenz[725] hob insoweit eine tatrichterliche Entscheidung mit der Begründung auf, dass die Strafzumessungsgründe keine Ausführungen zu den festgestellten strafmildernden Faktoren (wie das Geständnis des Angeklagten und seine Entschuldigung beim Opfer) enthielten, obgleich „die Höhe der verhängten Geldstrafe die Beachtung von zu Gunsten des Angeklagten eingreifenden Strafzumessungsgesichtspunkten nahe [lege]". Im umgekehrten Fall beanstandete der BGH[726] die Verurteilung zu einer Freiheitsstrafe von sechs Jahren und zehn Monaten wegen schweren Raubes gemäß § 250 II StGB aufgrund lückenhafter Urteilsgründe im Hinblick auf erschwerende Gesichtspunkte; das Tatgericht habe im Rahmen der Strafzumessungsbegründung lediglich (erhebliche) Strafmilderungsgründe angeführt, Strafschärfungsgründe seien nicht genannt worden, was zumindest im Hinblick auf die beträchtliche Überschreitung der Mindeststrafe des § 250 II StGB einen Erörterungsmangel begründe. Geben allerdings sowohl die

722 BGH NStZ-RR 2002, 329; BGH StV 1994, 17; BGH NStZ 1981, 299 (300).
723 BGH NStZ-RR 1999, 46.
724 BGH NStZ 1981, 299 (300).
725 OLG Koblenz NZV 2012, 404 (406).
726 BGH NStZ-RR 2009, 336.

Höhe des Strafmaßes als auch die übrigen Feststellungen keinerlei Anhaltspunkte für etwaige Milderungs- oder Schärfungsgründe, sind Ausführungen dazu – auch der Hinweis, dass solche Umstände nicht zu finden gewesen seien – entbehrlich.[727] Nur soweit nach den Urteilsfeststellungen mildernde und schärfende Faktoren in Betracht kommen bzw. ihre Berücksichtigung trotz fehlender Darlegung nahe liegt, greift diese Erörterungspflicht, um dann dem Revisionsgericht die Nachprüfung zu ermöglichen, ob das Tatgericht diese Umstände umfassend und ihrer Bedeutung entsprechend gegeneinander abgewogen hat.[728]

Diese – nur sehr vagen – Erörterungspflichten gelten sowohl für die Verurteilung zu einer Freiheitsstrafe als auch zu einer Geldstrafe, soweit die Anzahl der Tagessätze betroffen ist (die Höhe der Tagessätze wird gemäß § 40 II StGB festgelegt).[729] Darüber hinaus sind die Entscheidung über die Wahl des Strafrahmens und die konkrete Strafmaßbemessung betroffen, diesbezüglich vertritt der BGH in ständiger Rechtsprechung[730], dass Umstände, die eine Milderung des Strafrahmens bewirkt haben, stets auch bei der Strafzumessung im engeren Sinne zu berücksichtigen seien, letzteres erfordere erneut eine Gesamtbewertung aller für und gegen den Angeklagten sprechenden Umstände. Aufgrund der notwendigen Ganzheitsbetrachtung von Tatgeschehen und Täterpersönlichkeit bei Bemessung der Strafhöhe, sowohl im Hinblick auf das Maß der Schuld als auch hinsichtlich präventiver Strafzwecke, sei die erneute Verwertung bereits bei der Strafrahmenwahl erörterter Umstände auch keine unzulässige Doppelverwertung i.S.v. § 46 StGB.[731] Dieser Grundsatz gelte indes auch umgekehrt: Zwar müssten bei der Strafrahmenwahl nicht bereits sämtliche Einzelerwägungen in den Urteilsgründen dargestellt werden, wesentliche Milderungsfaktoren dürften jedoch nicht erstmals bei der konkreten Strafbemessung angeführt werden, diese müssten bereits bei der Strafrahmenwahl erörtert werden.[732]

---

727 BGH, Urteil v. 04.04.1978 – 1 StR 48/78 – bei *Holtz* MDR 1978, 623.

728 Vgl. auch dazu BGH NStZ 1981, 299 (300).

729 BGH NStZ 1989, 178.

730 St. Rspr. vgl. nur BGHR StGB § 50 Strafhöhenbemessung 1, 3; BGHSt 16, 351 (354); BGH NStZ 1985, 164; BGH, Beschl. v. 24.01.1986 – 2 StR 736/85 – zitiert nach juris; BGH StV 1985, 54f. m.w.N.

731 BGHSt 16, 351 (353); ferner BGHR StGB § 50 Strafhöhenbemessung 3; zust. *Bruns* JR 1980, 226, der darauf hinweist, dass es kein „übergeordnetes allgemeines Verbot der Doppelverwertung von Strafzumessungstatsachen, das in den §§ 46 III und 50 StGB seinen speziellen Niederschlag gefunden" hat, gebe; ders. in: Festschrift für Mayer, 353 (362f.): Zu berücksichtigen sei jedoch, dass bei vertypten Strafmilderungsgründen nicht der zur Anwendung des Strafrahmens herangezogene Umstand als solcher, wohl aber seine Modalitäten bei der Strafzumessung im engeren Sinne berücksichtigt werden dürfen; insoweit zust. *Theune* StV 1985, 162 (168), zulässig sei beispielsweise, „ob ein den Strafrahmen verschiebender Versuch mehr oder weniger nahe an der Vollendung war oder ob die Verminderung der Schuldfähigkeit, die zur Begrenzung des Strafrahmens geführt hat, mehr oder weniger verschuldet wurde".

732 BGH StV 1994, 131.

Neben diesen positiven Begründungsanforderungen hat die Rechtsprechung auch negative Vorgaben entwickelt. Da nur die Schwere der Tat und der Grad der persönlichen Schuld Grundlagen der Strafzumessung seien, dürften auch nur diese Elemente betreffende Umstände bzw. solche Tatsachen, aus denen diesbezügliche Rückschlüsse gezogen werden können, in den Urteilsgründen erörtert werden.[733] Diese Einschränkung wird in erster Linie bei Umständen, die vor oder nach dem Zeitpunkt der Tatbegehung liegen, relevant. Zwar sei im Rahmen der Strafzumessungsentscheidung auch die Berücksichtigung nach der Tat eingetretener Umstände grundsätzlich zulässig; dann müsse jedoch aus den Urteilsgründen eindeutig hervorgehen, dass sie in einem „inneren Zusammenhang mit dem konkreten Schuldvorwurf stehen" und deshalb Folgerungen für die Schuld des Täters – hier seine Einstellung zur Tat – zulassen.[734] Dasselbe gelte im Hinblick auf vor der Tatbegehung liegender Umstände; unzulässig sei daher bei Beurteilung des Schuldgehalts Umstände wie den „mangelnden Einsatz der Willens- und Charakterkräfte im Rahmen der allgemeinen, noch nicht strafbaren Lebensführung vor der Tat oder die fehlerhafte Bewertung der eigenen strafrechtlich noch nicht bedeutsamen Wünsche, Ziele und Handlungen" heranzuziehen, ohne darzulegen, inwiefern dieses Verhalten vor der Tat Rückschlüsse auf ein erhöhtes Maß an persönlicher Schuld im Zeitpunkt der Tatbegehung zulasse, also für die Bestimmung der schuldangemessenen Strafe relevant sei.[735] Konkret beanstandete der BGH[736] z. B., dass das Tatgericht die „von ihr negativ beurteilte allgemeine Praxisführung des Angeklagten [als Rechtsanwalt]" bei der Strafmaßentscheidung (ein Jahr und sechs Monate wegen Betruges gegenüber der Rechtsschutzversicherung) berücksichtigt habe, obwohl kein innerer Zusammenhang mit dem konkreten Schuldvorwurf dargelegt worden sei; in demselben Urteil rügt der BGH, dass wiederholt die allgemeine Gesinnung des Angeklagten als strafschärfender Umstand erörtert worden sei, statt auf die konkrete Gesinnung, die aus der Tat spricht, i.S.v. § 46 II 2 StGB abzustellen, auch hier werde ohne Erläuterung des notwendigen Zusammenhangs auf Umstände jenseits des persönlichen Schuldvorwurfs im Zeitpunkt der Tatbegehung zurückgegriffen. Obgleich von der Rechtsprechung in den genannten Urteilen nicht näher ausgeführt, dürfte in diesen Fällen kein Darstellungsmangel i.S. einer Verletzung der materiell-rechtlichen Begründungspflicht, sondern vielmehr ein Verstoß gegen die (sachlich-rechtlichen) Grundsätze der Strafzumessung vorliegen. Eine revisionsrechtliche Begründungsvorgabe für die Strafzumessungsentscheidung folgt daraus jedoch zwangsläufig ebenfalls, darf das Tatgericht doch in den Urteilsgründen grundsätzlich nur solche Umstände anführen, die auch nach materiellem Recht berücksichtigt werden dürfen.

733 BGH NJW 1987, 2685 (2686).

734 BGH, Beschl. v. 07.08.2002 – 5 StR 206/02 (in NStZ-RR 2002, 364 insoweit nicht abgedruckt).

735 BGH NStZ 1984, 259.

736 BGH NJW 1979, 1835.

In der Literatur wird hinsichtlich der erörterungspflichtigen (und zulässigen) Umstände vornehmlich auf die Anforderungen des materiellen Rechts, insbesondere die §§ 46ff. StGB und die Strafzwecke[737], abgestellt.[738] Da diese Vorschriften die Grundsätze der Strafzumessung und damit die bei der Entscheidungsfindung zu beachtenden Umstände regeln, korreliere damit auch die Erörterungspflicht in den Urteilsgründen,[739] schon um dem Revisionsgericht die Nachprüfung auf etwaige Rechtsfehler zu ermöglichen[740]. Ebenso wie die Rechtsprechung betrachtet auch die Literatur die Aufzählung der Strafzumessungsumstände in § 46 II StGB – bereits angesichts des Wortlauts „namentlich" – nicht als vollständig bzw. abschließend.[741] Im Einzelfall seien auch Umstände außerhalb des Regelungsbereichs des § 46 II StGB in den Urteilsgründen zu erörtern, so etwa die der notwendigen Strafmilderung im Fall einer rechtsstaatswidrigen Verfahrensverzögerung gemäß Art. 6 I 1 EMRK zugrunde liegenden Tatsachen.[742] Die Erörterungspflicht bezüglich der einzelnen Umstände bemesse sich danach, welche Aspekte sich aufgrund der Besonderheiten des Einzelfalls aufdrängen;[743] diese seien in zumutbarem Umfang aufzuklären und in Umsetzung der materiell-rechtlichen Begründungspflicht im Urteil darzulegen[744]. Auch solche in den Urteilsgründen festgestellten Umstände, die typischerweise für die Strafzumessung von besonderer Bedeutung sind, müssten grundsätzlich in der Strafzumessungsbegründung erneut angeführt werden.[745] Um welche Umstände (auch innerhalb des Katalogs des § 46 II StGB) es sich dabei handelt, ist stets einzelbezogen zu betrachten, weshalb auch in der Literatur nur wenige abstrakte bzw. allgemeingültige Vorgaben für erörterungspflichtige Umstände zu finden sind. Eine Auflistung regelmäßig abzuhandelnder Strafzumessungsumstände gibt es nur vereinzelt und auch nur für ausgewählte Deliktsgruppen.[746] Zumindest im Hinblick auf naheliegende Strafschärfungs- und Strafmilderungsgründe wird auch in der Literatur zuweilen eine abstrakt gültige Erörterungspflicht angenommen; ein

---

737 *Frisch*, in: Festschrift für Eser, 257 (275), demzufolge sich primär aus den Strafzwecken ergebe, welche Umstände im Einzelfall zumessungsrelevant sind.

738 SK-StPO/*Velten*, § 267 Rn. 44; Löwe-Rosenberg/*Stuckenberg*, § 267 Rn. 82, 88; HK-StPO/*Julius*, § 267 Rn. 17; *Kalf* NJW 1996, 1447 (1448).

739 AK-StPO/*Wassermann*, § 267 Rn. 17.

740 Krekeler-Löffelmann/*Martis*, § 267 Rn. 19.

741 Vgl. nur MK-StPO/*Miebach*, § 46 Rn. 78; *Mösl* DRiZ 1979, 164.

742 SK-StPO/*Velten*, § 267 Rn. 49.

743 Löwe-Rosenberg/*Stuckenberg*, § 267 Rn. 88.

744 Krekeler-Löffelmann/*Martis*, § 267 Rn. 19.

745 SK-StPO/*Velten*, § 267 Rn. 47.

746 Vgl. nur die Sammlung deliktsspezifischer Strafzumessungsumstände für einige Tatbestände bei *Schäfer/Sander/van Gemmeren*, Rn. 1598ff.; auch einige größere Kommentare widmen dem Aspekt „Strafe" bei den einzelnen Straftatbeständen einen eigenen Abschnitt, in dem einige regelmäßig bei Verwirklichung dieses Delikts zu erörternde Strafzumessungsgesichtspunkte genannt werden, vgl. z.B. MK-StGB/*Dierlamm*, § 266 Rn. 299.

Begründungsmangel liege vor, soweit in den Urteilsgründen lediglich mildernde Faktoren angeführt werden, obgleich sich aus den Feststellungen auch erschwerende Gesichtspunkte ergeben (oder solche nach den konkreten Umstände nahe lagen), was für den umgekehrten Fall der Konzentration auf strafschärfende Aspekte trotz Vorliegens mildernder entsprechend gelte, die Urteilsgründe müssten in diesen Konstellationen stets Ausführungen in beide Richtungen enthalten.[747]

b) Strafzumessungserwägungen

aa) Begründungspflicht bezüglich der Gewichtung/Abwägung

Gemäß § 46 II 1 StGB hat das Gericht bei der Strafzumessung die Umstände, die für und gegen den Täter sprechen, gegeneinander abzuwägen. Basierend auf der danach vorzunehmenden Gesamtschau von Tatgeschehen und Täterpersönlichkeit[748] verlangt die Rechtsprechung nicht nur eine Auflistung der insoweit erwiesenen Tatsachen, auch die tatrichterliche Wertung dieser Umstände und insbesondere die Abwägung gegeneinander sei in den Urteilsgründen darzulegen.[749] Aus der Strafzumessungsbegründung müsse eindeutig hervorgehen, welche Bedeutung bzw. welches Gewicht das Tatgericht den angeführten Tatsachen im Hinblick auf die Bewertung des Unrechts- und Schuldgehalts der Tat beigemessen hat, weshalb sich etwa moralisierende und damit nichtssagende Erwägungen verbieten, aus ihnen erwachse die „Gefahr von Pseudogründen oder der gefühlsmäßigen, auf unklaren Erwägungen beruhenden Strafzumessung“;[750] insoweit beanstandete der BGH z. B., dass der Tatrichter zu Lasten des Angeklagten gewertet habe, dass die „Beweggründe...durch das übersteigerte Anspruchsdenken des Angeklagten bestimmt [seien]“ oder dass „strafschärfend...auch zu Buche [schlage], daß er die Tat für einige Monate unter einem Doppelleben [Polizeibeamter und Zuhälter] beging...[denn] in diesem Verhalten sei eine erhebliche Kaltschnäuzigkeit und kriminelle Energie zu sehen.“[751] Ebenso wenig aussagekräftig sei die nur enumerative Aneinanderreihung von Strafzumessungstatsachen, der einzelne Strafzumessungsumstand sei eine relative, vom Gewicht der anderen Umstände abhängige Größe, erst die tatrichterliche Wertung verdeutliche die Relevanz für die Strafmaßentscheidung.[752] Enthalten die Urteilsgründe keine Ausführungen zur Gewichtung der strafmildernden und

747 *Schäfer/Sander/van Gemmeren*, Rn. 1445; ebenso SK-StPO/*Velten*, § 267 Rn. 49.

748 BGH, Urteil v. 26.04.2007 – 4 StR 557/06; BGH NStZ 2004, 620; BGH, Urteil v. 27.06.2001 – 1 StR 179/01.

749 Vgl. nur BGH, Urteil v. 16.04.2015 – 3 StR 605/14; BGH NStZ 2014, 105 (107); BGH NJW 1987, 2685 (2686); BGH, Beschl. v. 16.07.1980 – 3 StR 247/80; BGH, Urteil v. 28.08.1978 – 1 StR 414/79 – bei *Holtz* MDR 1980, 104 (105); BGH NJW 1976, 2220; OLG Koblenz, Urteil v. 29.09.1988 – 1 SS 362/88.

750 BGH NJW 1987, 2685 (2686).

751 BGH NJW 1987, 2685 (2686).

752 BGH, Urteil v. 28.08.1978 – 1 StR 414/79 – bei *Holtz* MDR 1980, 104 (105); dazu ausf. *Bruns* ZStW 94 (1982), 111 (123).

erschwerenden Zumessungstatsachen oder fehlt ihre abschließende Gesamtabwägung, stelle dies – trotz aufzählender Darstellung dieser Faktoren – einen zur Aufhebung führenden Begründungsmangel, also eine Verletzung materiellen Rechts, dar.[753] Zum notwendigen Begründungsumfang im Hinblick auf den Abwägungsprozess gibt es keine genauen revisionsrechtlichen Vorgaben; er sei jedoch grundsätzlich umso sorgfältiger darzulegen, je mehr sich das verhängte Strafmaß der unteren oder oberen Grenze des zulässigen Strafrahmens nähert,[754] was indes für die gesamte Strafzumessungsentscheidung gilt[755].

bb) Vorgaben zur Gewichtung und Abwägung

Mit Gewichtung ist in erster Linie die Bewertung gemeint, ob die erwiesenen Strafzumessungstatsachen schärfend oder mildernd zu werten sind.[756] In dem Katalog abzuhandelnder Strafzumessungsumstände des § 46 II 2 StGB ist nicht festgelegt, welche Bewertungsrichtung dem jeweiligen Gesichtspunkt zukommt, also welche Aspekte unter welchen Voraussetzungen zugunsten oder zulasten des Täters zu berücksichtigen sind.[757] Alle aufgelisteten Gesichtspunkte sind grundsätzlich ambivalent, können also je nach Ausfüllung durch die Umstände des Einzelfalls positive oder negative Wirkung entfalten,[758] z. B. können die verschuldeten Auswirkungen der Tat nur geringen Ausmaßes und daher mildernd zu berücksichtigen sein oder als besonders gravierend strafschärfend zu Buche schlagen. Aus den Urteilsgründen muss daher eindeutig hervorgehen, ob das Tatgericht die festgestellten Zumessungstatsachen als mildernde oder erschwerende Faktoren bewertet hat, welche Gewichtung es also vorgenommen hat.[759] Insoweit beanstandete der BGH[760] beispielsweise die Urteilsausführungen des Tatgerichts, dass es „bei der Strafzumessung den persönlichen Werdegang von Ernst H., seine familiäre, soziale und wirtschaftliche Situation sowie sein Verhalten vor, während und nach der Tat berücksichtigt [habe]"; diese Begründung lasse nicht erkennen, welche Bewertungsrichtung diesen Umständen beigemessen wurde. Darüber hinaus wäre hier wohl zu beanstanden, dass die Feststellungen zu Werdegang, familiärer Situation etc. unvollständig sind; selbst wenn das Tatgericht erklärt hätte, dass es diese Aspekte schärfend berücksichtigt habe, würden derart knappe Tatsachenfeststellungen zu diesen Erwägungen dem Revisionsgericht die Prüfung verwehren, ob insoweit Wertungsfehler vorliegen. Das Tatgericht ist nämlich bei der Gewichtung der festgestellten Umstände als strafschärfend oder strafmildernd nicht gänzlich frei, vielmehr hat es die gesetzlichen

753 BGH, Urteil v. 20.07.1976 – 1 StR 382/76 – zitiert nach juris.
754 BGH NStZ-RR 2011, 5.
755 Vgl. dazu 2. Teil, Abschnitt B, I, 1, b).
756 *Meyer-Goßner/Appl*, Rn. 425.
757 *Jescheck*, Jescheck/Weigend, § 83 I Nr. 2.
758 Meyer-Goßner/Schmitt/*Meyer-Goßner*, § 267 Rn. 19.
759 *Schäfer/Sander/van Gemmeren*, Rn. 1444.
760 BGH, Beschl. v. 05.05.1987 – 4 StR 208/87 – zitiert nach juris.

und höchstrichterlichen Bewertungsgrundsätze sowie allgemeine Denkgesetze und Erfahrungssätze zu beachten.[761]

Im Rahmen der Gewichtung ist es grundsätzlich zulässig, einen Umstand sowohl zugunsten als auch zulasten des Täters zu werten.[762] Unbeanstandet ließ der BGH[763] die tatrichterliche Wertung der Tatsache, dass das Opfer eines Sexualdelikts naiv und unerfahren war, als einerseits strafmildernd, da die Geschädigte dem Angeklagten seine Taten dadurch – wenn auch ungewollt – „leicht gemacht...und so die Hemmschwelle des Angeklagten zur Begehung seiner Taten gesenkt [habe]", und andererseits strafschärfend, weil der Täter „die Naivität und Unerfahrenheit der Geschädigten erkannt und für sich ausgenutzt [habe]"; dies seien unterschiedliche Erwägungen, die sich in zulässiger Weise aus demselben Umstand ergäben. Der BGH[764] fordert sogar, dass sich das Tatgericht in den Urteilsgründen mit beiden Bewertungsrichtungen eines Gesichtspunkts auseinandersetzt, so dieser denn nach den konkreten Umständen sowohl strafschärfend als auch -mildernd berücksichtigt werden könnte; beschränkt sich das Tatgericht dann auf nur eine Betrachtungsweise, stelle dies einen Rechtsfehler dar – im konkreten Fall rügte der BGH die strafschärfende Berücksichtigung des Umstands, dass „der Täter sich als Polizeibeamter zur Tat hinreißen ließ (Enttäuschung des Vertrauens der Bevölkerung in Integrität der Polizei)", ohne den Aspekt, dass er sich jahrelang als „besonders guter Beamter" erwiesen hatte, mildernd zu berücksichtigen. Die Bewertung eines Umstands als straferschwerend und strafmildernd zugleich ist demnach nicht nur zulässig, sondern – soweit beide Möglichkeiten in Betracht kommen – notwendig, das Tatgericht muss sich in den Strafzumessungsgründen damit auseinandersetzen,[765] im Übrigen ohne sich zugleich der Gefahr widersprüchlicher Ausführungen auszusetzen, da nicht die Tatsache als solche, sondern die daraus abgeleiteten Erwägungen unterschiedlich bewertet werden.

---

761 Vgl. BGH NJW 1987, 2685 (2686); zu Denkgesetzen und Erfahrungssätzen s. bereits 1. Teil, Abschnitt C, I, 3., a), bb).

762 BGH VRS 56, 189 (191); vgl. dazu auch *Meyer-Goßner/Appl*, Rn. 425.

763 BGH NJW 1995, 1038 mit kritischer Anm. *Joerden* JZ 1995, 907 (908), der diese Vorgehensweise sehr wohl für widersprüchlich hält und fordert, dass der BGH in diesen Fällen zu erkennen gebe, dass er den betreffenden Umstand weder strafmildernd noch strafschärfend, sondern eben gar nicht berücksichtigen will; z.T. kritisch Anm. *Streng* StV 1995, 411ff., der zwar die ambivalente Bewertung schuldrelevanter Strafzumessungstatsachen grds. als zulässig erachtet, im besprochenen Fall allerdings die Bewertung von Naivität und Unerfahrenheit des Opfers (bzw. von vom Opfer nicht forcierten Verführungseffekten allgemein) als Strafmilderungsgrund aufgrund einer dadurch herabgesetzten Hemmschwelle zur Tatbegehung als die Schutzaufgabe des Sexualstrafrecht in bedenklicher Weise unterminierend kritisiert; hierzu monographisch *Hillenkamp*, Vorsatztat und Opferverhalten; ferner *Maeck*, Opfer und Strafzumessung.

764 BGH VRS 56, 189 (191).

765 Vgl. auch BGH NJW 1995, 1038; zust. Löwe-Rosenberg/*Stuckenberg*, § 267 Rn. 89.

Im Hinblick auf die Gewichtung hat das Tatgericht also in der Strafzumessungsbegründung zu erörtern, welche Bewertungsrichtung den Zumessungstatsachen zukommt, ob sie also mildernd, erschwerend oder in doppelter Hinsicht zu berücksichtigen sind.

Bei der Abwägung sind die zuvor bewerteten Zumessungsfaktoren zueinander ins Verhältnis zu setzen, um dann die schuldangemessene Strafe innerhalb des bereits gefundenen Strafrahmens festzulegen.[766] Ebenso wie § 46 II 2 StGB keine Vorgaben hinsichtlich der Bewertungsrichtung der dort genannten Umstände enthält, sind § 46 II 1 StGB keine näheren Richtlinien für den Abwägungsvorgangs zu entnehmen; weder ist eine Ausgangsgröße noch das relative Gewicht der in Satz 2 gelisteten Umstände angegeben.[767] Dementsprechend wurden in Rechtsprechung[768] und vor allem Literatur[769] die unterschiedlichsten Lösungsvorschläge für den Abwägungsprozess, insbesondere hinsichtlich des richtigen Einstiegs in den gesetzlichen Strafrahmen, entwickelt, die hier mangels Relevanz für die schriftliche Strafzumessungsbegründung indes nicht näher ausgeführt werden sollen.[770]

---

766 Letzteres wird u. a. von *Bruns* (1985), S. 259ff. und SK-StPO/*Frisch*, § 337 Rn. 173 auch als „Umwertungsphase" bezeichnet.

767 *Jescheck*, Jescheck/Weigend, § 83 I Nr. 2.

768 Vgl. nur die Grundsatzentscheidung des OLG Stuttgart MDR 1961, 343, dass erstmals die heute anerkannte relative Strafenschichtung der gesetzliche Strafrahmen nach leicht und schwer behauptete; diese Schwereskala zeige an, welche Strafe der Gesetzgeber im Einzelfall dem Richter vorschreibt, wobei diese Strafrahmen sowohl die denkbar schwersten als auch die denkbar leichtesten Fälle erfasse, für die die Grenzwerte gedacht seien; ausf. dazu *Bruns* (1985), S. 60ff.

769 Z.B. *Haag*, Rationale Strafzumessung. Ein entscheidungstheoretisches Modell der strafrichterlichen Entscheidung (1970), der eine rationale Strafzumessung mittels eines Modells der mathematischen Programmierung aus der Unternehmensforschung für möglich hält, im Ergebnis aber auf insoweit unzureichende Kenntnisse der empirischen Daten, Gesetzmäßigkeiten und intersubjektiven Wertungen hinweist; *Bruckmann* ZRP 1973, 30 (33ff.), der aus den drei Faktoren Gefährlichkeit des Täters, Sozialwidrigkeit der Tat und Täter-Opfer-Beziehung eine Formel zur Berechnung des Strafmaßes entwickelt hat; *v. Linstow*, Berechenbares Strafmaß. Eine neue Methode der Strafzumessung am Beispiel wichtiger Verkehrsdelikte (1974), der der die Gesamtschuld in der Weise aufgliedern will, dass einzelne Teilaspekte eine Einzelbewertung erfahren, indem sie dem Wert bzw. dem Gewicht nach festgelegten Einzelmerkmalen zugeordnet werden; vgl. auch *Hörnle*, Tatproportionale Strafzumessung (1999), die mithilfe eines komparativen Systems eine Reihenordnung unterschiedlicher Sachverhalte zu erstellen sucht, um die relative Schwere einer Straftat als Anknüpfungspunkt für das Strafmaß im Vergleich zu anderen bewerten zu können.

770 Dazu ausf. *Bruns* (1985), S. 60ff., 256ff.; *Streng* Rn. 625ff.; *Schäfer/Sander/van Gemmeren*, Rn. 1164ff.

cc) Wertungsfehler als Aufhebungsgrund

Die Rechtsprechung[771] geht grundsätzlich davon aus, dass es Sache des Tatrichters sei, die Bewertungsrichtung der einzelnen Zumessungsfaktoren als mildernd oder erschwerend festzulegen und nach pflichtgemäßem Ermessen gegeneinander abzuwägen; diese Wertung sei nur im Hinblick auf Rechtsfehler vom Revisionsgericht nachprüfbar, auf alternative Wertungsmöglichkeiten komme es nicht an. Gleichwohl behalten sich die Revisionsgerichte vor, tatrichterliche Urteile im Einzelfall wegen (vermeintlich) fehlerhafter Gewichtung und/oder Abwägung aufzuheben.

Nach ständiger Rechtsprechung[772] sind Mathematisierungen und schematische Vorgehensweisen wie die Orientierung am arithmetischen Mittel des Strafrahmens oder anhand gedachter Durchschnittsfälle unzulässig, sie seien dem Wesen der Strafzumessung grundsätzlich fremd; vielmehr habe der Tatrichter bei Einordnung der Tat in den zugrundeliegenden Strafrahmen eine Einzelfallbetrachtung ohne Bindung an weitere Fixpunkte als die zulässigen Grenzen des Strafrahmens vorzunehmen, wobei das Gesamtspektrum aller strafzumessungsrelevanten Umstände maßgeblich sei.[773] Insoweit kritisierte der BGH z. B. die tatrichterliche Erwägung, dass eine Strafe „über der rechnerischen Mitte des zur Verfügung stehenden Strafrahmens zu verhängen war“[774] oder „im unteren Drittel des Strafrahmens [anzusiedeln war]“[775], dass das Tatgericht „in Anbetracht der Vielzahl der für den Angeklagten sprechenden Umstände...eine Strafe unterhalb der Mitte des zur Verfügung stehenden Strafrahmens von 5 Jahren für tat- und schuldangemessen, aber auch im Hinblick auf die Folgen der Tat für erforderlich [halte]“[776] oder es die Strafen auch deshalb für angemessen gehalten habe, weil diese „weit unter dem Mittelwert des Strafrahmens liegen bzw. sich vom mittleren Bereich des Strafrahmens deutlich nach unten abheben würden“[777]. Indes sind es überwiegend neuere Entscheidungen, die

771 Vgl. nur BGH NStZ-RR 1996, 133; BGHR StGB vor § 1/minder schwerer Fall Gesamtwürdigung 8 m.w.N.; BGHSt 29, 319 (320).

772 Vgl. nur BGH, Beschl. v. 25.06.2013 – 5 StR 256/13; BGH NStZ-RR 2010, 75; BGH NStZ-RR 2009, 43; BGH NStZ-RR 2006, 270 (271); BGH, Urteil v. 27.10.2004 – 5 StR 130/04 – juris (insoweit in NStZ 2005, 265 nicht abgedruckt); BGH, Beschl. v. 03.12.2002 – 3 StR 406/02 – zitiert nach juris; BGH NStZ-RR 1999, 101 (102); zust. *Winkler* SchlHA (D/D) 2006, 245 (248); *Schäfer/Sander/van Gemmeren*, Rn. 1173; a.A. wohl *Wilcken*, S. 110, der sich aus einer mathematischen Verknüpfung ein Optimum an Logik und Rationalität verspricht; zu den grundsätzlichen Möglichkeiten und Grenzen des EDV-Einsatzes bei der Rechtsanwendung vgl. *Ring*, Computergestützte Rechtsfindungssysteme (1994).

773 Vgl. auch BGH, Beschl. v. 23.07.2008 – 2 StR 283/08, demzufolge sich eine Mathematisierung der Strafzumessung auch für den Abschlag wegen überlanger Verfahrensdauer (hier mit 5% angesetzt) verbiete.

774 BGH, Beschl. v. 13.07.2006 – 2 StR 228/06 – zitiert nach juris.

775 BGH NStZ-RR 2009, 43.

776 BGH NStZ-RR 2010, 75.

777 BGH, Beschl. v. 25.06.2013 – 5 StR 256/13.

zur abschließenden Begründung des Strafmaßes, also der Gesamtabwägung, auf rechnerische Erwägungen zurückgreifen, obgleich der Große Strafsenat des BGH bereits 1987[778] die Existenz eines normativen Normalfalls als Anknüpfungspunkt für den Abwägungsprozess abgelehnt hat; das Gesetz kenne keinen „Regelfall und eine ihm angemessene Normalstrafe, von der ausgehend der Richter mit Hilfe von Abstrichen und Zuschlägen die zu verhängende Strafe festzulegen habe", zumal dies die – nach Auffassung des BGH – unerwünschte Konsequenz einer bis ins Einzelne gehenden revisionsrichterlichen Kontrolle der Strafzumessung nach sich zöge.

Neben diesen unzulässigen mathematischen Erwägungen beanstandet die Rechtsprechung insbesondere, der Tatrichter habe trotz Überwiegens strafmildernder Faktoren eine sehr hohe Strafe verhängt oder umgekehrt, er habe angesichts des Überwiegens strafschärfender Umstände eine zu milde Strafe ausgeurteilt, also eine fehlerhafte Abwägung vorgenommen. So erachtete der BGH[779] z.B. die ausgesprochenen Einzelstrafen von je einem Monat Freiheitsstrafe im ersten und von je vier Monaten Freiheitsstrafe im zweiten als mit den Urteilsfeststellungen, nach denen die erschwerenden Umstände an Zahl und Gewicht ganz erheblich die mildernd zu berücksichtigen Gesichtspunkte überwiegen, unvereinbar und in Anbetracht der bis zu drei und fünf Jahren Freiheitsstrafe reichenden Strafrahmen unvertretbar milde. Hier sind gleich mehrere, bereits isoliert zur Aufhebung führende Rechtsfehler enthalten, die grundsätzlich unvertretbar milde – da den schuldangemessenen Spielraum unterschreitende – Strafe, das Begründungsdefizit im Hinblick auf die besonders niedrigen Einzelstrafen[780] und der Wertungsfehler, auf derart milde Strafen trotz offensichtlichen Überwiegens der erschwerenden Zumessungsgründe zu erkennen.

Letzteres lässt sich, soweit – wie im dargelegten Fall – die Abwägung betroffen ist, indes kaum von der Vertretbarkeitsprüfung trennen, da das Revisionsgericht auch diese nur anhand der mitgeteilten Erwägungen vornehmen kann; dementsprechend liegt regelmäßig auch ein Wertungsfehler vor, wenn das ausgeurteilte Strafmaß als unvertretbar erachtet wird, was im umgekehrten Fall nicht zwangsläufig der Fall ist. Beispielsweise rügte der BGH[781] die Ablehnung eines minder schweren Falles der gefährlichen Körperverletzung gemäß § 224 I 2. HS StGB, da die Gesamtwürdigung unter Berücksichtigung aller Zumessungsfaktoren ein „derart eindeutiges Überwiegen der mildernden Faktoren [ergebe], dass die Entscheidung der Kammer hinsichtlich des Strafrahmens als nicht mehr nachvollziehbar anzusehen [sei]"; die Unvertretbarkeit[782] der Ablehnung des minder schweren Falles wurde jedoch nicht

---

778 BGHSt 34, 345 (350ff.).
779 BGH NJW 1977, 1247.
780 Vgl. dazu bereits die Begründungsanforderungen bei Verhängung besonders niedriger/hoher Strafen bzw. bei Strafhöhen am Rande des zulässigen Strafrahmens.
781 BGH NStZ-RR 2006, 140 (141).
782 Das Beurteilungskriterium der Vertretbarkeit ist auch im Hinblick auf die revisionsrechtliche Nachprüfung der Entscheidung über das Vorliegen besonders/

festgestellt. In einem ähnlichen Fall hob der BGH[783] den Strafausspruch explizit wegen eines Wertungsfehlers – ebenfalls in Bezug auf die fehlerhafte Ablehnung eines minder schweren Falles – auf; die „Wertung des Landgerichts [begegne insofern] durchgreifenden Bedenken", als einer Vielzahl (teils) gewichtiger Strafmilderungsgründe nur zwei strafschärfende Gesichtspunkte gegenüber gestellt worden seien, was dafür spreche, dass das Tatgericht „keine wirkliche Abwägung aller relevanten Umstände vorgenommen, sondern sich bei der Wahl des Strafrahmens rechtsfehlerhaft allein an Art und Menge der Betäubungsmittel orientiert [habe]", zumal sich die Ausführungen zur Strafrahmenwahl in einer Auflistung und Gegenüberstellung der festgestellten Zumessungstatsachen erschöpften. Auch hier beanstandet der BGH nicht die Vertretbarkeit der Entscheidung, sondern die vermeintlich fehlende Abwägung als Verletzung sachlichen Rechts. Aus demselben Grund nahm der BGH[784] bei Verhängung eines Strafausspruchs von drei Jahren (wegen Verwirklichung des § 177 II StGB – heutiger Absatz 5 –, dessen Strafrahmen von sechs Monaten bis zu fünf Jahren Freiheitsstrafe reicht) einen Verstoß gegen materielles Recht an; das Tatgericht habe ausschließlich Strafmilderungsgründe erörtert, erschwerende Gründe seien auch dem Gesamtzusammenhang des Urteils nicht zu entnehmen, weshalb dem Revisionsgericht die Prüfung verwehrt sei, wie das Tatgericht zu der verhängten Strafe gelangt ist. Die hier monierte fehlende Darlegung der tatrichterlichen Wertung stellt indes abermals zugleich einen Begründungsmangel dar.

Darstellungsmangel und Wertungsfehler liegen also ebenfalls dicht beieinander bzw. bedingen sich gegenseitig; sofern die fehlerhafte Abwägung darin besteht, dass etwa trotz Überwiegens mildernder Faktoren eine sehr hohe Strafe verhängt wurde, mangelt es zugleich an einer dieses Strafmaß rechtfertigenden Begründung. Insoweit beanstandete der BGH[785], dass „die Wertung des Landgerichts jedenfalls nicht erkennen [lasse], warum es angesichts der erheblich überwiegenden strafmildernden Umstände, wenn schon ein minder schwerer Fall nicht in Betracht kommt, eine Strafe in der Mitte des Strafrahmens des § 212 StGB für angemessen erachtet [habe]"; einerseits wird hier ausdrücklich die Wertung des Tatgerichts kritisiert, andererseits lässt die Formulierung „nicht erkennen" darauf schließen, dass der BGH zugleich einen Darstellungsmangel monieren wollte. Dies gilt auch für die vom BGH[786] in einer anderen Entscheidung gewählte Formulierung, dass die „Einzelstrafen so hoch bemessen [seien], daß sich die vom Landgericht ausdrücklich berücksichtigten, wie auch die jedenfalls nicht erkennbar berücksichtigten, strafmildernden Umstände in ihnen nicht mehr widerspiegeln [würden]". Einen Strafausspruch von sechs Jahren und zehn Monaten Freiheitsstrafe wegen

minder schwerer Fälle anerkannt, vgl. dazu ausf. und m.w.N. SK-StPO/*Frisch*, § 337 Rn. 165f., 169.

783 BGH NStZ-RR 2011, 284.

784 BGH StV 1988, 202.

785 BGH StV 2002, 190.

786 BGH NStZ-RR 1999, 298 (299).

besonders schweren Raubes hob der BGH[787] mit dem Argument auf, dass „die Ausführungen zur Begründung der Strafzumessung...lückenhaft [seien]"; im Rahmen der Strafzumessungsbegründung habe das Tatgericht ausschließlich nicht unerhebliche Strafmilderungsgründe (also keinerlei strafschärfende Umstände) angeführt, weshalb „die beträchtliche Übersetzung der erheblichen Mindeststrafe des § 250 II StGB unbegründet [bleibe]", was wiederum einen „bloßen Wertungsfehler" darstelle; das Revisionsgericht bezeichnete den monierten Rechtsfehler hier explizit als Begründungsmangel („lückenhaft") und als Wertungsfehler. Da beides bereits auf die Sachrüge hin zur Aufhebung des Urteils führt, ebenso wie das unvertretbar milde/hohe Strafmaß, ist die Unterscheidung für die Praxis – zumindest im Fall des festgestellten Wertungsfehlers (da die Reichweite der Revisibilität des Begründungsmangels die der tatrichterlichen Wertung angesichts der nur eingeschränkten Überprüfbarkeit deutlich übertrifft) – nicht relevant.

Zuweilen kritisiert die Rechtsprechung auch die (vermeintlich) fehlerhafte Gewichtung einzelner Zumessungstatsachen, was zumeist aus der Gesamtwertung des Tatrichters bezüglich des konkreten Strafmaßes geschlossen wird. Bei einer Freiheitsstrafe von acht Jahren wegen Betäubungsmitteldelikten formulierte der BGH[788], dass angesichts dieser hohen Strafe „nicht ausgeschlossen werden [könne], daß das Landgericht dem Gesichtspunkt der Generalprävention, den es im Rahmen seiner Strafzumessung hervorhebt, ein zu hohes Gewicht beigemessen [habe]". Noch vager argumentiert der BGH in einem anderen Urteil, dass „schon die Höhe der ausgesprochenen Strafe die Annahme nahe [lege], daß die Strafkammer sich von fehlerhaften Zumessungserwägungen [habe] leiten lassen".[789] Diese Entscheidung des Revisionsgerichts mutet allerdings erneut ergebnisorientiert an. Die gänzlich fehlende Gewichtung lässt sich zweifelsfrei als Begründungsmangel beanstanden, ebenso wie die fehlerhafte Bewertung als schärfend[790] oder mildernd eine eindeutige Verletzung materiellen Rechts darstellt. Die aufgrund der Strafhöhe – ausdrücklich – nur vermutete und eben nicht eindeutig festgestellte falsche Gewichtung genügt den Anforderungen einer zur Aufhebung führenden Gesetzesverletzung i.S.v. § 337 StGB nicht.[791] In diesen Fällen ist das Revisionsgericht auf die Prüfung der Einhaltung des schuldangemessenen Spielraums beschränkt.

Im Hinblick auf die erörterungspflichtigen Umstände sind der Rechtsprechung insgesamt nur vereinzelte und zudem meist vage Begründungsvorgaben zu entnehmen. Sowohl die Strafzumessungstatsachen als auch die -erwägungen sind grundsätzlich in den Urteilsgründen darzulegen, gänzlich fehlende Ausführungen stellen zweifelsfrei ein zur Aufhebung führendes Begründungsdefizit dar. Welche

787 BGH NStZ-RR 2009, 336.

788 BGH StV 1981, 235.

789 BGHSt 20, 264 (266).

790 Unzulässig ist z. B. die strafschärfende Bewertung des Fehlens einer finanziellen Notlage als Tatantrieb, vgl. BGH NJW 1980, 2821.

791 Zur Notwendigkeit der eindeutigen Feststellung einer Gesetzesverletzung bei der revisionsrechtlichen Prüfung vgl. bereits 1. Teil, Abschnitt C, I, 3., b), dd).

Umstände zu erörtern und wie sie zu gewichten sind, um den revisionsrechtlichen Anforderungen zu entsprechen, unterliegt primär – ebenso wie die Beurteilung der Abwägung – einer Einzelfallbetrachtung. Für die Verfahrensbeteiligten, insbesondere aber das Tatgericht, ist dieses Ergebnis sicherlich unbefriedigend; weder hat das Tatgericht bei Abfassen seiner Strafzumessungsbegründung klare Vorgaben, an denen es sich orientieren bzw. Vollständigkeit und Richtigkeit seiner Entscheidung selbst kontrollieren könnte, noch sind bei Einlegung eines Rechtsmittels die Erfolgsaussichten einer Beanstandung des Strafausspruchs vorhersehbar.

c) Vollständige Darlegung der Strafzumessungsumstände?

Zu untersuchen bleibt, ob zumindest eine vollständige Darlegung der Strafzumessungstatsachen und -erwägungen notwendig ist – so das Ergebnis der rechtlichen Herleitung der Begründungspflicht, der Beleuchtung ihrer Funktionen sowie der Analyse der Reichweite der Revisibilität der Strafzumessungsentscheidung.

aa) Frühere Rechtsprechung

Die frühere Rechtsprechung vertrat zum Teil, dass alle Umstände, die im jeweiligen Fall für die Strafzumessung erwägenswert gewesen wären, in den Urteilsgründen zu finden sein müssten, also eine umfassende Erörterung notwendig sei. Noch vor Umwandlung des § 267 III 1 StPO in eine zwingende Vorschrift leitete das OLG Köln[792] aus dem Rechtssatz des Alliierten Kontrollrats (Gesetz Nr. 1 der Militärregierung Deutschland Art. IV Ziffer 8 „Keine grausame oder übermäßig hohe Strafe darf verhängt werden.") eine über die Anforderungen des § 267 III 1 StPO hinausgehende prozessuale und revisible Rechtspflicht her, in den Urteilsgründen alle Strafzumessungstatsachen (allerdings nicht auch -erwägungen) aufzuführen, um eine revisionsrechtliche Nachprüfung der Einhaltung dieses Rechtssatzes zu ermöglichen. Noch konkretere Forderungen stellte das OLG Frankfurt[793] – ebenfalls unter Bezugnahme auf o.g. Rechtssatz der Besatzungsmächte: „Es ist also jetzt als geltendes Recht anzusehen, daß die Strafzumessungsgründe in das Urteil aufgenommen und zwar erschöpfend aufgenommen werden müssen. Darunter ist zu verstehen, daß sie alles enthalten müssen, was unter Berücksichtigung der Besonderheiten der Tat und des Täters bei vernünftiger Betrachtungsweise auf die Höhe des Strafmaßes Einfluß haben kann." Wenig später hat das OLG Frankfurt[794] die Vorgaben des Alliierten Kontrollrats zum Anlass genommen, die fakultative Begründungspflicht des § 267 III 1 StPO als Muss-Vorschrift auszulegen, womit zwingend die Notwendigkeit einer erschöpfenden Begründung der Strafzumessungsentscheidung einhergehe. Die Pflicht zur umfassenden Darlegung wurde damals übereinstimmend mit

---

792 OLG Köln HESt 1, 200 (203) mit teilweise kritischer Anm. *Dreher* SJZ 1947, 562 (564), der mangels exakter Trennbarkeit von Strafzumessungstatsachen und -erwägungen auch für letztere eine Darlegungspflicht proklamiert.

793 OLG Frankfurt (GrS), HESt 2, 115 (117).

794 OLG Frankfurt, HESt 3, 66 (67).

der Notwendigkeit einer revisionsgerichtlichen Überprüfung der Einhaltung des Verbots übermäßig hoher oder grausamer Strafen begründet. Im Hinblick darauf, dass das Strafmaß heute unstrittig als unvertretbar milde oder hoch in der Revision angegriffen werden kann, also einem noch enger gefassten Kontrollrahmen als dem von den Besatzungsmächten vorgegebenen unterliegt, müsste nach dieser Argumentation heute erst Recht eine Verpflichtung zur erschöpfenden Darlegung der Strafzumessungsgründe angenommen werden. Nach Neufassung des § 267 III 1 StPO hat das OLG Bremen[795] explizit darauf hingewiesen, dass die nunmehr obligatorische Begründungspflicht dieser Norm zwingend eine erschöpfende Begründung der Strafzumessung fordere.

Diese Auffassungen sahen sich indes bereits damals der Kritik anderer Oberlandesgerichte ausgesetzt. Das OLG Stuttgart[796] lehnte die Pflicht zur umfassenden Darlegung der Strafzumessungsgründe mit dem Argument ab, dass sich kaum ein Fall denken lasse, in dem auch bei noch so ausführlicher Urteilsbegründung der Beschwerdeführer nicht noch weitere Milderungsgründe vortragen und damit den Bestand des Urteils gefährden könnte, ohne im Ergebnis eine Strafmaßänderung erreichen zu können; Erörterungsmängel in Bezug auf (vermeintlich) naheliegende Strafmilderungsgründe könnten daher nicht zur Urteilsaufhebung führen. Aus heutiger Sicht ist dem insofern zu widersprechen, als eben dieser Darstellungsmangel nach wohl überwiegender Auffassung mit der Sachrüge erfolgreich geltend gemacht werden kann; die Frage einer umfassenden Darlegungspflicht nach § 267 III 1 StPO betrifft indes nur die vom Tatgericht tatsächlich erwogenen Umstände, ob also diese vollständig in die Urteilsgründe aufzunehmen sind. Dies lehnte das OLG Neustadt[797] aus ökonomischen Gründen ab: „Dem Tatrichter [könne] nicht zugemutet werden, alles und jedes anzuführen, was bei Bemessung der Strafe irgendwie, sei es auch in noch so unbedeutendem Maße mitgesprochen hat. Er [müsse] sich vielmehr auf die Wiedergabe derjenigen Umstände beschränken dürfen, die auf die Festsetzung der Strafe von wesentlichem Einfluß, also hierfür „bestimmend" waren."[798] Das OLG Koblenz[799] führt gegen eine erschöpfende Begründungspflicht – unabhängig von der Frage, ob § 267 III 1 StPO angesichts des o.g. Rechtssatzes des Alliierten Kontrollrats als zwingende Begründungspflicht auszulegen sei oder nicht – aus, dass es zur revisionsrechtlichen Nachprüfung der Einhaltung des Verbots der Besatzungsmächte,

---

795 OLG Bremen NJW 1953, 394.

796 OLG Stuttgart SJZ 1948, 775 (776); kritisch dazu *Sachs* SJZ 1948, 777 (778f.), der darauf hinweist, dass eine erschöpfende Darlegungspflicht nicht zur Aufnahme aller nur denkbaren Milderungsgründe zwinge, sondern nur „derjenigen, die bei vernünftiger Würdigung des Falles auf das Strafmaß Einfluß haben können" – nur in diesem Rahmen könne die fehlende Erörterung in den Urteilsgründen in der Revision geltend gemacht werden.

797 OLG Neustadt DRZ 1950, 283.

798 Zu den prozessökonomischen Erwägungen hinsichtlich einer erschöpfenden Darlegungspflicht s. 3. Teil, Abschnitt A, II.

799 OLG Koblenz HESt 2, 120ff.

keine übermäßig hohen und grausamen Strafen zu verhängen, nicht der Darstellung aller für den Tatrichter maßgebend gewesenen Strafzumessungsumstände und schon gar nicht aller für die Strafzumessung überhaupt in Betracht kommenden Tatumstände, bedürfe, da sich dies „auf den ersten Blick ersehen" lasse. Ferner sei der Begriff der erschöpfenden Darlegung ein zu vager, naturgemäß nicht klar umreißbarer Rechtsbegriff, der dazu führe, dass jedes Strafmaß anhand der dargelegten Strafzumessungsgründe auf ihr „gerechtes Maß" hin geprüft werden könne; ein derart weitreichendes Prüfungsrecht des Revisionsgerichts sei jedoch abzulehnen, da die Strafzumessung Sache des Tatrichters sei, dessen in der Hauptverhandlung gewonnene Eindrücke dem Revisionsrichter verborgen blieben. Offen bleibt indes die Frage, ob die Formulierung „bestimmende" Umstände klarere Konturen aufweist als „erschöpfende" Darlegung, zumindest wird auch insoweit ein gewisser Begründungsumfang notwendig seien, um eine Beurteilung der Grausamkeit der Strafhöhe „auf den ersten Blick" zu ermöglichen. Auch der zwingende Zusammenhang zwischen einer umfassenden Strafzumessungsbegründung und einer konkreten „Gerechtigkeitskontrolle" des Strafmaßes erschließt sich nicht; dem Tatgericht könnte auch bei erschöpfender Darlegung seiner Gründe ein beliebig eng oder weit gesteckter Toleranzbereich irrevisibler Strafmaße zugestanden werden (vgl. nur den heute nach h.M. unangreifbaren Bereich schuldangemessener Strafen), abgesehen von der Frage, ob dies nicht durchaus wünschenswert wäre.

bb) Heutige Standardformel

Heute wird in der Rechtsprechung selten diskutiert, ob eine erschöpfende Darstellung aller Zumessungsumstände nötig ist; vielmehr wird in ständiger Rechtsprechung[800] hinsichtlich des Umfangs der darzulegenden Strafzumessungserwägungen (zumeist unter Hinweis auf § 267 III 1 StPO) die Formel verwendet: „Eine erschöpfende Aufzählung aller Strafzumessungserwägungen ist weder vorgeschrieben, nötig noch möglich." Mitzuteilen seien nur die „wesentlichen"[801] Umstände, die „gewichtigen"[802] Umstände, die „wesentlichen, die Tat prägenden Gesichtspunkte"[803] oder solche, die „dem Gesamtgeschehen das Gepräge geben"[804]. Abgestellt wird auch auf solche Aspekte, die „für die Beurteilung des Unrechts- und Schuldgehalts

---

800 St. Rspr. vgl. BGH NStZ-RR 2015, 248; BGH NStZ-RR 2014, 320; BGH NStZ-RR 2012, 336; BGH NStZ-RR 2011, 370; BGH NStZ-RR 2008, 343; BGH NStZ-RR 2002, 329; BGH StV 1993, 72; BGH JZ 1989, 652; BGHR StPO § 267 Abs. 3 S. 1 Strafzumessung 2 (1987); BGH bei *Mösl* NStZ 1983, 160; BGH NJW 1979, 2621; BGH NJW 1976, 2220; BGHSt 24, 268; BGHSt 3, 179.

801 So bereits OLG Braunschweig, NJW 1954, 284; ferner BGH NStZ-RR 2014, 320; OLG Hamm VRS 22, 117 (118).

802 BGH NStZ-RR 2011, 370.

803 BGH NStZ-RR 2008, 343 (344); BGH NStZ-RR 2002, 329.

804 BGH StV 1994, 126.

der Tat von erheblicher Bedeutung“[805], die „von besonderer Bedeutung sind, deren Einbeziehung in die Strafzumessungserwägungen deshalb nahe lag“[806], „die sich nach dem Inhalt des Urteils zudem auch aufdrängen“[807] oder schlicht auf die „Leitgesichtspunkte“[808]. Die letztgenannte Formulierung findet sich auch häufig eingangs der Rechtsfolgenbegründung tatrichterlicher Urteile: „Bei der Strafzumessung hat sich die Kammer von folgenden Gesichtspunkten leiten lassen.“[809]

In einem neueren BGH-Urteil[810] heißt es, dass § 267 III 1 StPO nur die Angabe der bestimmenden Umstände erfordere und daher „eine erschöpfende Darstellung aller letztlich maßgebenden belastenden und entlastenden Umstände…weder vorgeschrieben noch möglich [sei]“. Laut Duden ist maßgebend ein Synonym zu bestimmend[811] und wäre vom Bedeutungsgehalt wohl auch mit wesentlich gleichzusetzen, der BGH sieht das Tatgericht in dieser Entscheidung offenbar nicht einmal in der Pflicht, die wesentlichen Umstände umfassend darzulegen, was hinsichtlich des Begriffs „bestimmend“ dem Wortlaut der Norm nicht mehr gerecht werden dürfte. Auch in entgegengesetzter Richtung finden sich vereinzelt – vermutlich eher zufällige oder gar nur ungeschickten Formulierungen geschuldete – Ausnahmen: In einer Entscheidung ebenfalls neueren Datums hob der BGH[812] ein Urteil aufgrund fehlender Erwägungen bezüglich der Täterpersönlichkeit und der in ihr begründeten Tatursachen mit der Begründung auf, „die konkreten Straffindungserwägungen [erschienen] als nicht in jeder Hinsicht erschöpfend (vgl. § 267 III 1 StPO)… Der Strafausspruch [sei] deshalb aufzuheben [gewesen].“ Hier geht der BGH also offenbar von einer Pflicht zur vollständigen Angabe der Strafzumessungsumstände aus, sogar betont mit den Worten, dass dies „in jeder Hinsicht“ erforderlich sei. Derartige Urteile sind jedoch nur vereinzelt zu finden, ganz überwiegend wird die nicht notwendig erschöpfende Aufzählung der Strafzumessungsumstände betont.

Auch in der Literatur wird in Anknüpfung an die Rechtsprechungsformel der nicht notwendig erschöpfenden Aufzählung nur die Darlegung der „tragenden“ Strafzumessungsgründe[813], der „wesentlichen Umstände“[814], der „Leitgesichtspunkte“[815], der „Tatsachen und Erwägungen des Tatrichters, wie sie nach Sachlage für die richtige

805 OLG Koblenz NZV 2012, 404 (405f.).
806 BGH NStZ-RR 2006, 227 (228).
807 BayObLG NJW 1973, 1808.
808 OLG Koblenz, Urteil v. 29.09.1988 – 1 Ss 362/88 – zitiert nach juris.
809 LG Hamburg, Urteil v. 21.03.2012 – 608 KLs 8/11 – zitiert nach juris; LG Dortmund, Urteil v. 20.01.2012 – 36 KLs 39/10 – zitiert nach juris; LG Ansbach, Urteil v. 22.06.2010 – 2 KLs-382 Js 144/09/12/09; LG Münster, Urteil v. 18.06.2002 – 9 KLs 6 Js 97/08 (8/01) – zitiert nach juris.
810 BGH NStZ-RR 2012, 306.
811 Http://www.duden.de/rechtschreibung/bestimmend.
812 BGH NStZ-RR 2006, 270 (271).
813 *Lackner/Kühl/Lackner*, § 46 Rn. 51.
814 *Schäfer/Sander/van Gemmeren*, Rn. 1352.
815 *Dahs*, Rn. 471; ferner HK-StPO/*Julius*, § 267 Rn. 17; SK-StPO/*Velten*, § 267 Rn. 47.

Strafrahmenwahl, die Einordnung der Tat in den Strafrahmen und die Präventionsentscheidungen von einigem Gewicht sein konnten“[816] bzw. der „für die konkrete Strafe wirklich bedeutsamen Umstände“[817] verlangt. Auch Frisch[818] stellt insoweit auf die „bedeutsamen Umstände“ ab; soweit bedeutende Aspekte an anderer Stelle im Urteil selbst festgestellt wurden, ihre Bedeutung nach Lage des Falles nahe lag oder es sich um solche Umstände handelt, die für die Strafzumessung regelmäßig bedeutsam sind, müsse das Tatgericht sich in den Strafzumessungsgründen damit auseinandersetzen. Leider führt er nicht weiter aus, welche Umstände in der Regel relevant und damit erörterungspflichtig sein sollen. Bei Velten[819] findet sich eine negative Umschreibung, dass diejenigen Gesichtspunkte, „die nur geringen Einfluss auf die Strafzumessung hatten“, nicht zu erörtern seien.

cc) Schweigen des Urteils

Wird grundsätzlich keine erschöpfende Aufzählung der Strafzumessungserwägungen im Urteil gefordert, müsste dies – im Umkehrschluss – bedeuten, dass fehlende Ausführungen nicht den Schluss zulassen, der betreffende Aspekt sei nicht erwogen worden. Insofern konsequent weist der BGH in ständiger Rechtsprechung[820] darauf hin, dass „allein daraus, dass sich aus der Sachverhaltsschilderung ein für die Strafzumessung möglicherweise bedeutsamer Umstand ergibt, der aber nicht ausdrücklich erörtert ist, nicht geschlossen werden [könne], der Tatrichter habe ihn nicht gesehen oder nicht gewertet.“ Zum Teil wird explizit hervorgehoben, dass es nicht rechtsfehlerhaft sei, wenn eine Erwägung deshalb nicht in den Strafzumessungsgründen erörtert wurde, weil sie vom Tatgericht nicht als bestimmend erachtet wurde.[821] Da dies jedoch in der Revision nur schwerlich nachweisbar sein wird (vgl. Rüge des § 267 III 1 StPO – weder lässt sich nachweisen, dass das Tatgericht einen Umstand als bestimmend erachtet, ihn in den Urteilsgründen jedoch verschwiegen hat, noch, dass er einen Aspekt tatsächlich übersehen und nicht lediglich als nicht bestimmend qualifiziert hat), liefe bei stringenter Anwendung dieser Auffassung die Darstellungsrüge in Bezug auf die Lückenhaftigkeit der Urteilsgründe nahezu ins Leere.

---

816 *Schäfer/Sander/van Gemmeren*, Rn. 1513.

817 NK-StGB/*Streng*, § 46 Rn. 170.

818 SK-StPO/*Frisch*, § 337 Rn. 157.

819 SK-StPO/*Velten*, § 267 Rn. 46.

820 St. Rspr., vgl. nur BGH NStZ-RR 2014, 320; BGH NStZ-RR 2012, 168 (169); BGH NJW 2012, 1377 (1386); BGH NStZ-RR 2008, 343; BGH NStZ 2006, 227 (228); BGH NStZ-RR 2002, 329; BGH, Urteil v. 05.11.1997 – 5 StR 504/97 – zitiert nach juris; BGH, Beschl. v. 13.05.1986 – 5 StR 143/86 – zitiert nach juris (in NStZ 1986, 415 insoweit nicht abgedruckt); BGH bei *Spiegel* DAR 1981, 185 (190 m.w.N.).

821 So etwa OLG Hamburg NJW 1972, 265.

Die Rechtsprechung zieht daher dort die Grenze, wo ein „wesentlicher, die Tat prägender Gesichtspunkt erkennbar nicht berücksichtigt wurde“[822] bzw. die Urteilsgründe nur „besorgen lassen, dass die Strafkammer wesentliche von ihr festgestellte Tatsachen, die für den Angeklagten sprechen, außer Acht gelassen hat“[823] – Formulierungen, die bereits bei Konkretisierung der nicht notwendig erschöpfenden Aufzählung gebraucht wurden. Ein solch wesentlicher Umstand sei dann anzunehmen, wenn er „für die Beurteilung des Unrechts- und Schuldgehalts und damit der Schwere der Tat von besonderer Bedeutung [ist]“, seine „Einbeziehung in die Strafzumessungserwägungen deshalb nahe lag“.[824] Ausreichend sei insoweit, dass „aus dem Gesamtzusammenhang der Urteilsgründe ausgeschlossen werden kann, dass der Tatrichter einen Gesichtspunkt bei der Zumessungsentscheidung übersehen hat“.[825] Oftmals begnügt sich das Revisionsgericht im Anschluss an diese Ausführungen mit der Feststellung, dass dieser oder jene Aspekt wesentlich und daher erörterungspflichtig gewesen wäre, was zur Aufhebung des Urteils führe.[826] Die Erörterung eines Umstands an anderer Stelle des Urteils, sogar im Rahmen der Strafzumessungsbegründung, scheint dafür indes nicht zu genügen; der BGH[827] hob einen Rechtsfolgenausspruch mit der Begründung auf, dass das Tatgericht einige wesentliche mildernde Aspekte zwar bei der Strafzumessung im engeren Sinne, nicht aber bei der Beurteilung, ob ein milderer Strafrahmen anzuwenden ist, erörtert habe und deshalb zu besorgen sei, dass diese Umstände bei der Strafrahmenwahl nicht berücksichtigt wurden. Diese Entscheidung wirft die Frage auf, wie ein Tatrichter deutlich machen soll, dass er sich eines Umstands bewusst ist, ihn aber gleichwohl in Bezug auf eine Strafzumessungsfrage nicht als bestimmend erachtet und nur deshalb nicht erwähnt, wenn sogar die Erörterung im Rahmen eines anderen, ebenfalls zur Rechtsfolgenentscheidung gehörenden Bereichs nicht genügt. Der BGH[828] beantwortet dies selbst indirekt, indem er sein Prüfungsergebnis, dass kein wesentlicher, die Tat prägender Gesichtspunkt erkennbar nicht berücksichtigt wurde, damit begründet, dass „der Tatrichter die für und gegen den Angekl. sprechenden Umstände umfassend gewürdigt [habe]“. Absurder Weise vermag also doch nur die umfassende Würdigung (zu erkennen an der umfassenden Darlegung) aller Umstände auszuschließen, dass ein wesentlicher Aspekt außer Acht gelassen wurde; einerseits soll demnach keine erschöpfende Aufzählung aller

822 BGH NStZ-RR 2008, 343 (344); ferner BGH NStZ-RR 2002, 329 m.w.N.

823 So die regelmäßige Formulierung der Rspr., vgl. nur BGHR StGB § 46 Abs. 1 Begründung 16; zahlreiche weitere Einzelnachweise bei der konkreten Untersuchung einiger ausgewählter Strafzumessungsumstände.

824 BGH NStZ 2006, 227 (228); ferner OLG Brandenburg, Beschl. v. 04.04.2011 – (1) 53 Ss 25/11 (20/11) zitiert nach juris.

825 OLG Hamm, Urteil v. 10.02.2015 – III-5 RVs 76/14, 5 RVs 76/14 – zitiert nach juris.

826 Vgl. dazu die Untersuchung der revisionsrechtlichen Vorgaben bzgl. naheliegender Milderungsgründe, 2. Teil, Abschnitt B, II, 3.

827 BGH StV 1994, 17.

828 BGH NStZ-RR 2008, 343f.

Strafzumessungserwägungen notwendig sein und der Erörterungsmangel daher nicht den Schluss auf eine fehlende Berücksichtigung des betroffenen Umstands zulassen, andererseits kann dieser Schluss aber nur ausgeräumt werden, wenn das Tatgericht die Strafzumessungsgründe vollständig darlegt.

Aber auch bei weniger strengem Maßstab hat die Vorgehensweise des BGH, aufgrund des Schweigens der Strafzumessungsbegründung zu einem bedeutsamen Umstand einen Rechtsfehler anzunehmen, soweit ein wesentlicher, die Tat prägender Gesichtspunkt erkennbar nicht berücksichtigt wurde, zur Folge, dass das Tatgericht letztlich nicht mehr selbst entscheiden darf, welchen Umstand es als bestimmend erachtet bzw. diese Beurteilung schlicht irrelevant ist, weil sie durch eine eigene – vorrangige – Wertung des Revisionsgericht ersetzt wird. Dies bestätigt eine Entscheidung des BGH[829], in der die fehlende Erörterung der überlangen Verfahrensdauer als strafmildernder Faktor mit der Begründung beanstandet wurde, dass das Schweigen der Urteilsgründe zu diesem Umstand nahe lege, dass der Tatrichter diesen Strafmilderungsgrund übersehen, ihm jedenfalls zu Unrecht keine bestimmende Bedeutung i.S. des § 267 III 1 StPO beigemessen habe, was einen Rechtsfehler darstelle. Dies überrascht insofern, als die Rechtsprechung stets betont, dass es im Wesentlichen der Beurteilung des Tatrichters überlassen sei, welchen Umständen er bestimmendes Gewicht beimisst[830] bzw. er unter Berücksichtigung der Besonderheiten des Einzelfalls zu entscheiden habe, was als wesentlicher Strafzumessungsgrund anzusehen ist[831]. Diese Auffassung entspricht auch dem Ergebnis der Auslegung des § 267 III 1 StPO, dass nämlich mit den „bestimmenden Umständen" die in Wahrheit vom Tatgericht zugrunde gelegten Zumessungserwägungen gemeint sind, also die seiner Ansicht nach tragenden Gesichtspunkte. Die Ausführungen des BGH lassen sich daher unter dogmatischen Gesichtspunkten nur dahingehend verstehen, dass die Zumessungsrelevanz des betreffenden Umstands dem materiellen Recht entnommen wurde, er also als wesentlicher Strafbemessungsfaktor zwingend in den Urteilsgründen hätte erörtert werden müssen. Die Rüge, dass ihm zu Unrecht keine bestimmende Bedeutung i.S.d. § 267 III 1 StPO beigemessen wurde, ist demnach – zumindest in dieser Entscheidung – als Hinweis auf den Vorrang der Begründungspflicht nach materiellem Recht auszulegen; dem Tatgericht war es nicht gestattet, diesem Aspekt die Relevanz für die Strafzumessungsentscheidung abzusprechen. Ein Verstoß gegen § 267 III 1 StPO liegt nicht vor (und wurde auch nicht angenommen), die wahren Erwägungen wurden mitgeteilt.

Wie bereits ausgeführt enthält sich die Rechtsprechung hinsichtlich des Darstellungsmangels zumeist jedweder Begründung und verhindert das Leerlaufen der Darstellungsrüge dadurch, dass sie die Grenze zwischen materiell-rechtlicher und

829 BGH NJW 1990, 56.

830 So etwa BGH, Urteil v. 27.01.2010 – 2 StR 498/09; BGH, Urteil v. 20.04.2004 – 5 StR 87/04.

831 BGH NStZ-RR 2015, 240; BGH NStZ-RR 2014, 320; BGH NStZ-RR 2012, 336 (337).

prozessualer Begründungspflicht – wie in der soeben dargelegten Entscheidung – verwischt und im Falle von nach eigener Auffassung wesentlichen Umständen schlicht festlegt, dass diese zwingend in den Urteilsgründen darzulegen waren.

Auch in der Literatur wird teilweise vertreten, dass das Schweigen des Urteils zu bestimmten Aspekten nicht den Schluss zulasse, diese seien übersehen worden;[832] dies bedeute lediglich, dass das Tatgericht dem Umstand im Rahmen seiner Strafzumessungsentscheidung keine bestimmende Bedeutung i.S. des § 267 III 1 StPO beigemessen habe.[833] Die fehlende Erörterung eines Aspekts stelle daher solange keinen Rechtsfehler dar, als der Umstand nicht bestimmend war i.S.v. § 267 III StPO[834]. Gleichwohl wird in Abweichung von dieser These zuweilen – ebenso wie von der Rechtsprechung – ein Begründungsmangel angenommen. Gollwitzer[835] etwa schließt dann aus der fehlenden Erörterung eines entscheidungserheblichen Gesichtspunktes auf eine rechtsfehlerhaft unterlassene Prüfung, wenn „gesetzliche Begründungspflichten oder die mangelnde innere Schlüssigkeit oder die ersichtliche Unvollständigkeit der Urteilsausführungen das Schweigen der Urteilsgründe als fehlerhaften Mangel bewertbar machen". Andere Autoren erachten bereits die aus dem Schweigen folgende Vermutung, eine unterbliebene Feststellung in den Urteilsgründen sei nicht getroffen, eine nicht erörterte Erwägung nicht angestellt worden, als zur Begründung eines Rechtsfehlers hinsichtlich wesentlicher Zumessungsumstände ausreichend.[836]

Laut Stuckenberg[837] ist in der Regel davon auszugehen, dass das Tatgericht nicht mitgeteilten gewichtigen Erwägungen dann zu Unrecht „keinen bestimmenden Einfluss auf seine Strafzumessung beigemessen hat", wenn sie sich aufgrund der festgestellten Tatsachen hätten aufdrängen müssen; zur Begründung dieser strengen Vorgehensweise verweist er auf die gestiegenen Begründungsanforderungen des materiellen Rechts. Er sieht also das Tatgericht gehalten, solch wesentlichen Zumessungsfaktoren zwingend ein derartiges Gewicht beizumessen, dass sie als bestimmende Umstände Einzug in die Urteilsgründe finden müssen. Ähnlich argumentiert Streng[838], dass aus der materiell-rechtlichen Pflicht, wesentliche Umstände im Rahmen der Strafzumessungsentscheidung zu berücksichtigen und im Urteil darzulegen, im Umkehrschluss folge, dass das Schweigen der Urteilsgründe Anlass zu der Besorgnis gebe, dass derartige Gesichtspunkte nicht lediglich bei der Begründung, sondern bereits bei der Strafmaßfindung übersehen worden seien.

---

832 Löwe-Rosenberg/*Stuckenberg*, § 267 Rn. 87.

833 *Kalf* NJW 1996, 1447 (1448).

834 *Eschelbach* JA 1998, 498 (504).

835 *Gollwitzer*, in: Festschrift für Gössel, 543 (560).

836 So etwa *Schäfer/Sander/van Gemmeren*, Rn. 1361.

837 Löwe-Rosenberg/*Stuckenberg*, § 267 Rn. 182.

838 *Streng*, Rn. 745.

Noch stringenter ist die Auffassung Bruns'[839], demzufolge nicht erörterte, sich nach den Umständen jedoch aufdrängende Strafzumessungsaspekte „schon deshalb einen sachlich-rechtlichen Fehler [begründeten], weil sie dann nicht erkennen [ließen], ob sich der Tatrichter der Möglichkeit ihrer Verwertung bewusst gewesen ist, ob er eine entsprechende Strafschärfung oder -milderung wenigstens erwogen hat". Da Bruns insoweit auf § 267 III 1 StPO und die mögliche Einordnung als nicht bestimmende Erwägung durch den Tatrichter an dieser Stelle nicht eingeht, ist davon auszugehen, dass er schlicht der materiellen-rechtlichen Begründungspflicht (die Formulierung „nicht erkennen ließe" lässt unter Berücksichtigung anderer Ausführungen Bruns darauf schließen, dass er die mangelnde Nachprüfbarkeit durch ein Revisionsgericht meint) den Vorzug lässt.

Festzuhalten bleibt, dass nach einhelliger Auffassung in Literatur und Rechtsprechung aufgrund des § 267 III 1 StPO keine erschöpfende Aufzählung aller Strafzumessungsumstände notwendig ist und daher aus dem Schweigen der Urteilsgründe grundsätzlich nicht geschlossen werden kann, der betreffende Aspekt sei vom Tatgericht übersehen worden. Einigkeit besteht allerdings (wenn auch oftmals stillschweigend zugrunde gelegt) zugleich dahingehend, dass dies nicht zur Folge haben darf, dass jeder gerügte Darstellungsmangel mit dem Argument ausgehöhlt werden kann, dass das Tatgericht diesem Umstand lediglich keine bestimmende Bedeutung i.S.v. § 267 III 1 StPO beigemessen habe – obgleich diese Entscheidung grundsätzlich – theoretisch – in seiner Hand liegen soll. Bei wesentlichen Gesichtspunkten (oder ähnlichen Formulierungen[840]) liege dennoch ein zur Aufhebung führender Begründungsmangel vor. Eine dogmatische Begründung für diese Vorgehensweise wird nur vereinzelt und auch nur in Ansätzen vorgetragen werden; dies gilt entsprechend hinsichtlich näherer Ausführungen dazu, wann welcher Umstand als nicht bestimmend unerörtert bleiben durfte oder als „wesentlicher, die Tat prägender" Aspekt unter Verletzung materiellen Rechts nicht mitgeteilt wurde, die Rechtsprechung beschränkt sich insoweit regelmäßig auf eine Einzelbetrachtung.

5. *Fazit*

Die Revisionsgerichte haben insgesamt sehr strenge allgemeingültige Begründungsanforderungen sowohl hinsichtlich des Umfangs der Ausführungen (in Abhängigkeit vom Strafmaß oder besonderen Entscheidungskonstellationen), als auch bezüglich der erörterungspflichtigen Umstände entwickelt. Zwar ist im Hinblick auf die Pflicht zur erschöpfenden Darlegung der Strafzumessungsumstände – theoretisch – eine Einschränkung durch § 267 III 1 StPO angedacht, die Umsetzung erscheint jedoch inkonsequent bis beliebig bzw. ergebnisorientiert; dies soll im Folgenden anhand einer Rechtsprechungsanalyse zu einigen ausgewählten

839 *Bruns* (1985), S. 264.
840 Vgl. die Aufzählung im 2. Teil, Abschnitt B, I, 5., c), bb).

Strafzumessungsaspekten untersucht werden, also welche Umstände wann und in welchem Ausmaß, d. h. mit welchen notwendigen Feststellungen, zu erörtern sind und was, insbesondere im Hinblick auf § 267 III 1 StGB, ausgespart werden darf (ohne dass aus diesem Schweigen auf eine fehlende Berücksichtigung geschlossen würde):

II. Auswahl konkreter Strafzumessungsumstände

1. Persönliche Verhältnisse des Angeklagten

a) Erörterungspflicht

Einer Erörterungspflicht in den Urteilsgründen unterliegen zunächst die persönlichen Verhältnisse des Angeklagten. In § 267 StPO wird dies nicht explizit erwähnt, § 243 II 2 StPO statuiert jedoch zumindest die Pflicht des Tatgerichts, den Angeklagten zum Zweck der Identitätsfeststellung[841] dazu zu vernehmen. Vereinzelt leitet die Rechtsprechung[842] das Erfordernis diesbezüglicher Ausführungen direkt aus § 267 III 1 StPO her, die persönlichen Verhältnisse des Angeklagten seien Umstände, die für die Strafzumessung i.S. dieser Norm von Bedeutung seien. Dies verstößt freilich gegen den Telos der Norm, wonach die bestimmenden Umstände die nach Auffassung des Tatgerichts wesentlichen sind.[843] Dass es sich bei den persönlichen Verhältnissen um grundsätzlich für die Strafzumessungsentscheidung erhebliche Gesichtspunkte handelt, folgt daher aus dem materiellen Recht (vgl. nur § 46 II 2 StGB, der diese Umstände als bei der Zumessung in Betracht kommende erwähnt). Dementsprechend leitet die Rechtsprechung[844] diese Erörterungspflicht überwiegend – mangels ausdrücklicher Einordnung in der Regel nur erkennbar an der Verortung bei der Sachrüge bzw. Bezeichnung als Sachmangel, statt der Verfahrensrüge hinsichtlich des § 267 III 1 StPO – aus dem sachlichen Recht her. Sowohl im Hinblick auf das Maß der Schuld (§ 46 I 1 StGB) als auch bezüglich der anerkannten Strafzwecke, vornehmlich zur Beurteilung der Strafempfindlichkeit und Resozialisierungsbedürftigkeit, sei eine Strafzumessung ohne Kenntnis der persönlichen Verhältnisse des

841 SK-StPO/*Velten*, § 267 Rn. 23.

842 BGH, Beschl. v. 07.11.2002 – 3 StR 216/02 – zitiert nach juris (in NStZ 2004, 51 insoweit nicht abgedruckt).

843 Vgl. dazu *Bruns*, JR 1977, 162 (163f.), der in der fehlenden Erörterung der Täterpersönlichkeit einen Verstoß gegen sachliches Recht, namentlich § 46 II StGB, erblickt; da der Tatrichter die persönlichen Verhältnisse des Angeklagten in der von ihm besprochenen Entscheidung gar nicht ermittelt oder berücksichtigt hatte, sei dessen Strafzumessungsbegründung, die sich dazu nicht äußerte, insoweit korrekt, nämlich wahr i.S. des § 267 III StPO gewesen.

844 St. Rspr., vgl. nur BGH, Urteil v. 11.02.2010 – 4 StR 433/09; BGH NStZ-RR 2007, 236; BGH NStZ 1991, 231; BGH NStZ 1985, 309; BGH NJW 1976, 2220.

Angeklagten nicht möglich.[845] Insofern entspricht es ständiger Rechtsprechung[846], dass die Strafzumessungsentscheidung auf einer wertenden Gesamtschau von Tatgeschehen und Täterpersönlichkeit beruhen muss.

Diese Erörterungspflicht entfalle auch nicht dadurch, dass der Angeklagte in der Hauptverhandlung Angaben zu seiner Person verweigert; das Tatgericht müsse sich dann auf anderem Wege (mittels anderer Beweismittel) um Aufklärung bezüglich der Person des Angeklagten und dessen Lebensumständen bemühen, etwa durch Zeugenvernehmungen oder Verlesung früherer, dann beizuziehender Strafurteile.[847] Soweit auch diese Anstrengungen erfolglos bleiben, müsse aus den schriftlichen Urteilsgründen hervorgehen, inwiefern sich das Tatgericht um anderweitige Aufklärung bemüht hat.[848] Zumindest seien Feststellungen zu etwaigen Vorstrafen und den zugrunde liegenden Taten des Angeklagten möglich.[849] Nicht ausreichend ist insoweit die Wiedergabe der vom Angeklagten gegenüber einem Sachverständigen gemachten Äußerungen in indirekter Rede, wenn aus den Urteilsgründen nicht hervorgeht, inwieweit das Tatgericht den Inhalt als festgestellt erachtet oder nicht.[850]

Notwendige eigene Feststellungen zur Person können nach ständiger Rechtsprechung[851] auch nicht durch Bezugnahmen oder Verweisungen auf die Ausführungen vorausgegangener, aufgehobener Urteile ersetzt werden.[852] Soweit der Strafausspruch vom Revisionsgericht aufgehoben wurde, betrifft dies ebenfalls die dazu gehörigen Feststellungen zur Person; auch der zusätzliche Hinweis, die neue Hauptverhandlung habe zu denselben Feststellungen geführt, genügt den

845 BGH NStZ 1991, 231 m.w.N.; vgl. auch BGH, Beschl. v. 25.10.1978 – 3 StR 360/78 – bei *Holtz* MDR 1979, 105 (106); BGH NJW 1976, 2220.

846 Vgl. nur BGH, Urteil v. 26.04.2007 – 4 StR 557/06; BGH NStZ 2004, 620; BGH, Urteil v. 27.06.2001 – 1 StR 179/01; BGH bei Kusch NStZ 1996, 323 (326); BGH NStZ 1991, 231; BGH, Beschl. v. 14.11.1983 – 3 StR 439/83; BGH NStZ 1981, 389; BGH, Beschl. v. 25.10.1978 – 3 StR 360/78 – bei Holtz MDR 1979, 105 (106); BGH JR 1977, 162; BGHSt 26, 311f.; BGHSt 24, 268 (269f.); BGHSt 16, 351 (353).

847 Vgl. BGH, Beschl. v. 11.03.1992 – 5 StR 79/92 – bei *Kusch* NStZ 1993, 27 (30); BGH NStZ 1991, 231; BGH NJW 1976, 2220.

848 Vgl. BGH NStZ-RR 1998, 17 (18); BGH StV 1992, 463; BGH NStZ 1991, 231.

849 BGH NJW 1976, 2220.

850 BGH, Beschl. v. 07. 11. 2002 – 3 StR 216/02 – zitiert nach juris.

851 Vgl. nur BGH, Beschl. v. 04.12.2003 – 4 StR 467/03 – zitiert nach juris; BGH, *Beschl.* v. 23.03.2001 – 2 StR 59/01; BGH bei *Kusch* NStZ 1992, 27 (29); BGH bei *Miebach* NStZ 1991, 120 (122); BGH bei *Miebach* NStZ 1989, 13 (15); BGH bei *Pfeiffer/Miebach* NStZ 1987, 217 (220 m.w.N.); BGH bei *Pfeiffer/Miebach* NStZ 1983, 208 (213 m.w.N.); BGH, Beschl. v. 05.06.1981 – 2 StR 298/81 – bei *Spiegel* DAR 1985, 184 (193); BGH, Beschl. v. 22.02.1978 – 4 StR 62/78 – bei *Holtz* MDR 1978, 458 (460); BGH NJW 1977, 1247; BGHSt 24, 274 (275).

852 Allgemein zu unzulässigen Bezugnahmen s. bereits 1. Teil, Abschnitt C, I, 3., a), bb).

Begründungsanforderungen nicht.[853] Danach muss das Tatgericht nach jeder Aufhebung des Rechtsfolgenausspruchs eigene Feststellungen zu den persönlichen Verhältnissen des Angeklagten treffen und diese in den Urteilsgründen darlegen.[854]

Üblicherweise werden alle Angaben zur Person zu Beginn des Urteils dargestellt,[855] zwingend ist dies jedoch nicht.[856] Die persönlichen Verhältnisse erst im Rahmen der Strafzumessungsbegründung zu erörtern, begegnet auch nach der Rechtsprechung keinen rechtlichen Bedenken.[857] Angesichts dessen, dass diese Feststellungen in der Regel nur für den Rechtsfolgenausspruch relevant sind, erscheint diese Darstellungsweise auch zweckmäßig.[858]

b) Umfang

Zu den persönlichen Verhältnissen des Angeklagten gehören – neben den zur Identitätsfeststellung notwendigen Informationen – grundsätzlich Angaben zu seinem bisherigen Lebensweg sowie zu seinen familiären, wirtschaftlichen und beruflichen Verhältnissen.[859] Im Hinblick auf den insoweit erforderlichen Umfang der Ausführungen betont die Rechtsprechung[860] allerdings regelmäßig, dass die Darstellung der persönlichen Verhältnisse nicht Selbstzweck sei, sondern diese nur in dem Umfang in die Urteilsgründe aufzunehmen seien, als sie bestimmenden Einfluss auf die Schuld- oder Rechtsfolgenfrage haben; dies sei stets einzelfallbezogen zu beurteilen.

---

853 BGH NStZ-RR 2013, 22 (23); BGH, *Beschl.* v. 23.03.2001 – 2 StR 59/01; BGH, Beschl. v. 03. 06. 1991 – 4 StR 220/91 – bei *Kusch* NStZ 1992, 27 (29) m. w. N.; ferner BGH, Beschl. v. 22.02.1978 – 4 StR 62/78 – bei *Holtz* MDR 1978, 458 (460); BGH NJW 1977, 1247.

854 BGH, Beschl. v. 12.12.2012 – 2 StR 481/12 – zitiert nach juris; BGH, Beschl. v. 04.12.2003 – 4 StR 467/03 – zitiert nach juris; BGH, Beschl. v. 03. 06. 1991 – 4 StR 220/91 – bei *Kusch* NStZ 1992, 27 (29); BGH, Beschl. v. 24.09.1991 – 1 StR 382/91 – zitiert nach juris; BGH NStZ 1985, 309; BGH wistra 1988, 33; BGH, Beschl. v. 22.02.1978 – 4 StR 62/78 – bei *Holtz* MDR 1978, 458 (460).

855 Zur Sinnhaftigkeit dieser Darstellungsweise *Meyer-Goßner* NStZ 1988, 529 (531); ferner *Doller* DRiZ 1981, 201 (208), der im Falle der Vermengung mit der Rechtsfolgenbegründung die Rüge unklarer, nicht eindeutiger Feststellungen befürchtet.

856 Löwe-Rosenberg/*Stuckenberg*, § 267 Rn. 85.

857 Vgl. BGH, Urteil v. 17.5.1990 – 1 StR 191/90 – bei *Miebach/Kusch* NStZ 1991, 120 (122).

858 So auch AK-StPO/*Wassermann*, § 267 Rn. 6; *Hülle* DRiZ 1952, 92 (94): Die Angaben zur Person des Angeklagten sei die „naturgegebene Einleitung der Strafzumessung“, wodurch „lexikalisches Geplätscher“ des Tatgerichts ebenso wie der Rechtsfehler der lückenhaften Strafzumessungsgründe vermieden werden könne; ebenso *Peters*, in: Gedächtnisschrift für Schröder, 425 (426); *V. Feldmann* DRiZ 1977, 183.

859 BGH JR 1977, 162.

860 BGHR StPO § 267 Abs. 3 S. 1 Strafzumessung 8, 15, 20 jeweils m.w.N.; BGH NStZ 1996, 49; OLG Köln StraFo 2009, 242; ausf. dazu *Detter* JA 1997, 586; ferner *Hülle* DRiZ 1952, 92 (94).

Regelmäßig genüge ein relativ kurz zusammengefasster Lebenslauf.[861] Bei den beruflichen Verhältnissen sind z. B. in der Regel Erörterungen des beruflichen Werdegangs des Angeklagten und seiner sonstigen Qualifikationen notwendig.[862] Führt aber das Tatgericht den persönlichen Werdegang, insbesondere den mehr als dreißig Jahre vor der Tat beginnenden beruflichen Weg, auf neun eng beschriebenen, enorm detailreichen Seiten aus, läuft dies laut BGH[863] „nicht nur dem Erfordernis der Schonung der knappen Rechtsprechungsressourcen zuwider, sondern [bringt] den Tatrichter in die (hier allerdings nicht entstandene) Gefahr, daß die bestimmenden Umstände im Sinne des § 267 Abs. 3 Satz 1 StPO in den Hintergrund treten". Zwar lässt der BGH in dieser Entscheidung offen, welche konkrete Rechtsfolge er an eine derart umfangreiche Schilderung der persönlichen Verhältnisse knüpfen will; der Verweis auf § 267 III 1 StPO lässt sich jedoch dahingehend auslegen, dass er in Extremfällen einen Verstoß gegen die Pflicht zur wahrheitsgemäßen Wiedergabe der tatsächlich zugrunde gelegten Erwägungen in Betracht zieht.

Besonders kurz darf sich das Tatgericht bei typischen Bagatellsachen, vor allem Bußgeldangelegenheiten, fassen, wenn die persönlichen Verhältnisse sowohl für die Beurteilung der Tat als auch für die Rechtsfolgenentscheidung (nahezu) unerheblich sind.[864] So hat der BGH[865] bei Verurteilung wegen sexueller Nötigung als ausreichende Erörterung der persönlichen Verhältnisse der Angeklagten die Feststellungen erachtet, „sie habe mit dem Angeklagten B in Lübeck in einer gemeinsamen Wohnung zusammengelebt, gehe der Prostitution nach und sei nicht vorbestraft"; dies genüge zur Rechtfertigung der „maßvollen und zudem zur Bewährung ausgesetzte Strafe...vollauf." In dieser Entscheidung wird der notwendige Begründungsumfang im Hinblick auf Angaben zur Person in Abhängigkeit vom verhängten Strafmaß beurteilt[866], die milde Strafe lasse die äußerst kurzen Ausführungen genügen. In der Regel wird jedoch auch bei Bagatellen der in diesen Konstellationen eben nur geringfügige bis ausbleibende Einfluss auf das Strafmaß für die gesenkten Begründungsanforderungen herangezogen. In Bezug auf Angaben zu den wirtschaftlichen Verhältnissen bei der Bußgeldbemessung hat das OLG Düsseldorf[867] z. B. entschieden, dass diese entbehrlich seien bei „massenhaft vorkommenden typischen Verkehrsverstößen, wie Überschreiten der zulässigen Höchstgeschwindigkeit, insbesondere...wenn die wirtschaftlichen Verhältnisse offensichtlich nicht vom Durchschnitt abweichen [würden] und das Gericht eine der in der BKatV v. 04.07.1989 vorgesehene Geldbuße [festsetzte]", dann seien diese Angaben für die Bußgeldbemessung nicht von Bedeutung.

861 BGH, Beschl. v. 07. 11. 2002 – 3 StR 216/02 – zitiert nach juris.
862 BGH, Urteil v. 11.02.2010 – 4 StR 433/09.
863 BGHR StPO § 267 Abs. 3 S 1 Strafzumessung 20.
864 Löwe-Rosenberg/*Stuckenberg*, § 267 Rn. 83.
865 BGH NStZ 1996, 49.
866 Vgl. dazu bereits 2. Teil, Abschnitt B, I, 1., b).
867 OLG Düsseldorf MDR 1991, 277.

Zusätzlich weist der BGH[868] darauf hin, dass nur solche in der Täterpersönlichkeit liegenden Umstände zu seinen Lasten verwertbar seien, die mit der konkreten Straftat zusammenhängen, also Rückschlüsse auf Unrechtsgehalt oder Schuld zulassen; als insoweit unzulässig beanstandete der BGH die Erwägung, der wegen sexuellen Missbrauchs von Kindern „Angeklagte habe ziellos in den Tag hineingelebt und seiner charakterlichen Veranlagung, nämlich den starken Hemmungen gegenüber Frauen und Mädchen, in keiner Weise entgegengewirkt". In der Literatur[869] werden darüber hinaus Feststellungen, die zur Denunzierung bzw. Bloßstellung des Täters geeignet oder lediglich wertender Art sind, als im Hinblick auf das Resozialisierungsziel kontraproduktiv bzw. unzulässig angesehen.

Zumeist wird die Begründungspflicht hinsichtlich der Strafzumessungsentscheidung von den Revisionsgerichten genutzt, um die Anforderungen an die Urteilsgründe zu erhöhen bzw. den Umfang auszuweiten.[870] Abgesehen von dem unter Umständen – theoretisch – zulässigen Schweigen der Gründe zu unerheblichen Gesichtspunkten, enthielten nur äußerst wenige gesichtete Revisionsurteile Ausführungen zu möglichen oder gar – wie bei den persönlichen Verhältnissen – notwendigen Einschränkungen der Strafzumessungsbegründung. Im Hinblick auf die persönlichen Verhältnisse des Angeklagten ist dies vermutlich der tatrichterlichen Praxis besonders ausführlicher Darlegungen geschuldet, was seinerseits auf die erhöhten Begründungsanforderungen der Revisionsgerichte bzw. die zunehmend erfolgreiche Rüge lückenhafter Urteilsgründe zurückzuführen sein könnte.

Streng genommen ist die einschränkende Vorgabe der Revisionsgerichte, dass die persönlichen Verhältnisse nur in dem Umfang in die Urteilsgründe aufzunehmen seien, als sie bestimmenden Einfluss auf die Strafzumessungsentscheidung (oder Schuldfrage) haben, allerdings nur eine Konkretisierung der in ständiger Rspr.[871] vertretenen Formel, dass keine erschöpfende Aufzählung aller Strafzumessungsumstände, sondern nur die Angabe der wesentlichen, die Tat prägenden notwendig sei. Die Beurteilung, welcher Aspekt im Hinblick auf die Täterpersönlichkeit wesentlich und damit erörterungspflichtig ist, behalten sich die Revisionsgerichte indes selbst vor:

Das OLG Hamm[872] hat z. B. die fehlende Erörterung einer altersbedingt erhöhten Strafempfänglichkeit beanstandet; ein höheres Lebensalter (hier 64 Jahre) sei ein regelmäßig zu erwägender Strafmilderungsgrund, zumindest hätte das Tatgericht

868 BGH bei *Mösl* DRiZ 1979, 164 (168).

869 Vgl. Löwe-Rosenberg/*Stuckenberg*, § 267 Rn. 84; ferner *Peters*, in: Gedächtnisschrift für Schröder, 425 (426 Fn. 3).

870 Vgl. nur 2. Teil, Abschnitt B, I.

871 BGH NStZ-RR 2015, 248; BGH NStZ-RR 2014, 320; BGH NStZ-RR 2012, 336; BGH NStZ-RR 2011, 370; BGH NStZ-RR 2008, 343; BGH NStZ-RR 2002, 329; BGH StV 1993, 72; BGH JZ 1989, 652; BGHR StPO § 267 Abs. 3 S. 1 Strafzumessung 2 (1987); BGH bei *Mösl* NStZ 1983, 160; BGH NJW 1979, 2621; BGH NJW 1976, 2220; BGHSt 24, 268; BGHSt 3, 179.

872 OLG Hamm VRS 33, 344 (346).

abwägen müssen, ob wegen des Alters des Angeklagten und gegebenenfalls dessen Gesundheitszustandes, eine anderes Strafmaß gerechtfertigt gewesen wäre. Hohes Alter ist zwar demnach ein nur fakultativer Strafmilderungsgrund, die Würdigung in den Urteilsgründen ist jedoch zwingend. Dem BGH[873] genügte insoweit auch die Erörterung des hohen Alters des Angeklagten (hier 67 Jahre) im Rahmen der Gesamtstrafenbegründung nicht; da dieser Umstand bei Bemessung der Einzelstrafen unerwähnt blieb, sei „nicht auszuschließen, daß die Strafkammer das verhältnismäßig hohe Alter des Angeklagten und die sich daraus für ihn ergebende besondere Härte bei der Vollziehung von Freiheitsstrafe als erheblichen Milderungsgrund bei der Festsetzung der Einzelstrafen außer Betracht gelassen [habe]". In älteren Urteilen[874] wurde auch das Geschlecht der Angeklagten als für die Strafempfänglichkeit bedeutsamer Faktor erachtet; „im Einzelfalle, nicht allgemein, [könne] eine Rolle spielen, daß es sich bei dem Täter um eine Frau handelt", dies sei zu erörtern gewesen. Auch eine etwaige Schwangerschaft (allerdings thematisiert bei Entziehung der Fahrerlaubnis, konkret bei dem Begriff der „Ungeeignetheit" – damals § 42m StGB, heute § 69 StGB) wertete das Bayerische Oberste Landesgericht[875] als rechtsfolgenrelevanten Umstand und führte dazu aus: „Erfahrungsgemäß kann eine Schwangerschaft das körperliche Befinden und das seelische Gleichgewicht der Frau erheblich beeinträchtigen. Der Unrechtsgehalt einer Straftat, die eine Frau im Schwangerschaftszustand begeht, kann daher infolge der Schwangerschaft wesentlich geringer sein." Aufgrund der fehlenden Auseinandersetzung des Tatgerichts mit diesem Aspekt wurde die Maßregelanordnung aufgehoben. Die fehlende Erörterung der Drogenabhängigkeit des Angeklagten qualifizierte der BGH[876] ebenfalls als Sachmangel.

Das Tatgericht ist demnach zwar einerseits nicht zu allzu umfänglichen Ausführungen zur Täterpersönlichkeit verpflichtet bzw. soll sich insoweit möglichst kurz fassen; andererseits ist es in der Auswahl der wesentlichen Gesichtspunkte nicht frei, vielmehr werden diese vom Revisionsgericht vorgegeben bzw. wird aufgrund des Schweigens der Urteilsgründe zu diesen Punkten ein Begründungsmangel angenommen. Urteile, in denen die gerügte Lückenhaftigkeit im Hinblick auf die persönlichen Verhältnisse vom Revisionsgericht unter Hinweis auf das Recht des Tatgerichts aus § 267 III 1 StPO, sich auf die seines Erachtens bestimmenden Umstände zu beschränken, unbeanstandet blieb, waren nicht anzutreffen. Das Revisionsgericht hat stets eine eigene Wertung hinsichtlich der Erheblichkeit des im jeweiligen Einzelfall unerörterten Aspekts vorgenommen und damit der materiellrechtlichen Begründungspflicht den Vorrang vor der prozessualen eingeräumt.

873 BGH StV 1990, 303.
874 OLG Hamm JR 1965, 234.
875 BayObLG VRS 15, 41 (42).
876 BGH StV 1981, 401 (402).

2. *Verwertung von Vorstrafen und -taten*

a) Berücksichtigung von Vorstrafen

Vorstrafen dürfen grundsätzlich vom Tatgericht im Rahmen der Strafzumessungsentscheidung berücksichtigt werden, eine entsprechende Verpflichtung besteht indes nicht.[877] Sofern das erkennende Gericht allerdings eine strafschärfende Verwertung vornimmt, haben die Revisionsgerichte einige diesbezügliche Anforderungen entwickelt.

Bei einschlägigen Vorstrafen kann sich die Tatschuld zwar bereits dadurch erhöhen, dass der Angeklagte mehrere Straftaten begangen hat,[878] zumindest sind u. U. Schlussfolgerungen bezüglich des Schuldgehalts der neuen Tat und der Täterpersönlichkeit möglich[879]. Regelmäßig bedarf es allerdings zwischen der Vorstrafe und der nunmehr abzuurteilenden Straftat einer hinreichenden Verbindung.[880] Das BVerfG[881] hat entschieden, dass eine strafschärfende Berücksichtigung von Vorstrafen dann zulässig sei, wenn das Tatgericht festgestellt hat, „daß der Angeklagte sich die früheren Verurteilungen nicht hat zur Warnung dienen lassen und daß ihm dies im Hinblick auf Art und Umstände der Straftaten vorzuwerfen sei"; dies erhöhe das Maß an vorwerfbarer Tatschuld.[882] Auch der BGH[883] betont, dass es regelmäßig

---

877 Zumindest waren keine Urteile aufzufinden, in denen auch nur gerügt wurde, Vorstrafen seien unzulässiger Weise nicht zu Lasten des Angeklagten gewertet worden; auch in der Literatur wird zumeist lediglich die an bestimmte Voraussetzungen geknüpfte Möglichkeit einer straferschwerenden Wertung betont, vgl. nur *Schäfer/Sander/van Gemmeren*, Rn. 653f.; ferner *Streng*, Rn. 565, der insoweit u. a. auf die Beseitigung der zwingenden Rückfallschärfung nach § 48 a.F. StGB durch den Gesetzgeber hinweist; anders MK-StPO/*Miebach*, § 46 Rn. 120: „Vorstrafen wirken dann strafschärfend, wenn durch sie die Schuld des Täters oder die Notwendigkeit, im Rahmen des Schuldangemessenen auf ihn einzuwirken, erhöht wird." – das BGH-Urteil, auf das *Miebach* hinsichtlich dieser Aussage verweist, behandelt allerdings die Frage, ob die tatrichterliche Verwertung der Vorstrafen rechtsfehlerfrei war; eine Pflicht zur strafschärfenden Berücksichtigung wurde darin nicht diskutiert.

878 Vgl. BGH NStZ 1991, 527; BGH Urteil v. 17.11.1987 – 1 StR 550/87; BGHR StGB vor § 1/minder schwerer Fall Gesamtwürdigung 2; BGHSt 24, 268 (270f.).

879 BGH NStZ-RR 1998, 207.

880 BGH, Urteil vom 17.08.2004 – 5 StR 591/03.

881 BVerfGE 50, 125 (134), die Entscheidung betraf zwar die aufgehobene Rückfallschärfungsvorschrift in § 48 StGB, lässt sich jedoch auf die Zulässigkeit der strafschärfenden Berücksichtigung von Vorstrafen und -taten allgemein übertragen.

882 Insoweit kritisch *Frisch* ZStW 99 (1987), 751 (773f.), der darauf hinweist, dass sich im Einzelfall gar nicht nachweisen lasse, ob ein früherer judikativer Akt tatsächlich einen nunmehr schulderhöhend wirkenden Warneffekt für den Angeklagten hatte; allenfalls zur Ermittlung der Einzeltatgesinnung könne auf das Vorleben des Täters, insb. Vorstrafen zurückgegriffen werden.

883 BGHSt 43, 106 (108).

ausreichend sei, auf die Warnwirkung der früheren Verurteilung abzustellen; diese zu ignorieren könne gleichermaßen straferschwerend gewertet werden wie die Tatsache der früheren Straftatbegehung selbst. Eine entsprechende Warnfunktion komme u. a. auch noch nicht rechtskräftigen Verurteilungen[884] und der Zustellung einer Anklageschrift wegen eines vergleichbaren Vorwurfs zu[885], insoweit stelle die Missachtung der darin enthaltenen Warnung ein „Indiz für eine negative Einstellung des Angeklagten zur Rechtsordnung" dar. Für die Zustellung eines Strafbefehls gelte dies entsprechend; dass dieser den Angeklagten „völlig unbeeindruckt" ließ, erachtete der BGH[886] als zulässigen Strafschärfungsgrund, da bereits der Durchführung des Strafverfahrens eine alarmierende Wirkung zukomme, deren Missachtung straferschwerend gewertet werden könne. Sogar dass der Angeklagte sich frühere Ermittlungs- oder Hauptverfahren, die mit Einstellung (nach den §§ 170 Abs. 2, 153 ff., 260 StPO)[887] oder gar Freispruch[888] geendet haben, nicht zur Warnung dienen ließ, dürfe zum Nachteil des Täters berücksichtigt werden. Bezichtigungen durch eine Privatperson wird allerdings nur dann eine straferschwerende Warnwirkung zugesprochen, wenn sie erweislich wahr sind, was in den Urteilsgründen darzulegen ist; bloße Verdächtigungen scheiden insoweit aus.[889]

Unabhängig vom Verfahrensausgang sind grundsätzlich entsprechende Erläuterungen zur Warnwirkung notwendig, insbesondere dahingehend, dass das frühere Verfahren nach Gegenstand und auch in zeitlicher Hinsicht überhaupt geeignet war, eine solche zu entfalten. Insoweit hat der BGH[890] z. B. ein Urteil wegen strafschärfender Berücksichtigung eingestellter Verfahren mangels näherer Ausführungen dazu, ob der Angeklagte dort überhaupt gehört oder wenigstens von der Einstellung benachrichtig wurde, sich also ein Warneffekt daraus ergeben konnte, aufgehoben. In einer anderen Entscheidung[891] hat das Tatgericht eine frühere Verurteilung strafschärfend gewertet, obwohl die aktuell verhandelten Straftaten noch vor deren Rechtskraft begangen wurden, sich also schon aus zeitlichen Gründen keine warnende Wirkung einstellen konnte. Aus demselben Grund hob der BGH[892] einen Strafausspruch auf, bei dem das erkennende Gericht die bei Tatbegehung

884 Vgl. nur BGH, Urteil v. 28.10.2008 – 5 StR 312/08 m.w.N. (in NStZ-RR 2009, 44 nur Leitsatz abgedruckt).
885 BGHR StGB § 46 Abs. 2 Vorleben 1.
886 BGH, Urteil v. 10.12.1997 – 3 StR 389/97 – zitiert nach juris.
887 BGH NJW 1987, 2243 (2244 m.w.N.).
888 BGH, Urteil v. 06.06.2002 – 1 StR 14/02 – zitiert nach juris; kritisch dazu BGH StraFo 2006, 422 (423) im Hinblick auf die Unschuldsvermutung des Art. 6 Abs. 2 MRK – zumindest wenn das derzeitige Verfahren einen völlig anders gearteten Schuldvorwurf betraf.
889 BGH, Beschl. v. 11.11.2004 – 5 StR 472/04 (in NStZ-RR 2005, 72 nur Leitsatz abgedruckt).
890 BGH NJW 1987, 2243 (2244).
891 BGH, Beschl. v. 15.03.2011 – 4 StR 92/11 – zitiert nach juris.
892 BGH, Beschl. v. 25.01.2011 – 4 StR 686/10 – zitiert nach juris.

noch andauernde Bewährung des Angeklagten strafschärfend berücksichtigt hat, obgleich alle abgeurteilten Taten schon vor Erlass der früheren Urteils begangen wurden.

Darüber hinaus verlangt die Rechtsprechung[893], dass die als Strafschärfungsgrund herangezogenen Vorstrafen in den Urteilsgründen so umfassend dargelegt werden, dass dem Revisionsgericht die Nachprüfung ermöglicht wird, ob sie überhaupt verwertet werden dürfen, insbesondere dass der Verwertung keine Tilgungsreife (vgl. §§ 45 ff., 51, 63 BZRG) entgegensteht,[894] und bejahendenfalls, ob dem Tatgericht im Hinblick auf ihre Bedeutung für die Strafbemessung bei den nunmehr abzuurteilenden Straftaten Wertungsfehler unterlaufen sind. Keinesfalls genügt der bloße Hinweis auf Vorstrafen[895] ebenso wie das Einkopieren ungekürzter Computerausdrücke aus dem Bundeszentralregister, ohne dass die Strafzumessungsgründe zumindest nähere Ausführungen zur Zumessungsrelevanz der dort aufgeführten Vorstrafen enthalten.[896] Andererseits betonen die Revisionsgerichte in ständiger Rechtsprechung[897] auch hier, wie bei den Anforderungen an die Darstellung der persönlichen Verhältnisse, dass die Urteilsgründe sich auf die für die Strafmaßentscheidung wesentlichen Aspekte der Vorstrafen beschränken sollen, die Vorstrafen also nur in dem Umfang und mit den Detailangaben zu erörtern seien, als sie für die getroffene Entscheidung von Bedeutung sind. Der erforderliche Umfang sei demnach anhand einer Einzelfallbetrachtung zu bemessen.[898]

Als Mindestanforderungen an die Darstellung der erschwerend berücksichtigten Vorstrafen werden regelmäßig Ausführungen zu Zeitpunkt und Rechtskraft der Verurteilungen, zur Art und Höhe der erkannten Rechtsfolgen und zu den zugrunde liegenden Taten bzw. festgestellten Sachverhalten verlangt, wobei zumeist eine kurze, aber präzise und aussagekräftige Zusammenfassung genügen soll.[899] Darüber hinaus muss das Tatgericht erläutern, weshalb sie für die nunmehr zu treffende Strafzumessungs- oder Prognoseentscheidung relevant sind.[900] Ein diesbezüglich typischer Kanon lautet: Sofern – wie regelmäßig der Fall – nur „Zahl, Frequenz,

893 BGH StV 1984, 151; KG, Beschl. v. 08.03.2013 – (4) 161 Ss 21/13 (28/13) m.w.N.; OLG Köln, Beschl. v. 03.07.2009 – 83 Ss 51/09 m.w.N; OLG Hamburg StV 1997, 136 (137); OLG Köln, Beschl. v. 26.01.1996 – Ss 644/95 – zitiert nach juris.

894 Vgl. dazu BGH, Beschl. v. 25.01.2012 – 5 StR 526/11 – zitiert nach juris; BGH, Beschl. v. 20.02.1997 – 4 StR 22/97 – zitiert nach juris.

895 OLG Koblenz VRS 71, 444 (445).

896 Dazu ausf. und m.N. *Schäfer* JR 1988, 475.

897 Vgl. nur BGHR StPO § 267 Abs. 3 S. 1 Strafzumessung 13, 16; BGH, Beschl. v. 10.09.2003 – 1 StR 371/03 – zitiert nach juris; OLG Frankfurt NStZ-RR 2009, 23f.

898 BGH Beschl. v. 20.06.2001 – 3 StR 202/01.

899 BGH NStZ-RR 1996, 266; KG, Beschl. v. 08.03.2013 – (4) 161 Ss 21/13 (28/13) m.w.N.; OLG Köln, Beschl. v. 03.07.2009 – 83 Ss 51/09; zur Notwendigkeit weiterer Hintergrundinformationen bei strafschärfender Verwertung von Vorstrafen bereits BGH VRS 20, 126 (128f.); ferner BGH VRS 33, 375.

900 Vgl. OLG Köln, Beschl. v. 26.01.1996 – Ss 644/95 – zitiert nach juris.

Höhe, Einschlägigkeit und Verbüßung der Vorstrafen beachtlich sind, [genüge es] die entsprechenden Tatsachen mitzuteilen".[901] Werden die Vorstrafen allerdings nur insoweit strafschärfend berücksichtigt, als nicht auf ihre Einschlägigkeit, sondern ihre grundsätzliche Notwendigkeit wegen vielfacher und über lange Zeit andauernder Straftatbegehung abgestellt wird, die eine dauerhaft mangelnde Bereitschaft zur Einhaltung gesetzlicher Vorschriften zum Ausdruck gebracht habe, seien Ausführungen zu den jeweiligen Sachverhalten gänzlich entbehrlich, die Angabe von Zeitpunkt, Schuldspruch und Rechtsfolgen inklusive etwaiger Vollstreckung genüge in diesen Fällen, wobei dann sogar bei ausreichender Erläuterung des eigentlichen Zumessungsgrundes ein Hinweis auf den einkopierten Bundeszentralregisterauszug, aus dem die entsprechenden Daten hervorgehen, ausreiche.[902] Erschöpft sich der erschwerende Zumessungsaspekt bezüglich der Vorstrafen jedoch nicht in der beharrlichen Missachtung rechtlicher Vorschriften oder der Warnfunktionen, soll etwa aus den Vorstrafen auf eine besondere, sich steigernde kriminelle Energie des Täters oder eine wiederholte, besonders verwerfliche Motivationslage geschlossen werden, die zusätzlich strafschärfend ins Gewicht fallen soll, verlangt die Rechtsprechung wiederum eine besonders eingehende Darstellung der Vorverurteilungen.[903] Maßgeblich für den notwendigen Begründungsumfang hinsichtlich der den Vorverurteilungen zugrunde liegenden Taten (die übrigen aufgeführten Angaben sind im Hinblick auf die Zulässigkeit der Verwertung ohnehin zwingend) ist demnach die Art des Zumessungsgrundes, wobei das Tatgericht auf eine kurze Zusammenfassung gerade mit Blick auf die Angreifbarkeit der Urteilsgründe in der Revision regelmäßig nicht verzichten sollte.

b) Berücksichtigung nach § 154 StPO eingestellter Taten bzw. nach § 154a StPO ausgeschiedenen Prozessstoffes

Grundsätzlich darf aus einer nach § 154 StPO eingestellten Tat kein Strafschärfungsgrund hergeleitet werden, dies gilt entsprechend für gemäß § 154 a StPO ausgeschiedene einzelne abtrennbare Teile einer Tat oder einzelne von mehreren Gesetzesverletzungen; im Hinblick auf den Grundsatz des fairen Verfahrens bzw. das Recht auf effektive Verteidigung müsse sich der Angeklagte darauf verlassen können, dass aus dem Verfahren ausgeschiedener Prozessstoff nicht mehr zu seinen Lasten gewertet wird.[904]

---

901 BGHR StPO § 267 Abs. 3 S. 1 Strafzumessung 16 m.w.N.; so auch OLG Frankfurt NStZ-RR 2009, 23f.

902 BGH bei Becker NStZ-RR 2002, 97 (100); BGHR StPO § 267 Abs. 3 S. 1 Strafzumessung 13; BGH, Beschl. v. 07.09.1993 – 1 StR 552/93 – zitiert nach juris; BayObLG, Beschl. v. 20.12.2004 – 4 StR 204/04 m.w.N. (in NStZ-RR 2005, 114 nur Leitsatz abgedruckt).

903 So etwa OLG Koblenz, Beschl. v. 13.06.2007 – 1 Ss 385/06.

904 BGH StV 1981, 236; BGH NStZ 1981, 100; BGH GA 1980, 311; ausf. dazu *Meyer-Goßner/Appl*, Rn. 505.

Von diesem Grundsatz lässt die Rechtsprechung[905] unter zwei Voraussetzungen eine Ausnahme[906], also strafschärfende Berücksichtigung, zu:

Zunächst bedarf es eines entsprechenden Hinweises des Gerichts analog § 265 StPO.[907] Diese Hinweispflicht sah die Rechtsprechung[908] ursprünglich nur für den Fall der Einstellung durch das Gericht (§§ 154 II, 154 a II StPO) vor, bei der Einstellung durch die Staatsanwaltschaft (§§ 154 I, 154 a I StPO) sei kein Vertrauenstatbestand

---

905 St. Rspr.; vgl. nur BGH StraFo 2009, 154; BGH, Beschl. v. 27.11.2008 – 5 StR 526/08 (in NStZ-RR 2009, 79 insoweit nicht abgedruckt); BGH NStZ 2000, 594; BGH NStZ 1996, 611 (612); BGH NStZ 1995, 227; BGH StV 1995, 520; BGH NStZ 1991, 182; BGHSt 30, 147 (148); BGH NStZ 1981, 100 m.w.N.; zur Begründung der Zulässigkeit, insbesondere dass kein Verstoß gegen die Unschuldsvermutung, den Anklagegrundsatz, das Doppelverwertungsverbot und den Grundsatz ne bis in idem vorliegt, vgl. bereits BGH NJW 1951, 769 (770); ferner BGH NJW 1987, 660 (661); BGH, Urteil v. 06.08.1974 – 1 StR 171/74 – zitiert nach juris; aus der Lit. *Mösl* DRiZ 1979, 164 (168).

906 Kritisch zur Zulässigkeit der strafschärfenden Berücksichtigung von nach § 154 StPO ausgeschiedenen bzw. gemäß § 154 a StPO nicht verfolgten Prozessstoffes *Vogler*, in: Festschrift für Kleinknecht, 429 (434), weil nur der Schuldspruch die Unschuldsvermutung überwinden könne; er weist allerdings zusätzlich darauf hin (S. 441), dass dies nur für Strafzumessungstatsachen gelte, die selbständig strafbar bzw. anklagbar sind; ebenfalls kritisch *Beulke/Stoffer* StV 2011, 442 (444ff.), die darin eine Umgehung des Anklagegrundsatzes und des Verbots der Doppelverwertung bzw. -verurteilung (§ 46 III StGB, Art. 103 III GG) sehen, da die selbständige Verwertung im Rahmen der Strafzumessung einer vollständigen Ahndung gleich komme; auch die Unschuldsvermutung sei betroffen, da der förmliche Schuldnachweis in einem ordentlichen Erkenntnisverfahren unterbleibe und das Tatgericht sich beim Umfang der Feststellungen darauf beschränken könne, dass die Taten in ihrem wesentlichen Unrechtsgehalt abzuschätzen sind; ferner sei der Telos der Norm tangiert, da eine Tat nur dann nach § 154 StPO ausscheiden soll, wenn die insoweit zu erwartende Strafe gegenüber der wegen anderer Taten zu erwartenden Strafe nicht beträchtlich ins Gewicht fällt, weshalb es widersprüchlich sei, später auf die Berücksichtigung der eingestellten Taten im Rahmen der Strafzumessung nicht verzichten zu können; schließlich stelle dies auch einen Verstoß gegen den Wortlaut der Norm dar, da eine Tat auch wenn sie nur zur Strafmaßbestimmung bzgl. einer anderen Straftat herangezogen wird, letztlich „verfolgt" wird i.S.v. § 154 a StPO; selbst der BGH hat in einem Urteil, StV 2004, 415 (416), geäußert, dass „es wenig sinnvoll und eher widersprüchlich [erscheine], einerseits zur Verfahrensvereinfachung strafbare Verhaltensweisen nach § 154 Abs. 1 StPO auszuscheiden und sie sodann doch wieder zum Gegenstand einer unter Umständen umfangreichen Beweisaufnahme zu machen"; insoweit zust. *Rieß* GA 1980, 312 (314), der ebenfalls den verfahrensökonomischen Zweck der §§ 154, 154a StPO, der allein auf eine Verringerung des Verhandlungsstoffes ziele, als verfehlt erachtet; ausf. zur Unzulässigkeit und mangelnden Sinnhaftigkeit dieser Rechtsprechungspraxis vgl. *Bruns* NStZ 1981, 81 (82f.).

907 Ausf. zur Hinweispflicht *Sander* StraFo 2004, 47f.

908 So noch BGHSt 30, 165f. m.w.N.

beim Angeklagten geschaffen worden, der im Hinblick auf den Grundsatz des fairen Verfahrens einer Berücksichtigung bei der Strafzumessung entgegenstehen könnte, da die Staatsanwaltschaft an eine Einstellungsverfügung vor Anklageerhebung gemäß § 154 I StPO selbst nicht gebunden sei, die Ermittlungen also ohnehin jederzeit wieder hätte aufnehmen können. Diese Rechtsprechung hat der BGH[909] allerdings bereits in den 80er Jahren des letzten Jahrhunderts aufgegeben und die Hinweispflicht auf Einstellungen durch die Staatsanwaltschaft ausgeweitet. Begründet wurde dies damit, dass ihrer Einstellungsverfügung doch Vertrauensschutz zukommen müsse; die Möglichkeit der Staatsanwaltschaft, vor Anklageerhebung trotz Einstellungsverfügung jederzeit wieder Ermittlungen aufzunehmen, ändere nichts an der Vertrauenssituation, die im Zeitpunkt der Aburteilung durch das Gericht besteht. Dem ist insoweit zuzustimmen, als der Angeklagte spätestens mit Zustellung des Eröffnungsbeschlusses (§ 215 StPO) Kenntnis von gemäß §§ 154, 154 a StPO eingestellten Taten bzw. ausgeschiedenen Teilen erhält, ab diesem Zeitpunkt also Vertrauen bezüglich der Nichtberücksichtigung entwickeln kann. Allein auf seinen Horizont ist bei Beurteilung der Notwendigkeit eines rechtlichen Hinweises als Ausfluss der richterlichen Fürsorgepflicht abzustellen.

Zweite Voraussetzung für die Zulässigkeit der strafschärfenden Verwertung von nach §§ 154, 154 a StPO behandelten Verfahrensaspekten ist, dass die Tatvorwürfe prozessordnungsgemäß festgestellt, also im Wege des Strengbeweises nachgewiesen, und in den Urteilsgründen dargelegt werden.[910] Der Darstellung in den Urteilsgründen bedarf es primär, um dem Revisionsgericht die Nachprüfung auf mögliche Rechtsfehler zu ermöglichen;[911] der Hinweis auf ein Geständnis des Angeklagten hinsichtlich der eingestellten Taten ohne nähere inhaltliche Ausführungen zu denselben genügt ebenso wenig wie die Bezugnahme auf die Falldarstellungen der Anklageschrift.[912] Die eingestellten Taten bzw. ausgeschiedenen Tatteile müssen so bestimmt und detailliert festgestellt und dargelegt werden, dass sie in ihrem wesentlichen Unrechtsgehalt abzuschätzen sind und insbesondere nicht die Gefahr der unzulässigen strafschärfenden Verwertung eines bloßen Verdachts weiterer Straftaten besteht.[913] Als unzulässig erachtete der BGH[914] insoweit die strafschärfende Erwägung des Tatgerichts, dass „es sich nicht um Einzeltaten handelte, sondern um Glieder einer Kette einer Vielzahl von Taten, die nur deshalb nicht zur Anklage gebracht werden konnten, weil sie sich nicht näher konkretisieren ließen. Hierbei [seien] – wie ausgeführt – 4 nach dem Ergebnis der Beweisaufnahme eventuell für eine neue Anklage hinreichend bestimmbare Vorfälle nicht strafschärfend berücksichtigt worden"; weitere Ausführungen zu den nicht näher konkretisierbaren, aber

---

909 Erstmalig in Abkehr von der früheren Rspr. BGH NStZ 1983, 20.
910 BGHR StGB § 46 Abs. 2 Vorleben 13 m.w.N.
911 BGH bei *Detter* NStZ 2006, 146 (148); BGH StraFo 2005, 515.
912 BGH StV 1995, 520f.
913 BGH NStZ-RR 2009, 306; vgl. auch BGH NStZ 1995, 439; BGHR StGB § 46 Abs. 2 Vorleben 14, 23; vgl. auch 2. Teil, Abschnitt B, I, 4., a), aa).
914 BGH NStZ-RR 1997, 130.

gleichwohl erschwerend bedachten Vorwürfen ließen die Urteilsgründe vermissen. Dies beanstandete der BGH als unzulässig mit dem Hinweis, dass unklar bleibe, welche und wie viele Straftaten der Angeklagte über die abgeurteilten Taten hinaus noch begangen hat. Die strafschärfende Verwertung der bloßen Vermutung weiterer Taten verbietet sich indes bereits wegen des Grundsatzes in dubio pro reo bzw. der Unschuldsvermutung. Allerdings verlangt die Rechtsprechung keine umfassende Erörterung der eingestellten bzw. nicht verfolgten Taten, lediglich die für die Strafzumessung erheblichen Gesichtspunkte müssen zur Überzeugung des Gerichts feststehen und in den Urteilsgründen ausgeführt werden.[915] Der notwendige Begründungsumfang korreliert demnach mit der Erheblichkeit für die Rechtsfolgenentscheidung; nur insofern muss dem Revisionsgericht eine Kontrolle ermöglicht werden, im Ergebnis also eine Frage des Einzelfalls, wobei allzu dürftige Ausführungen grundsätzlich den Aufhebungsgrund bergen, eine Prüfung auf Wertungsfehler nicht zu ermöglichen.

c) Berücksichtigung verjährter Taten

Während nach früherer Rechtsprechung[916] nicht abgeurteilte, verjährte Straftaten uneingeschränkt als strafschärfende Umstände herangezogen werden durften, entspricht es inzwischen ständiger Rechtsprechung[917], dass die Berücksichtigung verjährter Taten zwar grundsätzlich auch weiterhin zulässig ist, ihnen allerdings nicht das gleiche Gewicht beigemessen werden darf wie noch in vollem Umfang verwertbaren Taten, anderenfalls würde das Rechtsinstitut der Verjährung mittelbar unterlaufen. Soweit verjährte Taten als Strafschärfungsgrund herangezogen werden, müssen die Urteilsgründe neben den Feststellungen zu den zugrunde liegenden Sachverhalten (entsprechend den Erörterungspflichten bei Verwertung von nach §§ 154, 154 a StPO ausgeschiedenem Prozessstoff) Ausführungen enthalten, die erkennen lassen, dass sich das Tatgericht sowohl des Umstands der eingetretenen Verjährung als auch der daraus folgenden nur eingeschränkten Bedeutung jener Taten für die Strafbemessung bewusst war.[918] Als unzulässig erachtete der BGH[919] z. B. die strafschärfende Wertung eines Gesamtschadens in Höhe von 900.000 DM, obgleich sich der für die abgeurteilten Taten festgestellte Schaden auf lediglich

---

915 BGH NStZ 1991, 182.

916 BGH NJW 1987, 3144 (3145) m.w.N.; BGHR StGB § 46 Abs. 2 Vorleben 19 m. w. N.; vgl. dazu *Mösl* DRiZ 1979, 164 (168).

917 Vgl. nur BGH, Beschl. v. 17.05.2011 – 1 StR 190/11 – zitiert nach juris; BGH, Beschl. v. 07.07.2009 – 4 StR 228/09 – zitiert nach juris; BGH NStZ 2008, 146; BGH StraFo 2006, 408; BGH NJW 1993, 2693 (2694); kritisch dazu *Vogler*, in: Festschrift für Kleinknecht, 429 (441), der es unter Hinweis auf die Unschuldsvermutung für unzulässig hält, amnestierte oder verjährte Vortaten bei Strafzumessung zu berücksichtigen.

918 BGH StV 1994, 423.

919 BGH StV 1994, 423.

362.403,89 DM belief; das Tatgericht hatte insoweit versäumt zu verdeutlichen, dass es auch Tatfolgen aus verjährten und durch Einstellung aus dem Verfahren ausgeschiedenen Taten berücksichtigt hat, die nicht ihrem vollen Unrechtsgehalt entsprechend hätten berücksichtigt werden dürfen; dieser Darstellungsmangel führte zur Aufhebung auf die Sachrüge hin.

Zumeist wird der Begründungsmangel von den Revisionsgerichten herangezogen, um die fehlende Berücksichtigung eines relevanten Strafzumessungsumstands zu rügen (sei es auch nur in Form des Rechtsfehlers mangelnder Nachprüfbarkeit, ob der fragliche, nach materiellem Recht zu erwägende Umstand – gegebenenfalls wertungsfehlerfrei – bedacht wurde). Vorliegend schließt der BGH jedoch aus der unvollständigen, nämlich die nur eingeschränkte Zulässigkeit der Berücksichtigung verjährter Taten nicht erwähnenden, Darstellung, dass ein grundsätzlich zulässiger Strafzumessungsaspekt möglicherweise zu intensiv gewertet wurde – ein neuer, wenn auch vereinzelt gebliebener Ansatzpunkt zur Ausdehnung der Revisibilität der Strafzumessung mittels der Darstellungsrüge. Aber auch sofern das Tatgericht im Rahmen der Strafzumessungsentscheidung Vorstrafen oder nach §§ 154, 154 a StPO aus dem Verfahren ausgeschiedene Vortaten berücksichtigt, betrifft die Begründungspflicht nicht die Notwendigkeit der rechtsfehlerfreien Berücksichtigung eines zumessungsrelevanten Umstands als solche, sondern vielmehr die insoweit erforderlichen Feststellungen, an die die Revisionsgerichte mittlerweile strenge Anforderungen stellen. Angeknüpft wird gleichwohl, wenn auch nicht explizit, an die materiell-rechtliche Begründungspflicht, die Aufhebung erfolgt in diesen Fällen auf die Sachrüge hin, in der Regel mit dem insoweit typischen Argument der fehlenden Nachprüfbarkeit auf Rechtsfehler bei strafschärfender Berücksichtigung dieser Taten (etwa bezüglich der Zulässigkeit der Verwertung oder im Hinblick auf Wertungsfehler). Umgekehrt formuliert ist die Verwertung eines solchen Strafschärfungsgrundes nur zulässig, wenn die Urteilsgründe alle insoweit erforderlichen Feststellungen enthalten. Im Gegensatz zu solchen Umständen, die die persönlichen Verhältnisse des Angeklagten betreffen, ist eine Einschränkung der Erörterungspflicht nach § 267 III 1 StPO hier nicht einmal theoretisch denkbar. Nimmt das Tatgericht Vorstrafen und -taten in seine Strafzumessungserwägungen auf, misst es ihnen zwangsläufig bestimmende, die Erörterungspflicht des § 267 III 1 StPO auslösende Bedeutung bei; der notwendige Umfang wird dann von der erforderlichen revisionsrechtlichen Nachprüfbarkeit und damit nach materiellem Recht bestimmt. Eine Kollision zwischen prozessualer und materiell-rechtlicher Begründungspflicht ist bei diesem Strafzumessungsumstand also nicht zu befürchten, dementsprechend sind auch keine Erkenntnisse für das Verhältnis dieser Pflichten zueinander zu gewinnen.

3. Naheliegende Milderungsgründe

Soweit mildernde Umstände nach den Urteilsfeststellungen in Betracht kommen oder nach den konkreten Umständen nahe liegen, sind sie grundsätzlich auch in der Strafzumessungsbegründung anzuführen; schweigen die Gründe zu derartigen

Umständen, leiten die Revisionsgerichte daraus regelmäßig einen zur Aufhebung führenden Rechtsfehler her. So schloss der BGH[920] beispielsweise aus der Begründung der Strafrahmenwahl, dass dort genannte, bei der Strafzumessung im engeren Sinne jedoch nicht erwähnte strafmildernde Umstände bei der Strafmaßfindung zu Unrecht nicht berücksichtigt wurden. Auch das gänzliche Fehlen mildernder Umstände stelle regelmäßig ein Indiz für das fehlerhafte Außerachtlassen solcher Aspekte dar.[921] Für die im Folgenden dargestellte Auswahl an Strafzumessungsumständen hat die Rechtsprechung mittlerweile eine Erörterungspflicht statuiert.

a) Vorstrafenfreies Vorleben des Angeklagten

Einen nach materiellem Recht zwingend zu erörternden Strafmilderungsgrund stellt die bisherige Straflosigkeit zur Zeit der Tat dar,[922] da die Rechtstreue des Angeklagten bis zur Tatbegehung regelmäßig Rückschlüsse auf seine Persönlichkeit zulässt und damit wichtige Anhaltspunkte hinsichtlich spezialpräventiver Überlegungen, also bezüglich dem Resozialisierungsbedürfnis und der notwendigen Abschreckung des Täters, liefert.[923] Dieser Aspekt dürfe auch nicht mit dem Argument außer Acht gelassen werden, dass Straffreiheit kein Verdienst, sondern Selbstverständlichkeit sei.[924] Ebenso unzulässig ist die Begründung zur Ablehnung des Strafmilderungsgrundes, dass grundsätzlich erwartet werden dürfe, dass jedermann sich rechtmäßig verhalte.[925] Angesichts der erheblichen Anzahl vorbestrafter Personen, könne Unbestraftheit eben nicht von jedem Mitbürger erwartet werden.[926] Dies überzeugt insbesondere auch im Hinblick auf die von früheren Verurteilungen ausgehende Warnfunktion, deren Missachtung regelmäßig als strafschärfender Umstand herangezogen wird. Hat der Angeklagte sein bisheriges Leben ohne einen solchen Warneffekt straffrei bestritten, verdient dies im Umkehrschluss als strafmildernder Faktor Anerkennung. Zwar ist gleichwohl im Einzelfall denkbar, dass das Tatgericht diesem Umstand ob der sonstigen Strafzumessungsaspekte kein bestimmendes Gewicht i.S.v. § 267 III 1 StPO beigemessen hat, eine entsprechende revisionsgerichtliche Entscheidung war indes nicht zu finden.

---

920 BGH StV 1984, 151f.

921 BGHR StGB § 46 Abs. 2 Lebensumstände 8; vgl. dazu *Meyer-Goßner* NStZ 1988, 529 (535), der das Tatgericht vor dem Satz „Strafmildernd konnte nichts berücksichtigt werden." warnt, da sich fast immer – zumindest aus den Angaben zu den persönlichen Verhältnissen – irgendwelche Milderungsgründe finden ließen; ähnlich Löwe-Rosenberg/*Stuckenberg*, § 267 Rn. 89, der empfiehlt, statt negativer Formulierungen (keine Milderungsgründe ersichtlich) positive zu gebrauchen.

922 BGH NStZ-RR 2002, 329; vgl. auch BGH bei *Theune* StV 1985, 205 (206); BGH StV 1994, 17; ausf. dazu *Schäfer/Sander/van Gemmeren*, Rn. 647; HK-StPO/*Julius*, § 267 Rn. 20.

923 BGH NStZ 1988, 70; BGH NStZ 1983, 453

924 BGH NStZ 1982, 376.

925 BGH StV 1981, 236.

926 BGH bei *Theune* StV 1985, 205 (206).

b) *Positives Nachtatverhalten (Auswahl)*[927]

aa) Stabilisierung der Lebensverhältnisse/soziale Integration

In ständiger Rechtsprechung[928] vertritt der BGH, dass auch Lebensumstände des Angeklagten ohne unmittelbaren Zusammenhang mit dem Tatgeschehen strafzumessungserheblich seien, insbesondere müsse eine Stabilisierung der Lebensverhältnisse nach Tatbegehung und die soziale Wiedereingliederung des Täters im Rahmen der Rechtsfolgenentscheidung als mildernde Faktoren berücksichtigt werden. Dies betrifft neben etwaigen Prognoseentscheidungen (etwa zur Strafaussetzung oder Maßregelanordnung) sowohl die Strafrahmenwahl als auch die Strafzumessung im engeren Sinne. So hat der BGH[929] etwa beanstandet, dass das Tatgericht laut der Urteilsbegründung alle bei Erörterung der Frage des minder schweren Falles aufgeführten Umstände bei der Strafhöhenbemessung nochmals umfassend gewürdigt habe und (u. a.) zusätzlich mildernd berücksichtigt habe, dass sich die persönlichen Lebensumstände des Angeklagten seither gefestigt hätten, weil er nunmehr einer Beschäftigung nachgehe und verlobt sei; dieser Gesichtspunkt sei ein solch gewichtiger Strafzumessungsumstand, dass er bereits bei der Strafrahmenwahl hätte erörtert werden müssen. Bei dieser Entscheidung konnte der BGH nicht – wie sonst regelmäßig – aus der fehlenden Erörterung darauf schließen, dass das Tatgericht diesen Umstand möglicherweise übersehen hat, da er im Rahmen der Strafmaßentscheidung explizit als mildernder Faktor angeführt wurde. In konsequenter Anwendung des § 267 III 1 StPO hätte das Revisionsgericht hier die erhobene Darstellungsrüge mit dem Argument zurückweisen müssen, dass der betreffende Umstand vom Tatgericht zwar erkannt, ihm jedoch hinsichtlich der Beurteilung des minder schweren Falles kein bestimmendes Gewicht beigemessen wurde. Statt dessen wird die Vorschrift nicht erwähnt, eine Erörterungspflicht auch für die Strafrahmenwahl festgestellt und damit letztlich konkludent der materiellrechtlichen Begründungspflicht der Vorzug gegeben. Neben den in der soeben genannten Entscheidung aufgeführten Aspekten der familiären Festigung und beruflichen Eingliederung, ist auch die erfolgreiche Bekämpfung einer (vor allem Betäubungsmittel-)Sucht ein obligatorischer Milderungsgrund; aufgehoben hat der BGH[930] insoweit einen Rechtsfolgenausspruch, innerhalb dessen lediglich bei der Prüfung des § 64 StGB ausgeführt wurde, dass es dem Angeklagten „aus eigenem Antrieb und eigener Kraft gelungen [sei], den Weg aus der Sucht zu finden" und er seit über einem Jahr gänzlich drogenfrei lebe, im Rahmen der Strafmaßentscheidung hätte dieses nach Auffassung des BGH „nicht alltägliche Maß einer Festigung der Lebenssituation" (eine berufliche Anstellung seit mehr als drei Jahren kam noch

---

927 Ausf. zu den Fallgruppen des Nachtatverhaltens *Schäfer/Sander/van Gemmeren*, Rn. 667ff.; ferner MK-StGB/*Miebach*, § 46 Rn. 123ff.

928 Vgl. nur BGH, Beschl. v. 16.08.2011 – 5 StR 300/11; BGHR STGB § 177 Abs. 1 Strafzumessung 12 m.w.N.; BGH, Beschl. v. 10.04.1992 – 3 StR 101/92.

929 BGH StV 1993, 245.

930 BGH, Beschl. v. 16.08.2011 – 5 StR 300/11.

hinzu) strafmildernd berücksichtigt werden müssen; auch in dieser Entscheidung wird eine etwaige Einordnung des Tatgerichts als nicht bestimmender Umstand i.S.v. § 267 III 1 StPO nicht diskutiert. Soweit die Tatbegehung des Angeklagten bereits lange Zeit zurück liegt, verlangt die Rechtsprechung[931], dass die freiwillige Einstellung krimineller Handlungen – hier wurde der Betäubungsmittelhandel bereits 15 Jahre vor der Aburteilung beendet – als mildernd zu honorierende Maßnahme sozialer Wiedereingliederung erörtert wird, zumal es in derartigen Fällen kaum mehr einer spezialpräventiven Einwirkung auf den Angeklagten bedarf. Selbst das (ernsthafte) Bemühen eines Angeklagten, sich aus dem kriminellen Milieu zu lösen, sei ein zwingend strafmildernd zu wertender Gesichtspunkt.[932]

Umstände, die zwar auf eine Stabilisierung der Lebensverhältnisse und/oder soziale Wiedereingliederung hindeuten, gleichwohl aber keiner Erörterungspflicht unterliegen, waren nicht zu finden. Eine Einschränkung der insoweit bestehenden materiell-rechtlichen Begründungspflicht mittels § 267 III 1 StPO scheint die Rechtsprechung auch hinsichtlich dieser Zumessungsfaktoren nicht anzuerkennen.

bb) Schadensbeseitigung

Die Schadensbeseitigung durch den Täter gibt grundsätzlich Anlass zur Prüfung des § 46 a StPO. Nach § 46 a Nr. 1 StGB kann das Gericht die Strafe mildern, wenn der Täter in dem Bemühen, einen Ausgleich mit dem Verletzten zu erreichen, seine Tat ganz oder zum überwiegenden Teil wiedergutmacht oder deren Wiedergutmachung ernsthaft erstrebt hat. Der BGH[933] hat einen Strafausspruch wegen fehlender Erörterung dieser Vorschrift trotz akzeptierter Entschädigungszahlung des Angeklagten an das Opfer in Höhe von 12.000 DM aufgehoben, obwohl das Tatgericht diesen Schadensausgleich bei der Strafzumessung berücksichtigt hatte; das Vorliegen der Voraussetzungen des § 46 a StGB habe in diesem Fall nahe gelegen und dementsprechend eine Darlegungspflicht ausgelöst. Aber auch jenseits des § 46 a StGB nimmt die Rechtsprechung bei Schadensbeseitigung einen zwingend zu berücksichtigenden Strafmilderungsgrund an. Dies führt bereits zu einer diesbezüglichen Aufklärungspflicht, deren Verletzung erfolgreich mit der Aufklärungsrüge in der Revision geltend gemacht werden kann.[934] Auch die unterbliebene Würdigung einer Schadenswiedergutmachung durch das Tatgericht kann als Verstoß gegen § 261 StPO erfolgreich gerügt werden; so beanstande der BGH[935] z. B., dass dem in der Revisionsbegründung wörtlich mitgeteilten Verhandlungsprotokoll zu entnehmen sei, dass der Angeklagte sich damit einverstanden erkläre, dass das bei ihm „sichergestellte Geld, geldwerte Forderungen, insbesondere das Guthaben aus dem

---

931 Z.B. BGH NStZ 2010, 230 (231).

932 BGH, Urteil v. 27.08.1986 – 3 StR 265/86 – zitiert nach juris (in NStZ 1987, 21 insoweit nicht abgedruckt).

933 BGHR StGB § 46a Nr. 1 Ausgleich 2.

934 Vgl. nur BGH StV 2005, 426.

935 BGH StV 1991, 549.

Postsparbuch und Gegenstände... bei der Justiz verbleiben und für die Entschädigung der Geschädigten dieses Verfahrens verwendet werden", er habe demnach Leistungen zur Wiedergutmachung des Schadens erbracht, die zu würdigen das Tatgericht unter Verletzung des § 261 StPO versäumt habe.

In der Regel führt die unterbliebene Berücksichtigung einer Schadensbeseitigung des Täters indes zur Aufhebung wegen Lückenhaftigkeit der Strafzumessungsbegründung. Gibt der wegen Diebstahls angeklagte Täter das Diebesgut tatsächlich zurück, sei dies laut Rechtsprechung ein zwingend zugunsten des Angeklagten zu erörternder Umstand, sowohl bei der Strafzumessung im engeren Sinne als auch bereits (sofern eine Wahlmöglichkeit besteht) bei der Strafrahmenwahl.[936] Dies gelte entsprechend für Schadensersatzleistungen an das Opfer, wobei bereits Bemühungen des Täters positiv zu werten seien.[937] Die Reaktion des Geschädigten auf derartige Bestrebungen des Täters, insbesondere eine etwaige Annahme von Wiedergutmachungsleistungen sei von dieser Darlegungspflicht ebenfalls umfasst.[938] Soweit ein Vergleich zur Zahlung von Schmerzengeld zwischen Täter und Opfer geschlossen wurde, das Tatgericht jedoch gleichwohl die Voraussetzungen des § 46 a StGB ablehnt, begründen fehlende Ausführungen dazu, dass die Wiedergutmachungsleistungen dann gemäß § 46 II 2 StGB als allgemeiner Strafzumessungsgesichtspunkt zu berücksichtigen seien, den Rechtsfehler der Lückenhaftigkeit der Urteilsgründe.[939] Insoweit genügt auch eine Verurteilung zu Schmerzensgeld, auch dies erachtet die Rechtsprechung[940] als obligatorischen Strafmilderungsgrund.

Leistungen zur Schadensbeseitigung von dem Täter nicht zuzurechnenden Dritten, etwa Versicherungen, wirken sich indes nicht zugunsten des Angeklagten aus.[941] So wies der BGH[942] z. B. die Rüge unterbliebener Erörterung des Umstands, „dass die getäuschten Abnehmer der Fleischprodukte der Kategorie 3 diese vor Aufdeckung der Tat noch gutgläubig als Lebensmittel weiterverkaufen konnten", mit dem Argument zurück, dass dies lediglich zu einer nachträglichen dem Täter nicht zugute zu haltenden Schadensverlagerung führe.

Begründungen, weshalb die Schadensbeseitigung auch innerhalb der Strafzumessung im engeren Sinne einen mildernd zu berücksichtigenden Faktor darstellt, enthalten die revisionsgerichtlichen Urteile regelmäßig nicht. Die entsprechende gesetzgeberische Wertung lässt sich jedoch neben § 46 a StGB der Vorschrift des § 46 II 2 StGB unmittelbar entnehmen, in der dieser Aspekt als relevanter Zumessungsfaktor beispielhaft aufgezählt wird. In der Literatur wird insoweit als Begründung angeführt, dass die nachträgliche Beseitigung des tatbestandsmäßigen Erfolges, also des Schadens, den Erfolgsunwert der Straftat mindere und bereits

---

936 Vgl. BGH, Beschl. v. 16.10.2008 – 5 StR 482/08 – zitiert nach juris.
937 BGH NStZ 2008, 452 (453).
938 BGH NStZ 2008, 452 (453).
939 OLG Hamm StV 1999, 89f.
940 BGHR StGB vor § 1/minder schwerer Fall Gesamtwürdigung, unvollständige 8.
941 Vgl. dazu *Schäfer/Sander/van Gemmeren*, Rn. 593.
942 BGH, Beschl. v. 20.10.2010 – 1 StR 400/10 – zitiert nach juris.

deshalb eine Strafmilderung bewirken müsse.[943] Frisch[944] bezeichnet dies als „Behebung des tatbedingten Normgeltungsschadens"; die Pflicht zur strafmildernden Berücksichtigung folge daraus, dass der Täter durch die Schadenswiedergutmachung selbst das Bedürfnis zur Wiederherstellung der Geltung der Norm befriedige. Eine derartige Leistung bei der Strafzumessung unberücksichtigt zu lassen, ist demnach unzulässig. Dementsprechend ließ sich auch kein revisionsrechtliches Urteil finden, in dem dem Tatgericht zugestanden worden wäre, die Schadensbeseitigung des Angeklagten als nicht bestimmenden Umstand gemäß § 267 III 1 StPO in den Urteilsgründen auszusparen.

cc) Geständnis

Ein Geständnis des Angeklagten erachtet die Rechtsprechung grundsätzlich als zwingend zu erörternden Strafmilderungsgrund, z. T. wird es explizit als bestimmender und damit darlegungspflichtiger Umstand i.S.v. § 267 III 1 StPO bezeichnet.[945] Dass dies der Auslegung dieser Norm als Verpflichtung des Tatgerichts zur wahrheitsgemäßen Wiedergabe der tatsächlich angestellten Strafzumessungserwägungen zuwider läuft, ist bereits an anderer Stelle ausgeführt worden. Die Bezeichnung als bestimmender Umstand kann daher auch hier nur so verstanden werden, dass der BGH diesen Aspekt als in jedem Fall derart wesentlich erachtet, dass eine Auseinandersetzung in den Strafzumessungsgründen nach materiellem Recht unerlässlich ist, er also zwingend in die tatrichterlichen Erwägungen aufzunehmen und dementsprechend als bestimmender Umstand gemäß § 267 III 1 StPO darzulegen ist. Ihm kein bestimmendes Gewicht beizumessen und deshalb nicht in die Strafzumessungsbegründung aufzunehmen, wird dem Tatgericht angesichts dieser Formulierung demnach gar nicht zugestanden. Eine Ausnahme bildet insoweit das Geständnis, das „ersichtlich nicht aus einem echten Reue- und Schuldgefühl heraus abgegeben worden ist, sondern auf erdrückenden Beweisen beruht".[946] In diesem

---

943 *Schäfer/Sander/van Gemmeren*, Rn. 593.

944 *Frisch* ZStW 99 (1987), 751 (781).

945 Vgl. nur BGH NStZ-RR 2014, 106 (Ls.); BGH, Beschl. v. 13.11.1997 – 4 StR 539/97 – zitiert nach juris (in NStZ-RR 1998, 107 insoweit nicht abgedruckt); OLG Frankfurt a.M. NStZ-RR 1997, 45 (46); kritisch dazu *Jescheck*, Jescheck/Weigend, § 83 IV Nr. 2, der durch die strafmildernde Berücksichtigung eines Geständnisses die Verteidigungsfreiheit des Angeklagten, nämlich zu kooperieren oder nicht (sei es durch schweigen oder leugnen), gefährdet sieht; zust. *Dencker* ZStW 102 (1990), 51 (56, 59ff.), der die Zulässigkeit und Berechtigung der strafmildernden Berücksichtigung eines Geständnisses grundsätzlich in Frage stellt und dabei (u. a.) ebenfalls auf den Widerspruch hinweist, wenn das Prozessrecht einerseits Verfahrensrechte (insb. das Aussageverweigerungsrecht) gewährt und andererseits ihre Nichtwahrnehmung belohnt; insoweit ebenfalls kritisch *Hammerstein* StV 2007, 48 (49).

946 BGH NStZ-RR 2014, 106 (Ls.); zust. *Eschelbach* JA 1998, 498 (504), eine strafmildernde Berücksichtigung sei zwingend, es sei denn, Leugnen wäre aussichtslos gewesen; vgl. dazu *Rönnau* wistra 1998, 49 (53), der dem Geständnis als solchem

Fall sei dem Tatgericht gestattet, eine strafmildernde Berücksichtigung abzulehnen. Gänzlich frei ist das erkennende Gericht indes auch bei dieser Beurteilung nicht. So hob der BGH[947] z. B. einen Strafausspruch wegen Ablehnung einer Strafmilderung aufgrund des Geständnisses des Angeklagten auf, weil die tatrichterliche Begründung insoweit nicht überzeugt habe. Das Landgericht hatte eine Berücksichtigung zugunsten des Täters mit dem Argument verneint, dass es „der Geschädigten nicht die besondere Belastung und schmerzliche Erfahrung einer Vernehmung in der gerichtlichen Hauptverhandlung erspart [habe]. Erst nach ihrer das Verfahren bestimmenden glaubhaften Bekundung [sei] beim Angeklagten der Sinneswandel erfolgt und seine Umkehr zur Wahrheit". Neben der Tatsache, dass das Geständnis schon deshalb von Bedeutung sei, weil anderenfalls allein die Glaubhaftigkeit der Aussage der Geschädigten bzw. ihre Glaubwürdigkeit maßgeblich gewesen wären, was schwerlich als erdrückender Beweis bezeichnet werden könne, kritisierte der BGH, dass die Beurteilung, ob das Geständnis nicht aus einem echten Reue- und Schuldgefühl heraus abgelegt wurde, darauf hinaus liefe, aus dem Prozessverhalten des Angeklagten für ihn nachteilige sichere Schlüsse hinsichtlich der Motivation seines Geständnisses (mangelnde Reue und Schuldeinsicht) zu ziehen, was im Hinblick auf den Grundsatz in dubio pro reo höchst bedenklich sei. Angesichts dieser Entscheidung verliert auch die dem Tatgericht zugestandene Ausnahme bei der Pflicht zur mildernden Berücksichtigung eines Geständnisses an Bedeutung. Wenn es dem Gericht nicht erlaubt ist, dass Prozessverhalten des Angeklagten im Hinblick auf Reue und Schuldeinsicht gegebenenfalls auch zu seinen Lasten zu würdigen – was vor dem Hintergrund der Prozessmaxime der freien richterlichen Würdigung, § 261 StPO, nicht unbedenklich ist – läuft dies letztlich doch auf einen umfassenden Zwang zur mildernden Wertung eines Geständnisses hinaus. Auch das primär aus verfahrenstaktischen Gründen im Rahmen einer Absprache (§ 257 c StPO) abgegebene Geständnis könne trotz ersichtlich mangelnden Reue- und Schuldgefühls mildernd berücksichtigt werden; der BGH[948] führte dazu aus, dass ein Verfahrensabsprache mit einer erdrückenden Beweislage nicht zu vergleichen sei und die Reue des Angeklagten ohnehin nur eine subjektive und damit objektiv schwer messbare Empfindung sei, bei der aufgrund des Zweifelsgrundsatzes von der für den Angeklagten günstigsten aller nach den Umständen in Betracht kommenden Möglichkeiten auszugehen sei. Eindeutig hob er anschließend hervor, dass jedes Geständnis grundsätzlich geeignet sei, (in unterschiedlichem Maße) Bedeutung als strafmildernder Gesichtspunkt zu erlangen. In einer anderen Entscheidung[949]

---

gar keine strafmildernde Bedeutung zumisst, sondern lediglich Indizcharakter für die Beurteilung von Tat und Täterpersönlichkeit – der mildernd zu berücksichtigende Zumessungsaspekt sei dann der eigentliche Beweggrund des Geständnisses, also insbesondere Schuldeinsicht und Reue.

947 BGH, Beschl. v. 13.11.1997 – 4 StR 539/97 – zitiert nach juris (in NStZ-RR 1998, 107 insoweit nicht abgedruckt).

948 BGH NJW 1998, 86 (89); ausf. dazu *Eschelbach* JA 1998, 498 (504).

949 BGH NStZ 2000, 366.

betonte der BGH, dass dies selbst bei einem erst in der Hauptverhandlung nach vorherigem Bestreiten der Tat abgelegten Geständnis gelte, auch dies sei geeignet „zur Wiederherstellung des Rechtsfriedens beizutragen und Genugtuungswirkung für Opfer wie Allgemeinheit zu entfalten". Frisch[950] sieht die Rechtfertigung einer Strafmilderung bei Ablegen eines Geständnisses ebenfalls darin begründet, dass die damit dokumentierte Übernahme der Verantwortung zur Wiederherstellung des Geltungsanspruchs der Norm beiträgt und damit – ähnlich der materiellen Schadensbeseitigung – den Normgeltungsschaden reduziert.

Einem Geständnis die strafmildernde Bedeutung abzusprechen ist demnach als Ausnahme zwar möglich, theoretisch für den Fall einer eindeutigen Beweislage und mangelndem Reue- und Schuldgefühl als Motivation vom BGH sogar vorgesehen, praktisch jedoch kaum durchsetzbar, zumindest ist der Strafausspruch in diesem Fall – wie gezeigt – höchst angreifbar. Die Option, das Geständnis in den Urteilsgründen gar nicht zu erwähnen, nämlich als – ohne nähere Begründung – nicht bestimmenden Umstand i.S.v. § 267 III 1 StPO einzuordnen, besteht indes nicht bzw. führt im Fall einer diesbezüglichen Rüge mit Sicherheit zur Aufhebung des Urteils wegen Lückenhaftigkeit; die materiell-rechtliche Begründungspflicht hat bezüglich dieses Zumessungsaspekts Vorrang.

dd) Aufklärungsbereitschaft des Angeklagten

Im Hinblick auf die Aufklärungsbereitschaft des Angeklagten sind insbesondere die Vorschriften des § 46 b StGB und § 31 BtMG, die insoweit eine fakultative Strafmilderung vorsehen (gegebenenfalls auch ein Absehen von Strafe), von Bedeutung. Einen Darstellungsmangel nimmt der BGH[951] nicht nur bei gänzlich fehlender Auseinandersetzung mit dem vom Angeklagten geleisteten Aufklärungsbeitrag im Rahmen der Rechtsfolgenentscheidung an, sondern sogar für den Fall, dass die Aufklärungshilfe zwar im Rahmen der Strafhöhenbemessung als relevanter Aspekt behandelt, die Vorschrift des § 46 b StGB bzw. § 31 BtMG jedoch gar nicht erörtert wird, obgleich das Vorliegen seiner Voraussetzungen nach den Feststellungen nahe lag. Neben der Einhaltung der grundsätzlichen Erörterungspflicht bezüglich dieser Normen, so ihre Voraussetzungen nach den Umständen nahe liegen, prüft das Revisionsgericht auch – ähnlich wie bei Beurteilung der Qualität eines Geständnisses – ob die Versagung einer Strafmilderung vom Tatgericht ausreichend und fehlerfrei begründet wurde. Beanstandet hat der BGH[952] insoweit die Argumentation, dass

---

950 *Frisch* ZStW 99 (1987), 751 (781f.).

951 St. Rspr.; vgl. nur BGH, Beschl. v. 15.07.2015 – 5 StR 209/15; BGH, Beschl. v. 03.06.2015 – 4 StR 105/15; BGH, Beschl. v. 03.03.2015 – 3 StR 595/14; BGH, Beschl. v. 27.01.2015 – 2 StR 516/14; BGH NStZ 2015, 264 (265); BGH NStZ-RR 2009, 58 (59 m.w.N.).

952 BGH, Beschl. v. 13.07.2000 – 1 StR 230/00 – zitiert nach juris; vgl. auch BGH NStZ-RR 2010, 26; BGH, Beschl. v. 04.03.2008 – 3 StR 13/08; zu den Anforderungen an die Aufklärungshilfe vgl. auch BGH NJW 1999, 1726f.

das umfassende Geständnis des Angeklagten – obgleich es „sich nicht auf ein bloßes Einräumen [beschränke], sondern freimütig und bis ins Detail weit darüber hinaus [gehe] – keinen Aufklärungserfolg herbeigeführt habe, da bereits vor der Vernehmung des Angeklagten aufgrund insbesondere der Angaben des Zeugen T. die entsprechenden Tatsachen bekannt gewesen waren". Diese Anforderungen an den Aufklärungsbeitrag bzw. -erfolg seien zu hoch angesetzt, die freiwillige Angabe zu Tatbeteiligten, Hintermännern, Vertriebsregeln u. a., die den bisherigen Ermittlungsergebnissen entspricht, „[schaffe] darüber hinaus auch eine sicherere Grundlage für den Nachweis der betreffenden Taten", was für die Milderung nach § 31 Nr. 1 BtMG genüge. Obgleich also die Strafmilderung gemäß § 31 Nr. 1 BtMG an sich fakultativer Natur ist, hob das Revisionsgericht das Urteil hier wegen zu Unrecht abgelehnter Milderung auf.

Aber auch jenseits dieser vertypten Strafmilderungsgründe, insbesondere im Fall der Ablehnung ihrer Voraussetzungen, ist jeder die Aufklärung der Tat fördernde Beitrag des Angeklagten – ebenso wie sein Geständnis – als allgemeiner Strafzumessungsumstand bei der konkreten Strafmaßbemessung zu erörtern;[953] dies gilt sogar bei gänzlichem Ausbleiben des Aufklärungserfolges, dann ist bereits die Aufklärungsbereitschaft des Angeklagten zu honorieren. Der BGH[954] führt dazu aus, dass diesem Gesichtspunkt „in der Regel ein solches Gewicht [zukomme], daß es seiner ausdrücklichen Anführung als Strafmilderungsgrund im Urteil bedarf", das Schweigen der Urteilsgründe lasse besorgen, dass das Tatgericht die Bedeutung dieses Umstands verkannt hat, was zur Aufhebung des Strafausspruchs führe. Zwar relativiert der BGH die Erörterungspflicht mit der Formulierung „in der Regel", allerdings schlussfolgert er sodann aus der fehlenden Erwähnung des Umstands der Aufklärungshilfe auf dessen – mögliche, nicht nachgewiesene[955] – Verkennung. Unklar bleibt damit, wann es dem Tatgericht erlaubt sein soll, diesem Aspekt keine bestimmende Bedeutung zuzumessen. Hinsichtlich der ergebnislosen Aufklärungsbereitschaft des Angeklagten hat der BGH[956] zumindest festgelegt, dass eine „nur geringe Aufklärungsbereitschaft" keine Erörterungspflicht nach sich ziehe; darunter verstand er im konkreten Fall, dass „seine Erklärungen von sichtlicher Zurückhaltung geprägt [gewesen seien]. Auf die Frage nach seinen Abnehmern [habe] er geantwortet, daß er dazu auf keinen Fall etwas sagen werde. Angaben zur Person des Fahrers, der ihn im Pkw nach Maastricht mitgenommen habe, [habe] er verweigert. Durch wen er an die "connection" (den "Dealerring" in Maastricht)

---

953 BGH, Urteil v. 22.06.2011 – 2 StR 135/11 – zitiert nach juris; vgl. ferner BGH, Urteil v. 21.12.2011 – 1 StR 400/11 – zitiert nach juris; BGH StV 1987, 487; zust. *Schäfer/Sander/van Gemmeren*, Rn. 682, den §§ 31 BtMG und 46 b StGB sei der allgemeine Rechtsgedanke zu entnehmen, dass Aufklärungshilfe in jedem Fall strafmildernd zu berücksichtigen ist.

954 BGH StV 1987, 487; vgl. auch BGHSt 31, 163 (169).

955 Zu dieser rechtlich bedenklichen Ausdehnung der Revisibilität auf nur vermutete Rechtsfehler s. 1. Teil, Abschnitt C, I, 3., b), dd).

956 BGH NStZ 1989, 580.

gekommen sei, [habe] er – wie er erklärt hat – nicht sagen [wollen]. Die Angabe der Telefonnummer des Büros der Händlerorganisation [habe] er sogleich mit der Bemerkung relativiert, es könne sein, daß die Telefonnummer ab und zu gewechselt werde...Die hiernach vom Angeklagten bei seiner polizeilichen Vernehmung gezeigte Aufklärungsbereitschaft [erreiche] nach alledem nicht ein Ausmaß, bei dem das Landgericht genötigt gewesen wäre, einen bestimmenden und daher in den Urteilsgründen aufzuführenden Strafmilderungsgrund anzunehmen (§ 267 III 1 StPO); vielmehr [reiche] es aus, daß die Strafkammer dem Angeklagten sein umfassendes Geständnis vor der Polizei zugutegehalten hat". Innerhalb der zu den bisher untersuchten Strafzumessungsumständen erörterten Entscheidungen ist dies tatsächlich die erste, die – auf den ersten Blick – trotz grundsätzlich vom Revisionsgericht statuierter Darlegungspflicht das Recht des Tatrichters, einem solchen Aspekt gleichwohl im Einzelfall kein bestimmendes Gewicht beizumessen und ihn dementsprechend in den Urteilsgründen auszusparen, zuerkennt. Allerdings darf auch hier nicht verkannt werden, dass der BGH das Schweigen der Strafzumessungsbegründung zur Aufklärungsbereitschaft nicht mit Hinweis auf die Befugnis des Tatrichters, selbst zu entscheiden[957], welchen Umstand er als wesentlich und damit für ihn bestimmend i.S.v. § 267 III 1 StPO erachtet, unbeanstandet lässt, sondern stattdessen selbst eine Prüfung vornimmt, ob das Maß an gezeigter Aufklärungsbereitschaft über das eines – hier mildernd berücksichtigten – Geständnisses hinausgeht und somit eine Erörterungspflicht auslöst. Im Ergebnis ist dies also kein Fall der Einschränkung der materiell-rechtlichen Begründungspflicht durch die Vorschrift des § 267 III 1 StPO, vielmehr hat der BGH aufgrund der nach seiner Wertung nur geringen Aufklärungsbereitschaft – ungeachtet der gewählten Formulierung – bereits die Darlegungspflicht nach materiellem Recht verneint, was auch an der Prüfung im Rahmen der Sachrüge erkennbar ist. Ein Kollisionsfall lag demnach nicht vor; das Tatgericht hat dem Umstand keine bestimmende Bedeutung i.S.v. § 267 III 1 StPO zugemessen und ihn konsequenterweise nicht in die Strafzumessungsgründe aufgenommen, dies war jedoch aus materiell-rechtlicher Perspektive auch nicht erforderlich.

Damit bleibt auch hier festzuhalten, dass Aufklärungshilfe ein grundsätzlich darstellungspflichtiger Umstand ist, sei es im Rahmen von §§ 46 b StGB, 31 BtMG und bzw. oder der konkreten Strafhöhenbemessung. Im Falle nur geringfügiger Beiträge des Angeklagten ist die Ablehnung einer Strafmilderung zwar zulässig, diese Beurteilung wird jedoch selbst jenseits der vertypten Milderungsgründe vom Revisionsgericht vollständig überprüft bzw. einer eigenen Wertung unterzogen, so dass dem Tatgericht abermals nicht zugestanden wird, über die Frage des bestimmenden Gewichts dieses Zumessungsumstands selbst zu entscheiden.

957 Wie sonst regelmäßig vom BGH ausgeführt, vgl. nur BGH NStZ-RR 2015, 240; BGH NStZ-RR 2014, 320; BGH NStZ-RR 2012, 336 (337); BGH, Urteil v. 27.01.2010 – 2 StR 498/09; BGH, Urteil v. 20.04.2004 – 5 StR 87/04.

c) *Mitwirkendes Verschulden des Opfers bzw. eines Dritten*

Ein mitwirkendes Verschulden des Geschädigten ist ein weiterer grundsätzlich erörterungspflichtiger Strafzumessungsumstand. Der BGH[958] entschied dies beispielsweise für die Konstellation, in der ein Vergewaltigungsopfer freiwillig mit dem Täter nach Hause ging, dies sei als wesentlicher Strafmilderungsgrund zu werten, die Urteilsgründe seien insoweit lückenhaft und daher aufzuheben. In einer anderen Entscheidung beanstandete der BGH[959], dass der Umstand, dass der Angeklagte seien Tötungsvorsatz erst nach einem durch das Opfer erlittenen Schlag mit einem Stock, den der Angeklagte „vor den Augen einer Gruppe von Landsleuten...als besonders erniedrigend [empfunden haben müsse]", fasste, nicht als Strafmilderungsgrund aufgeführt wurde, obgleich sich dessen Berücksichtigung aufgedrängt habe; löse das Verhalten des Opfers das Geschehen erst aus, stelle dies einen bedeutsamen und somit zwingend darzulegenden Strafzumessungsumstand dar.[960] Dies wird insbesondere im Fall einer vorliegenden, jedoch unwirksamen (etwa wegen Sittenwidrigkeit gemäß § 228 StGB) Einwilligung des Opfers angenommen.[961] Auch eine Strafmilderung aufgrund besonders leichtsinnigen Handelns des Verletzten ist in den Urteilsgründen zu erörtern, etwa bei eine Untreue nach § 266 StGB erleichternden Mängeln im Kontrollsystem des geschädigten Unternehmens[962].

Dies gilt indes nicht nur für die Strafzumessung im engeren Sinne, auch bei der Strafrahmenwahl muss derartiges Mitverschulden – soweit möglich – berücksichtigt werden. Dies entschied der BGH[963] z. B. in einem Fall, in dem das Opfer einer Körperverletzung mit Todesfolge „an der Entstehung der Schlägerei maßgebend beteiligt war und dem Angeklagten den ersten heftigen Faustschlag versetzte" sowie durch sein verspätetes Aufsuchen des Krankenhauses den ungewöhnlich späten Todeseintritt mitverursachte; bei dieser Sachlage liege die Annahme eines minder schweren Falles nach § 227 II StGB nahe, entsprechende Ausführungen in den Urteilsgründen seien unerlässlich.

Auch ein mitwirkendes Verschulden eines Dritten muss in der Strafzumessungsbegründung zugunsten des Angeklagten angeführt werden, etwa dass ein sofortiger, nicht durch Organisationmängel verzögerter ärztlicher Eingriff die Überlebenschance des Verletzten (§ 227 StGB) deutlich erhöht hätte[964] oder die Todesfolge des § 227 StGB erst durch einen Behandlungsfehler des dazwischentretenden (die Zurechnung des Erfolges nicht ausschließenden[965]) Arztes verursacht wurde, die

---

958 BGH StV 1986, 149.

959 BGH StV 1993, 72.

960 Zum Strafmilderungsgrund der Tatprovokation vgl. NK-StGB/*Streng*, § 46 Rn. 64.

961 Vgl. nur BGHSt 49, 166 (176f. m.w.N.); vgl. dazu *Schäfer/Sander/van Gemmeren*, Rn. 1649; Schönke/Schröder/*Stree/Kinzig*, § 46 Rn. 25; MK-StPO/*Miebach*, § 46 Rn. 139.

962 BGH, Beschl. v. 14.08.2002 – 1 StR 286/02; ähnlich BGH StV 1988, 253.

963 BGH NStZ-RR 2009, 204; ähnlich BGH, Beschl. v. 31.01.2007 – 5 StR 514/06.

964 BGH, Beschl. v. 23.08.1979 – 4 StR 417/79 – bei *Holtz* MDR 1979, 985 (986).

965 Vgl. nur OLG Stuttgart MDR 1980, 951; ausf. dazu Heinrich, Rn. 253ff.

diesbezügliche Lückenhaftigkeit der Urteilsgründe begründe einen zur Aufhebung führenden Sachmangel[966].

Gegebenenfalls kommt auch beides in Betracht, gerade bei Verkehrsunfällen ist regelmäßig auf ein Mitverschulden der Beteiligten (sei es Opfer oder Dritter) einzugehen und – soweit feststellbar – eine entsprechende Absenkung des Strafmaßes vorzunehmen.[967] So hob der BGH[968] z.B. einen Strafausspruch wegen Begründungsmangels auf, bei dem außer Acht gelassen wurde, dass zum einen ein plötzlich auftauchender Hund und zum anderen das Todesopfer des anderes Fahrzeugs selbst wegen unterbliebener Beleuchtung Mitschuld hatten; beide Aspekte seien zwingend in die Urteilsgründe aufzunehmen, da ihnen bestimmender Einfluss auf das Strafmaß zukomme. Abermals verwendet der BGH das Wort bestimmend zur Begründung der Erörterungspflicht, gemeint ist jedoch auch hier die Erforderlichkeit nach materiellem Recht. Auch bezüglich dieser Zumessungsumstände entscheiden also die Revisionsgerichte, welches Gewicht ihnen beizumessen ist bzw. dass sie in den Urteilsgründen anzuführen sind. Ein Urteil, das die Einschränkung der Begründungspflicht gemäß § 267 III 1 StPO anerkennt, war hinsichtlich dieser Gesichtspunkte nicht aufzufinden. Vielmehr hat der BGH[969] sogar festgelegt, dass im Hinblick auf den Grundsatz in dubio pro reo eine strafmildernde Berücksichtigung bereits dann zwingend notwendig ist, wenn ein Mitverschulden des Opfers oder eines Dritten nach allgemeiner Lebenserfahrung auch nur möglich war; die Darlegungspflicht entfalle erst und nur dann, wenn das Tatgericht dies für ausgeschlossen hielt und halten durfte (auch diese Würdigung wird also nachgeprüft). Diese Auffassung ist bei Annahme eines obligatorischen Milderungsgrundes im Hinblick auf die Anwendung des Zweifelsgrundsatzes indes nur konsequent.

d) Überlange Verfahrensdauer

Hinsichtlich des Zumessungsumstands der überlangen Verfahrensdauer hat die Rechtsprechung bereits aufgrund der langwierigen historischen Entwicklung eines rechtmäßigen Umgangs mit diesem Aspekt sehr detaillierte Begründungsanforderungen herausgebildet. 1972 vertrat der BGH[970] noch, dass diesem zugunsten des Angeklagten zu berücksichtigenden Umstand im Rahmen der Strafzumessung ausreichend Rechnung getragen werden könne. Anknüpfend an eine Entscheidung des EGMR[971], in der die ausdrücklich strafmildernde Berücksichtigung bei der Strafbemessung als im Hinblick auf Art. 6 I 1 EMRK nicht hinreichender Ausgleich

966 BGH bei *Spiegel* DAR 1980, 193 (198).
967 Vgl. nur BGH VRS 36, 273 (274); BGH VRS 25, 113 (114); vgl. auch BGHSt 3, 218 (220).
968 BGH VRS 23, 215 (217).
969 BGH VRS 14, 191 (193); vgl. auch BGH VRS 25, 113 (114).
970 BGHSt 24, 239 (242); Überblick zur Rechtsprechungsentwicklung zum überlangen Strafverfahren bei *I. Roxin*, in: Festschrift für Volk, 617ff.
971 EGMR EuGRZ 1983, 371.

der Verfahrensverzögerung erachtete wurde, entschied das BVerfG[972] 1993, dass das Recht des Angeklagten auf ein faires Verfahren auch eine angemessene Beschleunigung desselben verlange, zumal die durch eine überlange Verfahrensdauer bedingten fühlbaren, einer Sanktion zuweilen gleichkommenden Belastungen die Verhältnismäßigkeit der Strafe in Frage stellten. Dementsprechend müsse sich eine rechtsstaatswidrige Verfahrensverzögerung bei der Strafzumessung auswirken, im Extrembereich zur Einstellung, gegebenenfalls wegen eines Verfahrenshindernisses führen; angezeigt sei in jedem Fall die explizite Feststellung der Verletzung des Beschleunigungsgebots in den Urteilsgründen sowie die nähere Bestimmung des Ausmaßes der Berücksichtigung dieses Umstandes bei Zumessung der Rechtsfolge. Letzteres konkretisierte das BVerfG[973] vier Jahre später dahingehend, dass „das Ausmaß der vorgenommenen Herabsetzung der Strafe durch Vergleich mit der ohne Berücksichtigung der Verletzung des Beschleunigungsgebotes angemessenen Strafe exakt zu bestimmen [sei]". Daraufhin änderte der BGH[974] seine diesbezügliche Rechtsprechung und legte fest, dass im Falle einer außergewöhnlich langen Zeitspanne zwischen Tat und Urteil oder Verfahrenseinleitung und -abschluss drei unterschiedliche Strafmilderungsgründe zu bedenken seien: Zunächst könne der lange zeitliche Abstand zwischen Tat und Urteil bereits für sich genommen strafmildernd zu bewerten sein, der zweite in Betracht zu ziehende Milderungsfaktor sei eine überdurchschnittlich lange Verfahrensdauer, bei der insbesondere die damit verbundenen Belastungen des Angeklagten zu berücksichtigen seien und schließlich sei – soweit nach den Umständen naheliegend – zu prüfen, ob die Verfahrensverzögerung einen Verstoß gegen den Grundsatz des fairen Verfahrens (Art. 6 I 1 EMRK) begründe, bejahendenfalls müsse dann – der Rechtsprechung des BVerfG folgend – Art und Ausmaß der Verzögerung in den Urteilsgründen festgestellt und das Maß des dafür bei Bemessung der Strafe gewährten Ausgleichs durch Vergleich der an sich verwirkten mit der tatsächlich verhängten Strafe ausdrücklich und konkret bestimmt werden.

Diese Rechtsprechung gab der BGH durch Entscheidung des Großen Strafsenats 2008[975] zugunsten einer Vollstreckungslösung auf. Zur Begründung wies der BGH unter anderem darauf hin, dass die Strafzumessungslösung das Rechtsfolgensystem des StGB gefährde, da zuweilen eine Kompensation nur durch eine Unterschreitung der gesetzlichen Mindeststrafen möglich sei; ein nach Vornahme der eigentlichen Strafzumessung gewährter Vollstreckungsabschlag biete insoweit eine taugliche Lösung.[976]

---

972 BVerfG NJW 1993, 3254f.

973 BVerfG NStZ 1997, 591.

974 BGH NJW 1999, 1198f. m.w.N.

975 BGHSt 52, 124ff.; dazu *Bußmann* NStZ 2008, 236;*Gaede* JZ 2008, 422ff.; *Keiser* GA 2008, 686ff.; *Kraatz* JR 2008, 189ff.; *Volkmer* NStZ 2008, 608; (ablehnend) *Ziegert* StraFo 2008, 321ff.; kritisch dazu *Scheffler* ZIS 2008, 269ff.; ders. StV 2009, 719ff.; *Çelik/Stief* StV 2010, 657ff.; *Ignor/ Bertheau* NJW 2008, 2209 (2212f.); I. *Roxin*, in: Festschrift für Volk, 617 (624 ff.).

976 Vgl. BGHSt 52, 124 (134ff.).

Zu verfahren sei – weiterhin – in drei Schritten[977]: Zunächst seien Art, Ausmaß und Ursachen der Verzögerung zu ermitteln und in den Urteilsgründen festzustellen. Im Rahmen der Strafzumessungsentscheidung habe das Tatgericht anschließend zu erwägen, ob und in welchem Umfang (allerdings ohne genaue Bezifferung) der zeitliche Abstand zwischen Tat und Urteil einerseits und die besonderen, der überlangen Verfahrensdauer geschuldeten Belastungen des Angeklagten andererseits als strafmildernde Faktoren zu berücksichtigen sind, insoweit noch identisch mit der vorherigen Praxis. Diese Umstände seien als bestimmende i.S.v. § 267 III 1 StPO in den Urteilsgründen darzulegen. Gemeint ist damit indes die materiell-rechtliche Verpflichtung des Tatgerichts, sich mit diesen Aspekten auseinanderzusetzen und dies im Urteil zu dokumentieren; der BGH wollte sicher nicht auf die in § 267 III 1 StPO normierte Pflicht zur wahrheitsgemäßen Angabe der angestellten Erwägungen hinaus. Im nächsten Schritt sei zu prüfen, ob zur Kompensation die ausdrückliche – gegebenenfalls klar hervorzuhebende – Feststellung der rechtsstaatswidrigen Verfahrensverzögerung genügt.[978] Anderenfalls habe das Gericht festzulegen und die Urteilsformel aufzunehmen, welcher bezifferte Teil der Strafe als Ausgleich der Verzögerung als vollstreckt gilt; anstelle des bei Bemessung der Strafhöhe zur gewährenden Abschlags wird also nunmehr ein Vollstreckungsabzug vorgenommen. Maßgeblich für diese Entscheidung seien die Umstände des Einzelfalls, insbesondere „der Umfang der staatlich zu verantwortenden Verzögerung, das Maß des Fehlverhaltens der Strafverfolgungsorgane sowie die Auswirkungen all dessen auf den Angeklagten“. Zu beachten sei dabei, dass die lange Verfahrensdauer und damit verbundene Belastungen des Angeklagten bereits strafmildernd berücksichtigt wurden, nur die rechtsstaatswidrige Verursachung dieser Umstände sei noch zu kompensieren, weshalb „sich die Anrechnung häufig auf einen eher geringen Bruchteil der Strafe zu beschränken habe“.

Die Vollstreckungslösung betrifft im Ergebnis nur die kompensationsbedürftigen, also rechtsstaatswidrigen Verfahrensverzögerungen, und dabei auch lediglich den Aspekt der Ursächlichkeit der Strafverfolgungsbehörden.[979] Der lange Zeitraum zwischen Tat und Urteil sowie die überlange Verfahrensdauer als solche (bzw. das dadurch bedingt abnehmende Strafbedürfnis) und damit einhergehende, zusätzliche Belastungen des Angeklagten bleiben weiterhin strafzumessungsrelevante und erörterungspflichtige Umstände, unabhängig davon, ob die Verfahrensdauer durch eine rechtsstaatswidrige Verzögerung mitbedingt ist oder nicht.[980]

---

977 BGHSt 52, 124 (146ff.).

978 Vgl. dazu *I. Roxin* GA 2010, 425ff. (440), die zu dem Ergebnis kommt, dass die „bloße Feststellung eines Konventionsverstoßes durch ein deutsches Gericht keine Kompensation i.S. der EGMR-Rechtsprechung dar[stellt] und ggf. die Verurteilung Deutschlands durch den EGMR nicht verhindern [kann]“.

979 So auch *Keiser* GA 2008, 686 (689).

980 Kritisch dazu *Gaede* JZ 2008, 422, der auf Schwierigkeit hinweist, die bei § 46 StGB verbleibenden Aspekte sauber von denen zu unterscheiden, die bei der Vollstreckung anzurechnen sind.

Bei Umsetzung dieser strengen Anforderungen an das Tatgericht sind zahlreiche revisible Fehler denkbar. Beispielsweise hob der BGH[981] eine Entscheidung auf, in der bei der Strafbemessung lediglich das lange Zurückliegen der Taten berücksichtigt worden sei, nicht aber die eigenständige strafmildernde Bedeutung der überlangen Verfahrensdauer und dadurch bedingte Belastungen des Täters; „das Schweigen der Urteilsgründe hierzu [lege] nahe, dass das Tatgericht den hier bestimmenden Milderungsgrund i.S. des § 267 III 1 StPO in seiner Bedeutung verkannt [habe]". Neben der darin – ebenso wie in der vorherigen Entscheidung des Großen Strafsenats – zum Ausdruck kommenden Missachtung des Telos des § 267 III 1 StPO, gemeint ist wohl auch hier bestimmender Grund i.S. des materiellen Rechts, wird zusätzlich die Notwendigkeit des Nachweises eines zur Aufhebung führenden Rechtsfehlers ignoriert, aus dem Schweigen der Urteilsgründe wird lediglich auf eine mögliche Verkennung dieses Umstands geschlossen. Insoweit zutreffend hat der BGH[982] jüngst formuliert, dass hinsichtlich der Zumessungsfaktoren Art und Ausmaß der Verzögerung sowie ihrer Ursachen ein „sachlich-rechtlich zu fordernder Erörterungsbedarf" bestehe. Fehlen also vom BGH selbst verpflichtend vorgeschriebene Urteilsausführungen zur überlangen Verfahrensdauer, stellt allein die Verletzung der diese Aspekte umfassenden materiellen-rechtlichen Begründungspflicht einen revisiblen Rechtsfehler dar.

Hinsichtlich der Frage, ob die Verzögerung i.S.v. Art. 6 I 1 EMRK rechtsstaatswidrig war, haben sich die Strafsenate des BGH 2005[983] während des Vorlageverfahrens gemäß § 132 GVG darauf geeinigt, dass dies grundsätzlich eine Verfahrensrüge erfordere, sofern nicht entsprechende Erkenntnisse oder zumindest Anhaltspunkte, die zu einer tatrichterlichen Prüfung drängten, bereits den Urteilsgründen zu entnehmen sind; in diesem Fall genüge die Sachrüge. An dieser Auffassung dürfte der BGH wohl auch nach der Entscheidung des Großen Strafsenats 2008 festhalten.[984] So hat er 2011[985] etwa die rechtsfehlerhaft unterlassene Prüfung einer Verletzung des nach Art. 6 I 1 EMRK garantierten Beschleunigungsgrundsatzes aufgrund der im Urteil mitgeteilten Eckdaten zum Verfahrensablauf und der im Revisionsverfahren von Amts wegen zu prüfenden Verfahrensvoraussetzungen bereits im Rahmen der Sachrüge erörtert. In einer jüngeren Entscheidung[986] lässt er die fehlende Erörterung einer rechtsstaatswidrigen Verfahrensverzögerung mit dem Hinweis unbeanstandet, dass sich eine solche nicht dem angefochtenen Urteil entnehmen lasse und der Revisionsführer auch keine entsprechende Verfahrensrüge erhoben habe.

---

981 BGH NStZ-RR 2011, 171.

982 BGH, Beschl. v. 01.06.2015 – 4 StR 21/15.

983 BGH NJW 2005, 518f.

984 Insoweit kritisch *Kraatz* JR 2008, 189 (193), der im Hinblick auf das Erfordernis einer Verfahrensrüge zynisch anmerkt: „Das Gericht wollte nicht 60 Stehordner auf mögliche Verstöße gegen den Beschleunigungsgrundsatz durchsehen müssen".

985 BGH NStZ-RR 2011, 171; ebenfalls Prüfung bereits auf die Sachrüge hin in BGH, Beschl. v. 30.06.2015 – 4 StR 173/15.

986 BGH, Beschl. v. 22.04.2015 – AnwSt (R) 1/15.

Unabhängig von der Frage, welche Rüge nun im Einzelfall erforderlich ist, mindern folgende revisionsgerichtliche Entscheidungen die Erfolgsaussichten dieses Revisionsvorbringens im Hinblick auf den Strafausspruch: Teilweise ergänzt der BGH[987] nach Prüfung des Vorliegens einer rechtsstaatswidrigen Verzögerung lediglich das Urteil dahingehend, dass „eine rechtsstaatswidrige Verfahrensverzögerung von einem Jahr festgestellt wird"; zur Begründung führt er aus, dass dies ausreiche, um die Folgen des Verfahrensverstoßes auszugleichen, die angesichts der unerörterten Verzögerung eventuell fehlerhafte Strafzumessungsentscheidung wird gar nicht angesprochen. Ähnlich ist der BGH[988] in einem anderen Fall einer übergangenen Verfahrensverzögerung vorgegangen: In entsprechender Anwendung des § 354 I a 2 StPO entschied er selbst über die notwendige Kompensation und stellte fest, dass „von der verhängten Gesamtfreiheitsstrafe von 7 Monaten 2 Monate Freiheitsstrafe als Entschädigung für die rechtsstaatswidrige Verfahrensverzögerung als vollstreckt gelten"; die Strafzumessungsentscheidung blieb auch hier unangetastet. In einer erst kürzlich ergangenen Entscheidung[989], in der der BGH ebenfalls eine seines Erachtens angemessene Kompensation für die zu Unrecht unberücksichtigt gebliebene Verzögerung des Verfahrens festlegte, wies er anschließend explizit darauf hin, dass „eine neben die Kompensation wegen rechtsstaatswidriger Verfahrensverzögerung tretende Berücksichtigung der seit Tatbegehung vergangenen Zeit bei der Strafzumessung und infolgedessen die Aufhebung des Strafausspruchs mit Blick auf die verhängte Freiheitsstrafe von einem Jahr und die getroffene Bewährungsentscheidung nicht geboten [sei]". Dies dürfte wohl der – vom Großen Strafsenat ausdrücklich betonten – fortbestehenden Bedeutung der überlangen Verfahrensdauer als obligatorischer Strafmilderungsgrund nicht gerecht werden, zumal der Große Strafsenat eindeutig hervorgehoben hat, dass die Vollstreckungsanrechnung lediglich die rechtsstaatswidrige Verursachung der Verzögerung betreffen soll. Mag der betroffene Angeklagte sich auch vermutlich mit dieser Vorgehensweise der Revisionsgerichte begnügen, wird der für ihn wohl entscheidende Teil, nämlich die Dauer der Verbüßung, doch zu seinen Gunsten geändert, ist die Rechtmäßigkeit jedoch zweifelhaft. Außerdem würde die Darstellungsrüge hinsichtlich dieses Aspekts faktisch ausgehebelt, wenn jeder diesbezüglich gerügte Erörterungsmangel der Strafzumessungsgründe durch nachträgliches Aussprechen einer Kompensation geheilt würde. Für das Tatgericht bedeutet dies indes keine Einschränkung der nunmehr nach den Vorgaben des Großen Strafsenats so weit gefassten Begründungspflicht; lediglich das „Aufhebungsrisiko" im Falle eines Erörterungsmangels wird durch die Ergänzungsmöglichkeit tangiert. Diesen Zumessungsumstand als im Einzelfall nicht bestimmenden i.S.v. § 267 III 1 StPO in den Urteilsgründen auszusparen, wird dem Tatgericht vom Großen Strafsenat ausdrücklich – wenn auch dogmatisch wenig überzeugend – untersagt. Damit wird der, diesen Gesichtspunkt stets umfassenden,

987 BGH, Beschl. v. 13.01.2010 – 3 StR 494/09.
988 BGH NStZ 2012, 320 (321) (in BGHSt 57, 56 insoweit nicht abgedruckt).
989 BGH, Beschl. v. 12.02.2015 – 4 StR 391/14.

materiell-rechtlichen Begründungspflicht hier eindeutig der Vorrang vor dem Recht des Tatrichters zur Beschränkung seiner Strafzumessungsbegründung auf die seines Erachtens wesentlichen Umstände gemäß § 267 III 1 StPO gewährt.

e) Verstöße gegen das BtMG

Bei Verstößen gegen das Betäubungsmittelgesetz hat die Rechtsprechung eine ganze Reihe darlegungspflichtiger Umstände festgelegt.

Dazu gehört zunächst die etwaige Sicherstellung der Betäubungsmittel; dies stelle „einen gewichtigen und deshalb erörterungsbedürftigen Strafmilderungsgrund" dar, da dadurch eine weitere Gefährdung von Drogenkonsumenten – zumindest durch diese Mittel – ausgeschlossen werde.[990] Teilweise[991] erfolgt die Aufhebung des Strafausspruchs wegen Lückenhaftigkeit der Urteilsgründe aufgrund mangelnder Berücksichtigung dieses Aspekts explizit unter Hinweis auf die gängige Formel, dass das Tatgericht zwar „im Urteil nur diejenigen Umstände anzuführen [habe], die für die Bemessung der Strafe bestimmend gewesen sind (§ 267 III 1 StPO), eine erschöpfende Aufzählung aller Strafzumessungserwägungen weder vorgeschrieben noch möglich [sei]; gleichwohl sei jedoch aufgrund des Schweigens der Gründe zu diesem Aspekt zu besorgen, dass ein gewichtiger Strafmilderungsgrund unberücksichtigt gelassen wurde. Auch hier wird zwar das fragliche Konstrukt des nur vermuteten Rechtsfehlers verwendet, eindeutig ist der Entscheidung allerdings der Vorrang der materiell-rechtlichen Begründungspflicht zu entnehmen; die Sicherstellung der Betäubungsmittel als nicht bestimmenden Faktor einzuordnen und dementsprechend auch nicht in die Urteilsgründe aufzunehmen, wird dem Tatgericht trotz grundsätzlicher Anerkennung dieses Rechts nicht zugestanden.[992] Dies bestätigt eine weitere Entscheidung des BGH[993], in der abermals betont wird, dass der Tatrichter nach § 267 III 1 Hs 2 StPO zwar nur die bestimmenden Strafzumessungsumstände mitzuteilen habe, mit der Sicherstellung der Betäubungsmittel sei jedoch ein wesentlicher Strafmilderungsgrund „unerwähnt geblieben, dessen Berücksichtigung sich aufdrängen musste". Dieses Urteil ist insofern zu begrüßen, als der auf die Sachrüge hin zur Aufhebung führende Rechtsfehler in der fehlenden Erörterung als solcher (trotz materiell-rechtlicher Pflicht) liegen soll; dies erspart den fraglichen Umweg über den Rückschluss aus dem Schweigen auf einen vermeintlichen Zumessungsfehler.

Ein weiterer erörterungspflichtiger Strafzumessungsaspekt sei die Abgabe von Betäubungsmitteln im Rahmen einer Substitutionsbehandlung, dies verringere den Unrechtsgehalt der Tat erheblich und stelle „jedenfalls dann einen bestimmenden Strafmilderungsgrund i.S. des § 267 Abs. 3 Satz 1 StPO dar, wenn (wie im

---

990 BGH NStZ-RR 2015, 248; vgl. auch BGH, Urteil v. 22.05.2014 – 4 StR 514/13 – zitiert nach juris (in NStZ-RR 2014, 249 insoweit nicht abgedruckt).

991 BGH NStZ-RR 2011, 370.

992 Ein derartiges Urteil war nicht auffindbar.

993 BGH NStZ 2013, 662 m.w.N.

zu prüfenden Fall) feststeht oder nicht auszuschließen ist, dass die Behandlung medizinisch indiziert war".[994] Wie zumeist auch in anderen Urteilen, die einen nicht dargelegten Umstand ausdrücklich als bestimmenden i.S.v. § 267 III 1 StPO bezeichnen, wird hier ebenfalls nicht etwa eine Verletzung dieser Vorschrift erwogen – was für die These streitet, dass damit regelmäßig die materiell-rechtliche Pflicht zur Erörterung dieses Aspekts gemeint ist -, sondern ein Sachmangel angenommen, zumeist als Erörterungsmangel, hier indes als Wertungsfehler.

Zwingend in die Strafzumessungsgründe aufzunehmen ist auch die Gesamtmenge des Wirkstoffs; diesem Umstand komme im Hinblick auf das durch die Betäubungsmitteldelikte geschützte Rechtsgut der Volksgesundheit[995] wesentliche Bedeutung zu.[996] Der BGH führt dazu weiter aus, dass „das Gewicht des Angriffs auf das geschützte Rechtsgut...sich gerade in dem Vielfachen der nicht geringen Menge des Betäubungsmittels aus[drücke] und...daher regelmäßig einen bestimmenden Strafzumessungsgrund im Sinne des § 267 Absatz 3 S. 1 StPO dar[stelle]".[997] Neben der abermals schiefen Formulierung in Bezug auf § 267 III 1 StPO fällt hier – im Gegensatz zum Umstand der Sicherstellung der Betäubungsmittel – auf, dass die Erörterungspflicht mit dem Wort „regelmäßig" eingeschränkt wird. Demnach sind nach Auffassung des BGH Fälle denkbar, in denen das Tatgericht der Wirkstoffmenge keine bestimmende Bedeutung zumessen könnte; revisionsgerichtliche Urteile, die ein diesbezügliches Erörterungsdefizit unbeanstandet gelassen haben, waren indes nicht zu finden. Vielmehr hat der BGH in anderen Entscheidungen[998] auch hinsichtlich dieses Strafzumessungsaspekts nur festgelegt, dass es sich um einen wesentlichen Umstand handle, der in den Urteilsgründen hätte dargelegt werden müssen, ohne – der Formulierung nach – Einschränkungen zuzulassen.

Bei den im Rahmen von Betäubungsmitteldelikten erörterungspflichtigen Umständen geht die Rechtsprechung demnach eindeutig – wenn auch nicht ausdrücklich so bezeichnet – von einem Vorrang der materiell-rechtlichen Begründungspflicht aus.

f) Wirkungen der Strafe für das künftige Leben des Täters (Auswahl)

Gemäß § 46 I 2 StGB hat das Tatgericht im Rahmen der Strafzumessungsentscheidung die Wirkungen, die von der Strafe für das künftige Leben des Täters in der Gesellschaft zu erwarten sind, zu berücksichtigen. An diesen präventiven Aspekt anknüpfend hat die Rechtsprechung Begründungspflichten für zahlreiche Umstände statuiert, von denen einige hier aufgezeigt werden sollen:

---

994 BGH StV 2014, 609 (610).

995 Zum geschützten Rechtsgut der Betäubungsmitteldelikte vgl. *Weber*, § 1 Rn. 1f.

996 BGH bei *Cierniak/Zimmermann*, NStZ-RR 2014, 165 (167); vgl. auch BGH, Beschl. v. 08.11.2011 – 4 StR 472/11 – zitiert nach juris.

997 BGH bei *Cierniak/Zimmermann*, NStZ-RR 2014, 165 (167).

998 BGH, Beschl. v. 09. 05. 2012 – 4 StR 67/12 – zitiert nach juris; BGH NStZ-RR 2006, 350.

aa) Erhöhte Strafempfindlichkeit

Strafempfindlichkeit definiert Nicolaus[999] als die „Fühlsamkeit bzw. Leidempfindlichkeit des Täters im Hinblick auf das in der Strafe enthaltene Übel". Jeder Täter empfindet eine Strafe bedingt durch Eigenschaften, die in seiner Person liegen, oder sonstige Umstände des Einzelfalls unterschiedlich schwer bzw. belastend. Eine besondere Strafempfindlichkeit des Angeklagten ist gemäß Theune[1000] als ein die Wirkung, die von der Strafe ausgeht i.S.v. § 46 I 2 StGB, verstärkender Faktor notwendiger Bestandteil einer am Grundsatz des gerechten Schuldausgleichs orientierten Strafzumessungsentscheidung. Auch die Rechtsprechung[1001] hält diesen Umstand für erörterungspflichtig; dies folge bereits aus dem Gleichbehandlungsgebot, soweit eine Strafe einen Angeklagten aufgrund besonderer Umstände des Einzelfalls härter treffe als jemanden ohne derartige Belastung, müsse diese Differenz – zumindest bei Überschreiten einer Bewertungsschwelle, d.h. ab Erreichen eines messbaren Unterschieds – durch entsprechende Strafmilderung ausgeglichen werden. Die Auseinandersetzung mit derartigen Aspekten in den Urteilsgründen sei stets erforderlich, eine Strafmilderung indes nur bei erheblich erhöhter Strafempfindlichkeit eines Angeklagten. Diese Beurteilung habe grundsätzlich schuldunabhängig zu erfolgen, weshalb das Handeln in Kenntnis der eigenen erhöhten Strafempfindlichkeit einer strafmildernden Berücksichtigung grundsätzlich nicht entgegenstehe.[1002]

Ein regelmäßig im Hinblick auf eine etwaige erhöhte Strafempfindlichkeit zu diskutierender Umstand sei eine schwerwiegende Krankheit des Angeklagten; in Bezug auf eine bereits ausgebrochene HIV-Infektion beanstandete der BGH[1003], dass das Tatgericht die besondere Härte der Strafe aufgrund dieser Krankheit und der dadurch nur noch geringen Lebenserwartung des Angeklagten nicht gesondert als von der Strafe zu erwartende Wirkung i.S.v. § 46 I 2 StGB erörtert hat. Die Pflicht zur strafmildernden Berücksichtigung und entsprechenden Darlegung in

---

999 *Nicolaus*, S. 68.

1000 *Theune*, in: Festschrift für Pfeiffer, 449 (453).

1001 Grundlegend dazu und m.w.N. BGHSt 44, 125f. beanstandet wurde die Ablehnung einer besonders erhöhten Strafempfänglichkeit durch Schwangerschaft und Entbindungstermin in der Strafvollzugsanstalt.

1002 BGH NJW 1998, 3286; vgl. aber auch BGHR StGB § 46 Abs. 1 Schuldausgleich 40, wo der BGH darauf hinweist, dass derjenige Täter, der bei seiner Tat bestimmte Nachteile für sich selbst bewusst auf sich genommen hat, regelmäßig keine Strafmilderung verdiene, zumindest soweit es sich um typische und vorhersehbare Tatfolgen handle (im konkreten Fall die Rückzahlung einer erheblichen Summe veruntreuten Geldes); zwar bezieht sich diese Entscheidung auf unmittelbare Tatstatt auf Straffolgen, abzuwarten bleibt indes gleichwohl, ob der BGH diese Auffassung auch auf sonstige Nebenwirkungen der Straftat – wie etwa die erkannte eigene Strafempfindlichkeit – ausweiten wird; insoweit ist allerdings eher eine gegenläufige Tendenz erkennbar, vgl. BGH wistra 2006, 343f.

1003 BGH NJW 1987, 2882 (2883).

den Urteilsgründen treffe das Tatgericht bereits ab dem Zeitpunkt der Infektion, da die Krankheit jederzeit ausbrechen und die Lebenserwartung spontan erheblich herabsetzen könne; bei derart erhöhter Strafempfindlichkeit genüge zum Schuldausgleich eine geringere als die sonst schuldangemessene Strafe.[1004] Auch ein seit mehreren Jahren an Blasenkrebs leidender Angeklagter weise eine erhöhte Strafempfindlichkeit auf; aus dem Schweigen der Urteilsgründe zu diesem Gesichtspunkt schloss der BGH[1005] auf die fehlerhaft unterbliebene strafmildernde Berücksichtigung desselben. Dass das Tatgericht diesem Aspekt lediglich kein bestimmendes Gewicht beigemessen und ihn dementsprechend nicht gemäß § 267 III 1 StPO in die Strafzumessungsbegründung aufgenommen haben könnte, hat der BGH nicht erwogen oder stillschweigend für im Hinblick auf die insoweit bestehende materiellrechtliche Begründungspflicht (der festgestellte Begründungsmangel führte zur Aufhebung auf die Sachrüge hin) irrelevant erklärt. Ebenso urteilte der BGH[1006] bezüglich der unterbliebenen Auseinandersetzung des Tatgerichts mit der schweren Diabeteserkrankung einer Angeklagten, die deren Lebenserwartung bereits auf etwa drei Jahre herabgesetzt habe; die daraus folgende besondere Härte der Strafe für die Angeklagte hätte als Wirkung, die von der Strafe für das künftige Leben der Angeklagten zu erwarten ist, berücksichtigt werden müssen. Eine Sehbehinderung begründe ab einem gewissen Ausmaß (im konkreten Fall eine Erwerbsminderung von 90 % bewirkend) ebenfalls eine erhöhte und damit erörterungspflichtige Strafempfindlichkeit des Angeklagten; den Sachmangel erblickte der BGH[1007] darin, dass die Urteilsgründe nicht erkennen ließen, dass diesem Umstand im Rahmen der Strafzumessungsentscheidung Beachtung geschenkt wurde. Wie in den Urteilen zuvor begnügt sich das Revisionsgericht hier in rechtlich bedenklicher Weise mit dem Aufhebungsgrund der Vermutung, der betreffende Umstand sei vom Tatgericht – trotz entsprechender aus dem sachlichen Recht folgender Verpflichtung – nicht berücksichtigt worden, was jeweils aus dem Erörterungsdefizit geschlossen wird.

Neben Erkrankungen aller Art kommt als die Strafempfindlichkeit erhöhender Faktor auch eine besondere familiäre Situation in Betracht; der BGH[1008] monierte insofern die tatrichterliche Ablehnung einer strafmildernden Berücksichtigung des Umstands, dass der Angeklagte Vater von fünf zu versorgenden Kindern, darunter drei kleineren, war. In einer anderen Entscheidung[1009] wurde die fehlende Berücksichtigung des kurz vor Aburteilung geborenen dritten Kindes gerügt; „in einem solchen Fall [könne] die Strafe den Verurteilten besonders hart treffen“. Das

1004 BGH NStZ 1991, 527 m.w.N.; vgl. auch BGHR StGB § 46 Abs. 1 Schuldausgleich 13; BGH StV 1987, 345.
1005 BGH, Beschl. v. 06.02.1991 – 2 StR 16/91 – zitiert nach juris (in StV 1991, 207 nur Leitsatz abgedruckt).
1006 BGH StV 1987, 101.
1007 BGH StV 1987, 530.
1008 BGH NStZ 1983, 408.
1009 BGH NStZ-RR 1998, 205.

Vorhandensein von Kindern scheint indes nicht zu genügen, lediglich bei Extremfällen der vorbezeichneten Art erkannte der BGH darin einen Rechtsfehler.

Eine erhöhte Haftempfindlichkeit kann ebenfalls eine Erörterungspflicht auslösen, etwa im Falle der Erstverbüßung[1010], bei festgestellter Haftpsychose[1011] oder aufgrund der Ausländereigenschaft; hinsichtlich des letztgenannten Aspekts wies der BGH[1012] allerdings darauf hin, dass Art. 3 III GG eine Benachteiligung oder Privilegierung allein aufgrund der Herkunft verbiete, weshalb es zusätzlicher besonderer Umstände, z.B. „Verständigungsprobleme,...wesentlich abweichende Lebensgewohnheiten und erschwerte familiäre Kontakte", bedürfe.

Auch das Alter des Anklagten kann zu einer besonderen, darlegungspflichtigen Strafempfindlichkeit führen. Dies gilt zum einen für die Jugend des Angeklagten, die sich daraus ergebende besondere Strafempfindlichkeit und Strafempfänglichkeit sei ein zwingend strafmildernd zu berücksichtigender Faktor; eine Konkretisierung im Hinblick auf den Bereich jugendlichen Alters nahm der BGH hier nicht vor, allerdings war der Angeklagte angesichts des eigenen Pkws zumindest über 18 Jahre alt.[1013] Jugendstrafrecht kam indes nicht zur Anwendung, die Beurteilung einer gesteigerten, strafmildernd ins Gewicht fallenden Empfindlichkeit hat demnach unabhängig davon zu erfolgen. Auch ein hohes Lebensalter des Angeklagten vermag – gerade in Verbindung mit der dann nur noch geringen Lebenserwartung – eine erhöhte Strafempfindlichkeit, die das Tatgericht als mildernden Strafzumessungsumstand in den Urteilsgründen anzuführen habe, zu begründen.[1014] Allerdings hat der BGH[1015] in einer jüngeren Entscheidung hervorgehoben, dass sich aus dem hohen Lebensalter eines Angeklagten keine Strafobergrenze ergeben dürfe, obgleich im Hinblick auf die Strafvollstreckung die Chance verbleiben müsse, wieder in Freiheit zu gelangen; unbeanstandet ließ er daher die tatrichterliche Erwägung, dass zwar eine Strafmilderung wegen Alters vorzunehmen sei, dabei jedoch bedacht werden müsse, „dass es keinen übermäßigen Altersrabatt geben dürfe, da sonst das Signal gegeben werden könnte, im Alter Straftaten zu begehen, weil im Falle der Ergreifung nur eine geringe Strafe drohe." In dieser Entscheidung gestand der BGH dem Tatgericht zu, dem hohen Alter des Angeklagten bzw. seiner gesteigerten Strafempfindlichkeit lediglich eine geringfügige strafmildernde Bedeutung für die Strafmaßentscheidung beizumessen; aufschlussreich wäre gewesen, ob auch das gänzliche Versagen einer strafmildernden Wertung bzw. bereits die fehlende Erwähnung dieser Tatsache in der Strafzumessungsbegründung vom Revisionsgericht toleriert worden wäre; entsprechende Urteile waren hier abermals nicht

1010 BGH NStZ-RR 2015, 170; ferner BGH, Urteil v. 29.10.2008 – 5 StR 456/08 (in NStZ 2009, 202 insoweit nicht abgedruckt).

1011 BGH StV 1984, 151.

1012 BGH NJW 1998, 690; vgl. auch BGH NJW 1997, 403, das Vorliegen derartiger besonderer Umstände ist allerdings in beiden Fällen im Ergebnis verneint worden.

1013 BGH StV 1984, 152.

1014 BGHR StGB § 46 Abs. 1 Schuldausgleich 19.

1015 BGH NJW 2006, 2129 (2130) m.w.N.

aufzufinden.[1016] Daher ist davon auszugehen, dass die Revisionsgerichte auch den Umstand der besonderen Strafempfindlichkeit aufgrund seiner erheblichen Zumessungsrelevanz als von der materiell-rechtlichen Begründungspflicht umfasst ansehen, ohne dass eine Einschränkung gemäß § 267 III 1 StPO, nämlich durch Einordnung des Tatrichters als nicht bestimmenden Faktor, geduldet würde.

bb) Berufliche Nebenfolgen

Zu den von der Strafe zu erwartenden Wirkungen i.S.v. § 46 I 2 StGB zählt die Rechtsprechung auch außerstrafrechtliche, unmittelbar mit der Strafe verknüpfte Nebenfolgen, soweit sie die Sanktion für den Betroffenen noch empfindlicher machen.[1017] Liegt dies nach den Umständen nahe, folge daraus eine Erörterungspflicht des Tatgerichts zur Ermöglichung der Nachprüfung im Hinblick auf die rechtsfehler- und insbesondere willkürfreie Berücksichtigung der betreffenden Nebenfolge im Rahmen der Strafzumessungsentscheidung.[1018]

Als relevante Nebenfolgen kommen primär berufliche Konsequenzen für den Täter in Betracht.[1019] Insoweit ist z. B. anerkannt, dass der Umstand, dass eine strafgerichtliche Verurteilung nach den Vorschriften des Beamtenrechts die Beendigung des Beamtenverhältnisses zur Folge hat (vgl. §§ 41 BBG, 24 BeamtStG, § 33 HmbBG), zwingend in die Urteilsgründe mit aufzunehmen ist; der BGH[1020] bezeichnet dies als regelmäßig bestimmenden und daher zu erörternden Strafzumessungsgrund i.S.d. § 267 III 1 StPO, weshalb im Falle des Fehlens entsprechender Urteilsausführungen zu besorgen sei, dass ein für die Strafzumessung wesentlicher Gesichtspunkt unberücksichtigt geblieben ist. Die Einordnung als bestimmender Umstand i.S.v. § 267 III 1 StPO ist indes auch hier zu deuten als Hinweis auf die eine Darlegungspflicht nach materiellem Recht auslösende Erheblichkeit dieses Aspekts, was sich bereits daraus ergibt, dass hinsichtlich des zur Aufhebung führenden Rechtsfehlers nicht auf die Verletzung des § 267 III 1 StPO wegen Erörterungsmangels, sondern vielmehr auf die – vermeintlich – unterbliebene, da nicht erwähnte, Berücksichtigung dieser Nebenfolge abgestellt wurde. Zu den grundsätzlich erörterungspflichtigen beamtenrechtlichen Folgen gehöre auch der Verlust von Ruhestandsbezügen, wobei sich dies auf Konstellationen beschränke, in denen sich seine Erörterung als bestimmender Strafzumessungsgrund aufdrängt; dies sei vor allem bei drohendem

---

1016 Ausf. zu möglichen, eine besondere (erörterungspflichtige) Strafempfindlichkeit auslösenden Gesichtspunkten vgl. Schönke/Schröder/*Stree/Kinzig*, § 46 Rn. 54.

1017 Ausf. dazu Verfassungsgerichtshof des Freistaates Sachsen, Beschl. v. 27.09.2010 – Vf. 36-IV-10 – zitiert nach juris.

1018 Verfassungsgerichtshof des Freistaates Sachsen, Beschl. v. 27.09.2010 – Vf. 36-IV-10 – zitiert nach juris.

1019 Vgl. dazu *Schäfer/Sander/van Gemmeren*, Rn. 1394, wo auch auf rein wirtschaftliche und soziale Folgen als potentiell mildernd zu behandelnde Zumessungsfaktoren hingewiesen wird.

1020 BGH NStZ-RR 2010, 39; vgl. auch BGH NStZ 1985, 215.

Verlust der wirtschaftlichen Existenzgrundlage des Täters der Fall.[1021] Dies verneinte der BGH im konkreten Fall, da die entfallenden Ruhestandsbezüge sich auf weniger als die Hälfte der Gesamteinnahmen des Angeklagten beliefen.[1022] In einer anderen in diesem Kontext ergangenen Entscheidung[1023] führte der BGH sogar explizit aus, dass er „erwogen habe, ob ein Rechtsfehler deshalb verneint werden könnte, weil der Tatrichter nach ständiger Rechtsprechung nur gehalten ist, die bestimmenden Zumessungsgründe mitzuteilen. Eine erschöpfende Aufzählung aller in Betracht kommenden Erwägungen [sei] weder vorgeschrieben noch möglich; aus dem Umstand, daß ein für die Zumessung bedeutsamer Umstand nicht ausdrücklich angeführt worden ist, [könne] nicht ohne weiteres geschlossen werden, der Tatrichter habe ihn nicht gesehen oder nicht gewertet...Ob der Zumessungsgrund der Entlassung aus dem Dienst oder des Verlustes der Rechte als Ruhestandsbeamter ausdrücklich genannt werden muß, [hänge] ebenso vom Einzelfall ab wie die Frage, ob der Verlust des Arbeitsplatzes oder standesrechtliche Folgen...zu erwähnen sind. Die sonstigen Umstände um Tat und Täter [könnten] dies als überflüssig erscheinen lassen." An diese bereits bekannte Eingangsformel schloss sich eine Einzelfallbetrachtung mit dem Ergebnis an, dass der drohende Verlust der Rechte als Ruhestandsbeamter hier zwingend zu berücksichtigenden sei; der Strafausspruch sei aufzuheben, weil das Urteil nicht erkennen lasse, ob das Tatgericht diesen Umstand bedacht hat. Dieses Urteil hebt sich insofern von anderen ab, als der BGH hier hervorhebt, dass er eine zulässige Ausnahme von der grundsätzlich hinsichtlich des betreffenden Umstands bestehenden Erörterungspflicht unter Hinweis auf das Recht des Tatrichters zur Beschränkung seiner Ausführungen auf die bestimmenden Umstände erwogen hat. Inkonsequenterweise prüft er anschließend jedoch selbst, ob es einer Darlegung im konkreten Fall bedurfte, ohne dem Tatgericht insoweit auch nur einen Ermessensspielraum einzuräumen; der sonst häufig als Teil dieser Formel angeführte Passus, dass es der Beurteilung des Tatrichters überlassen sei, welchem Umstand er bestimmendes Gewicht beimisst[1024], wurde dementsprechend in diesem Revisionsurteil ausgespart. Immerhin lässt der Aufhebungsgrund der mangelnden Erkennbarkeit im Hinblick auf die erforderliche Berücksichtigung dieses Aspekts auf die Annahme der Verletzung der materiell-rechtlichen Begründungspflicht schließen, statt insoweit – wie im zuvor dargelegten Urteil – auch noch einen nur vermuteten Rechtsfehler zugrunde zu legen. Der hier eindeutig in Betracht kommende Konfliktfall der materiell-rechtlichen mit der prozessualen Begründungspflicht wird leider schlicht übergangen.

Dafür hat die Rechtsprechung noch weitere als berufliche Nebenfolgen zu erörternde Umstände festgelegt, wie etwa die Gefahr einer unehrenhaften Entlassung

---

1021 Vgl. BGH NStZ 2006, 393 (394); BGHSt 35, 148 (149f.).

1022 BGH NStZ 2006, 393 (394).

1023 BGH JZ 1989, 652.

1024 So etwa BGH, Urteil v. 27.01.2010 – 2 StR 498/09; BGH, Urteil v. 20.04.2004 – 5 StR 87/04.

aus der Bundeswehr (§ 48 I SG); diesem Aspekt könne auch nicht deshalb eine strafmildernde Verwertung versagt werden, weil dem Angeklagten diese Folge als zwangsläufige seiner Taten bekannt war, unabhängig von der Kenntnis derartiger Nebenfolgen, handle es sich um nachteilige Wirkungen, die von der Strafe für das künftige Leben des Täters zu erwarten sind, und daher um darlegungspflichtige Milderungsgründe.[1025]

Hinsichtlich der beamtenrechtlichen Konsequenzen wird teilweise nicht nur den zwingenden Disziplinarfolgen, sondern auch den lediglich möglichen eine entsprechende Erörterungspflicht zugesprochen, soweit sie durch die strafgerichtliche Verurteilung bedingt sind und die Sanktion wesentlich empfindlicher machen.[1026]

Berufliche Folgen sind nicht nur für Beamte als Wirkungen der Strafe i.S.v. § 46 I 2 StGB zu berücksichtigen, obligatorische Strafmilderungsgründe sind auch die dem Steuerberater durch Verurteilung drohende Untersagung der Berufsausübung durch die Berufsgerichtsbarkeit (§§ 89 I, II; 90 I Nr. 4, 5 StBerG),[1027] die zu erwartende Ausschließung aus der Rechtsanwaltschaft (§§ 113 I, II; 114 I Nr. 5 BRAO)[1028] bzw. allgemein drohende anwaltsgerichtliche Sanktionen gemäß § 114 Absatz I BRAO[1029], das Erlöschen der Notariatszulassung (§§ 47 Nr. 4, 49 BNotO)[1030], ferner die Gefahr der Entziehung der Approbation als Arzt (§§ 5 II; 3 I 1 Nr. 2 BÄO), zumindest wenn die Ärztekammer bereits disziplinarische Vorermittlungen gegen den Angeklagten mit dem Ziel der Approbationsentziehung eingeleitet hat[1031] sowie ganz allgemein der drohende Arbeitsplatzverlust[1032]. Einer tatrichterlichen Auseinandersetzung mit einer strafmildernden Wertung bedarf indes jedes durch eine strafgerichtliche Verurteilung drohende Berufsverbot, z. B. auch gemäß § 76 III 2 Nr. 3 e AktG, nach § 6 II 2 Nr. 3 e GmbHG oder die drohende Gewerbeuntersagung wegen Unzuverlässigkeit gemäß § 35 I 1 GewO[1033].

Ebenso wie bei beamtenrechtlichen Folgen muss auch bei anderen Berufsgruppen die berufliche Konsequenz einer Verurteilung nicht zwingend feststehen,

---

1025 BGH StV 1991, 106 (107).

1026 BGH StV 1982, 419; vgl. dazu *Streng*, Rn. 717; ferner *Nicolaus*, S. 22, der eine Tendenz in der Rspr. erkennen will, dass auch fakultative Disziplinarfolgen bei der Strafzumessungsentscheidung zunehmend berücksichtigt werden müssen; vgl. auch *Krause*, S. 25, demzufolge dies auch für nur mögliche berufliche Konsequenzen anderer Berufsgruppen gelten müsse, soweit sie die Sanktion empfindlicher machen.

1027 BGHR StGB § 46 Abs. 1 Schuldausgleich 22.

1028 BGH NStZ 1987, 550 (551).

1029 BGH NStZ 2013, 522.

1030 Verfassungsgerichtshof des Freistaates Sachsen, Beschl. v. 27.09.2010 – Vf. 36-IV-10 – zitiert nach juris.

1031 BGH StV 2004, 71f.

1032 BGH, Beschl. v. 02.08.2000 – 5 StR 234/00 – zitiert nach juris.

1033 Zu den Auswirkungen einer strafgerichtlichen Verurteilung auf die Beurteilung der Zuverlässigkeit vgl. Landmann/Rohmer/*Marcks*, GewO § 35 Rn. 37ff.

ausreichend ist, dass dies nach den konkreten Umständen ernsthaft zu erwarten ist,[1034] wobei auch hier als weitere Voraussetzung für die Erheblichkeit eines solchen Umstands (und damit die Darlegungspflicht in den Urteilsgründen) die daran anknüpfende Gefährdung der Grundlage für die berufliche Existenz[1035] bzw. der drohende Verlust der beruflichen oder wirtschaftlichen Basis[1036] genannt wird. Ein Handeln des Täters in Kenntnis derartiger Nachteile stehe einer strafmildernden Berücksichtigung ebenso wenig entgegen[1037] wie das Ausnutzen der beruflichen Stellung zur Tatbegehung[1038]. Zwar mögen diese Aspekte unter Umständen als gesonderte strafschärfende Gesichtspunkte zu behandeln sein[1039], für die Beurteilung der erwarteten Wirkungen der Strafe für das künftige Leben des Täters ist jedoch allein die aufgrund der beruflichen Folgen gesteigerte Härte von Belang.

Im Hinblick auf verurteilungsbedingte berufliche Nebenfolgen geht die Rechtsprechung also grundsätzlich von einer – ungeachtet gegenteiliger Formulierungen – dem materiellen Recht entspringenden Erörterungspflicht aus. Zwar wird diese Pflicht zumeist an Bedingungen geknüpft bzw. an ein notwendiges Mindestausmaß, nämlich der drohende Verlust der wirtschaftlichen Existenzgrundlage, eine zulässige Einschränkung hinsichtlich der richterlichen Begründungspflicht ergibt sich daraus jedoch nicht. Lässt das Tatgericht diesen Umstand gänzlich unerörtert, nimmt der BGH dies unter Umständen zum Anlass, die fehlende Erkennbarkeit, ob das Tatgericht sich dieses Aspekts überhaupt bewusst war, als Aufhebungsgrund heranzuziehen, wenn nicht in rechtsfehlerhafter Weise sogleich auf einen vermeintlich zugrunde liegenden Strafzumessungsfehler geschlossen wird. Selbst wenn – wie im oben dargelegten Urteil – die grundsätzliche Zulässigkeit der Ablehnung einer mildernden Wertung und sogar der entsprechende Verzicht auf Ausführungen dazu vereinzelt anerkannt wird, so behalten sich die Revisionsgerichte gleichwohl vor, eine eigene Beurteilung der Erheblichkeit der beruflichen Folgen vorzunehmen und diese an die Stelle der tatrichterlichen Wertung zu setzen, was im Übrigen ebenso für den Fall gilt, dass sich das Tatgericht mit einer möglichen Strafmilderung befasst, diese aber mit einer dem Revisionsgericht missfallenden Begründung ablehnt. Die Zulässigkeit oder gar Vorteilhaftigkeit eines so weit reichenden Eingriffs der Revisionsgerichte in die Strafzumessungsentscheidung des Tatgericht seien hier dahingestellt[1040], jedenfalls lassen die Revisionsgerichte keinen Raum für eine – nicht

---

1034 BGHR StGB § 46 Abs. 1 Schuldausgleich 23.

1035 Verfassungsgerichtshof des Freistaates Sachsen, Beschl. v. 27.09.2010 – Vf. 36-IV-10 – zitiert nach juris.

1036 So BGH NStZ 2013, 522.

1037 BGH StV 1987, 149 (150).

1038 BGH, Beschl. v. 18.12.1990 – 4 StR 548/90 – zitiert nach juris.

1039 Die berufliche Stellung des Angeklagten stellt dann einen zulässigen Strafschärfungsgrund dar, wenn sich aus ihr besondere Pflichten ergeben, deren Verletzung gerade im Hinblick auf die abzuurteilende Tat Bedeutung hat, vgl. nur BGH NJW 2000, 154; BGH, NStZ 1981, 258.

1040 Vgl. dazu bereits 1. Teil, Abschnitt C, I, 3., c), bb).

zugleich einen potentiellen Aufhebungsgrund in der Revision begründende – Einschränkung der tatrichterlichen Darlegungspflicht bezüglich möglicher beruflicher Nebenfolgen gemäß § 267 III 1 StPO. Soweit diese Vorschrift im Kontext beruflicher Nebenfolgen ausdrücklich angeführt wurde, dann lediglich – fälschlicherweise – um eine Erörterungspflicht zu statuieren. Damit wird im Ergebnis auch hinsichtlich dieses Strafzumessungsaspekts der materiell-rechtlichen Begründungspflicht Vorrang vor der prozessualen gewährt.

g) Tatserie

Ein weiterer grundsätzlich erörterungspflichtiger Umstand ist das Vorliegen einer Tatserie. Der BGH[1041] führt dazu aus, dass bei wiederholter Verwirklichung gleichartiger Taten nicht zwingend auf eine sich steigernde rechtsfeindliche Gesinnung des Täter zu schließen sei, sondern vielmehr auch eine von Tat zu Tat sinkende Hemmschwelle als relevanter Milderungsfaktor in Betracht komme.[1042] In der betreffenden Entscheidung rügte der BGH, dass „die knappe und formelhafte Begründung für die verhängte – vergleichsweise sehr hohe – Gesamtstrafe nicht erkennen [lasse], daß sich das Landgericht dieser Bewertungsgrundsätze bewußt war"; aus einem Darstellungsmangel wird demnach ein vermeintlicher Wertungsfehler des Tatgerichts abgeleitet. Notwendig zur Rechtfertigung einer entsprechenden Strafmilderung sei indes ein enger zeitlicher, sachlicher und situativer Zusammenhang.[1043] In jedem Fall aber müsse das Urteil, soweit das Vorliegen einer Tatserie nach den Umständen nahe liegt, für das Revisionsgericht nachprüfbar erkennen lassen, dass dieser Umstand vom Tatgericht gesehen und gewertet wurde; anderenfalls begründe dies einen Darstellungsmangel.[1044] In dieser Entscheidung stellt das Revisionsgericht – zu Recht – direkt auf das Begründungsdefizit als zur Aufhebung führenden Rechtsfehler ab. In einer jüngeren Entscheidung bezeichnet der BGH[1045] den Umstand einer gesunkenen Hemmschwelle aufgrund wiederholter Verwirklichung gleich gelagerter Taten explizit als wesentlichen, möglicherweise zugunsten des Angeklagten zu erörternden Gesichtspunkt; die fehlende Auseinandersetzung der Urteilsgründe mit diesem Aspekt führte zur Aufhebung des Strafausspruchs wegen Sachmangels.

Hinsichtlich dieses Zumessungsaspekts verlangt die Rechtsprechung demnach zwingend eine Auseinandersetzung mit der danach in Betracht kommenden Strafmilderung, einen obligatorischen Milderungsgrund stellt die Tatserie bzw. die dadurch gesunkene Hemmschwelle jedoch nicht dar. Auch soweit sie ausdrücklich als wesentlicher Zumessungsfaktor bezeichnet wird, wird zugleich auf eine nur

---

1041 BGH NStZ-RR 1996, 33 (34).

1042 Kritisch dazu *P. Reichenbach* JR 2012, 9 (11f.), der den Milderungsgrund der gesunkenen Hemmschwelle als nicht nachvollziehbare Privilegierung besonders gefährlicher und hartnäckiger Straftäter bezeichnet.

1043 BGH StV 1997, 76.

1044 BGH NJW 2009, 1979 (1984).

1045 BGH NStZ-RR 2010, 40f.; vgl. auch BGH NStZ-RR 2003, 9.

mögliche mildernde Wertung hingewiesen. Obwohl also die strafmildernde Berücksichtigung einer Tatserie – im Gegensatz zu den zuvor untersuchten Milderungsgründen – nur fakultativ ist, geht der BGH von einer zwingenden – nach materiellem Recht gebotenen (da stets im Rahmen der Sachrüge geprüft) – Erörterungspflicht aus. Damit wird dem Tatgericht zwar zugestanden, diesem Umstand im Einzelfall keine Bedeutung im Hinblick auf das verhängte Strafmaß beizumessen; dies erfordere jedoch eine entsprechende Begründung in den Urteilsgründen. Das erscheint insofern widersprüchlich, als die zugelassene Wertung des Tatgerichts als nicht zumessungsrelevant doch wohl gleichbedeutend mit der Einordnung als nicht bestimmender Umstand gemäß § 267 III 1 StPO sein dürfte; gleichwohl eine Erörterungspflicht anzunehmen, kann nur dahingehend verstanden werden, dass der materiell-rechtlichen Begründungspflicht abermals Vorrang gewährt wird, wobei hier die Besonderheit auffällt, dass die Wesentlichkeit des Aspekts (und damit die Erörterungspflicht) nach materiellem Recht nicht mit der Notwendigkeit der Berücksichtigung bei der Strafbemessung begründet wird. Die vom BGH angenommene Reichweite dieser Pflicht bezüglich des Zumessungsumstands der Tatserie nimmt – unabhängig von der Frage des Umfangs der zum jeweiligen Zumessungsaspekt notwendigen Feststellungen – hier ein außergewöhnliches Ausmaß an; der BGH statuiert die diesbezügliche Erörterungspflicht ohne von einer nach materiellem Recht bestehenden Pflicht zur mildernden Berücksichtigung im Rahmen der Strafzumessungsentscheidung auszugehen. Geben die Revisionsgerichte also sonst zumeist lediglich vor, was nach sachlichem Recht als wesentlicher und damit erörterungspflichtiger Umstand zu qualifizieren ist und demnach nicht vom Tatgericht als nicht bestimmender Faktor i.S.v. § 267 III 1 StPO eingeordnet werden darf, wird die Ablehnung der Strafzumessungsrelevanz einer Tatserie zwar ausdrücklich zugelassen, dem Tatgericht jedoch gleichwohl des Recht abgesprochen, diesen – nun im Einklang mit materiellem Recht nicht strafmildernd gewerteten und somit nicht bestimmenden – Umstand in den Urteilsgründen auszusparen. Bei Zugrundelegung dieser Auffassung verbliebe der Einschränkungsmöglichkeit des § 267 III 1 StPO gar kein Raum mehr.

4. Naheliegende Strafschärfungsgründe

Weit häufiger wird von den Revisionsgerichten zwar das Außerachtlassen strafmildernd zu berücksichtigender Umstände gerügt, die fehlende Erörterung sich aufdrängender Strafschärfungsgründe kommt jedoch ebenso in Betracht.

So schloss der BGH[1046] etwa daraus, dass das Tatgericht „ausschließlich solche Umstände, die auf eine geringe Schuld des Angeklagten hindeuten oder jedenfalls wegen seiner Persönlichkeit eine geringe Strafe fordern“, dass die Schwere der Tat, also die Unrechtstat selbst mit ihren Folgen, rechtsfehlerhaft unberücksichtigt geblieben ist; dies sei ein Verstoß gegen § 267 III StPO und zugleich ein sachlicher

1046 BGHSt 3, 179f.

Mangel. Auch soweit der Täter durch dieselbe Handlung mehrere Delikte verletzt i.S.v. § 52 StGB sei dies regelmäßig innerhalb der Strafbemessung des insoweit bestimmenden Straftatbestands ein erschwerend ins Gewicht fallender Faktor, der auch nicht mit dem Argument abgelehnt werden könne, dass durch Verwirklichung des zweiten Delikts kein weiteres Rechtsgut verletzt worden sei.[1047] In dieser Entscheidung nahm der BGH einen Wertungsfehler des Tatgerichts an, aber auch die Lückenhaftigkeit der Urteilsgründe hinsichtlich eines zwingend strafschärfend zu berücksichtigen Aspekts kann zur Aufhebung des Strafausspruchs führen. So beanstandete der BGH[1048] z.B., dass das Tatgericht den Umstand, dass „der Angeklagte den Zeugen Dr. B. über mehrere Jahre hinweg in Bezug auf das Zustandekommen des arbeitsgerichtlichen Vergleichs in massiver Weise bewußt fälschlich eines auch strafrechtlich relevanten, besonders verwerflichen Vorgehens bezichtigt [habe]", nicht in die Strafzumessungsbegründung aufgenommen hat. Zwar weist der BGH zugleich darauf hin, dass das Tatgericht nicht sämtliche Strafzumessungserwägungen in den Urteilsgründen anzugeben habe, der betreffende Umstand sei jedoch „fraglos bestimmend" i.S.v. § 267 III 1 StPO und daher zwingend zu berücksichtigen und in den Strafzumessungsgründen darzulegen. Auszulegen ist diese Formulierung indes abermals als Beurteilung der Strafzumessungsrelevanz nach materiellem Recht. Sowohl einen Wertungsfehler als auch einen Darstellungsmangel im Hinblick auf strafschärfende Gesichtspunkte nahm der BGH[1049] (ungeachtet der bezüglich beider betreffenden Umstände gewählten Formulierung, dass „rechtsfehlerhaft bestimmende Straferschwerungsgründe unbeachtet gelassen" worden sein) im Rahmen einer Verurteilung wegen zahlreicher Betäubungsmitteldelikte an: Zum einen hätte das Tatgericht das Verhalten des Angeklagten nach dem Entweichen aus der Untersuchungshaft, insbesondere sein Bemühen um Wiedererlangung des Rauschgifts, erschwerend werten müssen, da es „entgegen den Ausführungen der Strafkammer Rückschlüsse auf seine besonders rechtsfeindliche Gesinnung und seine Gefährlichkeit [zulasse]". Das Tatgericht hatte sich demnach mit diesem Aspekt befasst, ihm die strafschärfende Wirkung jedoch mit entsprechender, das Revisionsgericht indes nicht überzeugender Begründung abgelehnt; erneut ein sehr weit reichender Eingriff in des „Tatrichters Domäne", die Bewertung einer konkreten Strafzumessungstatsache. Zum anderen rügte der BGH, dass das Tatgericht „einen wesentlichen und damit bestimmenden Strafschärfungsgrund", nämlich den Umstand, dass „die Tat dieses Angeklagten...besonders dadurch gekennzeichnet [sei], daß er die beiden Kuriere für den Transport von 27, 34 kg Haschisch von Marokko in die Bundesrepublik Deutschland gewonnen und dann deren Vertrauen weiter dazu ausgenutzt [habe], daß diese das Rauschgift auch noch nach Norwegen weitertransportierten, wo sie festgenommen und zu Freiheitsstrafen von je drei Jahren verurteilt [worden seien]", unerörtert und damit – vermutlich – unberücksichtigt

1047 BGHR StGB § 46 Abs. 2 Wertungsfehler 20.
1048 BGH, Urteil v. 05.04.2007 – 4 StR 5/07 – zitiert nach juris.
1049 BGHR StGB § 46 Abs. 1 Strafhöhe 9.

gelassen habe. Auch dies mutet als intensiver Eingriff in die Strafzumessungsentscheidung des Tatrichters an. Bei der unerörtert gebliebenen Tatsache handelt es sich kaum um einen verallgemeinerungsfähigen Umstand wie zumeist bei den untersuchten naheliegenden Milderungsgründen, denen die Rechtsprechung eine Erörterungspflicht zusprach; auch eine Einordnung zu den in § 46 II StGB aufgelisteten Zumessungsaspekten – wie bei der zuvor beanstandeten Erwägung – bleibt der BGH schuldig. Hier handelt es sich um eine lediglich auf diesen Einzelfall bezogene Tatmodalität (der verwirklichten Delikte der unerlaubten Einfuhr von und des unerlaubten Handeltreibens mit Betäubungsmitteln), die das Revisionsgericht nach eigener Wertung als Strafschärfungsgrund einordnet. Die Möglichkeit, dass das Tatgericht diesem Gesichtpunkt kein bestimmendes Gewicht i.S.v. § 267 III 1 StPO zugesprochen und ihn nur deshalb unerörtert gelassen hat, zieht der BGH nicht in Betracht oder – mangels diesbezüglicher Ausführungen nicht erkennbar – erachtet dies als im Hinblick auf die seiner Beurteilung nach materiell-rechtliche Pflicht zur Berücksichtigung und Darlegung als irrelevant.

III. Erfolglose Revision wegen eines Darstellungsmangels

Nachdem nun zahlreiche von den Revisionsgerichten statuierte allgemeine Vorgaben hinsichtlich der tatrichterlichen Strafzumessungsbegründung sowie diverse konkrete Erörterungspflichten bezüglich ausgewählter Strafzumessungsaspekte herausgearbeitet wurden, bleibt nur noch zu prüfen, mit welcher Begründung die Revisionsgerichte einen vom Revisionsführer behaupteten Darstellungsmangel im jeweiligen Fall – der sehr überschaubaren Anzahl insoweit ergangener (bzw. aufgefundener) Entscheidungen – abgelehnt haben.

1. *Grundsätzlich nicht zu erörternde Umstände*

Nach ständiger Rechtsprechung des BGH[1050] sollen ausländerrechtliche Folgen einer Tat in der Regel nicht zu den bestimmenden Strafzumessungsgründen gehören, lediglich im Falle des Vorliegens besonderer Umstände des Einzelfalls sei eine strafmildernde Bewertung in Erwägung zu ziehen und gegebenenfalls eine entsprechende Erörterung in den Urteilsgründen notwendig. Dies gelte nach neuerer Rechtsprechung[1051] sogar, wenn bei Verurteilung ein zwingender Ausweisungsgrund nach § 53 AufenthG in Betracht kommt, auch dann sei eine Strafmilderung nur zu erwägen, sofern zusätzlich besondere Umstände in der Person des Angeklagten

1050 Vgl. nur BGH NStZ 2012, 147; BGH, Beschl. v. 29.07.2010 – 1 StR 349/10; BGH StV 2008, 298 m.w.N.; BGH NStZ-RR 2004, 11; BGH NStZ 2002, 196 m.w.N.; BGH NStZ-RR 2000, 79 (80); BGH NStZ 1996, 595.

1051 BGH NStZ 2012, 147; BGH NStZ 2002, 196 m.w.N; BGH NStZ-RR 2000, 79 (80); a.A. noch BGH NStZ 1999, 240, wo die zwingende Ausweisung als Folge der Verurteilung als besonderer und daher mildernd zu berücksichtigender Umstand erachtet wurde.

hinzukommen, die die Ausweisung für ihn als besondere Härte erscheinen lassen[1052]. Soweit der Beschwerdeführer also die fehlende Auseinandersetzung der Urteilsgründe mit möglichen oder gar zwingenden ausländerrechtlichen Folgen der Verurteilung rügt, lehnt der BGH, zumeist unter Hinweis darauf, dass das Tatgericht nur die bestimmenden Zumessungserwägungen anzuführen habe, zu denen dieser Aspekt nach ständiger Rechtsprechung des BGH jedoch grundsätzlich nicht dazu zähle,[1053] einen Sachmangel wegen Lückenhaftigkeit der Gründe ab. Obgleich bezüglich dieses Zumessungsaspekts regelmäßig die Formulierung „nicht bestimmender Umstand" gewählt wird, ist auch hier die Begründungsrelevanz nach materiellem Recht gemeint. Dies verdeutlicht einerseits die Prüfung im Rahmen der Sachrüge, also ein etwaige Verletzung sachlichen Rechts statt eines Verstoßes gegen die Verfahrensvorschrift des § 267 III 1 StPO, andererseits aber auch der Verweis auf die ständige Rechtsprechung; diese, also die Revisionsgerichte, legen nämlich fest, dass ausländerrechtliche Folgen keine wesentlichen Gesichtspunkte seien, die Beurteilung wird nicht dem Tatrichter überlassen i.S.v. § 267 III 1 StPO. Dies gilt indes auch hinsichtlich der besonderen Umstände, die im Einzelfall doch eine Strafmilderung rechtfertigen können, auch deren Vorliegen beurteilt das Revisionsgericht selbst.[1054] Diese Einschränkung der tatrichterlichen Begründungspflicht basiert also auf einer materiell-rechtlichen Wertung, vorgenommen durch das Revisionsgericht, nicht aber auf der Vorschrift des § 267 III 1 StPO, d.h. dem Recht des Tatgerichts, seine Strafzumessungsbegründung auf die seines Erachtens wesentlichen Umstände zu beschränken.

Dies gilt gleichermaßen für den Umstand verbüßter Untersuchungshaft; auch insoweit vertritt der BGH in ständiger Rechtsprechung[1055], dass diesbezüglich grundsätzlich keine Strafmilderung vorzunehmen bzw. eine solche sogar aufgrund der gesetzlich vorgeschriebenen Anrechnung auf die zu vollstreckende Strafe (§ 51 I 1 StGB) unzulässig sei. Dementsprechend seien auch keine Ausführungen dazu in der Strafzumessungsbegründung notwendig; erlittene Untersuchungshaft wird ebenfalls als unwesentlicher und daher nicht der materiell-rechtlichen Begründungspflicht unterfallender Gesichtspunkt erachtet, § 267 III 1 StPO wird auch hinsichtlich dieser Einschränkung keine Bedeutung zugeschrieben. Soweit ausnahmsweise eine strafmildernde Berücksichtigung in Betracht kommt, was lediglich bei Vorliegen zusätzlicher besonderer Nachteile oder Belastungen für den Angeklagten, vor allem bei besonders beschwerenden Umständen des Haftvollzuges, zu erwägen sei,[1056] seien entsprechende Urteilausführungen zwar erforderlich; auch

---

1052 BGH StV 2008, 298 m.w.N.

1053 Mit derartiger Formulierung etwa BGH NStZ 2002, 196.

1054 Vgl. nur BGH StV 2008, 298.

1055 Vgl. BGH NStZ-RR 2014, 106; BGH NStZ 2011, 100; BGH NJW 2006, 2645; BGHR StGB § 46 Abs. 2 Lebensumstände 18; BGH NStZ-RR 2005, 168 (169); BGH, Urteil v. 13.02.2001 – 1 StR 565/00 – zitiert nach juris.

1056 Bejaht z.B. in BGH, Urteil v. 29.10.2008 – 5 StR 456/08 (in NStZ 2009, 202 insoweit nicht abgedruckt) für die mildernde Berücksichtigung des Umstands, dass der

dies wird allerdings ausschließlich nach materiellem Recht (Prüfung erfolgt im Rahmen der Sachrüge) vom Revisionsgericht selbst beurteilt.[1057] Dementsprechend war auch keine insoweit ergangene revisionsgerichtliche Entscheidung anzutreffen, die – nach entsprechender Rüge – aufgrund des Schweigens der Urteilsgründe zu besonderen, mit der Untersuchungshaft zusammenhängenden Nachteilen lediglich eine zulässige Einordnung des Tatgerichts als nicht bestimmende (und deshalb nicht dargelegte) Umstände i.S.v. § 267 III 1 StPO angenommen hätte.

Die Revisionsgerichte erkennen also grundsätzlich nicht erörterungspflichtige Umstände an, hinsichtlich der beiden untersuchten Aspekte allerdings ausschließlich mangels – nach ihrer Auffassung – materiell-rechtlicher Notwendigkeit. Selbst im Hinblick auf die bei beiden Gesichtspunkten in Betracht kommenden Ausnahmen ist das Tatgericht bei der Beurteilung ihrer Zumessungsrelevanz (der Qualifizierung als bestimmenden Umstand i.S.v. § 267 III 1 StPO) nicht frei, diese Wertung unterliegt der vollständigen Nachprüfung durch das (insoweit eine eigene Beurteilung vornehmende) Revisionsgericht.

2. *Im Einzelfall nicht bestimmende Umstände i.S.v. § 267 III 1 HS 2 StPO*

Abgesehen von den soeben erörterten Entscheidungen bezüglich – im Ergebnis nach materiellem Recht – grundsätzlich nicht darlegungspflichtiger Umstände, konnten im Rahmen der Anfertigung dieser Arbeit (die zwar sicherlich nicht den Anspruch auf Vollständigkeit erhebt, jedoch auf der Sichtung einer ganz erheblichen Anzahl in diesem Kontext ergangener revisionsgerichtlicher Urteile basiert) insgesamt lediglich vier Entscheidungen aufgefunden werden, in denen ein vom Beschwerdeführer gerügter Darstellungsmangel vom Revisionsgericht unter Hinweis auf § 267 III 1 StPO – tatsächlich auch als Verweis auf das darin enthaltene Recht des Tatrichters, sich auf die seines Erachtens bestimmenden Erwägungen zu beschränken, gemeint (statt der üblichen Zweckentfremdung dieser Norm zur Verdeutlichung der materiell-rechtlichen Begründungspflicht) – zurückgewiesen wurde.

a) BGH 3 StR 311/94

Ein 1994 ergangenes BGH-Urteil[1058] befasste sich mit der Beanstandung des Revisionsführers, dass seine Rettungsbemühungen nach Tatbegehung (gefährliche Körperverletzung), insbesondere das Abgeben eines Notrufs, nicht zu seinen Gunsten bei der Strafzumessungsbegründung angeführt worden seien.

Angeklagte „erst mehr als 1¼ Jahr nach der Tat in Haft genommen wurde und er mit der Inhaftierung erst im Alter von 45 Jahren seine erste Hafterfahrung gemacht hat"; ferner in BGH StV 1984, 151 für den Fall des Auftretens einer Haftpsychose.

1057 BGH NStZ-RR 2014, 106; BGH NJW 2006, 2645; BGH wistra 2001, 105 (106); BGH, Urteil v. 13.02.2001 – 1 StR 565/00 – zitiert nach juris.

1058 BGH, Urteil v. 23.11.1994 – 3 StR 311/94 – zitiert nach juris.

Der BGH lehnte einen diesbezüglichen Rechtsfehler ab und führte dazu aus: „Zwar wird das Herbeiholen ärztlicher Hilfe für das Opfer regelmäßig strafmildernd zu berücksichtigen sein..., doch ist es eine andere Frage, ob ein solcher Umstand einer ausdrücklichen Erörterung in den Urteilsgründen bedarf." Bereits mit dieser Äußerung hebt sich die Entscheidung ganz deutlich von anderen zum Darstellungsmangel ergangenen Urteilen ab; der BGH differenziert hier explizit zwischen einer grundsätzlichen Berücksichtigungspflicht (nach materiellem Recht) und einer Darlegungspflicht in den Urteilsgründen, während die Rechtsprechung ansonsten weit überwiegend aus der erstgenannten Pflicht eine geradezu selbstverständliche Notwendigkeit der zweitgenannten ableitet.

Der BGH fährt fort mit der Standardformel: „Das Gericht ist nach § 267 Abs. 3 Satz 1 StPO nur verpflichtet, die für die Strafzumessung bestimmenden Umstände darzulegen; eine erschöpfende Aufzählung aller Strafzumessungserwägungen ist weder vorgeschrieben, noch möglich. Was als wesentlicher Strafzumessungsgrund anzusehen ist, ist unter Berücksichtigung der Besonderheiten des Einzelfalls zu entscheiden...Wenn das Landgericht hier dem angesprochenen Umstand eine geringere Bedeutung beigemessen hat, weil es die Strafe dem nach §§ 21, 49 StGB gemilderten Strafrahmen des § 53 Abs. 1 S. 1 Nr. 3 a Buchst. a WaffG entnommen hat, ist dies rechtlich nicht zu beanstanden." Zwar wird die Formel regelmäßig vom BGH verwendet, allerdings wird sie hier tatsächlich im Anschluss auch umgesetzt; ausdrücklich wird dem Tatgericht aufgrund des Schweigens der Urteilsgründe hinsichtlich des betreffenden Umstands eine Bewertung als nicht zumessungserheblich bzw. nicht bestimmend unterstellt, was auch nicht zu beanstanden sei. Das ist deshalb als Besonderheit hervorzuheben, weil die Revisionsgerichte sonst im Falle fehlender Ausführungen zu einem ihrer Ansicht nach wesentlichen Strafzumessungsumstand oftmals darauf abstellen, dass zu besorgen sei, dass dieser Aspekt – zu Unrecht – nicht bedacht wurde, also aufgrund des Schweigens des Urteils ein zugrunde liegender Strafzumessungsfehler zu vermuten sei. Die Möglichkeit, dass das Tatgericht den Umstand zwar erkannt, bewertet und lediglich als unerheblich eingeordnet hat, wird regelmäßig gar nicht in Betracht gezogen.

Allerdings führt der BGH anschließend weiter aus: „Es kommt hinzu, daß das Tatopfer auch ohne die Bemühungen des Angeklagten gerettet worden wäre, weil unabhängig vom Angeklagten auch ein Passant den Notruf ausgelöst hatte. Schließlich lag die Verhinderung eines tödlichen Ausgangs auch dann ganz wesentlich im eigenen Interesse des Angeklagten, wenn er – was nach Sachlage nur schwer vorstellbar erscheint – nur mit Körperverletzungsvorsatz gehandelt hätte, da er dadurch einer sonst drohenden schwereren Bestrafung wegen Körperverletzung mit Todesfolge entgehen konnte. Letztlich war er – bei Annahme eines Körperverletzungsvorsatzes – auf Grund seines vorangegangenen Tuns und als Ehemann auch rechtlich zur Hilfeleistung verpflichtet und hätte sich andernfalls – bei Vorliegen der subjektiven Voraussetzungen – des Totschlags durch Unterlassen schuldig gemacht. Aus diesen Gründen kommt nach den Besonderheiten dieses Einzelfalls dem Umstand des Herbeirufens ärztlicher Hilfe kein solches Gewicht zu, daß er als bestimmender Strafzumessungsgesichtspunkt im Sinne des § 267 Abs. 3 Satz 1

StPO angesehen werden müßte." In diesem Absatz kippt der zuvor angeklungene Tenor wieder. Nicht nur, dass der BGH eine eigene Beurteilung im Hinblick auf die Zumessungsrelevanz des Hilferufens im konkreten Fall vornimmt (dies wäre aus der Perspektive sachlichen Rechts für sich genommen nicht zu beanstanden), er schließt mit der Einordnung als nicht bestimmender Umstand i.S.v. § 267 III 1 StPO. Zwar ist diese Qualifizierung ebenfalls nur selten in revisionsgerichtlichen Urteilen anzutreffen, allerdings erfolgt sie auch hier unter Verkennung des Telos des § 267 III 1 StPO, nämlich aufgrund objektiver eigener Erwägungen zur Bedeutsamkeit dieses Umstands, obgleich die vorherige Argumentation, das Tatgericht habe den Umstand als nicht bestimmend angesehen, zutreffend und ausreichend war. Ob der BGH diese Wertung als rechtsfehlerhaft beurteilt, wäre dann nämlich eine unabhängig von § 267 III 1 StPO zu beurteilende Frage materiellen Rechts gewesen.

Durch Vermengung der materiell-rechtlichen und der prozessualen Begründungspflicht, die dann im Grunde gemeinsam hinsichtlich des gerügten Darstellungsmangels abgelehnt wurden, konnte der BGH in dieser Entscheidung offen lassen, ob die tatrichterliche Wertung als nicht bestimmender Umstand trotz grundsätzlicher Erörterungspflicht nach materiellem Recht hier genügt hätte. Die angestellte Nachprüfung im Hinblick auf die Erheblichkeit des Umstands in diesem Fall spricht indes für einen der materiell-rechtlichen Begründungspflicht eingeräumten Vorrang; das Schweigen der Urteilsgründe wurde nur deshalb nicht beanstandet, weil die tatrichterliche Wertung als nicht bestimmender Umstand – nach revisionsrechtlicher Prüfung – im Einklang mit den Anforderungen sachlichen Rechts erfolgte.

b) BGH 3 StR 536/98

Vier Jahre später entschied derselbe Strafsenat[1059], dass „soweit der Beschwerdeführer die Erörterung weiterer strafmildernder Gesichtspunkte vermißt,...er außer Acht [lasse], daß lediglich die bestimmenden Strafzumessungsgründe im Urteil anzugeben sind, so daß aus dem Schweigen des Urteils zu bestimmten Gesichtspunkten nicht gefolgert werden [könne], diese seien übersehen worden." Während an dieser Stelle in anderen Entscheidungen zumeist die Prüfung beginnt, ob der fragliche Umstand hier nun gleichwohl derart wesentlich war, dass er nicht ausgespart werden durfte, endet die Urteilsbegründung hier mit dieser Feststellung. Mit jener kurzen, aber präzisen Begründung hat der BGH ungeachtet der fehlenden Erwähnung der Norm tatsächlich zugunsten des § 267 III 1 StPO entschieden, ohne auch nur anzusprechen, geschweige denn selbst zu prüfen, ob die in der Strafzumessungsbegründung nicht angeführten Gesichtspunkte seines Erachtens strafzumessungsrelevant gewesen wären. Die Frage nach einer insoweit bestehenden materiell-rechtlichen Pflicht zur Berücksichtigung und Darlegung dieser Aspekte wird zwar nicht beleuchtet, so dass offen bleibt, ob ein Kollisionsfall mit der Pflicht bzw. dem Recht des Tatrichters nach § 267 III 1 StPO bestanden hat. Mit dem – zwar

1059 BGH, Urteil v. 09.06.1999 – 3 StR 536/98 – zitiert nach juris.

gängigen, jedoch gleichwohl zumeist missachteten – Hinweis, dass aus dem Schweigen der Urteilsgründe nicht auf eine fehlende Berücksichtigung zu schließen sei, erkennt der BGH jedoch das Recht des Tatrichters gemäß § 267 III 1 StPO, sich auf die seiner Wertung nach bestimmenden Umstände zu beschränken, ausdrücklich an.

c) BGH 3 StR 132/12

Weniger überzeugend ist eine 2012 abermals durch den Dritten Strafsenat[1060] ergangene Entscheidung. Eingangs findet sich noch die bekannte Formel: „Gem. § 46 II 1 StGB hat das Gericht die Umstände gegeneinander abzuwägen, die für und gegen den Täter sprechen. Dies bedeutet indes nicht, dass jeder derartige Umstand der ausdrücklichen Erörterung in den Urteilsgründen bedarf und dass die Nichterörterung stets einen Rechtsfehler begründet. Das Gericht ist vielmehr lediglich verpflichtet, in den Urteilsgründen die für die Strafzumessung bestimmenden Umstände darzulegen (§ 267 III 1 StPO); eine erschöpfende Aufzählung aller Strafzumessungserwägungen ist weder vorgeschrieben noch möglich. Was als wesentlicher Strafzumessungsgrund anzusehen ist, ist unter Berücksichtigung der Besonderheiten des Einzelfalls vom Tatrichter zu entscheiden." Als Nachweis wird insoweit auf die Entscheidung BGH StR 311/94 verwiesen, in der jedoch – wie soeben festgestellt – keineswegs ein Entscheidungsrecht des Tatrichters hinsichtlich des bestimmenden Einflusses eines Zumessungsaspekts anerkannt, sondern vielmehr doch eine selbständige, objektive Prüfung der Wesentlichkeit vorgenommen wird, die lediglich im Ergebnis mit der tatrichterlichen Wertung übereinstimmt.

Weiter führt der BGH aus: Es sei „...nicht zu besorgen, dass das LG innerhalb des nach zweifacher Milderung gewählten Strafrahmens ausschließlich für den Angekl. sprechende Gesichtspunkte erwogen und gleichwohl eine im oberen Bereich des Strafrahmens angesiedelte Strafe verhängt hat. Vielmehr hat das LG auch gegen den Angekl. sprechende Umstände festgestellt, diese aber ersichtlich lediglich nicht als bestimmend i.S. von § 267 III 1 StPO angesehen und daher in den schriftlichen Urteilsgründen bei der Strafzumessung nicht angeführt. Dies ergibt sich bereits aus der Formulierung, es habe besondere Umstände zu seinen Lasten nicht feststellen können" Zwar ist auch hier – wie in den Entscheidungen zuvor – begrüßenswert, dass das Revisionsgericht den Zusammenhang zwischen dem Schweigen der Strafzumessungsbegründung zu einem Gesichtspunkt und der Einordnung des Tatgerichts als nicht bestimmenden Umstand gemäß § 267 III 1 StPO herstellt. Die Begründung mutet indes gleich in doppelter Hinsicht widersprüchlich an: Zum einen soll das Tatgericht sehr wohl auch erschwerende Zumessungsgründe erkannt, ihnen jedoch lediglich – zu schließen aus der fehlenden Darstellung solcher Umstände – keine bestimmende Bedeutung im Hinblick auf die zu bemessende Strafe beigemessen haben, was – wie offenbar auch vom Revisionsführer gerügt worden – die Frage aufwirft, wie dann bei Zugrundelegung ausschließlich mildernder Faktoren eine Strafe im oberen Bereich des Strafrahmens gerechtfertigt sein kann. Maßgeblich für

1060 BGH NStZ-RR 2012, 336 (337).

die Bemessung der Strafe ist primär das Gewicht, das den einzelnen Zumessungsaspekten beigemessen wird; die als wesentlich erachteten Umstände bestimmen die Strafhöhe. Wenn das Tatgericht aber einen Umstand nicht anführt, weil es ihm ob der übrigen Zumessungsaspekte allenfalls geringen Einfluss auf die Strafbemessung zuschreibt, also nicht als bestimmenden Faktor erachtet, kann er im Rahmen der Nachprüfung dementsprechend auch nicht allein aufgrund seiner Feststellung an anderer Stelle des Urteils – wie allerdings vom Revisionsgericht geschehen – zur Begründung der ausgeurteilten Strafhöhe herangezogen werden.[1061] Der zweite Widerspruch ergibt sich aus der Formulierung selbst: Das Tatgericht soll sehr wohl gegen den Angeklagten sprechende Umstände festgestellt und diese lediglich als nicht bestimmend und damit nicht erörterungsbedürftig angesehen haben, was daraus zu schließen sei, dass das Tatgericht in den Zumessungsgründen wörtlich angibt, dass es „besondere Umstände zu seinen Lasten nicht [habe] feststellen können". Davon ausgehend, dass das Tatgericht diese Formulierung bewusst gewählt hat, liegt die Auslegung nahe, dass es ausdrücken wollte, keinerlei Strafschärfungsgründe gesehen zu haben, anderenfalls hätte das Tatgericht etwa auf die zuvor an anderer Stelle des Urteils getroffenen, gegen den Angeklagten sprechenden Feststellungen Bezug nehmen und ihre untergeordnete Bedeutung für die Strafzumessung hervorheben oder sich (in Anwendung von § 267 III 1 StPO) jedweder Ausführungen zu erschwerend wirkenden Umständen enthalten können. Während es ob der Wortwahl des Tatgerichts hier tatsächlich nahe lag, dass die in den Feststellungen enthaltenen potentiellen Strafschärfungsgründe bei der Strafzumessungsentscheidung übersehen wurden, unterstellt das Revisionsgericht – trotz dieser tatrichterlichen Erklärung -, dass den betreffenden Umständen lediglich keine, eine Darlegungspflicht auslösende bestimmende Bedeutung beigemessen wurde.

Ebenso wie in der Entscheidung von 1994 folgt dem (zweifelhaften) Hinweis auf die Qualifizierung des Tatgerichts als nicht bestimmender Umstand eine eigene Wertung des Revisionsgerichts, allerdings nicht (wie regelmäßig) im Hinblick auf die Erheblichkeit der als vom Tatgericht übergangen beanstandeten Strafschärfungsgründe nach materiellem Recht und eine etwaig daraus resultierende Erörterungspflicht, sondern in Bezug auf die Tragfähigkeit der in den sonstigen Urteilsfeststellungen enthaltenen, zu Lasten des Angeklagten sprechenden Umstände in Relation zum verhängten Strafmaß. Statt also einen möglichen Darstellungsfehler zu überprüfen, nimmt der BGH letztlich eine Strafmaßkontrolle vor, und

1061 Vgl. dazu BGH, Urteil v. 16.04.2015 – 3 StR 605/14: „Die Begründung des Urteils muss erkennen lassen, dass die wesentlichen Gesichtspunkte gesehen und in ihrem Zusammenwirken vertretbar gewürdigt worden sind. Das Ergebnis der Zumessung muss zu den bestimmenden Strafzumessungsgesichtspunkten in einem nachvollziehbaren und vertretbaren Zusammenhang stehen."; ein Rückgriff auf an anderer Stelle des Urteils aufgeführte, nach Auffassung des Revisionsgericht bedeutende Umstände ist demnach sowohl für die Beurteilung des Vorliegens eines Wertungsfehlers des Tatgerichts als auch im Hinblick auf einen vermeintlichen Darstellungsmangel unzulässig.

zwar losgelöst von der Strafzumessungsbegründung des Tatrichters, eingeleitet mit den Worten: „Hinzuweisen ist etwa auf folgende Gesichtspunkte, die i.S. von § 46 II StGB gegen den Angekl. sprechen:". Anschließend werden einige den Urteilsfeststellungen zu entnehmende (in den Strafzumessungsgründen nicht angeführte) besondere Tatmodalitäten aufgezählt, die nach Auffassung des Revisionsgerichts eine strafschärfende Berücksichtigung der Handlungsintensität rechtfertigen, mit dem Ergebnis, dass die ausgeurteilte Strafe nicht im Widerspruch zu der tatrichterlichen Bewertung der für und gegen den Angeklagten sprechenden Umstände stehe, wobei mit „tatrichterlicher Bewertung" die selbst vorgenommene, die Zumessungsgründe des Tatrichters, in denen diese erschwerenden Gesichtspunkte ja gerade nicht erwähnt wurden, ignorierende Beurteilung gemeint ist. Der – letztlich auch vom Revisionsgericht erkannte – Wertungswiderspruch zwischen verhängtem Strafmaß und diesbezüglicher Begründung wird schlicht übergangen.

Dass diese Prüfung darüber hinaus ergeben hat, dass das Tatgericht (neben der fehlerhaften Wertung) mehrere, vom Revisionsgericht als im Hinblick auf das verhängte Strafmaß als wesentlich erachtete Strafzumessungsumstände nicht in den Zumessungsgründen dargelegt hat, insoweit also zumindest nach materiellem Recht ein zur Aufhebung führender Darstellungsmangel vorliegt, bleibt ebenfalls unbeachtet. Stattdessen hebt der BGH zum Ende hin nochmals hervor, dass aufgrund der an anderer Stelle des Urteils gefundenen Strafschärfungsgründe keine rechtsfehlerhafte Lücke in der Begründung der Strafbemessung vorliege; angesichts der bereits erfolgten zweifachen Milderung des Regelstrafrahmens könne „das Gewicht, das den Milderungsgründen zukommt, schon durch die Anwendung des Ausnahmestrafrahmens so weit relativiert sein, dass es innerhalb dieses Strafrahmens kaum noch mildernde Wirkung [entfalte] und die gegen den Täter sprechenden Umstände, insbesondere die Schwere der Tat, eine Strafe im oberen Bereich des gemilderten Strafrahmens [rechtfertigten]". Diese Auffassung ist zwar grundsätzlich nicht zu beanstanden, vermag jedoch nicht über die Tatsache hinwegzutäuschen, dass bei Bemessung der konkreten Strafhöhe keinerlei zu Lasten des Täters sprechende Umstände zur Rechtfertigung derselben angeführt wurden; ist aber ein Umstand – wie vom BGH festgestellt – notwendig, um den Strafausspruch zu rechtfertigen, muss er insoweit denklogisch zwingend auch wesentlich und damit zumindest nach materiellem Recht erörterungspflichtig sein (letzteres folgt aus der materiell-rechtlichen Begründungspflicht; die Darstellung eines nach sachlichem Recht wesentlichen Umstands ist notwendig, um dem Revisionsgericht die Nachprüfung zu ermöglichen, ob er auch rechtsfehlerfrei berücksichtigt wurde[1062]), ein entsprechender Darstellungsmangel liegt demnach vor.

Das Revisionsgericht hat in dieser Entscheidung mit viel Aufwand versucht, die – recht offensichtlich zutage getretenen – Rechtsfehler des Tatgerichts, den Wertungsfehler und den Darstellungsmangel, zu negieren. Im Hinblick auf das Verhältnis von materiell-rechtlicher und prozessualer Begründungspflicht sind aus diesen unklaren,

---

1062 Vgl. 1. Teil, Abschnitt B, III.

teils auch widersprüchlichen Ausführungen auch keine Erkenntnisse zu gewinnen. Im Übrigen hätte man hier – bei entsprechender Verfahrensrüge – zusätzlich einen Verstoß gegen § 267 III 1 StPO annehmen können, da die Verhängung einer Strafe im oberen Bereich des Strafrahmens bei ausschließlicher Erörterung strafmildernder Umstände ein recht eindeutiges Indiz dafür ist, dass das Tatgericht hier nicht seine wahren Strafzumessungserwägungen angegeben hat. Die Vorgehensweise des BGH in dieser Entscheidung ist vermutlich dem Umstand geschuldet, dass der Strafsenat den Strafausspruch als angemessenen erachtet hat; dann aber wäre die Feststellung der Rechtsfehler des Tatgerichts mit anschließender Aufrechterhaltung des Strafmaßes gemäß § 354 I a 1 StPO – sofern möglich – vorzugswürdig gewesen.

d) BGH 4 StR 216/14

In der letzten und jüngsten (aller gefundenen) Entscheidung des BGH[1063] hinsichtlich eines nicht bestimmenden Umstands gemäß § 267 III 1 StPO heißt es: „Soweit die Beschwerdeführerin in diesem Zusammenhang die Nennung zulässiger Strafschärfungsgründe wie etwa die Maskierung der Täter...vermisst, gilt – neben dem oben genannten begrenzten Überprüfungsmaßstab – Folgendes: Eine erschöpfende Aufzählung aller in Betracht kommenden Erwägungen ist weder vorgeschrieben noch möglich. Daraus, dass ein für die Strafzumessung bedeutsamer Umstand nicht ausdrücklich angeführt worden ist, kann nicht ohne weiteres geschlossen werden, der Tatrichter habe ihn überhaupt nicht gesehen oder nicht gewertet...Was als wesentlicher Strafzumessungsgrund anzusehen ist, ist unter Berücksichtigung der Besonderheiten des Einzelfalls vom Tatrichter zu entscheiden." Dann folgt zwar eine Bezugnahme auf das soeben untersuchte, wenig überzeugende Urteil des Dritten Strafsenats aus 2012, von weiteren Ausführungen sieht der Vierte Strafsenat hier jedoch ab, insbesondere wird keine eigene Beurteilung der Wesentlichkeit des beanstandeten Zumessungsumstands nach materiellem Recht vorgenommen. Die Wertung des Tatrichters, diesen Aspekt als unwesentlichen, also nicht bestimmenden Faktor i.S.v. § 267 III 1 StPO, einzuordnen und dementsprechend in den Strafzumessungsgründen auszusparen, wird – ebenso wie in der Entscheidung des Dritten Strafsenats 1998 – respektiert. Auch hier wird mangels einer Prüfung der Zumessungsrelevanz nach materiellem Recht zwar nicht deutlich, ob ein Kollisionsfall mit § 267 III 1 StPO vorgelegen hat, allerdings könnte man die insoweit unterlassene Prüfung durchaus dahingehend interpretieren, dass der Strafsenat eine etwaige materiell-rechtliche Erörterungspflicht im Hinblick auf das Recht des Tatrichters nach § 267 III 1 StPO, seine Urteilsausführungen auf die seines Erachtens bestimmenden Erwägungen zu beschränken, als nachrangig erachtet hat. Eine Verabschiedung des BGH von seiner jahrzehntelangen Vorgehensweise, Wesentlichkeit und Erörterungspflicht bezüglich eines Zumessungsumstands ohne Rücksicht auf ein etwaiges Einschränkungsrecht des Tatrichters nach § 267 III 1 StPO selbst

---

1063 BGH, Urteil v. 31.07.2014 – 4 StR 216/14 – zitiert nach juris (in NStZ-RR 2014, 320 nur Leitsatz abgedruckt).

festzulegen, bedeutet diese Entscheidung jedoch nicht; vielmehr verfährt der BGH auch weiterhin in seiner üblichen Manier.[1064]

IV. Ergebnis zur revisionsrechtlichen Untersuchung

Bei der Untersuchung der von den Revisionsgerichten entwickelten Anforderungen an die tatrichterliche Strafzumessungsbegründung ist ein ganz erhebliches Ausmaß allgemeiner und auch einzelfallbezogener Vorgaben zutage getreten.

Hinsichtlich allgemeiner Begründungserfordernisse ist insbesondere die häufige Erwartung einer „besonders eingehenden" Begründung hervorzuheben, deren Fehlen oftmals als Aufhebungsgrund in der Revision dient. Dies gilt nicht nur im Falle einer Abweichung des erkannten Strafmaßes von in vergleichbaren Fällen üblicherweise verhängten, dann sei vor allem die Abweichung an den Besonderheiten des Einzelfalles verständlich zu machen, auch bei Strafhöhen am Rande des zulässigen Strafrahmens müsse die Begründung besonders ausführlich bzw. eingehend und detailliert sein. Bei Verhängung der Mindest- oder Höchststrafe gilt dies entsprechend, wobei sich die Gründe dann zusätzlich mit dem jeweiligen Strafmaß entgegenstehenden Strafzumessungsumständen zu befassen hätten. Eine Definition der besonders eingehenden Begründung bleiben die Revisionsgerichte regelmäßig schuldig, wobei im Falle einer Strafe nahe der noch aussetzungsfähigen Höhe zumindest klar gestellt wird, dass sich der erhöhte Begründungsaufwand ausschließlich auf das Überschreiten einer noch zur Bewährung aussetzbaren Strafhöhe bezieht, ebenso wie bei Strafmaßentscheidung nach Aufhebung und Zurückweisung durch das Revisionsgericht primär darzulegen ist, weshalb dasselbe Strafmaß trotz veränderter Voraussetzungen bzw. ein anderes trotz gleicher Ausgangslage verhängt wird. Auch in Bezug auf gegen Mittäter verhängte Strafen verlangt der BGH eine ausführliche und nachvollziehbare Begründung ihrer unterschiedlichen Behandlung (soweit dies der Fall ist), um die Einhaltung des Gebots gleichmäßigen und gerechten Strafens nachprüfen zu können. Bei Bildung einer Gesamtstrafe sind neben einigen Detailvorgaben hinsichtlich der Begründung, sei es in Bezug auf (un)zulässige Bezugnahmen, notwendige Feststellungen bei nachträglicher Gesamtstrafenbildung oder etwa im Hinblick auf einen vorzunehmenden Härteausgleich, auch die allgemein in Abhängigkeit zur Strafhöhe entwickelten Forderungen zu beachten, d. h. dass eine besonders eingehende Begründung nötig ist, wenn die Gesamtstrafe die Einsatzstrafe nur geringfügig überschreitet oder nahe der Summe der Einzelstrafen gebildet wird, also nahe der Grenze des zulässigen Gesamtstrafrahmens. Diesen zumeist sehr vage formulierten Anforderungen gerecht zu werden, ist zweifellos eine Herausforderung für den Tatrichter; den Begründungen einiger revisionsgerichtlicher Urteile zufolge scheint dies indes gar nicht möglich gewesen zu sein (vgl. Kritik zum jeweiligen Urteil).

1064 Vgl. nur aus neuesten Rechtsprechung BGH NStZ-RR 2015, 248; BGH NStZ-RR 2015, 274 (275).

Die Revisionsgerichte haben nicht nur Gebote entwickelt, auch zahlreiche Verbote (neben den ohnehin bereits aus dem materiellen Recht folgenden, wie etwa § 46 III StGB) wurden statuiert, etwa im Hinblick auf Hilfserwägungen, pauschale Hinweise und Floskeln.

Darüber hinaus hat die Rechtsprechung auch allgemeine Vorgaben hinsichtlich der einzelnen erörterungspflichtigen Umstände entwickelt; dies betrifft sowohl Zumessungstatsachen als auch -erwägungen, beide sind von der Darstellungspflicht umfasst. Ein abschließender Katalog abzuhandelnder Aspekte wird indes nicht aufgestellt, sondern vielmehr die Einzelfallrelevanz betont. In jedem Fall müsse aus den Urteilsgründen die Bewertungsrichtung der einzelnen Zumessungsfaktoren und das ihnen beigemessene Gewicht hervorgehen, ebenso wie das Verhältnis, in das sie – zur Rechtfertigung der erkannten Strafe – zueinander gesetzt wurden. Der Tatrichter ist zwar sowohl bei der Auswahl der erheblichen Tatsachen, als auch beim Abwägungsvorgang grundsätzlich frei, allerdings hat er einige Rechtsprechungsvorgaben zu beachten (z. B. das Gebot der Ganzheitsbetrachtung von Tatgeschehen und Täterpersönlichkeit, das Verbot von Mathematisierungen); zudem unterliegen beide Aspekte einer (sehr weitgehenden) revisionsrechtlichen Kontrolle im Hinblick auf Wertungs- und Darlegungsfehler. Anlässlich der Prüfung beanstandeter Darstellungsmängel betonen die Revisionsgerichte regelmäßig, dass es grundsätzlich keiner erschöpfenden Aufzählung aller Strafzumessungserwägungen bedürfe und daher aus dem Schweigen der Urteilsgründe zu einem nach den Feststellungen möglicherweise für die Strafzumessung bedeutsamen Umstand nicht geschlossen werden könne, der Tatrichter habe ihn nicht gesehen oder nicht gewertet, wobei die Grenze dort erreicht sei, wo ein wesentlicher, die Tat prägender Gesichtspunkt erkennbar nicht berücksichtigt wurde bzw. die Urteilsgründe nur besorgen lassen, dass ein nach den Feststellungen wesentlicher Gesichtspunkt außer Acht gelassen wurde. Das Kriterium der Wesentlichkeit (z.T. auch Erheblichkeit o.ä.) bleibt dabei ebenso vage wie das Erfordernis einer besonders eingehenden Begründung.

Die anschließende Untersuchung einiger ausgewählter Strafzumessungsumstände hat ergeben, dass neben diesen allgemeinen Begründungsanforderungen auch zahlreiche Einzelvorgaben im Hinblick auf zumessungsrelevante Umstände entwickelt wurden, und zwar nicht nur bezüglich ihrer grundsätzlichen Erörterungspflicht, sondern auch hinsichtlich der insoweit notwendigen Feststellungen (vgl. nur die Vorgaben bei überlanger Verfahrensdauer) sowie der überflüssigen bis unzulässigen Ausführungen (vgl. dazu nur die persönlichen Verhältnisse des Angeklagten). Dass die Revisionsgerichte hier (wie auch bereits hinsichtlich einiger allgemeiner Begründungsanforderungen bzw. konkret beanstandeter Begründungsmängel) zuweilen den selbst gesteckten Prüfungsrahmen verlassen haben, sowohl hinsichtlich der Eingriffsintensität als auch in Bezug auf die entwickelten Begründungsvorgaben (vgl. nur die zwingende Erörterungspflicht trotz lediglich fakultativ strafmildernder Berücksichtigung einer Tatserie) ist an der jeweiligen Stelle erörtert worden. Anhand dieser Forderungen einen Katalog abzuhandelnder Zumessungsaspekte, Begründungsschemata oder ähnliches erstellen zu wollen, ist ob der starken Einzelfallkasuistik, der teils nur sehr vagen und damit als Einfalltor für revisionsrechtliche Beanstandungen dienenden Vorgaben sowie der zuweilen beliebigen (bis rechtswidrigen) Vorgehensweise der Revisionsgerichte ein (zumindest im Rahmen dieser Arbeit) nahezu unmögliches Unterfangen.

Konzentriert wurde die revisionsrechtliche Untersuchung daher abschließend auf die Möglichkeit des Tatgerichts, sich diesen strengen Begründungsanforderungen mittels des § 267 III 1 StPO, der Beschränkung der Strafzumessungsbegründung auf die nach Auffassung des Tatgerichts bestimmenden Umstände (so das Ergebnis der Auslegung dieser Norm[1065]), zu entziehen. Dabei waren drei unterschiedliche Arten der Handhabung von § 267 III 1 StPO zu beobachten:

In der ersten Anwendungsmethode dient die Vorschrift als Mittel des Revisionsangriffs, Begründungsmängel wurden als Verstoß gegen § 267 III 1 StPO gerügt. Allerdings stellt dies eine absolute, allenfalls in der früheren Rechtsprechung zu findende Ausnahme dar, heute wird der Darstellungsmangel in ständiger Rechtsprechung im Rahmen der Sachrüge als Verletzung materiellen Rechts geprüft; die Verfahrensrüge wegen Verletzung des § 267 III 1 StPO hat daneben heute kaum noch Bedeutung.

Ebenso selten ist die zweite Anwendungsvariante von § 267 III 1 StPO als Einschränkung der materiell-rechtlichen Begründungspflicht anzutreffen; in lediglich vier Urteilen erklärte der BGH einen gerügten Erörterungsmangel für unerheblich mit dem Hinweis, dass das Tatgericht den betreffenden Umstand nicht übersehen, sondern lediglich als nicht bestimmend i.S. der Norm erachtete habe. In zwei Fällen prüfte das Revisionsgericht allerdings anschließend selbst die Erheblichkeit des beanstandeten Gesichtspunkts mit dem Ergebnis, dass es auch keiner Erörterung nach materiellem Recht bedurft hätte, so dass letzten Endes nur in zwei Entscheidungen dem prozessualen Recht nach § 267 III 1 StPO mutmaßlich (mangels entsprechender Prüfung der Zumessungsrelevanz nach materiellem Recht war nicht ersichtlich, ob tatsächlich ein Kollisionsfall vorlag) der Vorrang vor der materiell-rechtlichen Begründungspflicht gewährt wurde.

In der weit überwiegenden Zahl der untersuchten Revisionsurteile wurde § 267 III 1 StPO (inklusive der dazugehörigen Formel, dass keine erschöpfende Aufzählung aller Strafzumessungsumstände notwendig sei...) lediglich als Floskel verwendet (die dritte Art der Handhabung), sofern nicht bereits gänzlich auf dessen Erwähnung bzw. die Eingangsformel insgesamt verzichtet und direkt mit der Nachprüfung der Zumessungsrelevanz des als vom Tatgericht übergangen gerügten Aspekts begonnen wurde. Manche Revisionsbegründung erschöpft sich auch schlicht in der Feststellung der Notwendigkeit einer Erörterung des betreffenden Umstands im konkreten Fall. Regelmäßig folgt der Eingangsformel, soweit dargelegt, eine eigene Wertung des Revisionsgerichts, die dann allein maßgeblich für die Frage der Darlegungspflicht ist; dies gilt sogar, wenn eingangs noch betont wird, dass es im Ermessen des Tatrichters liege, welchem Umstand er bestimmendes Gewicht beimisst. Teilweise wird die Wesentlichkeit nach Sachlage schlicht behauptet, zum

1065 Vgl. 2. Teil, Abschnitt A, V.

Teil eine intensive Abwägung vorgenommen. Vereinzelt folgt der Prüfung auch die fehlerhafte Bezeichnung als bestimmender Umstand, wobei – wie bereits dargelegt – dies lediglich als Hinweis auf die materiell-rechtliche Begründungspflicht zu verstehen ist. Nicht selten wird auch die dogmatisch zweifelhafte Konstruktion der Vermutung eines zugrunde liegenden Strafzumessungsfehlers gewählt (aufgrund des Schweigens sei zu besorgen, der fragliche Umstand sei übersehen worden), obgleich ein zur Aufhebung führender Rechtsfehler im Revisionsverfahren grundsätzlich nachgewiesen werden muss. Dieser Vorgehensweise bedarf es schon deshalb nicht, weil die Pflicht zur Erörterung eines im konkreten Fall für die Strafbemessung wesentlichen Umstands bereits dem materiellen Recht (sogar der Verfassung) zu entnehmen ist; die Strafzumessungsgründe müssen dem Revisionsgericht die Prüfung ermöglichen, ob der jeweilige Umstand seiner Bedeutung entsprechend bedacht wurde (materiell-rechtliche Begründungspflicht).

In jedem Fall wird bei dieser (sehr beliebig anmutenden) Handhabung des § 267 III 1 StPO der Begründungspflicht nach materiellem Recht der Vorrang eingeräumt. Das Recht des Tatrichters, einen seiner Auffassung nach nicht bestimmenden Umstand i.S.v. § 267 III 1 StPO, den das Revisionsgericht jedoch – nach materiellem Recht – als wesentlich erachtet, in den Strafzumessungsgründen auszusparen, wird demnach grundsätzlich (von den zwei Ausnahmeentscheidungen abgesehen) nicht anerkannt bzw. als nachrangig erachtet. Damit geht die in der Theorie bzw. auch vom damaligen Gesetzgeber angedachte, der Auslegung der Norm entsprechende einschränkende Funktion des § 267 III 1 StPO praktisch ins Leere.

Der ständigen Ausweitung der revisionsgerichtlichen Begründungsanforderungen steht somit kaum eine (lediglich zwei entsprechende Urteile) Einschränkungsmöglichkeit für das Tatgericht gegenüber.

V. Kritik

1. Verkennung bzw. Missachtung der Funktion des § 267 III 1 StPO

Wie bereits dargelegt[1066] entspricht es der Auslegung der Vorschrift des § 267 III 1 StPO, dass das Tatgericht in den Strafzumessungsgründen nur die nach seiner Wertung bestimmenden Umstände, also seine in Wahrheit angestellten Zumessungserwägungen, darzulegen hat. Dementsprechend wurde auch bereits darauf hingewiesen, dass die selbständige revisionsgerichtliche Bewertung eines Zumessungsfaktors als bestimmend und die daraus abgeleitete Begründungspflicht dem Telos dieser Norm widerspricht.[1067] Dieser Kritik wird auch in der Literatur beigepflichtet; so beklagte z. B. Wimmer[1068] bereits in den 50er Jahren des letzten

1066 Vgl. 2. Teil, Abschnitt A, V.

1067 Zust. SK-StPO/*Velten*, § 267 Rn. 47, welche Umstände bestimmend sind, unterliege wegen der Vorgehensweise der Revisionsgerichte letztlich doch nicht dem Ermessen des erkennenden Gerichts.

1068 *Wimmer* DAR 1953, 145 (149).

Jahrhunderts, dass manche Revisionsgerichte dazu neigen würden, aus § 267 III 1 StPO die Pflicht zur Darlegung der nach Lage der Sache wichtigen Umstände, statt – richtigerweise – nur der Aspekte, die die Strafbemessung tatsächlich entscheidend bestimmt haben, abzuleiten; § 267 III 1 StPO würde damit ins Gegenteil verkehrt, es stelle nämlich im Grunde einen Verfahrensfehler dar, in die Urteilsgründe solche Zumessungsgründe hineinzuschreiben, die – trotz materiell-rechtlicher Pflicht – in Wahrheit nicht berücksichtigt worden sind. Auch Bruns[1069] kritisiert die Rechtsprechung bezüglich der Vermengung der materiell-rechtlichen und der prozessualen Begründungspflicht; die Revisionsgerichte verkennten zuweilen, dass § 267 III 1 StPO die Wahrheit der Zumessungsgründe sicherstellen soll, während ihre Richtigkeit und Vollständigkeit eine Frage des materiellen Rechts sei. Er bringt das Verhältnis prozessualer und materiell-rechtlicher Begründungspflicht mit einem Dreiklang auf den Punkt:[1070] Ein Strafzumessungsumstand sei nur dann anzuführen, wenn er tatsächlich berücksichtigt wurde, d. h. bestimmend war i.S.v. 267 III 1 StPO (prozessuale Begründungspflicht); ob er zu berücksichtigen war, hänge von seiner Erheblichkeit für die Strafbemessung ab, die allein materiell-rechtlich zu beurteilen sei; bejahendenfalls sei seine Darstellung zur Ermöglichung einer diesbezüglichen revisionsrechtlichen Kontrolle notwendig (materiell-rechtliche Begründungspflicht). Insoweit sei indes nicht nur die fehlerhafte Anwendung der Norm durch den BGH, sondern ebenso die fehlerhafte Einordnung in Zusammenstellungen höchstrichterlicher Entscheidungen zu bemängeln.[1071] Zwar mag die ursprüngliche Anknüpfung an § 267 III 1 StPO im Falle jedweden Begründungsmangels historisch zu erklären sein: Obgleich das Bedürfnis nach revisionsrechtlicher Kontrolle der Strafzumessungsentscheidung bereits Anfang des 20. Jahrhunderts gewachsen und eine solche – in engen Grenzen – praktiziert wurde, gab es noch keine materiell-rechtlichen Vorgaben bezüglich der Strafzumessung, bei denen man die insoweit ergangenen Entscheidungen der Revisionsgerichte bzw. die darin aufgestellten Grundsätze und Vorgaben hätte verorten können; damit verblieb als einziger Ansatzpunkt § 267 III 1 StPO. Dies ist spätestens nach Einführung des § 46 StGB (damals als § 13 StGB[1072]) indes nicht mehr der Fall. Gerade auch mit Anerkennung einer materiell-rechtlichen Begründungspflicht Mitte des letzten Jahrhunderts, die heute in Rechtsprechung und Literatur nahezu unstrittig ist, verbietet sich, wenn auch nicht zwingend in den Entscheidungssammlungen oder Kommentaren[1073], so doch in den revisionsgerichtlichen Begründungen zum Vorliegen eines Darstellungsmangels, die rechtsfehlerhafte Einordnung eines nach materiellem Recht wesentlichen Zumessungsaspekts als bestimmender Umstand nach § 267 III 1 StPO.

1069 *Bruns*, NStZ 1982, 288 (290).
1070 *Bruns*(1985), S. 273, ders. (1967), S. 202.
1071 *Bruns* (1967), S. 190; so auch bereits *Schmidt* (1957), § 267 Rn. 19ff.
1072 Einführung mit dem 1. StrRG vom 25.06.1969, BGBl. I, 645.
1073 Insoweit ist, etwa bei der BGHR-Sammlung, die Verortung entsprechender Entscheidungen bei § 267 StPO weiterhin zu akzeptieren.

Ebenso wie das rechtswidrige Herleiten eines nur vermeintlichen Zumessungsfehlers aus dem Schweigen der Urteilsgründe zu einem relevanten Zumessungsfaktor ist auch dieses Vorgehen der Revisionsgerichte nicht nur fehlerhaft, sondern überflüssig. Die materiell-rechtliche Begründungspflicht ist anerkannt, hat sogar verfassungsrechtliche Wurzeln, so dass ihre Verletzung im Falle mangelnder Erörterung eines strafzumessungserheblichen Umstands bereits für sich genommen einen tauglichen Aufhebungsgrund in der Revision darstellt. Dem Tatgericht aufgrund des § 267 III 1 StPO insoweit keine Einschränkungen zuzugestehen, ist im Grunde nicht zu beanstanden; dann würde – der Revisionspraxis entsprechend – schlicht der materiell-rechtlichen Begründungspflicht Vorrang gewährt. Statt also § 267 III 1 StPO zweckentfremdet bzw. fehlerhaft anzuwenden, um einem eventuellen Kollisionsfall mit der sachlich-rechtlichen Erörterungspflicht vorzubeugen oder dies gar zu überdecken, wäre die sachgemäße Anwendung der Norm bei gleichzeitiger Betonung ihrer Nachrangigkeit im Hinblick auf Anforderungen des materiellen Rechts möglich. Insoweit verbliebe bzw. verbleibt (im Ergebnis entspricht die revisionsgerichtliche Praxis diesem dogmatischen Modell) lediglich die Frage, ob eine Begrenzung der prozessualen Begründungspflicht auf die bestimmenden, statt aller angestellten Erwägungen des Tatgerichts noch Sinn ergibt.[1074]

2. *Rechtsunsicherheit*

Die zahlreichen allgemeinen, aber auch speziellen Begründungsanforderungen der Revisionsgerichte gehen mit einem nicht unerheblichen Maß an Rechtsunsicherheit einher; dies gilt insbesondere für die nahezu willkürliche Beanstandung einer nicht ausreichenden, da nicht „besonders eingehenden“ Begründung sowie die im Einzelfall oftmals schwer vorhersehbare Einordnung eines Strafzumessungsumstands als wesentlich bzw. erörterungspflichtig. Michalke-Detmering[1075] kritisiert ebenfalls das beliebig erscheinende Statuieren einer Begründungspflicht durch die Revisionsgerichte, wodurch sich „Grauzonen“ bildeten, die die Frage der Aufhebung eines erstinstanzlichen Urteils letztlich der Willkür der Revisionsgerichte überließen. Zu Recht weist Giehring[1076] auf die Folgeerscheinung hin, dass es nämlich angesichts der von den Tatgerichten schwerlich kalkulierbaren Gefahr revisionsrechtlicher Beanstandungen nachvollziehbar sei, wenn die erkennenden Gerichte ihre tatsächlichen Erwägungen nicht gänzlich offen legen oder sich bei ihren gesamten Urteilsausführungen, also auch den Feststellungen jenseits der Strafzumessungsbegründung, aus denen Darstellungsmängel abgeleitet werden könnten, auf das Notwendigste beschränken.

Dies gilt insbesondere auch, weil die tatrichterliche Wertung als nicht bestimmender Umstand i.S.v. 267 III 1 StPO nur im absoluten Ausnahmefall als vorrangig

1074 S. dazu Teil 3.
1075 *Michalke-Detmering*, S. 323.
1076 *Giehring*, in: Festschrift für Pongratz, 186 (194).

gegenüber einer Erörterungspflicht nach sachlichem Recht erachtet wird. Indem der Tatrichter einen erkannten Zumessungsaspekt bewusst aufgrund seines Erachtens mangelnder Bedeutung für die Strafmaßentscheidung nicht in die Gründe aufnimmt, schafft er in jedem Fall einen potentiellen Aufhebungsgrund, sei es wegen der daraus folgenden Besorgnis des Revisionsgerichts, er habe den Gesichtspunkt übersehen, oder aufgrund vorrangiger Erörterungspflicht nach materiellem Recht (gelegentlich auch mit der fehlerhaften Bezeichnung als bestimmender Umstand i.S.v. § 267 III 1 StPO verbunden). Insoweit betont Fischer[1077], dass gerade die Standardformel zu § 267 III 1 StPO (dass keine erschöpfende Aufzählung aller Strafzumessungsumstände notwendig sei) „Anlass zum Vorwurf der objektiven Willkürlichkeit revisionsgerichtlicher Entscheidungen" gebe, da sie „inhaltlich von solcher Offenheit [sei], dass sich für fast jedes denkbare Ergebnis Entscheidungen – auch gegenläufigen Inhalts – finden [ließen], die mit ihr begründet wurden".

Die Rechtsunsicherheit tangiert indes nicht nur das Tatgericht beim Abfassen seiner Urteilsgründe, auch die Rechtsmittelberechtigen sind betroffen, da sich die Erfolgsaussichten einer den Rechtsfolgenausspruch betreffenden Revision kaum mehr vorhersehen lassen.

3. „Revisionsfeste" statt „wahre" Erwägungen

Einen weiteren Kritikpunkt hinsichtlich der revisionsgerichtlichen Anforderungen an die Strafzumessungsbegründung hat der BGH[1078] in einer Entscheidung aus dem Jahr 2005 (bezüglich der tatrichterlichen Ausführungen zu den persönlichen Verhältnissen des Angeklagten) – indirekt – selbst aufgeworfen: „Unnötig umfangreiche Urteilsbegründungen, wie sie in zunehmenden Maße zu beobachten sind, laufen damit nicht nur dem Erfordernis der Schonung der knappen Rechtsprechungsressourcen zuwider, sondern bringen den Tatrichter in die (hier allerdings nicht entstandene) Gefahr, daß die bestimmenden Umstände im Sinne des § 267 Abs. 3 Satz 1 StPO in den Hintergrund treten." Er rügt also zu ausführliche Strafzumessungsgründe, die nicht mehr den in Wahrheit zugrunde gelegten Erwägungen entsprechen bzw. deren Bedeutung aufgrund des Umfangs der Ausführungen nicht mehr zu erkennen ist. Dass die Länge der Ausführungen möglicherweise den stetig wachsenden revisionsrechtlichen Begründungsanforderungen und den zunehmend gerügten Darstellungsmängeln sowie der dadurch bedingten Rechtsunsicherheit geschuldet ist, wird indes nicht erwähnt.

Insoweit hat eine Untersuchung Albrechts[1079] bezüglich der Identität von tatsächlichen und geschriebenen Urteilsgründen durch Gegenüberstellung von Begründungen – zusammengefasst in einzelne Dimensionen – und Strafmaß ergeben, dass bei der Darstellung der Zumessungsgründe weitere, in den Entscheidungsprozess

1077 *Fischer*, StGB, § 46 Rn. 106.
1078 BGHR StPO § 267 Abs. 3 S. 1 Strafzumessung 20.
1079 *Albrecht*, S. 422.

nicht einbezogene, redundante Umstände (überwiegend strafmildernde Faktoren) hinzutreten, die seines Erachtens „weniger in Verdeckungsabsicht oder mit Verdeckungsmotivation eingeführt werden, sondern um einer Komplexitätsanforderung gerecht zu werden, der offensichtlich auf der Herstellungsebene nicht nachgekommen werden konnte". Auch er erachtet die Diskrepanz zwischen den wahren und den geschriebenen Erwägungen demnach als den übermäßigen revisionsrechtlichen Begründungsanforderungen geschuldet, weil diese den Tatrichter verpflichten, Erwägungen darzulegen, die sie im Rahmen der Urteilsfindung gar nicht angestellt haben bzw. anstellen konnten. Zumindest im Hinblick auf die häufige Forderung nach einer besonders eingehenden Begründung und den umfangreichen Katalog zwingend zu berücksichtigender Strafmilderungsgründe überzeugt diese These durchaus, vor allem wenn man bedenkt, dass in seiner Untersuchung gerade bei den mildernden Faktoren, im Unterschied zu den schärfenden Umständen, eine Korrelation mit dem Strafmaß nicht festgestellt werden konnte. Der (nach Abzug der Einschränkungsfunktion) verbleibende Zweck der prozessualen Begründungspflicht, den Richter zur wahrheitsgemäßen Wiedergabe seiner Erwägungen anzuhalten, würde der Auffassung Albrechts folgend durch die stetig wachsenden revisionsrechtlichen Begründungsanforderungen konterkariert.

Im Ergebnis wohl zustimmend, jedoch auf die umgekehrte Problematik anspielend, weist Streng[1080] – das Tatgericht allerdings deutlich schärfer attackierend – darauf hin, dass es nahe liege, dass der Tatrichter seine Strafzumessungsgründe vornehmlich im Hinblick auf die Rechtfertigung der getroffenen Entscheidung abfasst und dabei „vielfach ganz gezielt bestimmte Grundlagen nicht offengelegt werden"; er unterstellt dem Tatrichter also nicht das Hinzudichten von Umständen, sondern das bewusste Verschweigen zwar tatsächlich angestellter, revisionsrechtlich jedoch zu beanstandender Erwägungen. Angenommen, ein Tatgericht verführe tatsächlich derart, wäre dies indes nicht zwingend den gesteigerten Begründungsanforderungen geschuldet. Damit einhergehende Unsicherheit des Tatgerichts im Hinblick auf die Zulässigkeit angestellter Erwägungen ist zwar eine denkbare Erklärung, ebenso möglich – und in diesem Sinne wohl auch von Streng gemeint – ist, dass der Strafzumessungsentscheidung dann Erwägungen zugrunde liegen, die vom Tatgericht erkannt bereits nach materiellem Recht, also der Wertung des Gesetzgebers, und nicht erst bzw. allenfalls zusätzlich durch Vorgaben der Revisionsgerichte unzulässig sind.

Eine Untersuchung Hassemers[1081] hinsichtlich des Begründungsaufwands bei ausgewählten Urteilen zu Verkehrsdelikten hat – ebenso wie die von Albrecht – eine Differenz zwischen der Herstellung und der Darstellung der Rechtsfolgenentscheidung ergeben, insbesondere bei vom üblicherweise verhängten Strafmaß abweichenden Entscheidungen habe regelmäßig eine diesbezügliche Begründung gefehlt. Da nicht zweifelhaft sein könne, dass das Tatgericht insoweit überhaupt

---

1080 NK-StGB/*Streng*, § 46 Rn. 196.
1081 *Hassemer* MschrKrim 66 (1983), 26 (29, 37f.).

Gründe hatte, müsse davon ausgegangen werden, dass diese – gegebenenfalls unter Verletzung von § 267 III 1 StPO – nur in der Strafzumessungsbegründung ausgespart wurden, zwischen Urteilsherstellung und -darstellung also relevante Unterschiede bestehen. Er führt dies allerdings nicht grundsätzlich auf die Unredlichkeit der Tatrichter zurück, sondern auf das Unvermögen, im Rahmen der Strafzumessungsentscheidung die komplizierten Erwägungen anzustellen, die von ihnen verlangt werden; dementsprechend seien die Tatrichter gezwungen, sich nicht mehr auf den Entscheidungsprozess als solchen, sondern nur noch auf die revisionssichere Darstellung zu konzentrieren. Dass „der für den Angeklagten so existentielle Bereich der Sanktionsbemessung gerade bei den Massendelikten auf diesem Weg einer rationalen Kontrolle systematisch entzogen wird, [sei] eine durchaus beunruhigende Vorstellung".[1082] Ebenso wie Streng weist Hassemer allerdings darauf hin, dass jedes Urteil die Gefahr „verdeckter Erwägungen" berge, die vom Tatrichter zwar als zumessungsrelevant gewertet, die er aber „aus gegebener Veranlassung" – weil unzulässig – verschweigt.[1083] Insoweit gilt abermals, dass nicht zwingend die gestiegenen Begründungsanforderungen ursächlich sind; das Tatgericht muss sich bei seiner Entscheidung an den anerkannten Strafzumessungsgrundsätzen orientieren. Wenn etwa die Aussageverweigerung des Angeklagten oder auch das aktive Bestreiten der Tat zulässiges Verteidigungsverhalten darstellt, darf dieser Aspekt nicht – auch nicht in Form mangelnder Reue o.ä. – zu seinen Lasten gewertet werden und dies insbesondere nicht stillschweigend.[1084] In jedem Fall ist nach Auffassung Hassemers eine Annäherung von Herstellung und Darstellung der Strafzumessungsentscheidung anzustreben.[1085] Dies erfordere zum einen die stetige Veröffentlichung höchstrichterlicher Entscheidungen, damit sich „eine Verallgemeinerungsfähigkeit von Strafzumessungsgründen über den Einzelfall hinaus... mit einer differenzierten Strafzumessungsdogmatik" entwickle, die den Tatrichter in die Lage versetzt, die Darstellungsanforderungen bereits beim Herstellungsprozess umzusetzen; zum anderen sei eine umfassend wahrheitsgemäße Mitteilung der vom Tatgericht angestellten Erwägungen nötig, insbesondere auch im Hinblick auf subjektive Wertungen, was auch eine „gewisse Großzügigkeit der Revisionsgerichte" voraussetze, damit die Befürchtung allzu strenger revisionsgerichtlicher Begutachtungen jedweden Arguments nicht zum Verschweigen derartiger Aspekte verleitet.[1086] Im Ergebnis rügt Hassemer also die Diskrepanz zwischen Herstellung und Darstellung der Strafzumessungsentscheidung, wofür auch die erhöhten Begründungsanforderungen kausal seien, allerdings sieht er die Lösung nicht in dem

---

1082 *Hassemer* MschrKrim 66 (1983), 26 (38), als Beispiele nennt er das strafschärfend gewertete „flegelhafte" Verhalten des Angeklagten in der Hauptverhandlung oder die Verhängung einer Freiheits- statt der angemessenen Geldstrafe, damit der Verurteilte einen seines Erachtens notwendigen Bewährungshelfer bekommt.

1083 *Hassemer* ZStW 90 (1978), 64 (82f.).

1084 Vgl. dazu BGH NJW 1992, 3247 m.w.N.

1085 *Hassemer* ZStW 90 (1978), 64 (92).

1086 *Hassemer* ZStW 90 (1978), 64 (95).

Abbau der Vorgaben, sondern einer systematischen Aufarbeitung derselben. Dem ist gleich in doppelter Hinsicht zuzustimmen, einerseits hinsichtlich der Beibehaltung strenger Vorgaben (die revisionsrechtliche Erschließung des für den Angeklagten wohl wichtigsten Teils der Entscheidung, die Strafzumessung, ist zweifelsohne eine bedeutsame Errungenschaft des letzten Jahrhunderts), andererseits im Hinblick auf die Entwicklung allgemeingültiger Maßstäbe, insbesondere durch Datensammlung und Analyse.[1087] Von eher willkürlich anmutenden, teils zu intensiv in die tatrichterliche Wertung eingreifenden Urteilen sowie äußerst unpräzisen und damit schwerlich umsetzbaren Forderungen (vgl. dazu die jeweiligen Urteilsanmerkungen) sollten die Revisionsgerichte allerdings Abstand nehmen; dies birgt tatsächlich die Gefahr der Überforderung des Tatgerichts beim Abfassen der Urteilsgründe bzw. fördert die Tendenz zum Verschweigen der wahren Erwägungen (zumindest, soweit dies – bei unterstellter Redlichkeit – persönlicher Unsicherheit geschuldet ist) zugunsten einer revisionsfesten Darstellung der Gründe.

Überspitzt fasst Brink[1088] das Ergebnis dieser Entwicklung dahingehend zusammen, dass „nun nicht mehr die beweisbar zutreffende, sondern die vernünftig motivierte, die rational begründete Entscheidung [richtig sei]...richtig [sei] eine Entscheidung nicht in ihrem Ergebnis, sondern ausschließlich ihrer Begründung nach". Dies trifft zumindest insofern zu, als letztlich auch nur anhand der Begründung die Richtigkeit überprüft werden kann; das Entscheidungsergebnis als solches, das erkannte Strafmaß, lässt sich ebenso wenig wie Rechtsfehler im Herstellungsprozess unabhängig von den dazu ausgeführten Gründen beurteilen.

1087 Vgl. dazu bereits die Ausführungen zum üblichen Strafmaß als Vergleichsgröße, 1. Teil, Abschnitt C, I, 2., c) bb).

1088 *Brink*, S. 221.

3. Teil: Reformüberlegungen zu § 267 III 1 StPO

Trotz beharrlicher (wenn auch zumeist sicherlich unbewusster) Missachtung der Funktion des § 267 III 1 StPO durch die Rechtsprechung und nahezu unstrittiger Anerkennung einer materiell-rechtlichen, sogar in der Verfassung verankerten Begründungspflicht, hat § 267 III 1 StPO auch heutzutage noch seine Daseinsberechtigung. Er dient der Sicherung der wahrheitsgemäßen Wiedergabe der vom Tatgericht tatsächlich zugrunde gelegten Strafzumessungserwägungen (vornehmlich i.S. eines Appells an die Redlichkeit des Tatrichters, da ein diesbezüglicher Verstoß kaum einmal nachweisbar sein wird), stellt also eine Ergänzung der materiell-rechtlichen Begründungspflicht, die eine vollständige und richtige Strafzumessungsbegründung nach den Vorgaben sachlichen Rechts in für das Revisionsgericht nachprüfbarer Weise verlangt, dar.

In Anbetracht der äußerst beliebigen, oftmals zweckentfremdeten Anwendung dieser Vorschrift erscheint indes eine Reformierung notwendig, nicht zuletzt aufgrund des Beitrags der Norm zur Rechtsunsicherheit im Hinblick auf mögliche Darstellungsmängel bei der Strafzumessungsentscheidung; zumindest hat sich bislang keine Revisionsbegründung explizit mit der Frage befasst, wie im Falle einer Kollision der materiell-rechtlichen Begründungspflicht und dem Recht zur Beschränkung der Gründe auf die bestimmenden Erwägungen gemäß § 267 III 1 StPO zu entscheiden ist, d.h. was Vorrang genießt, so dass theoretisch weiterhin die Wertung des Tatrichters als weniger bedeutsamer Umstand Anlass zur Nichterwähnung in den Urteilsgründen sein könnte, womit jedoch zugleich ein potentieller Aufhebungsgrund geschaffen wird.

Angesichts der in ständiger Rechtsprechung vertretenen Auffassung, dass zumindest im Falle eines nach materiellem Recht wesentlichen, die Tat prägenden Gesichtspunkts eine Erörterung zwingend sei,[1089] ist nicht zu erwarten, dass dem Recht zur Beschränkung der Zumessungserwägungen auf die bestimmenden nach § 267 III 1 StPO künftig eine grundsätzliche Vorrangstellung eingeräumt wird. Anderenfalls ginge dies mit einer ganz erheblichen Beschneidung der Revisibilität der Strafzumessungsentscheidung einher; nahezu jeder gerügte Darstellungsmangel könnte und müsste mit dem Hinweis auf § 267 III 1 StPO zurückwiesen werden, da kaum einmal nachweisbar sein wird, dass das Tatgericht einen Umstand tatsächlich übersehen und ihm nicht lediglich untergeordnete, keine Erörterungspflicht i.S.d. Norm auslösende Bedeutung beigemessen hat. Auch wäre es dem Tatgericht möglich, wieder deutlich unabhängiger von den Strafzumessungsgrundsätzen des materiellen Rechts zu entscheiden, insbesondere hinsichtlich der Zumessungsrelevanz

1089 Vgl. BGH NStZ-RR 2011, 370; BGH NStZ-RR 2008, 343 (344); ferner BGH NStZ-RR 2002, 329 m.w.N.

festgestellter Umstände; mögliche Konsequenzen wären insoweit mehr Rechtsunsicherheit, Willkürentscheidungen und Ungleichbehandlungen sowie die Gefährdung der Akzeptanz des Strafausspruch bei den Verfahrensbeteiligten und der gesamten Öffentlichkeit. Ein solcher Rückschritt nach einem Jahrhundert des Strebens nach Rationalität, Transparenz und Kontrolle des Richterspruchs, gerade in dem für den Angeklagten so wichtigen Bereich der Strafzumessung, kann nicht gewollt sein.[1090] Eine Reformierung i.S. einer Ausweitung oder Bestärkung der einschränkenden Funktion des § 267 III 1 StPO kommt demnach nicht in Betracht.

Zu erwägen ist jedoch, § 267 III 1 StPO dahingehend zu reformieren, dass die Reichweite dieser prozessualen Begründungspflicht ausgedehnt wird, indem die – ohnehin praktisch nur selten durchgesetzte – Beschränkung der Darlegungspflicht nach § 267 III 1 StPO auf die bestimmenden Erwägungen, anstelle einer erschöpfenden Aufzählung aller angestellten Strafzumessungserwägungen, aufgehoben wird.

A. Bedürfnis nach derzeitiger Einschränkung der Begründungspflicht

I. Der nicht bestimmende Strafzumessungsumstand

Unabhängig von dem Ergebnis der revisionsrechtlichen Untersuchung im Hinblick auf die (nahezu fehlende) einschränkende Funktion des § 267 III StPO, stellt sich – abstrakt – die Frage, was denn überhaupt ein „nicht bestimmender" Strafzumessungsaspekt sein kann, inwiefern also eine Einschränkung derzeit, zumindest theoretisch, überhaupt besteht bzw. möglich ist.

Die Analyse des Wortlauts hat ergeben, dass bestimmend nur die entscheidenden Umstände, nicht die grundsätzlich relevanten sind, womit – je nach Einzelfall – ein weites Feld nicht bestimmender Umstände verbliebe.

1. Rechtsprechung

Eine Definition des nicht bestimmenden Umstands i.S.v. § 267 III 1 StPO ist den revisionsgerichtlichen Urteilen, auch den wenigen, in denen ein Darstellungsmangel wegen eines nicht bestimmenden Umstands abgelehnt wurde, nicht zu entnehmen. Allerdings folgt der Eingangsformel, dass es keiner erschöpfenden Aufzählung aller Strafzumessungsumstände bedürfe, sondern nur die bestimmenden i.S.v. § 267 III 1 StPO anzugeben seien, regelmäßig der Hinweis, dass der Tatrichter zu entscheiden habe, was als wesentlicher Strafzumessungsgrund anzusehen ist.[1091] Offenbar werden die Begriffe bestimmend und wesentlich als

1090 Zu den Vorteilen der Ausdehnung der Revisibilität der Strafzumessung mittels der Darstellungsrüge s. bereits 1. Teil, Abschnitt C, I, 3., c), bb), (2) und (3).

1091 Vgl. BGH NStZ-RR 2015, 240; BGH NStZ-RR 2014, 320; BGH NStZ-RR 2012, 336 (337); BGH, Urteil v. 27.01.2010 – 2 StR 498/09; BGH, Urteil v. 20.04.2004 – 5 StR 87/04.

Synonyme verwendet. Ähnliche Formulierungen finden sich im Anschluss an die Feststellung, dass aus dem Schweigen der Urteilsgründe zu einem Gesichtspunkt grundsätzlich nicht geschlossen werden könne, dieser sei übersehen worden.[1092] Ein Rechtsfehler soll nämlich erst dann vorliegen, wenn ein gewichtiger oder wesentlicher, die Tat prägender Gesichtspunkte übersehen wurde.[1093] Im Umkehrschluss wäre der nicht bestimmende Umstand damit ein unwesentlicher, das Tatgeschehen nicht prägender Aspekt; dies sagt allerdings nur wenig darüber aus, wie bzw. nach welchen Kriterien die Wesentlichkeit eines Umstands zu beurteilen ist. Zuweilen erläutern die Revisionsgerichte die Wesentlichkeit als für die Beurteilung des Unrechts- und Schuldgehalts der Tat von erheblicher oder besonderer Bedeutung,[1094] eine nur wenig präzisere Formulierung. Zwar sind auch dies offene bzw. ausfüllungsbedürftige Begriffe, die keine konkreten Aussagen zulassen, die gewählte Formulierung legt jedoch den Schluss nahe, dass die Revisionsgerichte zumindest nicht jeden für die Strafzumessungsentscheidung relevanten bzw. sogar bedeutsamen Aspekt als bestimmenden Umstand einordnen (sondern nur die von erheblicher oder besonderer Bedeutung). In einigen Urteilen wird hinsichtlich der Wesentlichkeit zusätzlich darauf abgestellt, ob die Einbeziehung des betreffenden Umstands in die Strafzumessungsgründe nahe lag oder sich nach dem Inhalt des Urteils aufdrängte.[1095] Diese Fassung erscheint dem Wortlaut nach deutlich weiter als die Forderung nach einer erheblichen Bedeutung. Zwar wird nicht definiert, wann eine Einbeziehung nahe liegt, bei verständiger Auslegung dürfte dies jedoch bereits ab einer nur möglichen Zumessungsrelevanz der Fall sein. Damit verbliebe als nicht bestimmender Umstand nur derjenige, der gänzlich ohne Bedeutung für die Rechtsfolgenentscheidung ist, also gar nicht erst in Betracht kommt, wobei dann natürlich bereits keine materiell-rechtliche Begründungspflicht besteht, so dass es einer etwaigen Einschränkung nach § 267 III 1 StPO ohnehin nicht bedarf.

Damit bleibt im Ergebnis unklar, wann die Rechtsprechung einen Umstand als nicht bestimmend erachtet (insbesondere auch nach welchen Voraussetzungen bzw. Kriterien diese Beurteilung vorgenommen wird), was auch die Analyse der

---

1092 Vgl. BGH NStZ-RR 2014, 320; BGH NStZ-RR 2012, 168 (169); BGH NJW 2012, 1377 (1386); BGH NStZ-RR 2008, 343; BGH NStZ 2006, 227 (228); BGH NStZ-RR 2002, 329; BGH, Urteil v. 05.11.1997 – 5 StR 504/97 – zitiert nach juris; BGH, Beschl. v. 13.05.1986 – 5 StR 143/86 – zitiert nach juris (in NStZ 1986, 415 insoweit nicht abgedruckt); BGH bei *Spiegel* DAR 1981, 185 (190 m.w.N.).

1093 Vgl. BGH NStZ-RR 2011, 370; BGH NStZ-RR 2008, 343 (344); ferner BGH NStZ-RR 2002, 329 m.w.N.

1094 Vgl. BGH NStZ 2006, 227 (228); ferner OLG Koblenz NZV 2012, 404 (405f.); OLG Brandenburg, Beschl. v. 04.04.2011 – (1) 53 Ss 25/11 (20/11) – zitiert nach juris.

1095 Vgl. BGH NStZ-RR 2006, 227 (228); OLG Brandenburg, Beschl. v. 04.04.2011 – (1) 53 Ss 25/11 (20/11) zitiert nach juris; BayObLG NJW 1973, 1808.

Rechtsprechungspraxis ergeben hat: beliebige Feststellung der Wesentlichkeit bzw. Erörterungspflicht.[1096]

2. *Die irrationalen Erwägungen*

Vereinzelt[1097] wird in der Rechtsprechung vertreten, dass die nicht bestimmenden Umstände i.S.v. § 267 III 1 StPO die irrationalen Erwägungen seien. Der BGH[1098] hat in einem Urteil von 1976 in Anknüpfung an die Standardeingangsformel zur Revisibilität der Strafzumessung bzw. dem Kontrollumfang, dass „bei der Strafzumessung, also der Gewichtung der einzelnen Umstände,...aus dem Inbegriff der Hauptverhandlung und dem Eindruck von der Persönlichkeit des Angeklagten gewonnene Momente eine Rolle [spielten], die sich einer exakten Richtigkeitskontrolle entziehen und schon deshalb eine volle Nachprüfung des Strafausspruchs unmöglich machen“[1099], hervorgehoben, dass das Gesetz diesem Umstand dadurch Rechnung trage, dass es gemäß § 267 III 1 StPO lediglich vorschreibt, die für die Zumessung der Strafe bestimmenden Umstände im Urteil anzuführen. Hier geht der BGH offenbar davon aus, dass es für die Strafzumessung relevante „Momente“ gibt, die der Strafrichter nicht verschriftlichen muss (dank § 267 III 1 StPO). Diese Auffassung ist insofern bedenklich, als der BGH sich hier auf subjektive, gar irrationale Erwägungen (Eindrücke, „gewonnene Momente“) bezieht und diese nicht nur als uneingeschränkt zulässig, sondern vor allem als per Gesetz einer Nachprüfung durch ein Revisionsgericht entzogen erachtet. Zudem erscheint es widersprüchlich, wenn einerseits behauptet wird, dass diese gewonnenen Momente für die Strafzumessung eine Rolle spielen, was eine Deutung als für die Zumessung wesentliche Faktoren nahe legt, es sich aber dann gleichwohl nicht um bestimmende Umstände i.S.v. § 267 III 1 StPO handeln soll.

Dementsprechend vertritt die Rechtsprechung mitunter bereits, dass es gar nicht zulässig sei, derartige Eindrücke bei der Strafzumessungsentscheidung zu verwerten; der BGH[1100] kritisierte insoweit, dass das Tatgericht damit „letztlich eine Vermutung (den vermittelten Eindruck) zu Lasten des Angeklagten gewertet und dabei verkannt [habe], dass auch für die Gewichtung der Strafzumessungsschuld...der Zweifelsgrundsatz uneingeschränkt gilt“. Anschließend äußert er seine Bedenken in Bezug auf die grundsätzliche Möglichkeit, überhaupt aus dem Verhalten eines Angeklagten im Verfahren verlässliche Schlussfolgerungen zu seinen Lasten hinsichtlich seiner Einstellung zur Tat ziehen zu können. Zumindest aber verlangt die

---

1096 Zust. *Theune* NStZ 1987, 492 (493); offen bleibe nicht nur, nach welchen Kriterien das Tatgericht über die Wesentlichkeit eines Umstands zu entscheiden habe, sondern auch, welche Prüfungsmaßstäbe die Revisionsgerichte zugrunde legen.

1097 BGHSt 27, 2 (3); OLG Karlsruhe StV 1993, 403 (404).

1098 BGHSt 27, 2 (3).

1099 Vgl. die Rechtsprechungsnachweise in Fn. 226, 227, 234.

1100 BGH NStZ-RR 2001, 296.

Rechtsprechung[1101] regelmäßig konkrete Ausführungen hinsichtlich der Tatsachen, aus denen das Tatgericht seine Eindrücke gewonnen hat, um jedenfalls eine revisionsrechtliche Nachprüfung der gezogenen Schlussfolgerungen zu ermöglichen. Das OLG Köln[1102] hat derartige Darstellungslücken sogar explizit sowohl als in sachlich-rechtlicher Hinsicht unvollständig, als auch den formellen Anforderungen des § 267 III 1 StPO nicht genügend, bezeichnet und damit die Gleichsetzung irrationaler Gesichtspunkte und nicht bestimmender Umstände i.S. dieser Norm eindeutig abgelehnt.

Obgleich die Rechtsprechung das Verwerten irrationaler Aspekte – verstanden als subjektive, in der Hauptverhandlung gewonnene Momente – zumeist weiterhin für zulässig erachtet (zumindest die längst überholte[1103], auch in der zuerst genannten Entscheidung verwendete Standardeingangsformel beibehält), sind die Urteile, die insoweit nicht einmal eine Erörterungspflicht – sei es nach materiellem Recht oder § 267 III 1 StPO – annehmen und damit die irrationalen den nicht bestimmenden Umständen gleichsetzen, die absolute Ausnahme.

In der Literatur wird die Gleichstellung der nicht bestimmenden Umstände i.S.v. § 267 III 1 StPO mit den irrationalen Erwägungen des Tatgerichts übereinstimmend abgelehnt.[1104] Zwar weisen einige Stimmen[1105] in der Literatur auf die Schwierigkeit der Verschriftlichung derartiger Erwägungen hin,[1106] eine Qualifizierung als nicht

---

1101 OLG Schleswig, Urteil v. 08.05.1968 – 1 Ss 173/68 – bei *Ernesti/Jürgensen* SchlHA 1969, 147 (153); OLG Schleswig, Urteil v. 29.02.1968 – 2 Ss 611/67 – bei *Ernesti/Jürgensen* SchlHA 1969, 147 (153); OLG Köln GA 1967, 187 (188).

1102 OLG Köln GA 1967, 187 (188).

1103 Vgl. dazu *Grasnick*, JZ 1992, 260, der im Hinblick auf diese Formel fordert, „solche Fossilien einer überholten Denktradition nicht fürderhin mitzuschleppen“; ferner *v. Linstow*, S. 15f., der der Rechtsprechung vorwirft, sich immer dann auf diese Formel und die Irrationalität mancher Erwägungen zu berufen, wenn es eine rationale Begründung für eine Strafe nicht mehr gibt, sie aber trotzdem als richtig und gerecht gehalten werden soll; er sieht die Ausschaltung des Irrationalen als entscheidenden Vorteil der von ihm entwickelten Methode zur Berechnung des Strafmaßes.

1104 Angesichts der einheitlichen Bewertung der irrationalen Erwägungen als erörterungspflichtige bzw. bestimmende Umstände (unabhängig von ihrer Zulässigkeit) kann auf eine Vertiefung der Frage, welche Umstände überhaupt irrational sind, verzichtet werden.

1105 Z.B. *Appl*, Meyer-Goßner/Appl, Rn. 421: „Es spielen hierbei Einzelheiten und Feinheiten des Einfühlungsvermögens eine Rolle, die vielfach in den schriftlichen Urteilsgründen keinen Niederschlag finden können, weil sie sich einer rationalen Erfassung und Nachprüfung weithin entziehen“; ähnlich *Roxin/Schünemann*, § 55 Rn. 22, die insoweit auf die „sprachlich niemals vollständig fassbare Persönlichkeit des Angeklagten“ verweisen.

1106 Vgl. dazu auch BVerfG NJW 2007, 2977 (2979), das ebenfalls der Auffassung ist, „die tatsächlichen Grundlagen einer Strafzumessungsentscheidung [würden] sich zum Teil nicht mit der Genauigkeit und Vollständigkeit verschriftlichen lassen wie

bestimmende Umstände und damit zwar zulässige, der Darstellungspflicht des § 267 III 1 StPO jedoch entzogene Zumessungsaspekte wurde gleichwohl nicht vorgenommen. Insoweit ist auch bereits fraglich, inwiefern eine vermeintliche nicht in Worte zu fassende Überlegung überhaupt in die Strafzumessungsentscheidung einfließen kann. Auch Frisch[1107] betont das Erfordernis der Formulierbarkeit einer Erwägung, um tauglicher Zumessungsfaktor zu sein, anderenfalls müsse man der Richterschaft wohl ein „Armutszeugnis" ausstellen. Indes fordern selbst jene Autoren[1108], die eine Verwertung irrationaler Erwägungen bei der Strafbemessung durchaus als zulässig erachten, explizit eine Darstellung in den Urteilsgründen, lehnen also die Einordnung als nicht bestimmender Umstand i.S.v. § 267 III 1 StPO ab. Sassenberg-Walter[1109] betont insoweit, dass die subjektiven, gefühlsbasierten Strafzumessungsgründe sogar in besonderem Maße erörterungspflichtig seien, da gerade hier die Notwendigkeit einer intensiven revisionsgerichtlichen Nachprüfbarkeit bestehe.

Überwiegend lehnt die Literatur[1110] die Zulässigkeit der Berücksichtigung irrationaler Faktoren im Rahmen der Strafzumessungsentscheidung jedoch ab; als

---

andere Merkmale strafrechtlicher Sachverhalte... Diese tatsächlichen Grundlagen einer Strafzumessungsentscheidung [seien] einem Dritten, der sie nicht selbst unmittelbar beobachtet hat, nur unter Verlust von Informationen vermittelbar. Der Eindruck des Tatrichters, der die Strafe unter diesem Eindruck zuzumessen und zu verantworten hat, [lasse] sich dem Revisionsrichter nur unzureichend übermitteln."

1107 *Frisch* ZStW 99 (1987), 751 (802).

1108 Z.B. *Köhler*, S. 27: Dass die Strafzumessung „kein restlos rationalisierbarer Vorgang [sei],...[entbinde] nicht von jenem Anspruch widerspruchsfrei erschlossener Bestimmungsgründe bis in die Konkretionen hinein".

1109 *Sassenberg-Walter*, S. 96.

1110 Vgl. dazu *Spendel* ZStW 83 (1971), 201 (204): Schon der Begriff Strafzumessungsgründe „erheische eine rationale Geistestätigkeit"; *Meine*, Rn. 125, der jede nicht vollen Umfangs mit rationalen Erwägungen belegbare Strafzumessungsentscheidung für mangelhaft hält; *Theune*, in: Festschrift für Pfeiffer, 449 (452, 456f.), der die Möglichkeiten des Tatrichters, in der Hauptverhandlung ein sicheres Bild von der Gesamtperson des Angeklagten zu gewinnen, für überschätzt und die Berücksichtigung derartiger Aspekte – wie sämtlicher irrationaler, nämlich auf „persönliche, nicht objektivierte und unüberprüfbare Eindrücke und Empfindungen des Urteilenden gestützte" Erwägungen – für unzulässig hält, die Strafzumessung dürfe heute „nur auf Tatsachen gestützt werden, die der Tatrichter rechtsfehlerfrei festgestellt hat"; ders. StV 1985, 205 (207): Der Tatrichter könne „von dem vor ihm stehenden Menschen regelmäßig nur einen unvollständigen Eindruck gewinnen und sollte sich vor Beurteilungen hüten, für die er weder in der Tat noch in anderen eindeutigen Tatsachen eine Grundlage findet"; *Nebrich*, S. 75, der auf die Schwierigkeit hinweist, „sich aus den Mosaikstücken des Charakterbildes, die [der Richter] selbst sieht, ein zutreffendes Gesamtbild zu verschaffen"; so auch *Grünwald* MDR 1959, 808 (810), der unter Hinweis auf die Ausnahmesituation in einer Hauptverhandlung ebenfalls die Verlässlichkeit psychologischer Deutungen

Begründung wird zumeist – wie in der dargelegten BGH-Entscheidung von 2001 – die zweifelhafte Möglichkeit der Gewinnung und Verwertung solcher subjektiven Eindrücke und Schlussfolgerungen bzw. ihre mangelnde Verlässlichkeit angeführt. Streng[1111] weist auch auf die Gefahr von Ungleichbehandlungen bei der Strafzumessung hin, wenn persönliche Gefühle des Tatrichters wie Sympathien und Antipathien, die aus einer persönlichen Konfrontation entstehen, als irrationale Komponenten Einzug in die Rechtsfolgenentscheidung fänden. Soweit ein Tatgericht gleichwohl derartige Umstände in die Strafzumessungsentscheidung einbezieht, liegt die Notwendigkeit einer entsprechenden Darlegung in den Urteilsgründen auf der Hand: Sie unterliegen nicht nur der Pflicht zur wahrheitsgemäßen Angabe der tatsächlich angestellten Erwägungen nach § 267 III 1 StPO wegen ihres nach Auffassung des Tatgerichts bestimmenden Charakters hinsichtlich der Strafbemessung, sie müssen vor allem im Rahmen einer revisionsrechtlichen Prüfung aufgedeckt und als unzulässig beanstandet werden können. Dieses Erfordernis betont auch Bruns[1112] und weist anschließend explizit darauf hin, dass „von einer auch nur annähernden Gleichsetzung der gefühlsmäßig-irrationalen mit den nicht bestimmend gewesenen Strafzumessungsumständen...keine Rede sein [könne]". Zum Ausschluss derartiger Umstände fordern einige Autoren, wie etwa Zipf[1113], sogar eine Pflicht zur erschöpfenden Darlegung aller strafzumessungsrelevanten Umstände; alles rational Fassbare sei – anders als das Irrationale – stets auch mitteilbar, so dass eine umfassende Darlegungspflicht als Schutz gegen das Eindringen irrationaler Erwägungen in die Strafzumessung fungieren würde.[1114] Dies betrifft indes nicht nur den Entscheidungsprozess, sondern auch die revisionsrechtliche

---

und Schlüsse auf den Charakter anhand des dort gezeigten Verhaltens in Frage stellt.

1111 *Streng* (1984), S. 297.

1112 *Bruns* (1985), S. 273.

1113 *Zipf*, S. 231f.; ebenso *Henkel*, S. 34f., 36, 51f., der zwar betont, dass der Strafzumessung als Wertungsakt „das Moment des Irrationalen immanent" sei, weil sie auf der Intuition bzw. den Gefühlseinflüssen der Tatrichter beruhe, jedoch den Einfluss dieser Aspekte durch die Pflicht zur schriftlichen Darlegung (und damit Selbstkontrolle des Richters) möglichst gering halten will; „nur durch eine Rationalisierung des weitgehend im Irrationalen gründenden Strafzumessungsvorgangs [könne] die unheilvolle Ungleichheit in unserer Strafpraxis bis zu einem gewissen Grade behoben werden".

1114 Vgl. dazu bereits die Ausführungen zur „Kontrollfunktion" der Begründungspflicht, 1. Teil, Abschnitt A, II; kritisch zur Rationalisierung der richterlichen Entscheidungsfindung durch umfassende Verschriftlichung *Starck* VVDStRL 34 (1976), 43 (73f.); vgl. auch *Hassemer* ZStW 90 (1978), 64 (91) „Die wahren Entscheidungsgründe können über die dargestellten Entscheidungsgründe niemals ganz erschlossen werden"; insoweit zust. *Streng*, Rn. 744, der allerdings zusätzlich darauf hinweist, dass die Pflicht zur vollständigen Darlegung nachvollziehbarer Gründe „sogar bei einem zunächst ganz intuitiv gefundenen Strafmaß...zu nachträglichen inhaltlichen Korrekturen und auf diesem Wege zu einem konsensfähigen Ergebnis führen kann".

Ebene; das rational nicht mehr nachvollziehbare Strafmaß könnte nicht mit dem Hinweis auf etwaige sprachlich nicht fassbare Eindrücke des Tatgerichts, die der Prüfung des Revisionsgerichts entzogen seien (i.S.d. oben ausgeführten Entscheidung), und vor allem auch nicht unter dem Deckmantel des nicht bestimmenden Umstands i.S.v. § 267 III 1 StPO gehalten werden.

Im Ergebnis herrscht zumindest insoweit Einigkeit, als im Falle tatsächlicher Berücksichtigung derartiger irrationaler Umstände eine möglichst vollständige Wiedergabe in den Urteilsgründen gefordert wird, gleich ob dies nun als zulässig und bzw. oder nur schwerlich umsetzbar erachtet wird oder lediglich der Ermöglichung einer revisionsgerichtlichen Beanstandung als unzulässig (bzw. bereits zuvor einer angestrebten Rationalisierung des Entscheidungsprozesses) dienen soll.

Die nicht bestimmenden Umstände i.S.v. § 267 III 1 StPO sind nicht die irrationalen Erwägungen.

3. *Einfluss auf das Strafmaß als Gradmesser*

In Anknüpfung an die zuweilen in der Rechtsprechung anklingende Definition, dass solche Umstände bestimmend bzw. wesentlich seien, die für den Unrechts- und Schuldgehalt der Tat von erheblicher oder besonderer Bedeutung sind[1115], liegt eine Beurteilung nach dem Grad des Einflusses des betreffenden Gesichtspunkts auf die Strafbemessung nahe.

Das OLG Neustadt[1116] hat insoweit ausgeführt, dass das Tatgericht in den Strafzumessungsgründen nicht „alles und jedes anzuführen [habe], was bei Bemessung der Strafe irgendwie, sei es auch in noch so unbedeutendem Maße mitgesprochen hat. Es [müsse] sich vielmehr auf die Wiedergabe derjenigen Umstände beschränken dürfen, die auf die Festsetzung der Strafe von wesentlichem Einfluß, also hierfür bestimmend waren." Hier wurde indes lediglich die Formulierung „erhebliche Bedeutung" durch „wesentlichen Einfluss" ersetzt, abermals eine sehr offene, eine Wertung nach Belieben eröffnende Fassung. In der Literatur finden sich ähnlich vage Ansätze; Velten[1117] etwa entbindet solche Umstände von der Begründungspflicht nach § 267 III 1 StPO, die nur geringen Einfluss auf die Strafzumessung hatten, Sassenberg-Walter[1118] stellt auf die nur untergeordnete Bedeutung für das Strafmaß ab. Zwar knüpfen beide an den geringfügigen, statt – wie die Rechtsprechung – an den wesentlichen Einfluss eines Gesichtspunkts auf das Strafmaß zur Beurteilung des bestimmenden Charakters an, die unterschiedliche Herangehensweise bringt jedoch angesichts der gleichermaßen unpräzisen Formulierungen keine neuen Erkenntnisse bezüglich der Beurteilungskriterien. Beide Formulierungen sehen sich derselben Kritik ausgesetzt, wie die Definitionsansätze der Rechtsprechung.

1115 Vgl. BGH NStZ 2006, 227 (228); ferner OLG Koblenz NZV 2012, 404 (405f.); OLG Brandenburg, Beschl. v. 04.04.2011 – (1) 53 Ss 25/11 (20/11) – zitiert nach juris.

1116 OLG Neustadt DRiZ 1950, 283.

1117 SK-StPO/*Velten*, § 267 Rn. 46.

1118 *Sassenberg-Walter*, S. 110.

Eine Konkretisierung dieser vagen Begriffe und damit des nicht bestimmenden Umstands durch Anknüpfung an den Einfluss eines Aspekts auf das Strafmaß ist erst im Falle einer Quantifizierung zu erwarten. Insoweit hat Frisch[1119] ausgeführt, dass zumindest solche Zumessungstatsachen als bestimmende Umstände darzulegen seien, die derart gewichtig sind, dass sie nach Wertung des Tatrichters eine Strafmaßverschärfung oder Milderung um z. B. drei oder sechs Monate bedingen. Sicherlich wollte er damit nicht die Strafmaßbeeinflussung von mindestens drei Monaten als starre Grenze für die Einordnung als bestimmender Zumessungsfaktor i.S.v. § 267 III 1 StPO festlegen, sondern vielmehr darauf hinweisen, dass dann keinesfalls mehr eine Beschränkung der Begründungspflicht in Betracht kommt. Eine solch feste Größe hätte allerdings durchaus Vorteile; nicht nur dem Tatgericht wäre ein konkreter Maßstab für die Einordnung der angestellten Erwägungen als bestimmende und nicht bestimmende Faktoren an die Hand gegeben, auch die revisionsgerichtliche Prüfung würde weniger willkürlich anmuten, da ein Begründungsmangel im Falle einer Erörterungspflicht nach materiellem Recht aufgrund der Beschränkungsmöglichkeit nach § 267 III 1 StPO erst bei Darlegung der – nach sachlichem Recht – notwendigen Überschreitung des Grenzwerts der Strafmaßbeeinflussung zur Aufhebung führen würde. Allein wegen des insoweit erhöhten Begründungsaufwands, den die Revisionsgerichte zu betreiben hätten (genügt doch derzeit die Feststellung der Wesentlichkeit), und des zumindest intensiver wirkenden Eingriffs in die Wertungsfreiheit des Tatgerichts bei der Rechtsfolgenentscheidung, wäre mit mehr Zurückhaltung bei der revisionsgerichtlichen Beanstandung von Darstellungslücken zu rechnen. Tatsächlich einen starren Wert als Beurteilungsmaßstab anzusetzen, überzeugt gleichwohl bereits wegen der verschiedenen möglichen Strafen nicht; gemeint ist einerseits die Wahl zwischen Geld- und Freiheitsstrafe, andererseits aber vor allem auch die enorme Bandbreite zeitiger Freiheitsstrafen (ein Monat bis 15 Jahre, vgl. § 38 II StGB). Im Falle kurzzeitiger Freiheitsstrafen wäre dann – etwa bei einer Grenze von drei Monaten – unter Umständen gar kein Faktor darzulegen, während bei äußerst langen Strafen gegebenenfalls jeder Aspekt wegen Überschreitung der Darlegungsgrenze erörtert werden müsste. Dieser Ungleichbehandlung unterschiedlicher Strafhöhen könnte man allerdings mit einem Prozentwert, statt einer starren Zahlenangabe begegnen, etwa dass jeder Umstand, der eine Strafmaßerhöhung oder -minderung von über 10 % bewirkt hat, als bestimmender i.S.v. § 267 III 1 StPO einzuordnen ist. Im Hinblick auf Rechtssicherheit, insbesondere Vorbeugung von Ungleichbehandlungen und richterlichen Willkürentscheidungen erscheint diese Lösung zwar sinnvoll, ist praktisch jedoch nur schwer umsetzbar. Das Tatgericht müsste jeden Zumessungsfaktor hinsichtlich seines Einflusses auf das Strafmaß konkret bewerten, ihm also einen prozentualen Anteil zuordnen und dann eine Strafmaßberechnung durchführen. Zwar wird derartiges dem Tatgericht auch im Falle einer rechtsstaatswidrigen Verfahrensverzögerung im Hinblick auf

1119 *Frisch* ZStW 99 (1987), 751 (802).

den als vollstreckt zu erachtenden Teil abverlangt[1120], die gesamte Strafzumessungsentscheidung in eine mathematische Gleichung zu gießen, geht jedoch über das dem Tatgericht zumutbare Maß hinaus. Hinzu kommt, dass Mathematisierungen und schematische Vorgehensweisen im Rahmen der Rechtsfolgenentscheidung nach ständiger Rechtsprechung[1121] unzulässig sind, da sie dem Wesen der Strafzumessung fremd seien und einer notwendigen Einzelfallbetrachtung zuwider liefen. Auch die praktische Umsetzbarkeit ist zu bezweifeln; zumindest sind sämtliche rechtstheoretischen Unternehmungen der letzten Jahrzehnte, den Strafzumessungsvorgang zu mathematisieren, gescheitert bzw. in der Praxis unbeachtet geblieben[1122].

Damit verbleibt als einziger tauglicher Anknüpfungspunkt der grundsätzliche Einfluss auf das Strafmaß, ohne jedwede quantitative Einschränkungen. Diese Handhabung ginge zumindest mit denjenigen Revisionsurteilen konform, die die Wesentlichkeit eines Umstands danach beurteilt haben, ob sich ihre Einbeziehung in die Strafbemessung aufdrängte bzw. dies nahe lag. Das OLG Hessen[1123], das seinerzeit allerdings die Notwendigkeit einer erschöpfenden Darstellung aller Strafzumessungsgründe vertreten hat, definierte erschöpfend als „alles…, was unter Berücksichtigung der Besonderheiten der Tat und des Täters bei vernünftiger Betrachtungsweise auf die Höhe des Strafmaßes Einfluß haben kann“. Ähnlich formulierte Sachs[1124], dass im Rahmen einer erschöpfenden Aufzählung nur diejenigen Umstände darzulegen seien, die „bei vernünftiger Würdigung des Falles auf das Strafmaß Einfluß haben können“. Beiden Fassungen ist gemein, dass sie

---

1120 Vgl. 2. Teil, Abschnitt B, II, 3., d).

1121 Vgl. nur BGH, Beschl. v. 25.06.2013 – 5 StR 256/13; BGH NStZ-RR 2010, 75; BGH NStZ-RR 2009, 43; BGH NStZ-RR 2006, 270 (271); BGH, Urteil v. 27.10.2004 – 5 StR 130/04 – juris (insoweit in NStZ 2005, 265 nicht abgedruckt); BGH, Beschl. v. 03.12.2002 – 3 StR 406/02 – zitiert nach juris; BGH NStZ-RR 1999, 101 (102).

1122 Vgl. nur die Modelle von *Haag*, Rationale Strafzumessung. Ein entscheidungstheoretisches Modell der strafrichterlichen Entscheidung (1970), der eine rationale Strafzumessung mittels eines Modells der mathematischen Programmierung aus der Unternehmensforschung für möglich hält, im Ergebnis aber auf insoweit unzureichende Kenntnisse der empirischen Daten, Gesetzmäßigkeiten und intersubjektiven Wertungen hinweist; *Bruckmann* ZRP 1973, 30 (33ff.), der aus den drei Faktoren Gefährlichkeit des Täters, Sozialwidrigkeit der Tat und Täter-Opfer-Beziehung eine Formel zur Berechnung des Strafmaßes entwickelt hat; *v. Linstow*, Berechenbares Strafmaß. Eine neue Methode der Strafzumessung am Beispiel wichtiger Verkehrsdelikte (1974), der der die Gesamtschuld in der Weise aufgliedern will, dass einzelne Teilaspekte eine Einzelbewertung erfahren, indem sie dem Wert bzw. dem Gewicht nach festgelegten Einzelmerkmalen zugeordnet werden; vgl. auch *Hörnle*, Tatproportionale Strafzumessung (1999), die mithilfe eines komparativen Systems eine Reihenordnung unterschiedlicher Sachverhalte zu erstellen sucht, um die relative Schwere einer Straftat als Anknüpfungspunkt für das Strafmaß im Vergleich zu anderen bewerten zu können.

1123 OLG Hessen HESt 2, 115 (117).

1124 *Sachs* SJZ 1948, 777 (778).

bei geforderter erschöpfender Darlegung auf die Möglichkeit zur Beeinflussung des Strafmaßes abstellen, was durchaus den Schluss nahelegt, dass die davon bestimmenden Umstände diejenigen sind, denen dann tatsächlich vom Tatrichter ein solcher Einfluss zugemessen wurde. Einfluss kann in diesem Sinne nur dahingehend verstanden werden, dass dem betreffenden Umstand eine straferhöhende bzw. strafmildernde Wirkung zugeschrieben wird. Eine solche Auslegung befürwortet im Grunde auch Bruns[1125], der die Wesentlichkeit eines Strafzumessungsaspekts – allerdings nach materiellem Recht – danach beurteilen will, ob seine Berücksichtigung eine andere Strafe hätte erwarten lassen. Ebenso stellt Zipf[1126] darauf ab, ob die „Beachtung ein anderes Ergebnis gezeitigt hätte"; zwar definiert auch er die Erheblichkeit bzw. Erörterungspflicht nach sachlichem Recht, der Gedanke lässt sich jedoch auf die Einordnung im Rahmen von § 267 III 1 StPO übertragen. Bei der Beurteilung eines Gesichtspunkts als bestimmend i.S. dieser Norm und als wesentlich nach materiellem Recht den gleichen Maßstab anzulegen, erscheint indes auch sinnvoll, der insoweit typische Fehler der Rechtsprechung liegt lediglich darin, dass die unterschiedlichen Perspektiven nicht herausgearbeitet werden. Nach § 267 III 1 StPO wären die Umstände mitzuteilen, die nach Auffassung des Tatgerichts die Strafhöhe beeinflusst haben – gleich in welchem Ausmaß; das Revisionsgericht überprüft anschließend, ob Umstände übersehen wurden, die nach materiellem Recht ebenfalls Einfluss auf das Strafmaß hätten haben müssen.

Der Vorteil dieser Auslegung bestünde zunächst darin, allen mitwirkenden Gerichten ein eindeutiges Beurteilungskriterium zur Verfügung zu stellen; die Begriffe der Wesentlichkeit, erheblichen Bedeutung oder ähnliches bieten derzeit zu viel Spielraum für Willkür und Rechtsunsicherheit. Des Weiteren wäre eine klare Abgrenzung von prozessualer und materieller-rechtlicher Begründungspflicht, insbesondere eine einheitliche, dogmatisch einwandfreie Verfahrensweise mit Darstellungsmängeln zu erwarten. Umständen, die in den Strafzumessungsgründen nicht erörtert wurden, ist – gleich ob bewusst oder aus Versehen – vom Tatgericht kein bestimmendes Gewicht, nämlich kein Einfluss auf das erkannte Strafmaß, beigemessen worden. Sofern die revisionsgerichtliche Prüfung nun zu dem Ergebnis gelangt, dass hinsichtlich eines unerörterten Aspekts ein solcher Einfluss nach materiellem Recht zwingend geboten und damit eine entsprechende Darlegung in den Urteilsgründen notwendig war, liegt bei – offensichtlich von der Rechtsprechung favorisierter – Zugrundelegung des Vorrangs der materiell-rechtlichen Begründungspflicht ein zur Aufhebung führender Darstellungsmangel vor; eine Berufung auf die Beschränkungsmöglichkeit nach § 267 III 1 StPO wäre dann nicht möglich.

Die Definition eines bestimmenden Umstands als das verhängte Strafmaß beeinflussender Faktor, unabhängig vom Grad der Intensität, ist demnach sinnvoll. Nur solche Gesichtspunkte, die das Tatgericht zwar als zumessungsrelevant erkannt hat, d. h. hinsichtlich ihres möglichen Einflusses auf das Strafmaß erwogen hat, jedoch

1125 *Bruns* (1967), S. 201.
1126 *Zipf*, S. 234.

kein die Strafhöhe beeinflussendes Gewicht zugemessen hat, wären bei dieser Betrachtung als nach Auffassung des Tatgerichts nicht bestimmende Umstände i.S.v. § 267 III 1 StPO einzuordnen. Diese zwar vorzugswürdige, jedoch sehr weitgefasste Interpretation bewegt sich indes wohl jenseits des Ergebnisses der Auslegung der Norm und entspricht wohl auch nicht der zumindest immer wieder von der Rechtsprechung betonten besonderen Bedeutung, derer es zur Auslösung einer entsprechenden Erörterungspflicht bedarf.

II. Prozessökonomische Erwägungen

Zu untersuchen ist ferner, ob ohne die Beschränkung des § 267 III 1 StPO auf die bestimmenden Erwägungen die Funktionsfähigkeit der Strafrechtspflege gefährdet ist, eine Einschränkung also aus prozessökonomischen Gründen notwendig ist.

In Betracht zu ziehen ist eine dadurch zu befürchtende Überlastung des Tatgerichts. Hinsichtlich dieses Aspekts ist Brüggemann[1127] der Auffassung, dass „aus der grundlegenden Bedeutung der freiheitlichen Grundordnung...weiterhin [folge], daß der Hinweis der Arbeitsüberlastung eines Gerichts kein rechtsstaatlich zulässiges Argument sein [könne], das die Gerichte von einer Begründungspflicht freistellen [könne]". Dem ist jedoch entgegenzuhalten, dass die von einer solchen Überlastung betroffene Funktionsfähigkeit der Strafrechtspflege ihrerseits ebenso verfassungsrechtliche Wurzeln hat (Art. 20 III GG)[1128] wie die richterliche Begründungspflicht. Im Falle kollidierender Verfassungsgüter genießt indes keines grundsätzlich Vorrang, vielmehr ist ein Ausgleich im Wege praktischer Konkordanz zulässig und notwendig.[1129]

Fraglich ist jedoch zunächst, ob überhaupt eine Mehrbelastung zu erwarten ist. Zwar wies Seibert[1130] – seinerzeit Richter am BGH – bereits 1960, als die Anforderungen an die Urteilsgründe noch vergleichsweise gering waren, auf die der erheblichen Beanspruchung eines Richters beim Abfassen von Urteilen geschuldeten Fehlerquote hin; zuweilen seien bei der Strafzumessung Ausführungen zu finden, bei denen unklar sei, „ob sie die Feststellungen nur untermalen, ob sie sie ergänzen sollen, oder ob sie zu jenen in Widerspruch stehen." Die Ausweitung der Begründungsvorgaben ist jedoch nicht § 267 III 1 StPO geschuldet, sondern den Anforderungen des materiellen Rechts; eine Belastung unterhalb der von Seibert beklagten Schwelle von 1960 wird daher unabhängig von eventuellen Einschränkungsmöglichkeiten nach der StPO keinesfalls erreicht werden.

Maßgeblich ist insoweit nur, ob eine Konzentration des Tatgerichts auf die bestimmenden Umstände gegenüber der Wiedergabe aller angestellten Erwägungen

1127 *Brüggemann*, S. 124.

1128 Ausf. dazu und m.w.N. BVerfGE 33, 367 (383).

1129 Vgl. dazu BVerfG, Beschl. v. 20.03.2000 – 1 BvR 1834/97 (in NJW 2001, 1484 nur Leitsatz abgedruckt); BVerfGE 91, 1 (21); BVerfGE 49, 24 (56) m.w.N.; BVerfGE 28, 243 (261); BVerfGE 19, 206 (220); BVerfGE 1, 14 (32);

1130 *Seibert* NJW 1960, 1285.

tatsächlich eine Zeitersparnis bewirkt. Das ist schon insofern fraglich, als bereits die abstrakte Beurteilung des nicht bestimmenden Charakters eines Umstands als nahezu unlösbare Aufgabe erscheint, wie bzw. mit welchem Aufwand soll dann der Tatrichter diese Einordnung vornehmen (es sei denn, die Wesentlichkeit des Aspekts wird bereits in ständiger Rechtsprechung vertreten, so dass die Qualifikation als nicht bestimmender Umstand gar nicht erst in Betracht kommt). Aber auch bei Außerachtlassen dieser Hürde ist ein evidenter Zeitverlust beim derzeitigen Stand der Technik äußerst zweifelhaft. Das Tatgericht hat nach dem Zusammentragen seiner Feststellungen ohnehin alle als Strafzumessungsfaktoren in Betracht kommenden Aspekte zu sammeln und zu bewerten, d. h. auch zu entscheiden, welchem Umstand es bestimmendes Gewicht beimisst, welchem nicht und warum. Damit verbleibt als effektiv zeitsparender Faktor lediglich, die beiden letztgenannten Überlegungen nicht ausformulieren bzw. in die Urteilsausführungen integrieren zu müssen. Dies aber ist heutzutage ob der Möglichkeit des zügigen Abtippens der Gründe am Computer oder der zuweilen noch von Richtern genutzten Diktiermöglichkeit, die im Zweifel sogar noch weniger Zeit in Anspruch nimmt, kein nennenswerter Arbeitsaufwand mehr.[1131] Dies vertrat das OLG Köln[1132] sogar bereits 1947 als § 267 III StPO noch als Sollvorschrift ausgestaltet war; es legte – wie auch andere Oberlandesgerichte[1133] – die Norm gleichwohl als zwingende aus und leitete daraus die Pflicht zur Ausführung aller Strafzumessungstatsachen her. Hinsichtlich eines dadurch bedingten Mehraufwands der Tatgerichte führt das OLG Köln aus: „Die dargelegten rechtlichen Anforderungen an die Feststellung der Zumessungstatsachen in der Hauptverhandlung und in den Urteilsgründen...gehen praktisch nicht wesentlich über das hinaus, was jede sorgfältig vorbereitete und durchgeführte Hauptverhandlung, jede gewissenhafte Strafzumessung und jedes sorgfältig abgefasste Urteil auch bisher schon in aller Regel erfüllte." Sich mit allen relevanten Zumessungsfaktoren zu befassen und diesen Vorgang auch in den Urteilsgründen zu dokumentieren, wurde demnach als ohnehin von der richterlichen Sorgfaltspflicht umfasst angesehen – und das sogar im Zeitalter der Schreibmaschine. Auch in der Literatur wird, etwa von Michalke-Detmering,[1134] vertreten, dass es sowieso

1131 Vgl. dazu auch die Ausführungen *Krehls* GA 1987, 162ff. bzgl. der Notwendigkeit einer Begründung auch für den Verwerfungsbeschluss der Revisionsgerichte gemäß § 349 II StPO, er erkennt selbst darin „keine nennenswerte Mehrbelastung der Revisionsgerichte"; wenn schon das Abfassen einer ganzen Begründung nicht als relevante Mehrbelastung angesehen werden kann, so muss dies erst recht für das Hinzufügen nicht als wesentlich qualifizierter Erwägungen gelten.

1132 OLG Köln HESt 1, 200 (203f.).

1133 Z.B. OLG Frankfurt, HESt 3, 66 (67); vgl. auch 2. Teil, Abschnitt B, I, 4., c), aa).

1134 *Michalke-Detmering*, S. 385, die zwar alle von der Rspr. entwickelten Begründungsanforderungen wieder bei § 267 StPO, statt bei der materiell-rechtlichen Begründungspflicht verorten will, jedoch gleichwohl von einer umfassenden Darlegungspflicht – auch nach dieser Norm (obgleich dies zumindest dem aktuellen Wortlaut widerspricht) – ausgeht.

der Sorgfaltspflicht eines Tatrichters entspreche, sich mit allen im Rahmen der Strafzumessungsentscheidung in Betracht zu ziehenden Gesichtspunkten auseinanderzusetzen, so dass die Verschriftlichung dieser Prüfung keine schwerwiegende Mehrbelastung darstelle. Sie weist zusätzlich darauf hin, dass bei einem vollständigen, gegebenenfalls „besseren" Urteil der eventuell erhöhte Zeitaufwand bei der Anfertigung durch Vermeidung von Rechtsmitteln und Zurückweisungen zur Klärung noch offener Tatfragen eingespart werden könnte.[1135] Der Hinweis des OLG Köln und auch von Michalke-Detmering auf eine Sorgfaltspflicht des Gerichts zur umfassenden Betrachtung aller Zumessungsumstände kann auch als Fortführung des Untersuchungsgrundsatzes (§ 244 II StPO) verstanden werden. Danach hat das Gericht zur Erforschung der Wahrheit die Beweisaufnahme von Amts wegen auf alle Tatsachen und Beweismittel zu erstrecken, die für die Entscheidung von Bedeutung sind, was allgemein verstanden wird als Pflicht zur umfassenden Aufklärung der tatsächlichen Entscheidungsgrundlage bzw. zur Ausschöpfung aller erreichbaren Erkenntnismittel.[1136] Dies bestätigt auch ein Vergleich der gewählten Formulierung „von Bedeutung" gegenüber den von den Revisionsgerichten in Bezug auf die Wesentlichkeit (Erörterungspflicht) eines Strafzumessungsumstands verwendeten Begriffen der „besonderen oder erheblichen Bedeutung", die eher auf eine beschränkte Auswahl aller Umstände hindeuten. Hat das Gericht also nach diesem Grundsatz alle für die Strafzumessung bedeutsamen, i.S.v. in Betracht kommenden, Zumessungstatsachen aufzuklären, lässt sich daraus auch die daran anknüpfende Pflicht zur Würdigung bzw. Bewertung dieser Faktoren im Hinblick auf ihre Erheblichkeit für die Strafbemessung ableiten; anderenfalls liefe der Untersuchungsgrundsatz insoweit ins Leere. Dann aber bleibt nach Abschluss dieses Prozesses lediglich das Niederschreiben der ohnehin bereits umfänglich angestellten Überlegungen, wobei die Zeitersparnis durch das Aussparen der als nicht bestimmend eingeordneten Umstände – wie bereits ausgeführt – allenfalls geringfügig ist.

Dies gilt erst Recht bei Zugrundelegung der äußerst weit gefassten Definition eines nicht bestimmenden Umstands als ohne Einfluss auf das verhängte Strafmaß. In diesem Fall hätte das Tatgericht ebenfalls alle in Betracht kommenden Zumessungsfaktoren zu sammeln und anschließend hinsichtlich ihres mildernden, erschwerenden oder gänzlich zu vernachlässigenden Einflusses zu bewerten. Die letztgenannten Gesichtspunkte samt Begründung ihrer fehlenden Zumessungsrelevanz – entsprechend den dazu ohnehin bereits angestellten Erwägungen – zusätzlich in die Strafzumessungsbegründung mit aufzunehmen, würde regelmäßig keinen nennenswerten Zeitaufwand bedeuten.

Soweit im Ausnahmefall – etwa bei besonders langwierigen, eine erhebliche Anzahl strafzumessungsrelevanter Tatsachen umfassenden Verfahren – tatsächlich eine nennenswerte Mehrbelastung zu erwarten ist, kann dies nicht zur Rechtfertigung eines Bedürfnisses nach Einschränkung im Regelfall herangezogen werden,

---

1135 Zur revisionsrechtlichen Perspektive noch sogleich.
1136 Vgl. dazu KK-StPO/*Krehl*, § 244 Rn. 28.

zumal angesichts der Häufigkeit von obiter dicta offenbar gewisse Ressourcen für eine Mehrbelastung vorhanden sind. Im Übrigen besteht auch bei derartigen Fällen nicht die Gefahr einer durch zeitintensiveres Abfassen der Urteilsgründe bedingten rechtsstaatswidrigen Verfahrensverzögerung bzw. überhaupt einer überlangen Verfahrensdauer, da das Tatgericht weiter an die Frist zur Abfassung des Urteils gemäß § 275 StPO gebunden ist. Des Weiteren liegt aufgrund dieser – eventuell zu erwartenden – Mehrbelastung der Justiz in diesen Ausnahmefällen auch kein Verstoß gegen die Pflicht zur sparsamen Haushaltsführung (Art. 110 I 2 i.V.m. 114 II 1 GG) vor; Brink[1137] weist insoweit darauf hin, dass verfassungsrechtlich festgelegte Pflichten – wie die umfassende Begründungspflicht hinsichtlich des Strafausspruchs – nicht mit dem Argument zusätzlicher Kosten eingeschränkt werden dürfen, sofern nicht die Grenze staatlicher Funktionsfähigkeit erreicht ist. Davon kann angesichts der wohl überwiegend nur geringfügigen zusätzlichen Belastung der Tatgerichte, die zumindest keinesfalls die Einstellung weiterer Richter fordern wird, nicht die Rede sein.

Aus prozessökonomischen Gründen besteht demnach kein Bedürfnis für eine einschränkende Funktion des § 267 III 1 StPO.

III. Revisionsrechtliche Perspektive

Ohne die derzeit mögliche Einschränkung der Strafzumessungsgründe nach § 267 III 1 StPO wäre zunächst keine nennenswerte Ausweitung der Revisibilität zu erwarten. Zwar wird insoweit eingewandt, dass mit zunehmender Länge der Urteilsgründe auch die Angriffsfläche in der Revision wachse, zumal das Risiko fehlerhafter bzw. unzulässiger Erwägungen steige.[1138] Derartigen Erwägungen vorzubeugen, den Tatrichter insoweit zur Eigenkontrolle anzuhalten, ist jedoch ein tragender Zweck der Begründungspflicht, ebenso wie die Ermöglichung einer revisionsrechtlichen Kontrolle hinsichtlich solcher Zumessungsfehler. Im Übrigen bliebe abzuwarten, ob effektiv tatsächlich ein Anstieg erfolgreicher Revisionsangriffe auf solche Erwägungen zu erwarten wäre; was nunmehr bei Angabe auch der nicht bestimmenden Erwägungen (gegebenenfalls samt Begründung) als Wertungsfehler beanstandet würde, wurde zuvor als Darstellungsmangel wegen vermeintlichen Übersehens des Tatrichters gerügt. Da letzterem aber von den Revisionsgerichten recht großzügig stattgegeben wurde, zumal zur Begründung regelmäßig schlicht die Wesentlichkeit des übergangenen Aspekts behauptet wurde, während die Begründung eines Wertungsfehlers aufgrund des intensiveren Eingriffs in den Beurteilungsspielraum des Tatrichters deutlich aufwendiger wäre, ist insoweit wohl eher ein Rückgang erfolgreicher Revisionen zu erwarten. Die Angreifbarkeit des Strafausspruchs wäre also primär nur verändert, wobei das Argument einer erhöhten Angriffsfläche ob

1137 *Brink*, S. 78.

1138 So etwa *Puppe* NStZ 2012, 409; ferner *Meyer-Goßner/Appl*, Rn. 429; *Blunck* MDR 1970, 470 (471).

des Bedürfnisses nach Transparenz und Kontrollierbarkeit der Strafzumessungsentscheidung ohnehin nicht überzeugt. Darüber hinaus fußen die gesteigerten Begründungsanforderungen – auf die sich die soeben dargelegte Kritik wohl primär bezieht – ohnehin auf der materiell-rechtlichen Begründungspflicht. Eine erhebliche Ausweitung durch zusätzliche Angabe auch der nicht bestimmenden Erwägungen ist kaum zu erwarten, zumal die Tatgerichte wegen der strengen Begründungsvorgaben ohnehin zum Teil bereits dazu übergegangen sind, besonders ausführliche Strafzumessungsgründe abzufassen (vgl. nur die Anmerkungen der Revisionsgerichte zu den persönlichen Verhältnissen[1139]).

Schließlich ist auch kaum eine Ausdehnung der Revisibilität der Strafzumessung durch Streichung der möglichen Einschränkung der materiell-rechtlichen Begründungspflicht nach § 267 III 1 StPO i.S. eines Abwehrrechts in der Revision zu befürchten, da dieses in der richterlichen Praxis ohnehin nahezu bedeutungslos ist. Dies wird schon dadurch belegt, dass im Rahmen der Anfertigung dieser Arbeit lediglich zwei allein im Hinblick auf das Recht des Tatrichters aus § 267 III 1 StPO zurückgewiesene Darstellungsrügen aufzufinden waren. In allen übrigen Fällen ging die Revisionsinstanz – obgleich niemals explizit dargelegt – von einem Vorrang der materiell-rechtlichen Begründungspflicht aus, so dass § 267 III 1 StPO regelmäßig ohnehin nicht zur Begrenzung der Revisibilität, konkret zur Zurückweisung eines gerügten Darstellungsmangels, herangezogen werden konnte.

Umgekehrt könnte die Ausweitung der prozessualen Begründungspflicht auf alle angestellten Erwägungen dazu führen, dass dem Revisionsgericht eine Angriffsmöglichkeit entzogen wird, und zwar in Konstellationen, in denen aus einem auffällig hohen oder milden Strafmaß auf die fehlende Berücksichtigung eines relevanten Strafzumessungsaspekts geschlossen wird[1140] und so – auf Umwegen – doch das konkrete Strafmaß angegriffen wird; wird hingegen jeder erwogene Aspekt in die Strafzumessungsgründe aufgenommen, bleibt dem Revisionsführer – sofern das Tatgericht keinen weiteren, aus den Urteilsfeststellungen folgenden Zumessungsumstand übersehen hat – nur die in der Regel weniger erfolgversprechende Beanstandung des konkreten Strafmaßes. Dies gilt indes entsprechend für die wenig kalkulierbare revisionsgerichtliche Beanstandung der nicht an den Besonderheiten des Falles verständlich gemachten Abweichung vom üblichen Strafmaß. Sofern der Tatrichter alle seines Erachtens im jeweiligen Fall in Betracht kommenden Gesichtspunkte erwogen und dargelegt hat, kann ihm keine mangelhafte Begründung – auch nicht hinsichtlich der vermeintlichen Abweichung – vorgeworfen werden, außer er hat Umstände, derartige „Besonderheiten des Falles“, übersehen, welche das

1139 Z. B. BGHR StPO § 267 Abs. 3 S. 1 Strafzumessung 8, 15, 20, in diesen, den Begründungsumfang des Tatgerichts kritisierenden, Entscheidungen betont der BGH, dass die Darstellung der persönlichen Verhältnisse nicht Selbstzweck sei, sondern diese nur in dem Umfang in die Urteilsgründe aufzunehmen seien, als sie bestimmenden Einfluss auf die Schuld- oder Rechtsfolgenfrage haben.

1140 Vgl. nur BGH StV 1994, 423.

Revisionsgericht genau zu bezeichnen hätte. Anderenfalls bliebe auch hier nur die Strafmaßbeanstandung; dies wäre insofern zu begrüßen, als dies voraussichtlich ein zügiges Vorantreiben empirischer Untersuchungen bzw. statistischer Erhebungen zum üblichen Strafmaß anregt.

Eine Einschränkung im Hinblick auf mögliche Revisionsangriffe wäre auch insoweit zu erwarten, als dem BGH der Rückgriff auf die aus dem Schweigen zu einem Strafzumessungsgesichtspunkt abgeleitete „Besorgnis", ein für die Strafbemessung wesentlicher Umstand sei übersehen worden, verwehrt bliebe. Zwar mag im Einzelfall eine Berücksichtigungs- und dementsprechend Erörterungspflicht nach materiellem Recht bestehen, deren Verletzung dann ebenfalls zur Aufhebung führt, allerdings wird in jedem Fall diese dogmatisch fehlerhafte Konstruktion eines nur vermuteten, also nicht nachgewiesenen, Rechtsfehlers vermieden; was in den Urteilsgründen nicht aufgeführt ist, wurde dann nämlich – mit Sicherheit – übersehen.

Eine derart präzise Aussage ließe sich bei umfänglicher Begründungspflicht nach § 267 III 1 StPO hinsichtlich jedweder Darstellungsrüge treffen, es wären insgesamt klarere Konturen des Darstellungsmangels zu erwarten. Bei einer Pflicht zur Darlegung aller erwogenen Zumessungsaspekte würde eine eindeutige Prüfungsgrundlage geschaffen: Was in den Urteilsgründen ausgeführt wurde, hat das Tatgericht als für die Strafzumessung möglicherweise bedeutsam erkannt und hinsichtlich der Strafmaßbeeinflussung bewertet; dies kann vom Revisionsgericht nur noch im Hinblick auf rechtsfehlerhafte Erwägungen, insbesondere Wertungsfehler, geprüft werden. Insoweit ist indes eine Rückbesinnung auf die Vertretbarkeitsprüfung hinsichtlich der tatrichterlichen Bewertung wünschenswert, statt diese schlicht durch eine eigene der Revisionsgerichte zu ersetzen, was auch dem gängigen von der Rechtsprechung selbst entwickelten Kontrollumfang entspricht. Für nicht enthaltene Umstände gilt, dass diese auch nicht in Betracht gezogen wurden. Nimmt das Revisionsgericht hinsichtlich eines solchen Umstands eine Pflicht zur Berücksichtigung nach sachlichem Recht an, hätte es seiner Erörterung zur Ermöglichung einer revisionsrechtlichen Nachprüfung zwingend bedurft, so dass deren Fehlen einen zur Aufhebung führenden Verstoß gegen die materiell-rechtliche Begründungspflicht darstellt – im Übrigen ohne das Erfordernis der Bewertung des Umstands als im Hinblick auf die Strafbemessung wesentlich, da allein die mögliche Zumessungsrelevanz zur Auslösung der Darstellungspflicht genügt. Die insoweit zurückhaltende Formulierung der Revisionsgerichte kann nur der derzeit wegen § 267 III 1 StPO geltenden Formel, dass es keiner erschöpfenden Begründung bedürfe und daher aus dem Schweigen der Gründe zu einem Umstand nicht auf dessen fehlende Berücksichtigung geschlossen werden könne, geschuldet sein; das Kriterium der Wesentlichkeit musste insoweit geschaffen werden, um gleichwohl einen Darstellungsmangel begründen zu können. Den verfassungsrechtlichen Anforderungen an die Strafzumessungsbegründung ist dieses Kriterium fremd; dies gilt entsprechend für die materiell-rechtliche Begründungspflicht, da sie zur Ermöglichung einer vollständigen revisionsgerichtlichen Nachprüfung geschaffen wurde, was eine umfassende Darlegung aller angestellten Erwägungen erfordert[1141] – auch die „unwesentlichen" Umstände müssen im Hinblick auf mögliche Rechtsfehler kontrolliert werden können.

Aus revisionsrechtlicher Perspektive bedarf es demnach der derzeitigen Beschränkung der Begründungspflicht gemäß § 267 III 1 StPO nicht; vielmehr bietet die Ausweitung der prozessualen Begründungspflicht entscheidende Vorteile hinsichtlich der Vermeidung von Rechtsunsicherheit, gebietet unpräzisen und damit unkalkulierbaren Begründungsanforderungen Einhalt (z. B. dem Erfordernis einer „besonders eingehenden" Begründung) und bietet eine klare Struktur für die Beanstandung von Darstellungsmängeln.

IV. Sonstige Erwägungen

Nach dem Ergebnis der verfassungsrechtlichen Herleitung der Begründungspflicht ist eine verständliche, rational nachvollziehbare und insbesondere vollständige Begründung der Strafzumessung notwendig, und zwar sowohl im Hinblick auf alle nach den konkreten Umständen für die Rechtsfolgenentscheidung in Betracht kommenden Aspekte als auch hinsichtlich aller tatsächlich vom Tatgericht angestellten Erwägungen, wobei sich die Begründungspflicht des § 267 III 1 StPO auch ohne die derzeitige Beschränkung auf die bestimmenden Erwägungen denklogisch nur auf die vom Tatgericht erkannten Gesichtspunkte erstrecken kann. Jedwede Einschränkung der richterlichen Darstellungspflicht, sei es nun auf bestimmende, wesentliche, besonders bedeutsame oder ähnliche Erwägungen, läuft dem verfassungsrechtlich geforderten Begründungsumfang zuwider.

Die Untersuchung der Begründungszwecke hat ebenfalls ergeben, dass ihnen nur eine umfassende bzw. erschöpfende, zudem eindeutig, verständlich und widerspruchsfrei abgefasste Darlegung aller für die Strafzumessungsentscheidung erwogenen (und nach den konkreten Umständen naheliegenden) Gesichtspunkte entsprechen kann. Einzig im Hinblick auf den Zweck der Ermöglichung einer revisionsrechtlichen Kontrolle war eine Einschränkung zu erwägen, allerdings hat die Analyse des heutigen Umfangs der Revisibilität der Strafzumessung ergeben, dass auch der verbleibende irrevisible Bereich des vertretbaren Strafmaßes keine Lücken in der Darstellung der Strafzumessungsgründe duldet.[1142] Insoweit führt Jagusch[1143] zutreffend aus, dass gleichwohl die gesamte Strafzumessung nachprüfbar sein müsse und dementsprechend eine vollständige Wiedergabe der wahren tatrichterlichen Erwägungen notwendig sei;[1144] er plädiert daher auch für eine Abkehr von der

---

1141 Vgl. 1. Teil, Abschnitt B, III.

1142 Vgl. 1. Teil, Abschnitt C, I, 2., c), cc).

1143 *Jagusch* NJW 1972, 456.

1144 Vgl. auch *Dreher* SJZ 1947, 562 (565): Die Revisionsgerichte könnten ihrer Pflicht zur Entwicklung und Überprüfung objektiver Rechtsgrundsätze der gerechten Strafzumessung „aber nur gerecht werden, wenn die Urteile ihre Strafzumessungsgründe so vollständig enthalten, wie das nur irgend möglich ist."

regelmäßig in Revisionsurteilen verwendeten Formel, dass es keiner erschöpfenden Aufzählung aller Strafzumessungserwägungen in den Urteilsgründen bedürfe, hin zu der deutlich weiteren Formulierung, dass „alle nach dem Gesamtinhalt des Urteils für das Strafmaß wesentlichen objektiven und subjektiven Umstände einschließlich ihrer Zumessungsbedeutung [anzugeben seien], damit das Revisionsgericht den Gedankengang des Erstgerichts nachvollziehen und rechtlich prüfen [könne]". Er weist in diesem Zusammenhang auch darauf hin, dass er die Fassung des § 267 III StPO als insoweit zu eng erachtet.

Nach alledem besteht kein Bedürfnis nach der derzeitigen – vermeintlichen – Einschränkungsfunktion des § 267 III 1 StPO bezüglich der Strafzumessungsbegründung; soweit – allenfalls geringfügige – Nachteile mit einer Pflicht zur erschöpfenden Darlegung aller vom Tatgericht angestellten Erwägungen einhergehen, überwiegen die Vorteile, insbesondere im Hinblick auf Rechtssicherheit und klare Strukturen bei der Prüfung von Darstellungsmängeln. Eine Reformierung zur Ausweitung der prozessualen Begründungspflicht in diesem Sinne ist daher geboten.

B. Reformvorschläge

I. Diskussionsentwurf für ein Gesetz über die Rechtsmittel in Strafsachen von 1975

Seit Änderung des § 267 III 1 StPO durch das VereinhG von 1950[1145] war erstmals in dem letztlich nicht weiter verfolgten Diskussionsentwurf für ein Gesetz über die Rechtsmittel in Strafsachen von 1975[1146] eine Änderung des § 267 III 1 StPO vorgesehen; gemäß § 267 II StPO[1147] sollte die Begründung „die Erwägungen an[geben], die für die Auswahl und Zumessung der Rechtsfolgen bestimmend gewesen sind" und „die hierbei zugrunde gelegten Tatsachen" bezeichnen, auf einzelne Begründungsvorgaben (damals in Abs. 3 und 6) wurde verzichtet. § 267 b I 1 StPO sollte diese Pflicht – soweit keine Rechtsmittel eingelegt werden – dahingehend einschränken, dass „die Mitteilung der für die Auswahl und Zumessung der Rechtsfolgen bestimmenden Erwägungen...auf die hauptsächlichen, insbesondere die für die Vollstreckung und spätere Entscheidungen erforderlichen beschränkt werden" kann. Demnach ging nach Ansicht der Verfasser dieses Entwurfs die Reichweite des Wortes bestimmend über die hauptsächlichen Erwägungen hinaus.[1148] Die Beschränkung auf die hauptsächlichen Erwägungen legt sogar den Schluss nahe, dass

1145 BGBl. I, 493.

1146 Diskussionsentwurf für ein Gesetz über die Rechtsmittel in Strafsachen (DE-Rechtsmittelgesetz).

1147 Diskussionsentwurf für ein Gesetz über die Rechtsmittel in Strafsachen (DE-Rechtsmittelgesetz), S.5.

1148 A.A. noch BGH, Urteil v. 18.02.1954 – 3 StR 872/53 – zitiert nach KK-StPO/*Kuckstein*, § 267 Rn. 24, der die hauptsächlichen Erwägungen als die bestimmenden i.S.d. § 267 III 1 StPO ansieht.

bestimmend hier i.S.v. relevant verwendet wurde, also eine umfängliche Darlegung aller die Strafzumessung beeinflussenden Faktoren gemeint war. Die Entwurfsbegründung äußert sich dazu nicht; hingewiesen wird lediglich auf den Zweck der Urteilsbegründung, „unter Beachtung der in den Strafzumessungsvorschriften des materiellen Rechts aufgestellten Grundsätze die Art und Höhe der verhängten Rechtsfolge [zu] rechtfertigen".[1149] Diesem Legitimationsbedürfnis lässt sich zwar tendenziell eher mit einer umfassenden Darlegungspflicht hinsichtlich der Strafzumessungserwägungen Rechnung tragen[1150], ob dies aber tatsächlich die Intention der Reformbestrebenden war, lässt sich aufgrund der dazu schweigenden Begründung nicht zweifelsfrei feststellen.

II. Alternativ-Entwurf zur Strafprozessordnung von 1985

Deutlicher trat der Gedanke einer vollumfänglichen Begründungspflicht im Alternativ-Entwurf zur Strafprozessordnung von 1985[1151], insbesondere der Entwurfsbegründung, hervor. Dieser Entwurf gliederte die Urteilsgründe (im Falle der Verurteilung) in § 267 I StPO[1152] in zwei Teile: die Tat als ersten Teil, Schuldfähigkeit und Rechtsfolgen als zweiten. Im zweiten Teil der Urteilsgründe sollten gemäß § 267 III StPO hinsichtlich der Rechtsfolgenentscheidung, „die hierbei für erwiesen erachteten Tatsachen, die maßgeblichen Erwägungen sowie die dabei angewendeten gesetzlichen Bestimmungen" angegeben werden. Weder war eine Begrenzung auf die bestimmenden Umstände vorgesehen, noch waren detaillierte Vorgaben für Sonderfälle enthalten. Zwar lässt der gewählte Begriff maßgeblich ebenso wie bestimmend durchaus Raum für eine einschränkende Auslegung dahingehend, dass es erneut keiner vollständigen Darstellung aller angestellten Zumessungserwägungen bedürfte. Allerdings wurde in der Entwurfsbegründung ausgeführt, dass das Urteil ohnehin alle für den Rechtsfolgenausspruch relevanten Aspekte anführen müsse, weshalb es der beliebig ausgewählten, da ohnehin nicht annähernd vollständig aufzählbaren, besonderen Begründungspflichten in Abs. 3 S. 2–4 nicht bedürfe; ferner ergebe sich die Notwendigkeit einer erschöpfenden Erörterung aller für die Urteilsfindung relevanten Gesichtspunkte aus dem Umstand, dass das Fehlen eines solchen Aspekts – unabhängig von dessen Erwähnung im Gesetz – einen die Revision begründenden Mangel darstellen könne.[1153] Die Verfasser hatten demnach bei der gewählten Formulierung der maßgeblichen Erwägungen eine umfassende

---

1149 Diskussionsentwurf für ein Gesetz über die Rechtsmittel in Strafsachen (DE-Rechtsmittelgesetz), S.52.
1150 Vgl. 1. Teil, Abschnitt A, VI.
1151 *Baumann*, Alternativ-Entwurf. Novelle zur Strafprozessordnung. Reform der Hauptverhandlung.
1152 *Baumann*, Alternativ-Entwurf. Novelle zur Strafprozessordnung. Reform der Hauptverhandlung, S. 24.
1153 *Baumann*, Alternativ-Entwurf. Novelle zur Strafprozessordnung. Reform der Hauptverhandlung, Tübingen 1985, S. 76f.

Begründungspflicht im Sinn, derer es aufgrund der ihrer Auffassung nach uneingeschränkten Revisibilität von Darstellungsmängeln bedarf, was durchaus mit dem Ergebnis der Untersuchung der revisionsgerichtlichen Praxis konform geht. Mit dem Hinweis auf einen ohnehin möglichen Darstellungsmangel ist – obgleich nicht explizit als solche bezeichnet – die materiell-rechtliche Begründungspflicht gemeint, wonach alle nach den Umständen des Einzelfalls naheliegenden und nach materiellem Recht anzustellenden Erwägungen in revisionsgerichtlich nachprüfbarer Weise darzulegen sind. Der Entwurf hätte zur Angleichung der verfahrensrechtlichen Begründungspflicht an die regelmäßige Vorgehensweise der Revisionsgerichte geführt, nämlich trotz der Beschränkung des § 267 III 1 StPO auf die bestimmenden Umstände (fast) keine entsprechenden Aussparungen in den Urteilsgründen zuzulassen. Der Gesetzgeber hat diesen Entwurf jedoch nicht umgesetzt.

III. Eigener Reformvorschlag

Während der Vorschlag von 1975 zumindest dem Wortlaut nach noch eine eingeschränkte Begründungspflicht vorsah, war dies in dem Entwurf von 1985 ausweislich der dazu angeführten Begründung nicht mehr der Fall, wobei die Formulierung „maßgebliche Erwägungen" unter Umständen erneut Anlass zur Diskussion etwaiger Einschränkungsmöglichkeiten gegeben hätte. Vorzugswürdig ist eine im Hinblick auf das Erfordernis einer erschöpfenden Darlegung aller Strafzumessungsumstände eindeutige Begriffswahl.

Dass beide Entwürfe die Notwendigkeit zur Darstellung auch der Strafzumessungstatsachen mit aufgenommen haben, dürfte aus Klarstellungsgründen erfolgt sein; einer solchen bedarf es jedoch nicht. Unstrittig anerkannt ist seit Mitte des letzten Jahrhunderts, dass die Begründungspflicht für die bestimmenden Umstände i.S. des § 267 III 1 StPO sowohl die Strafzumessungstatsachen als auch die -erwägungen umfasst,[1154] wobei die Darlegungspflicht hinsichtlich der Tatsachen sogar zuerst statuiert wurde.[1155] Darüber hinaus kann die Angabe der Strafzumessungserwägungen, verstanden als Gewichtung und Abwägung der festgestellten Zumessungstatsachen, bereits denklogisch zwingend nicht ohne gleichzeitige Angabe der diesen zugrunde liegenden Tatsachen erfolgen. In der neuen Fassung des § 267 III 1 StPO den insoweit etablierten Begriff des Umstands beizubehalten oder nur die Pflicht zur Darstellung der Erwägungen aufzunehmen, genügt daher vollkommen.

Überzeugend ist hingegen die ebenfalls beiden Entwürfen gemeine begriffliche Ausweitung der Begründungspflicht auf die gesamte Rechtsfolgenentscheidung unter Verzicht auf die besonderen Begründungserfordernisse nach § 267 III 2–4, VI

1154 Vgl. nur BGH, Urteil v. 16.04.2015 – 3 StR 605/14; BGH NStZ 2014, 105 (107); BGH NJW 1987, 2685 (2686); BGH, Beschl. v. 16.07.1980 – 3 StR 247/80; BGH, Urteil v. 28.08.1978 – 1 StR 414/79 – bei *Holtz* MDR 1980, 104 (105); BGH NJW 1976, 2220; OLG Koblenz, Urteil v. 29.09.1988 – 1 SS 362/88.

1155 Z.B. vom OLG Köln HESt 1, 201 (203) als § 267 III 1 StPO noch als Soll-Vorschrift ausgestaltet war.

StPO. Zwar wird teilweise[1156] auch die in § 267 III 1 StPO gewählte Formulierung der „Zumessung der Strafe" als den gesamten Rechtsfolgenausspruch betreffend verstanden und die konkrete Strafhöhenbemessung dann als Zumessung im engeren Sinne bezeichnet, die Verwendung des Begriffs Rechtsfolgen statt Strafen bietet demgegenüber jedoch mehr Klarheit, allein schon wegen der gleich lautenden Überschrift des dritten Abschnitts des StGB („Rechtsfolgen der Tat"). Damit stünde zweifelsfrei fest, dass sich die Begründungspflicht nicht nur auf die Strafbemessung, sondern auch auf die Strafaussetzungsentscheidung, das Absehen von Strafe, die Verwarnung mit Strafvorbehalt (derzeit zusätzlich geregelt in § 267 III 4 StPO) und die Anordnung von Maßregeln der Besserung und Sicherung (derzeit in § 267 VI StPO normiert) bezieht und sich zudem auf bislang nicht gesondert erwähnte Rechtsfolgen wie etwa die Verfalls- und Einziehungsanordnung erstreckt.[1157] Auch der in § 267 III 2 und 3 StPO enthaltenen Begründungsvorgaben für besonders und minder schwere Fälle bedürfte es nicht; dies allerdings bereits aufgrund der derzeitigen Formulierung in Satz 1, da alle in Satz 2 und 3 genannten Begründungserfordernisse von der Pflicht zur Angabe aller bestimmenden, also vom Tatgericht tatsächlich erwogenen, Strafzumessungsumstände bereits erfasst sind. Die derzeitige Fassung des dritten Absatzes legt sogar den – fehlerhaften – Schluss nahe, dass ohne die dort aufgeführten Voraussetzungen keine Auseinandersetzung der Urteilsgründe mit minder oder besonders schweren Fällen nötig sei, etwa bei Ablehnung eines solchen Falles ohne entsprechenden Antrag, obgleich er nach den Umständen nahe lag. Insoweit kritisierte das OLG Braunschweig[1158] bereits 1954, dass nach Umgestaltung des § 267 III 1 StPO von einer fakultativen in eine zwingende Regelung, die Vorschrift in Satz 2 – vorher als Ausnahme zugunsten des Begründungszwangs gestaltet – nunmehr als Einschränkung der allgemeinen Begründungspflicht nach Satz 1 in den von Satz 2 nicht erfassten Konstellationen anmutet.[1159] Tatsächlich folgt die Begründungspflicht für den Fall, dass das Tatgericht das Vorliegen eines besonders oder minder schweren Falles erwogen hat, unabhängig von einem gestellten Antrag, aus Satz 1 (und dem sachlichem Recht), da dies dann eine vom Tatgericht tatsächlich angestellte Erwägung war; soweit das Tatgericht übersehen hat, dass ein solcher Fall nach den konkreten Umständen in Betracht zu ziehen war, liegt eine Verletzung der materiell-rechtlichen Begründungspflicht vor (die Revisionsgerichte nehmen in beiden Fällen regelmäßig einen Sachmangel an, da eine Zuordnung

1156 Vgl. nur *Detter*, in: Festschrift aus Anlaß des fünfzigjährigen Bestehens von Bundesgerichtshof, Bundesanwaltschaft und Rechtsanwaltschaft beim Bundesgerichtshof, 679 (690).

1157 Insoweit wird derzeit auch ohne gesonderte Erwähnung in § 267 StPO eine Begründungspflicht angenommen, vgl. nur BGH NStZ-RR 2012, 169 m.w.N.

1158 OLG Braunschweig NJW 1954, 284.

1159 *Dünnebier* JR 1962, 390 (391) weist insofern darauf hin, dass der Gesetzgeber auf keinen Fall eine Ausnahme von der allgemeinen Begründungspflicht nach Satz 1 angestrebt habe, sondern bei Umgestaltung der Norm lediglich die Anpassung von Satz 2 versäumt habe.

allein anhand der diesbezüglichen Lückenhaftigkeit der Gründe auch kaum möglich ist).[1160] Eine Beschränkung der Begründungspflicht bewirken Satz 2 und 3 demnach keineswegs, zusätzliche Erörterungspflichten werden jedoch auch nicht statuiert; beide Sätze sind überflüssig.

Die neue Fassung des § 267 III 1 StPO könnte – unter Verzicht auf Absatz 6 – lauten:

Die Gründe des Strafurteils müssen ferner das zur Anwendung gebrachte Strafgesetz bezeichnen und alle im Rahmen der Rechtsfolgenentscheidung angestellten Erwägungen anführen. Ist dem Urteil eine Verständigung (§ 257 c) vorausgegangen, ist auch dies in den Urteilsgründen anzugeben.

1160 St. Rspr., vgl. nur BGH, Beschl. v. 18. 11. 1998 – 1 StR 525/98 – zitiert nach juris; BGH JR 1955, 471; BGHSt 6, 167 (172); OLG Düsseldorf StV 1991, 68; OLG Koblenz VRS 57, 22; OLG Braunschweig NJW 1954, 284; zust. aus der Literatur vgl. nur *Michalke-Detmering*, S. 382; *Detter* JA 1997, 586 (587); *Kalf* NJW 1996, 1447 (1448).

Zusammenfassung der wesentlichen Ergebnisse

Diese Arbeit hat im Wesentlichen folgende Untersuchungsergebnisse gezeitigt:

1. Die Analyse der der Begründungspflicht zugeschriebenen Zwecke im Hinblick auf die an die Strafzumessungsbegründung zu stellenden Mindestanforderungen hat ergeben, dass die Urteilsbegründung diesen Funktionen nur bei möglichst ausführlicher, erschöpfender, eindeutiger und widerspruchsfreier Darlegung aller für die Strafzumessungsentscheidung erwogenen (und nach der konkreten Situation naheliegenden) Umstände in verständlicher – auch für juristische Laien nachvollziehbarer – Weise gerecht werden kann. Allenfalls in Bezug auf den Zweck, eine Kontrolle des Revisionsgerichts zu ermöglichen, sind Einschränkungen des notwendigen Begründungsumfangs insoweit denkbar, als eine Revisibilität der Strafzumessungsentscheidung nicht gegeben bzw. gewollt ist.[1161]

2. Die richterliche Begründungspflicht findet ihre rechtliche Grundlage nicht nur in § 267 III 1 StPO, sie wird bereits aus der Verfassung hergeleitet und Art. 6 I EMRK entnommen; auch eine materiell-rechtliche Begründungspflicht wird heute unstrittig anerkannt.

Die verfassungsrechtliche Herleitung der Begründungspflicht hat ergeben, dass es grundsätzlich einer vollständigen, verständlichen und rational nachvollziehbaren Urteilsbegründung bedarf, wobei gerade der letztgenannte Aspekt auch die Abstinenz von widersprüchlichen Erwägungen sowie Verstößen gegen Denkgesetze und Erfahrungssätze voraussetzt; lediglich die Herleitung aus Art. 103 I GG hat insoweit eine Begrenzung des Umfangs der Erörterungspflicht ergeben, als keine Befassung mit jedem von den Verfahrensbeteiligten vorgetragenen Aspekt notwendig sein soll.[1162]

Dem in Art. 6 I EMRK verankerten Gebot eines fairen Verfahrens wird der Grundsatz entnommen, dass die nationalen Gerichte mit ausreichender Deutlichkeit und in angemessenem Maße die Gründe anzuführen haben, auf welche sie ihre Entscheidung stützen, wobei dies nach Auffassung des EGMR keine vollständige Darlegung der dem Urteil zugrunde liegenden Erwägungen erfordert. Die Reichweite dieser Begründungspflicht bleibt somit hinter den verfassungsrechtlichen Anforderungen an eine Urteilsbegründung zurück.[1163]

Die materiell-rechtliche Begründungspflicht basiert auf dem Grundsatz, dass jedes Urteil so begründet werden muss, dass dem Revisionsgericht die vollständige Nachprüfung der tatrichterlichen Entscheidung ermöglicht wird; das Urteil muss insoweit hinreichende Strafzumessungserwägungen enthalten, d.h. die nach

1161 Vgl. 1. Teil, Abschnitt A, IX.
1162 Vgl. 1. Teil, Abschnitt B, I, 7.
1163 Vgl. 1. Teil, Abschnitt B, II.

materiellem Recht und den konkreten Umständen nahe liegenden Aspekte sind (zu ermitteln, abzuwägen und) darzulegen. Da die materiell-rechtlichen Begründungsanforderungen auf eine revisionsgerichtliche Nachprüfung zugeschnitten sind, richtet sich der Umfang dieser Begründungspflicht nach dem Empfängerhorizont des Revisionsgerichts bzw. der Reichweite dieser Kontrolle, weshalb Einschränkungen dieser Darlegungspflichten nur denkbar sind, soweit der Rechtsfolgenentscheidung ein irrevisibler Bereich zugestanden wird.[1164]

3. Die Strafzumessungsentscheidung des Tatgerichts wird heute als Rechtanwendung und damit grundsätzlich einer revisionsgerichtlichen Nachprüfung zugänglich erachtet.

Den zulässigen Prüfungsrahmen hat die Rechtsprechung dahingehend konkretisiert, dass ein Eingriff des Revisionsgerichts in die Einzelakte der Strafzumessung in der Regel nur möglich ist, wenn die Zumessungserwägungen in sich fehlerhaft sind, wenn das Tatgericht gegen rechtlich anerkannte Strafzwecke verstößt bzw. diese außer Acht lässt oder wenn sich die verhängte Strafe so weit nach oben oder unten von ihrer Bestimmung löst, gerechter Schuldausgleich zu sein, dass sie nicht mehr innerhalb des Spielraums liegt, der dem Tatrichter bei der Strafzumessung eingeräumt ist, also nicht mehr vertretbar ist. Die Vertretbarkeit des verhängten Strafmaßes beurteilen die Revisionsgerichte anhand eigener Sachkunde, wobei regelmäßig an die in vergleichbaren Fällen üblicherweise verhängte Strafe angeknüpft wird. Innerhalb dieses vertretbaren Spielraums ist die Strafhöhe nicht revisibel, eine Einschränkung der notwendigen Strafzumessungsbegründung folgt daraus jedoch nicht; nur bei vollständiger Darlegung der Zumessungserwägungen kann die Vertretbarkeit des erkannten Strafmaßes überprüft werden, d. h. auch im Hinblick auf den Begründungszweck der Ermöglichung einer revisionsgerichtlichen Nachprüfung der Entscheidung und der mit diesem Zweck korrelierenden materiell-rechtlichen Begründungspflicht ergeben sich keine Einschränkungen des erforderlichen Begründungsumfangs.[1165]

Die Revisionsgerichte prüfen – zutreffend bereits auf die Sachrüge hin – auch, ob die schriftlichen Urteilsgründe überhaupt eine tragfähige Grundlage für die Prüfung von Rechtsanwendungsfehlern bieten, also frei von Darstellungsmängeln sind. Um dem gerecht zu werden, müssen die Urteilsgründe eindeutig, geschlossen und grundsätzlich aus sich heraus verständlich, zudem frei von Lücken, Verstößen gegen Denkgesetze und Erfahrungssätze sowie widersprüchlichen Ausführungen sein. Die Einführung dieser Darstellungsrüge hat zu einer erheblichen, insgesamt positiv zu bewertenden Ausweitung der Revisibilität der Strafzumessungsentscheidung geführt.[1166]

Daneben sind auch zahlreiche Verfahrensrügen bezüglich der Rechtsfolgenentscheidung denkbar, etwa wegen Verstoßes gegen § 261 StPO oder § 244 II StPO.

1164 Vgl. 1. Teil, Abschnitt B, III.
1165 Vgl. 1. Teil, Abschnitt C, I, 1. und 2.
1166 Vgl. 1. Teil, Abschnitt C, I, 3.

Eine Verletzung des § 267 III 1 StPO kommt ebenfalls in Betracht; aus der Vorschrift folgt die Pflicht zur wahrheitsgemäßen Angabe der tatsächlich vom Tatgericht angestellten Strafzumessungserwägungen. Eine entsprechende Verfahrensrüge hat allerdings kaum praktische Relevanz; entweder ergibt sich der Fehler der wahrheitswidrigen Angabe der Strafzumessungsgründe bereits aus dem Urteil selbst, dann liegt zugleich ein materiell-rechtlicher Begründungsmangel vor, oder es bedarf einer Klärung im Freibeweisverfahren, wobei in diesem Fall die Abweichung der schriftlichen Gründe von den Beratungsergebnissen kaum einmal nachweisbar sein wird. Eine zusätzliche Angriffsmöglichkeit in der Revision und damit eine erweiternde Funktion im Hinblick auf die Revisibilität der Strafzumessung bietet diese Vorschrift demnach nicht. Die darin enthaltene Pflicht zur wahrheitsgemäßen Wiedergabe der Strafzumessungsgründe ist primär als Appell an die Redlichkeit des Tatgerichts zu verstehen.[1167]

4. Die Auslegung des § 267 III 1 StPO hat nur unter teleologischen Gesichtspunkten eine Pflicht zur umfassenden Darlegung der vom Tatgericht angestellten Erwägungen ergeben. Die grammatische und die systematische Auslegung sprechen für eine einschränkende Funktion des § 267 III 1 StPO in doppelter Hinsicht; nur vom Tatgericht tatsächlich angestellte (nicht auch nahegelegene) Umstände sind darzulegen und davon auch lediglich eine Auswahl der insoweit tragenden Aspekte; eine Pflicht zur erschöpfenden Darstellung der Strafzumessungsgründe folgt daraus nicht. Dieses Ergebnis hat auch die historische Betrachtung der Norm gezeitigt, die gewählte Formulierung der „bestimmenden Umstände" diente der Beschränkung der Begründungspflicht auf die „wesentlichen Momente".[1168]

5. Bei der Untersuchung der von den Revisionsgerichten entwickelten allgemeinen Anforderungen an die tatrichterliche Strafzumessungsbegründung ist ein ganz erhebliches Ausmaß an Vorgaben zutage getreten.

Hervorzuheben ist insbesondere die vom erkannten Strafmaß abhängige Erwartung einer „besonders eingehenden" Begründung, deren Fehlen oftmals als Aufhebungsgrund in der Revision dient. Dies gilt nicht nur im Falle einer Abweichung des erkannten Strafmaßes von in vergleichbaren Fällen üblicherweise verhängten Strafen, auch bei Strafhöhen am Rande des zulässigen Strafrahmens, vor allem bei Verhängung der Mindest- oder Höchststrafe gilt dies entsprechend. Eine Definition der besonders eingehenden Begründung bleiben die Revisionsgerichte regelmäßig schuldig.[1169]

Zusätzliche, konkretere – aber auch sehr weitreichende – Vorgaben hat die Rechtsprechung für besondere Entscheidungskonstellationen entwickelt, bei Strafmaßentscheidungen nach Aufhebung und Zurückweisung durch ein Rechtsmittelgericht,

1167 Vgl. 1. Teil, Abschnitt C, I, 4.
1168 Vgl. 2. Teil, Abschnitt A.
1169 Vgl. 2. Teil, Abschnitt B, I, 1.

bezüglich der gegen Mittäter verhängten Strafen und bei Bildung einer Gesamtstrafe.[1170]

Daneben wurden auch zahlreiche Verbote (neben den ohnehin bereits aus dem materiellen Recht folgenden, wie etwa § 46 III StGB) statuiert, etwa im Hinblick auf Hilfserwägungen, pauschale Hinweise und Floskeln.[1171]

Darüber hinaus hat die Rechtsprechung auch allgemeine Vorgaben hinsichtlich der einzelnen erörterungspflichtigen Zumessungstatsachen und -erwägungen entwickelt; aus den Urteilsgründen muss die Bewertungsrichtung der einzelnen Zumessungsfaktoren und das ihnen beigemessene Gewicht hervorgehen, ebenso wie das Verhältnis, in das sie – zur Rechtfertigung der erkannten Strafe – zueinander gesetzt wurden. Der Tatrichter ist zwar sowohl bei der Auswahl der erheblichen Tatsachen (so sie zweifelsfrei festgestellt wurden), als auch beim Abwägungsvorgang grundsätzlich frei, allerdings hat er einige Rechtsprechungsvorgaben zu beachten (z. B. das Gebot der Ganzheitsbetrachtung von Tatgeschehen und Täterpersönlichkeit, das Verbot von Mathematisierungen); zudem unterliegen beide Aspekte einer (sehr weitgehenden) revisionsrechtlichen Kontrolle im Hinblick auf Wertungs- und Darlegungsfehler.[1172]

Anlässlich der Prüfung beanstandeter Darstellungsmängel betonen die Revisionsgerichte regelmäßig, dass es grundsätzlich keiner erschöpfenden Aufzählung aller Strafzumessungserwägungen bedürfe und daher aus dem Schweigen der Urteilsgründe zu einem nach den Feststellungen möglicherweise für die Strafzumessung bedeutsamen Umstand nicht geschlossen werden könne, der Tatrichter habe ihn nicht gesehen oder nicht gewertet, wobei die Grenze dort erreicht sei, wo ein wesentlicher, die Tat prägender Gesichtspunkt erkennbar nicht berücksichtigt wurde bzw. die Urteilsgründe nur besorgen lassen, dass ein nach den Feststellungen wesentlicher Gesichtspunkt außer Acht gelassen wurde. Das Kriterium der Wesentlichkeit (z.T. auch Erheblichkeit o.ä.) bleibt dabei ebenso vage wie das Erfordernis einer besonders eingehenden Begründung.[1173]

6. Die anschließende Untersuchung einiger ausgewählter Strafzumessungsumstände hat ergeben, dass neben diesen allgemeinen Begründungsanforderungen auch zahlreiche Einzelvorgaben im Hinblick auf zumessungsrelevante Umstände entwickelt wurden, und zwar nicht nur bezüglich ihrer grundsätzlichen Erörterungspflicht, sondern auch hinsichtlich der insoweit notwendigen Feststellungen sowie der überflüssigen bis unzulässigen Ausführungen. Die Revisionsgerichte haben dabei (wie auch bereits hinsichtlich einiger allgemeiner Begründungsanforderungen bzw. konkret beanstandeter Begründungsmängel) zuweilen den selbst gesteckten Prüfungsrahmen verlassen, sowohl hinsichtlich der Eingriffsintensität als auch in Bezug auf die entwickelten Begründungsvorgaben. Ein Katalog abzuhandelnder

1170 Vgl. 2. Teil, Abschnitt B, I, 2.
1171 Vgl. 2. Teil, Abschnitt B, I, 3.
1172 Vgl. 2. Teil, Abschnitt B, I, 4., a) und b).
1173 Vgl. 2. Teil, Abschnitt B, I, 4., c).

Zumessungsaspekte, Begründungsschemata oder ähnliches lassen sich aus diesen revisionsrechtlichen Vorgaben nicht erstellen, insbesondere aufgrund der starken Einzelfallkasuistik, der teils nur sehr vagen und damit als Einfalltor für revisionsrechtliche Beanstandungen dienenden Vorgaben sowie der zuweilen beliebigen (bis rechtswidrigen) Vorgehensweise der Revisionsgerichte.[1174]

7. In Bezug auf die Vorschrift des § 267 III 1 StPO hat die Rechtsprechungsanalyse drei verschiedene Arten der Handhabung ergeben:

In der ersten Anwendungsmethode dient die Vorschrift als Mittel des Revisionsangriffs, Begründungsmängel wurden als Verstoß gegen § 267 III 1 StPO gerügt. Allerdings stellt dies eine absolute, allenfalls in der früheren Rechtsprechung zu findende Ausnahme dar, heute wird der Darstellungsmangel in ständiger Rechtsprechung im Rahmen der Sachrüge als Verletzung materiellen Rechts geprüft; die Verfahrensrüge wegen Verletzung des § 267 III 1 StPO hat daneben heute kaum noch Bedeutung.[1175]

Ebenso selten ist die zweite Anwendungsvariante von § 267 III 1 StPO als Einschränkung der materiell-rechtlichen Begründungspflicht anzutreffen; in lediglich vier Urteilen erklärte der BGH einen gerügten Erörterungsmangel für unerheblich mit dem Hinweis, dass das Tatgericht den betreffenden Umstand nicht übersehen, sondern lediglich als nicht bestimmend i.S. der Norm erachtete habe. In zwei Fällen prüfte das Revisionsgericht allerdings anschließend selbst die Erheblichkeit des beanstandeten Gesichtspunkts mit dem Ergebnis, dass es auch keiner Erörterung nach materiellem Recht bedurft hätte, so dass letzten Endes nur in zwei Entscheidungen dem prozessualen Recht nach § 267 III 1 StPO mutmaßlich (mangels entsprechender Prüfung der Zumessungsrelevanz nach materiellem Recht war nicht ersichtlich, ob tatsächlich ein Kollisionsfall vorlag) der Vorrang vor der materiell-rechtlichen Begründungspflicht gewährt wurde.[1176]

In der weit überwiegenden Zahl der untersuchten Revisionsurteile wurde § 267 III 1 StPO (inklusive der dazugehörigen Formel, dass keine erschöpfende Aufzählung aller Strafzumessungsumstände notwendig sei...) lediglich als Floskel verwendet (die dritte Art der Handhabung), sofern nicht bereits gänzlich auf dessen Erwähnung bzw. die Eingangsformel insgesamt verzichtet und direkt mit der Nachprüfung der Zumessungsrelevanz des als vom Tatgericht übergangen gerügten Aspekts begonnen wurde. Regelmäßig folgt der Eingangsformel, soweit dargelegt, eine eigene Wertung des Revisionsgerichts, die dann allein maßgeblich für die Frage der Darlegungspflicht ist; dies gilt sogar, wenn eingangs noch betont wird, dass es im Ermessen des Tatrichters liege, welchem Umstand er bestimmendes Gewicht beimisst. Vereinzelt folgt der Prüfung auch die fehlerhafte Bezeichnung als bestimmender Umstand, wobei dies lediglich als Hinweis auf die materiell-rechtliche Begründungspflicht zu verstehen ist. Nicht selten wird auch die dogmatisch zweifelhafte

1174 Vgl. 2. Teil, Abschnitt B, II.
1175 Vgl. 1. Teil, Abschnitt C, I, 3. und 4.
1176 Vgl. 2. Teil, Abschnitt B, III.

Konstruktion der Vermutung eines zugrunde liegenden Strafzumessungsfehlers gewählt (aufgrund des Schweigens sei zu besorgen, der fragliche Umstand sei übersehen worden), obgleich ein zur Aufhebung führender Rechtsfehler im Revisionsverfahren grundsätzlich nachgewiesen werden muss. Dieser Vorgehensweise bedarf es schon deshalb nicht, weil die Pflicht zur Erörterung eines im konkreten Fall für die Strafbemessung wesentlichen Umstands bereits dem materiellen Recht (sogar der Verfassung) zu entnehmen ist; die Strafzumessungsgründe müssen dem Revisionsgericht die Prüfung ermöglichen, ob der jeweilige Umstand seiner Bedeutung entsprechend bedacht wurde (materiell-rechtliche Begründungspflicht). Bei dieser (sehr beliebig anmutenden) Handhabung des § 267 III 1 StPO wird der Begründungspflicht nach materiellem Recht der Vorrang eingeräumt. Das Recht des Tatrichters, einen seiner Auffassung nach nicht bestimmenden Umstand i.S.v. § 267 III 1 StPO, den das Revisionsgericht jedoch – nach materiellem Recht – als wesentlich erachtet, in den Strafzumessungsgründen auszusparen, wird demnach grundsätzlich (von den zwei Ausnahmeentscheidungen abgesehen) nicht anerkannt bzw. als nachrangig erachtet. Damit geht die in der Theorie bzw. auch vom damaligen Gesetzgeber angedachte, der Auslegung der Norm entsprechende einschränkende Funktion des § 267 III 1 StPO praktisch ins Leere.[1177]

8. Die Vorgehensweise der Revisionsgerichte bei Prüfung der Strafzumessungsbegründung sieht sich insbesondere folgenden Kritikpunkten ausgesetzt[1178]:

Die letztgenannte Handhabung des § 267 III 1 StPO, die selbständige revisionsgerichtliche Bewertung eines Zumessungsfaktors als bestimmend und die daraus abgeleitete Begründungspflicht, widerspricht dem Telos dieser Norm.

Die zahlreichen allgemeinen, aber auch speziellen Begründungsanforderungen der Revisionsgerichte gehen mit einem nicht unerheblichen Maß an Rechtsunsicherheit einher; dies gilt insbesondere für die nahezu willkürliche Beanstandung einer nicht ausreichenden, da nicht „besonders eingehenden" Begründung sowie die im Einzelfall oftmals schwer vorhersehbare Einordnung eines Strafzumessungsumstands als wesentlich bzw. erörterungspflichtig. Die Rechtsunsicherheit tangiert indes nicht nur das Tatgericht beim Abfassen seiner Urteilsgründe (vor allem auch hinsichtlich der Frage, welchen Aspekt er als nicht bestimmenden i.S.v. § 267 III 1 StPO in den Urteilsgründen aussparen darf), auch die Rechtsmittelberechtigten sind betroffen, da sich die Erfolgsaussichten einer den Rechtsfolgenausspruch betreffenden Revision kaum mehr vorhersehen lassen.

Die zuweilen beliebig anmutenden, teils zu intensiv in die tatrichterliche Wertung eingreifenden revisionsgerichtlichen Urteile, insbesondere auch die zum Teil unpräzisen und damit schwerlich umsetzbaren Forderungen bergen zudem die Gefahr der Überforderung des Tatgerichts beim Abfassen der Urteilsgründe bzw. fördern die Tendenz zum Verschweigen der wahren Erwägungen zugunsten einer revisionsfesten Darstellung der Gründe.

1177 Vgl. 2. Teil, Abschnitt B, I und II.
1178 Vgl. 2. Teil, Abschnitt B, V.

9. In Anbetracht der äußerst beliebigen, oftmals zweckentfremdeten Anwendung des § 267 III 1 StPO ist eine Reformierung notwendig, vor allem aufgrund des Beitrags der Norm zur Rechtsunsicherheit im Hinblick auf mögliche Darstellungsmängel bei der Strafzumessungsentscheidung. Die Beschränkung des § 267 III 1 StPO auf die bestimmenden Erwägungen ist zugunsten einer umfassenden Erörterungspflicht hinsichtlich der vom Tatgericht angestellten Erwägungen aufzugeben.[1179]

Eine einzelfallunabhängige Konkretisierung des nicht bestimmenden Umstands ist nicht möglich; insofern überzeugt weder der Rückgriff der Rechtsprechung auf Synonyme des Wortes „bestimmend" (insbesondere „wesentlich"), noch die Einordnung als irrationale Erwägungen (sofern diese überhaupt als zulässig erachtet werden können, sind sie jedenfalls zwingend darzulegen) oder die Beurteilung anhand des im Einzelfall schwerlich bestimmbaren Einflusses auf das Strafmaß.[1180]

Prozessökonomische Erwägungen stehen einer umfassenden Darlegungspflicht nicht entgegen. Das Gericht hat ohnehin alle für die Strafzumessung bedeutsamen, i.S.v. in Betracht kommenden, Zumessungstatsachen aufzuklären und im Hinblick auf ihre Erheblichkeit für die Strafbemessung zu bewerten, so dass nach Abschluss dieses Prozesses lediglich das Niederschreiben dieser Überlegungen verbleibt, wobei die Zeitersparnis durch das Aussparen der als nicht bestimmend eingeordneten Umstände insbesondere angesichts des derzeitigen Stands der Technik allenfalls geringfügig ist.[1181]

Auch aus revisionsrechtlicher Perspektive bedarf es der derzeitigen Beschränkung der Begründungspflicht gemäß § 267 III 1 StPO nicht; vielmehr bietet die Ausweitung der prozessualen Begründungspflicht entscheidende Vorteile hinsichtlich der Vermeidung von Rechtsunsicherheit, gebietet unpräzisen und damit unkalkulierbaren Begründungsanforderungen Einhalt (z.B. dem Erfordernis einer „besonders eingehenden" Begründung) und bietet eine klare Struktur für die Beanstandung von Darstellungsmängeln.[1182]

Die Pflicht zur vollständigen Wiedergabe der angestellten Erwägungen steht auch im Einklang mit den Begründungsanforderungen, die aus den untersuchten Begründungszwecken und den rechtlichen Grundlagen der Begründungspflicht hergeleitet wurden.[1183]

1179 Vgl. die mögliche Neufassung des § 267 III 1 StPO im 3. Teil, Abschnitt B, III.
1180 Vgl. 3. Teil, Abschnitt A, I.
1181 Vgl. 3. Teil, Abschnitt A, II.
1182 Vgl. 3. Teil, Abschnitt A, III.
1183 Vgl. 3. Teil, Abschnitt A, IV.

Literaturverzeichnis

Albrecht, Hans-Jörg: Strafzumessung bei schwerer Kriminalität. Eine vergleichende theoretische und empirische Studie zur Herstellung und Darstellung des Strafmaßes, Berlin 1994.

Arndt, Adolf: Das Strafmaß, SJZ 1946, 30–31.

Arnoldi, Olaf/Rutkowski, Strefan: Die nachträgliche Gesamtstrafenbildung und der Tatrichter – ein ewiger Handel, NStZ 2011, 493–498.

Barton, Stephan: Die Revisionsrechtsprechung des BGH in Strafsachen : eine empirische Untersuchung der Rechtspraxis, Neuwied, Kriftel 1999.

Baumann, Jürgen u. a.: Alternativ-Entwurf. Novelle zur Strafprozessordnung. Reform der Hauptverhandlung (Hrsg. Arbeitskreis deutscher und schweizerischer Strafrechtslehrer), Tübingen 1985.

Becker, Jörg-Peter: Aus der Rechtsprechung des BGH zum Strafverfahrensrecht NStZ-RR 2002, 97–104.

— Aus der Rechtsprechung des BGH zum Strafverfahrensrecht – 2. Teil, NStZ-RR 2004, 65–69.

Bethge, Herbert: Die verfassungsrechtliche Problematik einer Zulassungsberufung im Zivilprozeß – Einige kritische Anmerkungen zum Entwurf eines Rechtspflege-Entlastungsgesetzes, NJW 1991, 2391–2399.

Beulke, Werner: Strafprozessrecht, 12. Auflage, Heidelberg, München, Landsberg, Frechen, Hamburg 2012.

Beulke, Werner/Stoffer, Hannah: Die strafschärfende Berücksichtigung von nach §§ 154, 154a StPO ausgeschiedenem Prozessstoff – Zum Spannungsverhältnis zwischen Entformalisierung und schützenden Formen im Strafprozess anlässlich BGH, Beschl. v. 29.6.2010, 1 StR 157/10 – StV 2011, 442–448.

Blaese, Ernst/ Wielop, Fritz: Die Förmlichkeiten der Revision in Strafsachen, 3. Auflage, München 1991.

Blunck, Detlef: Beweiswürdigung und rechtliche Würdigung im Strafurteil, MDR 1970, 470–473.

Brink, Stefan: Über die richterliche Entscheidungsbegründung, Funktion – Position – Methodik, Frankfurt am Main, Berlin, Bern, New York, Paris, Wien 1999.

Bruckmann, Ernst-Otto: Vorschlag zur Reform des Strafzumessungsrechts, ZRP 1973, 30–34.

Brüggemann, Jürgen: Die richterliche Begründungspflicht. Verfassungsrechtliche Mindestanforderungen an die Begründung gerichtlicher Entscheidungen, Berlin 1971.

Bruns, Hans-Jürgen: Zum Verbot der Doppelverwertung von Tatbestandsmerkmalen oder strafrahmenbildenden Umständen (Strafbemessungsgründen), in: Festschrift für H. Mayer, 353–376, Berlin 1966.

– Strafzumessungsrecht. Allgemeiner Teil, Köln, Berlin, Bonn München 1967.

– Zum Revisionsgrund, der – ohne sonstige Rechtsfehler – „ungerecht" bemessenen Strafe. Bedarf es zur vollen revisionsgerichtlichen Strafzumessungskontrolle der Einführung der „Urteilsrüge"?, in: Festschrift für Engisch, 708–723, Frankfurt a.M. 1969.

– Anmerkung zu BGH JR 1977, 162, in: JR 1977, 162–164.

– „Gleichmäßige" oder „richtige" Strafzumessungspraxis – aus generalpräventiven Gründen?, JR 1979, 353–357.

– Zur Tragweite des Verbots der Doppelverwertung von Strafmilderungsgründen, JR 1980, 226–228.

– Anmerkung zu BGH NStZ 1982, 288, in: NStZ 1982, 288–290.

– Grundprobleme des Strafzumessungsrechts, ZStW 94 (1982), 111–126.

– Das Recht der Strafzumessung. Eine systematische Darstellung für die Praxis, 2. Auflage, Köln, Berlin, Bonn München 1985.

– Neues Strafzumessungsrecht? Reflexionen über eine geforderte Umgestaltung, Köln, Berlin, Bonn München 1988.

Bußmann, Heike: Anmerkung zu BGHSt 52, 124–148, in: NStZ 2008, 236–238.

Çelik, Oguzhan/Stief, Matthias : Kurze Freiheitsstrafen, § 47 StGB und die Vollstreckungslösung des BGH, StV 2010, 657–661.

Christensen, Ralph/Kudlich, Hans: Theorie richterlichen Begründens, Berlin 2001.

– Zum Relevanzhorizont strafgerichtlicher Entscheidungsbegründungen, GA 2002, 337–350.

Cierniak, Jürgen/Zimmermann, Georg: Aus der Rechtsprechung des BGH zum Strafverfahrensrecht – 2. Teil, NStZ-RR 2013, 97–104.

– Aus der Rechtsprechung des BGH zum Strafverfahrensrecht – 3. Teil, NStZ-RR 2014, 165–171.

Cramer, Peter: Zur Berechtigung absoluter Revisionsgründe. Zugleich ein Beitrag zur Reform des Strafprozeßrechts, in: Festschrift für K. Peters, 239–251, Tübingen 1974.

Dahs, Hans: Die Revision im Strafprozess, 8. Auflage, München 2012.

Dallinger, Wilhelm: Aus der Rechtsprechung des Bundesgerichtshofs in Strafsachen, MDR 1955, 269–272.

– Aus der Rechtsprechung des Bundesgerichtshofs in Strafsachen, MDR 1967, 896–899.

– Aus der Rechtsprechung des Bundesgerichtshofs in Strafsachen, MDR 1970, 896–900.
– Aus der Rechtsprechung des Bundesgerichtshofs in Strafsachen, MDR 1971, 720–724.
– Aus der Rechtsprechung des Bundesgerichtshofs in Strafsachen, MDR 1973, 16–21.
– Aus der Rechtsprechung des Bundesgerichtshofs in Strafsachen, MDR 1976, 13–17.
Dencker, Friedrich: Zum Geständnis im Straf- und Strafprozeßrecht, ZStW 102 (1990), 51–79.
Detter, Klaus: Häufige Fehler in der Strafzumessung, JA 1997, 586–590.
– Ausbau der Rechtskontrolle tatrichterlicher Beweiswürdigung und Strafzumessung, in: Festschrift aus Anlaß des fünfzigjährigen Bestehens von Bundesgerichtshof, Bundesanwaltschaft und Rechtsanwaltschaft beim Bundesgerichtshof, 679–706, Köln, Berlin, Bonn, München 2000.
– Zum Strafzumessungs- und Maßregelrecht, NStZ 2006, 146–151.
– Zum Strafzumessungs- und Maßregelrecht – Teil 1, NStZ 2012, 135–142.
– Zum Strafzumessungsrecht, NStZ 2013, 390–399.
– Zum Strafzumessungsrecht, NStZ 2014, 388–392.
Diskussionsentwurf für ein Gesetz über die Rechtsmittel in Strafsachen (DE-Rechtsmittelgesetz), im Auftrage der Justizminister und -senatoren vorgelegt von der Bund-Länder-Arbeitsgruppe „Strafverfahrensreform“, Dezember 1975.
Doller, Hans: Störanfälligkeiten im amtsgerichtlichen Bußgeldverfahren, DRiZ 1981, 201–211.
Dreher, Eduard: Über die gerechte Strafe. Eine theoretische Untersuchung für die deutsche strafrechtliche Praxis, Heidelberg 1947.
– Anmerkung zu OLG Köln SJZ 1947, 561–562, in: SJZ 1947, 562–565.
Drost, Heinrich: Das Ermessen des Strafrichters. Zugleich ein Beitrag zu dem allgemeinen Problem Gesetz und Richteramt, Berlin 1930.
Dünnebier, Hanns: Anmerkung zu KG JR 1962, 389–390, in: JR 1962, 390–391.
El-Ghazi, Mohamad: Die Zuordnung von Gesetzesverletzungen zu Sach- und Verfahrensrüge in der strafprozessualen Revision, Tübingen 2014.
Ernesti, Günter/Jürgensen, Klaus: Aus der Rechtsprechung der Strafsenate des Schleswig-Holsteinischen Oberlandesgerichts im Jahr 1968, SchlHA 1969, 147–161.
Eschelbach, Ralf: Sachlich-rechtliche Fehler in Strafurteilen nach aktueller BGH-Rspr., JA 1998, 498–504.
Exner, Franz: Studien über Strafzumessungspraxis der deutschen Gerichte, Leipzig 1931.
v. Feldmann, Börries: Richter müssen zu viel schreiben, DRiZ 1977, 183.
Fischer, Thomas: Strafgesetzbuch, 62. Auflage, München 2015.

Foth, Eberhard: Anmerkung zu BVerfG NJW 1991, 2893–2894, in: NStZ 1992, 444–447.

– Dürfen verjährte Taten strafschärfend wirken?, NStZ 1995, 375–376.

Franke, Jürgen: Nochmals: Richter müssen zu viel schreiben, DRiZ 1977, 244.

Frisch, Wolfgang: Revisionsrechtliche Probleme der Strafzumessung, Köln, Berlin, Bonn, München 1971.

– Gegenwärtiger Stand und Zukunftsperspektiven der Strafzumessungsdogmatik. Das Recht der Strafzumessung im Lichte der systematischen Darstellungen von Hans-Jürgen Bruns und Franz Pallin, Teil I, II, ZStW 99 (1987), 349–388, 751–805.

– Die erweiterte Revision. Verwirklichung von Gerechtigkeitspostulaten ohne tragfähiges Fundament?, in: Festschrift für A. Eser, 257–290, München 2005.

– Wandel der Revision als Ausdruck geistigen und gesellschaftlichen Wandels, in: Festschrift für G. Fezer, 353–392, Berlin 2008.

– Schuldgrundsatz und Verhältnismäßigkeitsgrundsatz, NStZ 2013, 249–256.

Fuhrmann, Hans: Ist die Bezugnahme auf ein früheres Urteil in den Urteilsgründen zulässig?, JR 1962, 81–85.

Gaede, Karsten: Anmerkung zu BGHSt 52, 124–148, in: JZ 2008, 422–424.

Giehring, Heinz: Universitäre Ausbildung im Recht der Straftatfolgen: Ziele, Möglichkeiten, Grenzen, in: Festschrift für L. Pongratz, 186–216, München 1986.

Götting, Bert: Gesetzliche Strafrahmen und Strafzumessungspraxis. Eine empirische Untersuchung der Strafverfolgungsstatistik für die Jahre 1987 bis 1991, Frankfurt am Main 1997.

Gollwitzer, Walter: Überlegungen zur Dokumentation von Hauptverhandlung und Urteil im Strafverfahren, in: Festschrift für K. H. Gössel, 543–564, Heidelberg 2002.

Goydke, Jürgen: Strafmaßrevision, Strafberufung und Strafrevision, in: Festschrift für L. Meyer-Goßner, 541–558, München 2001.

Grasnick, Walter: Anmerkung zu BayObLG JZ 1992, 259–260, in: JZ 1992, 260–264.

Grünwald, Gerald: Tatrichterliches Ermessen bei der Strafzumessung? (I, II), MDR 1959, 713–717, 808–811.

Haag, Karl: Rationale Strafzumessung. Ein entscheidungstheoretisches Modell der strafrichterlichen Entscheidung, Köln, Berlin, Bonn, München 1970.

Hahn, Carl: Die gesamten Materialien zu den Reichs-Justizgesetzen, Band 3 Materialien zur Strafprozessordnung, Abteilung 1, Neudruck der Ausgabe Berlin 1885, Aalen 1983.

– Die gesamten Materialien zu den Reichs-Justizgesetzen, Band 3 Materialien zur Strafprozessordnung, Abteilung 2, Neudruck der Ausgabe Berlin 1886, Aalen 1983.

Haller, Klaus/Conzen, Klaus: Das Strafverfahren. Eine systematische Darstellung mit Originalakte und Fallbeispielen, 6. Auflage Heidelberg, München, Landsberg, Frechen, Hamburg 2011.

Hamm, Rainer: Eingriffe in die „Domäne(n) des Tatrichters" – Besprechung von BVerfG StV 2007, 393 und StV 2007, 561 – StV 2008, 205–209.

Hammerstein, Dominik: Das Geständnis und sein Wert – Lippenbekenntnisse in der Strafzumessung, StV 2007, 48–52.

Hanack, Ernst-Walter: Zum Verfahrensausgang nach erfolgreicher Revision – Bericht über eine rechtstatsächliche Untersuchung, in: Festschrift für H. Tröndle, 495–511, Berlin, New York 1989.

– Rechtsprechungsberichte. Die Rechtsprechung des Bundesgerichtshofs zum Strafverfahrensrecht (Bd. 11–22 der Amtlichen Sammlung), JZ 1973, 727–732.

Hassemer, Winfried: Die Formalisierung der Strafzumessungsentscheidung, ZStW 90 (1978), 64–99.

– Einige empirische Ergebnisse zum Unterschied zwischen der Herstellung und der Darstellung richterlicher Sanktionsentscheidungen, MSchrKrim 66 (1983), 26–39.

Hart-Hönig, Kai: Gerechte und zweckmäßige Strafzumessung. Zugleich ein Beitrag zur Theorie positiver Generalprävention, Berlin 1992.

Heidelberger Kommentar zur Strafprozessordnung, 5. Auflage, Heidelberg, München, Landsberg, Frechen Hamburg 2012 (HK-StPO).

Heinrich, Bernd: Strafrecht Allgemeiner Teil, 4. Auflage, Stuttgart 2014.

Henkel, Heinrich: Die „richtige" Strafe. Gedanken zur richterlichen Strafzumessung, Tübingen 1969.

Herlan, Wilhelm: Aus der Rechtsprechung des Bundesgerichtshofs in Strafsachen, MDR 1954, 528–531.

Hillenkamp, Thomas: Vorsatztat und Opferverhalten, Göttingen 1981.

– Anmerkung zu BGH StV 1986, 149–150, in: StV 1986, 150–154.

Hörnle, Tatjana: Tatproportionale Strafzumessung, Berlin 1999.

Holtz, Günter: Aus der Rechtsprechung des Bundesgerichtshofs in Strafsachen, MDR 1977, 807–811.

– Aus der Rechtsprechung des Bundesgerichtshofs in Strafsachen, MDR 1978, 458–461.

– Aus der Rechtsprechung des Bundesgerichtshofs in Strafsachen, MDR 1978, 623–627.

– Aus der Rechtsprechung des Bundesgerichtshofs in Strafsachen, MDR 1979, 105–109.

– Aus der Rechtsprechung des Bundesgerichtshofs in Strafsachen, MDR 1979, 985–990.

– Aus der Rechtsprechung des Bundesgerichtshofs in Strafsachen, MDR 1980, 104–108.

– Aus der Rechtsprechung des Bundesgerichtshofs in Strafsachen, MDR 1981, 265–269.

Horak, Franz: Zur rechtstheoretischen Problematik der juristischen Begründung von Entscheidungen, in Sprung/König (Hrsg.), Die Entscheidungsbegründung, 1974, 1–26.

Hülle, Werner: Die Begründung der Urteile in Strafsachen, DRiZ 1952, 92–94.

Ignor, Alexander/Bertheau, Camilla: Die so genannte Vollstreckungslösung des Großen Senats für Strafsachen – wirklich eine „Lösung"?, NJW 2008, 2209–2213.

Isay, Hermann: Rechtsnorm und Entscheidung, Berlin 1929.

Jähnke, Burkhard: Zur Abgrenzung von Verfahrens- und Sachrüge, in: Festschrift für L. Meyer-Goßner, 559–570, München 2001.

Jagusch, Heinrich: Anmerkung zu BGH NJW 1972, 454–456, in: NJW 1972, 456.

Janiszewski, Horst: Überblick über neue Entscheidungen in Verkehrsstraf- und Bußgeldsachen, NStZ 1985, 540–544.

Jarass, Hans D./Pieroth, Bodo: Grundgesetz für die Bundesrepublik Deutschland. Kommentar, 13. Auflage, München 2014.

Jescheck, Hans-Heinrich/Weigend, Thomas: Lehrbuch des Strafrechts. Allgemeiner Teil, 5. Auflage, Berlin 1996.

Joerden, Jan C.: Anmerkung zu BGH NJW 1995, 1038–1039, in: JZ 1995, 907–908.

Kalf, Wolfgang: Der Umfang revisionsrechtlicher Prüfung bei minder schweren und besonders schweren Fällen, NJW 1996, 1447–1451.

Kallmeyer, Werner: Zur Gestaltung von juristischen Texten, in: Wassermann/Petersen (Hrsg.), Recht und Sprache, Heidelberg 1983, 192–200.

Karlsruher Kommentar: Strafprozessordnung, 7. Auflage, München 2013 (KK-StPO)

Keiser, Claudia: Das Rechtsfolgensystem auf dem Prüfstand. Zugleich Besprechung von BGH (Großer Senat), Beschluss vom 17.1.2008, GA 2008, 686–701.

Koch, Hans-Joachim/Rüßmann, Helmut: Juristische Begründungslehre. Eine Einführung in Grundprobleme der Rechtswissenschaft, München 1982.

Köhler, Michael: Über den Zusammenhang von Strafrechtsbegründung und Strafzumessung – erörtert am Problem der Generalprävention, Heidelberg, Hamburg 1983.

Kommentar zur Strafprozessordnung, Band 2/Teilband 2, §§ 213–275, Reihe Alternativkommentare, Neuwied, Kriftel, Berlin 1993 (zitiert: AK-StPO).

Kraatz, Erik: Die neue Vollstreckungslösung und ihre Auswirkungen – zugleich eine Besprechung von BGH GSSt. 1/07, JR 2008, 189–195.

Krause, Dietmar: Die Revision im Strafverfahren, 5. Auflage, Köln, Berlin, Bonn, München 2001.

Krehl, Christoph: Die Begründung des Revisionsverwerfungsbeschlusses nach § 349 Abs. 2 StPO, GA 1987, 162–177.

Krekeler/Löffelmann: AnwaltKommentar StPO, 2. Auflage, Bonn 2010.

Kries, August v.: Die Rechtsmittel des Zivilprocesses und des Strafprocesses nach den Bestimmungen der deutschen Reichsgesetze, Breslau 1880.

Kroitzsch, Hermann: Wegfall der Begründungspflicht – Wandel der Staatsform der Bundesrepublik, NJW 1994, 1032–1035.

Kunkis, Jürgen: Überjustizialisierung durch die Rechtsprechung im Bereich der Strafrechtspflege, DRiZ 1993, 185–192.

Kusch, Roger: Aus der Rechtsprechung des BGH zum Strafverfahrensrecht – Januar bis Juli 1991 – NStZ 1992, 27–30.

— Aus der Rechtsprechung des BGH zum Strafverfahrensrecht – Januar bis Juli 1992 – NStZ 1993, 27–31.

— Aus der Rechtsprechung des BGH zum Strafverfahrensrecht – August bis Dezember 1995 – NStZ 1996, 323–327.

Lackner, Karl: Der Alternativentwurf und die praktische Strafrechtspflege, JZ 1967, 513–522.

Lackner, Karl/Kühl, Kristian: Strafgesetzbuch. Kommentar, 28. Auflage, München 2014.

Lagodny, Otto: Strafrecht vor den Schranken der Grundrechte: die Ermächtigung zum strafrechtlichen Vorwurf im Lichte der Grundrechtsdogmatik; dargestellt am Beispiel der Vorfeldkriminalisierung, Tübingen 1996.

Landmann, Robert v./Rohmer, Gustav: Gewerbeordnung und ergänzende Vorschriften, Band I, Kommentar zur Gewerbeordnung, 70. Ergänzungslieferung, München Juni 2015.

Leonhard, Götz: Einheitsstrafe und Maßregel für Trunkenheitstäter? DAR 1979, 89–91.

Lichti, Gustav: Leerlauf in der Strafrechtspflege, DRiZ 1952, 150–152.

v. Linstow, Bernhard: Berechenbares Strafmaß. Eine neue Methode der Strafzumessung am Beispiel wichtiger Verkehrsdelikte, Berlin 1974.

Loos, Fritz: Anmerkung zu BGHSt 31, 102–104 in: NStZ 1983, 260–261.

Löwe-Rosenberg: StPO, Band 6/Teil 2, §§ 256–295, 26. Auflage, Berlin, Boston 2013.

Löwe-Rosenberg: StPO, Band 7/Teil 2, §§ 312–373a, 26. Auflage, Berlin, Boston 2013.

Lücke, Jörg: Begründungszwang und Verfassung: zur Begründungspflicht der Gerichte, Behörden und Parlamente, Tübingen 1987.

Maeck, Manfred: Opfer und Strafzumessung. Ein Beitrag zur Systematik und Dogmatik der richterlichen Strafzumessung, Stuttgart 1983.

v. Mangoldt, Hermann/Klein, Friedrich/Starck, Christian: Kommentar zum Grundgesetz, Band 1: Präambel, Artikel 1 bis 19, 6. Auflage, München 2010.

Martin, Ludwig: Die Rechtsprechung des Bundesgerichtshofs in Verkehrsstrafsachen, DAR 1963, 173–191.

— Die Rechtsprechung des Bundesgerichtshofs in Verkehrsstrafsachen, DAR 1975, 114–122.

Maul, Heinrich: Die Überprüfung der tatsächlichen Feststellungen durch das Revisionsgericht in der neueren Rechtsprechung des Bundesgerichtshofs, in: Festschrift für G. Pfeiffer, 409–424, Köln, Berlin, Bonn, München, Heymann, 1988.

Maunz, Theodor/Dürig, Günter: Grundgesetz. Kommentar; Band III, Art. 16–22; 73. Ergänzungslieferung, München 2014.

Maurer, Matthias: Komparative Strafzumessung. Ein Beitrag zur Fortentwicklung des Sanktionenrechts, Berlin 2005.

Meier, Bernd-Dieter: Strafrechtliche Sanktionen, 4. Auflage, Heidelberg, Dordrecht, London, New York.

Meine, Hans-Gerd: Die Strafzumessung bei der Steuerhinterziehung, Heidelberg 1990.

Meurer, Dieter: Beweiswürdigung und Strafurteil, in: Festschrift für H. Kirchner, 249–263, München 1985.

Meves, Oscar: Das Urteil im deutschen Strafverfahren, GA 36 (1888), 102–147.

Meyer-Goßner, Lutz/Schmitt, Bertram: Strafprozessordnung, 58. Auflage, München 2015.

— Hinweise zur Abfassung des Strafurteils aus revisionsrechtlicher Sicht, NStZ 1988, 529–537.

Meyer-Goßner, Lutz/Appl, Ekkehard: Die Urteile in Strafsachen sowie Beschlüsse und Protokoll der Hauptverhandlung, 28. Auflage, München 2008.

Meyke, Rolf: Entscheidungsgründe – Pflicht zur Kürze, DRiZ 1990, 58–62.

Michalke-Detmering, Astrid: Die Mindestanforderungen an die rechtliche Begründung des erstinstanzlichen Strafurteils. Zur Auslegung des § 267 StPO, Frankfurt am Main, Bern, New York 1987.

Miebach, Klaus: Aus der (vom BGH nicht veröffentlichten) Rechtsprechung des Bundesgerichtshofs in Strafsachen zum Verfahrensrecht – Juli bis Dezember 1987 – NStZ 1988, 209–214.

— Aus der Rechtsprechung des Bundesgerichtshofs in Strafsachen zum Verfahrensrecht – Januar bis Juni 1988 – NStZ 1989, 13–16.

Miebach, Klaus /Kusch, Roger: Aus der Rechtsprechung des BGH zum Strafverfahrensrecht – Januar bis Juli 1990–2. Teil – NStZ 1991, 120–122.

Mösl, Albert: Tendenzen der Strafzumessung in der Rechtsprechung des Bundesgerichtshofs, DRiZ 1979, 164–169.

— Zum Strafzumessungsrecht, NStZ 1981, 131–135.

– Zum Strafzumessungsrecht, NStZ 1982, 148–152.

– Zum Strafzumessungsrecht, NStZ 1982, 453–457.

– Zum Strafzumessungsrecht, NStZ 1983, 160–164.

– Zum Strafzumessungsrecht, NStZ 1984, 492–496.

Müller, Hans: Zum Strafzumessungsrecht, NStZ 1985, 158–162.

Müller-Dietz, Heinz: Anmerkung zu BGHSt 44, 350–355, in: JR 2000, 122–124.

v. Münch, Ingo/Kunig, Philip: Grundgesetz. Kommentar, Band 1, Präambel bis Art. 69, 6. Auflage, München 2012.

Münchener Kommentar zum StGB, Hrsg. Joecks, Wolfgang/Miebach, Klaus, Band 1, §§ 1–37 StGB, 2. Auflage, München 2011.

Münchener Kommentar zum StGB, Hrsg. Joecks, Wolfgang/Miebach, Klaus, Band 2, §§ 38–79 b StGB, 2. Auflage, München 2012.

Nebrich, Werner: Die Revisibilität der Strafzumessung, Dresden 1939, in: Kleine prozessuale Schriften, Band 33.

Nicolaus, Michael: Die Berücksichtigung mittelbarer Straftatfolgen bei der Strafzumessung, Baden-Baden 1992.

Nomos-Kommentar zum Strafgesetzbuch, Hrsg. Kindhäuser, Urs/Neumann, Ulfrid/Paeffgen, Hans-Ullrich, 4. Auflage, Baden-Baden 2013.

Paeffgen, Hans-Ullrich: „Ermessen" und Kontrolle, in: Festgabe für K. Peters, 61–92, Heidelberg 1984.

Paster, Inga, Sättele, Alexander: Zu den Möglichkeiten einer eigenen Sachentscheidung des Revisionsgerichts nach der Entscheidung des BVerfG zu § 354 Ia 1 StPO, NStZ 2007, 609–616.

Peters, Karl: Die Aufgabe des Gerichts bei der Anwendung der Strafen, ZStW 81 (1969) 63–83.

– Die Persönlichkeitsforschung im Strafverfahren, in: Gedächtnisschrift für H. Schröder, 425–438, München 1978.

Pfeiffer, Gerd: Strafprozeßordnung, 5. Auflage, München 2005.

Pfeiffer, Gerd/Miebach, Klaus: Aus der (vom BGH nicht veröffentlichten) Rechtsprechung des Bundesgerichtshofs in Strafsachen zum Verfahrensrecht - 1981 - NStZ 1983, 208–214.

– Aus der (vom BGH nicht veröffentlichten) Rechtsprechung des Bundesgerichtshofs in Strafsachen zum Verfahrensrecht - Juli bis Dezember 1986 - NStZ 1987, 217–221.

Puppe, Ingeborg: Der objektive Tatbestand der Anstiftung, GA 1984, 101–123.

Feststellen, zuschreiben, werten: semantische Überlegungen zur Begründung von Strafurteilen und deren revisionsrechtlicher Überprüfbarkeit, NStZ 2012, 409–414.

Reichenbach, Peter: Die Kriterien der Revisionsgerichte für die Bildung der Gesamtstrafe. Anmerkungen aus tatrichterlicher Perspektive, JR 2012, 9–14.

Reichert, Christoph: Intersubjektivität durch Strafzumessungsrichtlinien. Eine Untersuchung mit Bezug auf die „sentencing guidelines" in den USA, Berlin 1999.

Rieß, Peter: Anmerkung zu BGH GA 1980, 311–312, in: GA 1980, 312–314.

– Die schriftlichen Urteilsgründe des Tatrichters. Materialien zur Reform des § 267 StPO, in: Festschrift für R. Rissing-van Saan, 491–515, Berlin, New York 2011.

Ring, Stephan: Computergestützte Rechtsfindungssysteme. Voraussetzungen, Grenzen und Perspektiven, Köln, Berlin, Bonn, München 1994.

Rönnau, Thomas: Die neue Verbindlichkeit bei den strafprozessualen Absprachen. Anmerkungen zum Urteil des BGH vom 28.8.1997–4 StR 240/97 – (wistra 1997, 341), wistra 1998, 49–53.

Roxin, Claus: Strafzumessung im Lichte der Strafzwecke, in: Festgabe für H. Schultz, 463–481, Bern 1977.

– Strafrecht Allgemeiner Teil, Band 1 Grundlagen. Der Aufbau der Verbrechenslehre, 4. Auflage, München 2006.

Roxin, Claus/Schünemann, Bernd: Strafverfahrensrecht, 28. Auflage, München 2014.

Roxin, Imme: Die Entwicklung der Rechtsprechung zum überlangen Strafverfahren, in: Festschrift für K. Volk, 617–635, München 2009.

– Ambivalente Wirkungen des Beschleunigungsgebots, GA 2010, 425–440.

Sachs, Michael: Grundgesetz. Kommentar; 7. Auflage, München 2014.

Sachs, Walter: Beweiswürdigung und Strafzumessung entwickelt an praktischen Strafrechtsfällen, Mannheim, Berlin, Leipzig 1932.

– Anmerkung zu OLG Stuttgart SJZ 1948, 775–777 in: SJZ 1948, 777–779.

Sander, Günther M.: Verteidigung gegen die Berücksichtigung verjährter und ausgeschiedener Taten und Tatteile bei der Strafzumessung, StraFo 2004, 47–51.

Sarstedt, Werner: Zur Reform der Revision in Strafsachen, in: Festschrift für E. Dreher, 681–696, Berlin, New York, 1977.

Sassenberg-Walter, Ulrike: Die Urteilsgründe im Strafverfahren, Frankfurt am Main 1987.

Schäfer, Gerhard: Zu den Anforderungen an die Urteilsgründe bei Verurteilung wegen Bandendiebstahls in zahlreichen Fällen (kein Ersatz der Sachdarstellung durch eine Tabelle), JR 1988, 475–477.

Schäfer, Gerhard/Sander, Günther M./van Gemmeren, Gerhard: Die Praxis der Strafzumessung, 5. Auflage, München 2012.

Schall, Hero: Die richterliche Zumessung der Geldbuße bei Verkehrsordnungswidrigkeiten, NStZ 1986, 1–8.

Scheffler, Uwe: Systemwechsel ohne System. Eine Besprechung des Beschlusses des Großen Senats vom 17.1.2008, ZIS 2008, 269–279.

— Von simplen Rechenexempeln und numerischer Strafreduzierung. Eine Anmerkung zu BGH, Urteil vom 09.10.2008–1 StR 238/08, StV 2009, 719–721.

Schlothauer, Reinhold: Unvollständige und unzutreffende tatrichterliche Urteilsfeststellungen – Verteidigungsmöglichkeiten in der Revisions- und Tatsacheninstanz -, StV 1992, 134–141.

Schmid, Werner: Der Revisionsrichter als Tatrichter, ZStW 85 (1973), 360–398.

Schmidt-Bleibtreu, Bruno/Hofamnn, Hans/Hopfauf, Axel: Kommentar zum Grundgesetz, 13. Auflage, Köln, München 2014.

Schmidt, Eberhard: Probleme staatlichen Strafens in der Gegenwart, SJZ 1946, 204–209.

— Lehrkommentar zur Strafprozeßordnung und zum Gerichtsverfassungsgesetz, Teil II, Erläuterungen zur Strafprozeßordnung und zum Einführungsgesetz zur Strafprozeßordnung, Göttingen 1957.

— Lehrkommentar zur Strafprozeßordnung und zum Gerichtsverfassungsgesetz, Teil I, Die rechtstheoretischen und die rechtspolitischen Grundlagen des Strafverfahrensrechts, 2. Auflage, Göttingen 1964.

Schmitt, Bertram: Die richterliche Beweiswürdigung im Strafprozeß. Eine Studie zu Wesen und Funktion des strafprozessualen Grundsatzes der „freien Beweiswürdigung" sowie zu den Möglichkeiten und Grenzen einer Revision in Strafsachen; zugleich ein Beitrag zum Verhältnis von Kriminalistik und staatlicher Strafrechtspflege, Lübeck 1992.

Schöch, Heinz: Strafzumessungspraxis und Verkehrsdelinquenz. Kriminologische Aspekte der Strafzumessung am Beispiel einer empirischen Untersuchung zur Trunkenheit im Verkehr, Stuttgart 1973.

Schönke, Adolf/Schröder, Horst: Strafgesetzbuch. Kommentar, 29. Auflage, München 2014.

Schubert, Werner/Regge, Jürgen/Rieß, Peter/Schmid, Werner: Quellen zur Reform des Straf- und Strafprozessrechts, III. Abteilung, Band 2, 1. Teil, Berlin, New York 1991.

— Quellen zur Reform des Straf- und Strafprozessrechts, I. Abteilung, Band 4, Berlin, New York 1999.

Seebald, Rudolf: Ausgeglichene Strafzumessung durch tatrichterliche Selbstkontrolle, GA 1974, 193–208.

Seibert, Claus: Fehler bei Strafurteilen, DRiZ 1955, 32–35.

— Der überstimmte Richter, MDR 1957, 597.

— Angreifbare Strafurteile, NJW 1960, 1285.

— Anmerkung zu OLG Zweibrücken NJW 1967, 364–365, in: NJW 1967, 365.

Spendel, Günter: Zur Lehre vom Strafmaß, Frankfurt am Main 1954.

– Zur Entwicklung der Strafzumessungslehre, ZStW 83 (1971), 201–242.

Spiegel, Richard: Die Rechtsprechung des Bundesgerichtshofes in Verkehrsstrafsachen und Bußgeldverfahren, DAR 1978, 146–162.

– Die Rechtsprechung des Bundesgerichtshofes in Verkehrsstrafsachen und Bußgeldverfahren, 1980, 193–211.

– Die Rechtsprechung des Bundesgerichtshofes in Verkehrsstrafsachen und Bußgeldverfahren, 1981, 185–204.

– Die Rechtsprechung des Bundesgerichtshofes in Verkehrsstrafsachen und Bußgeldverfahren, 1982, 194–208.

– Die Rechtsprechung des Bundesgerichtshofes in Verkehrsstrafsachen und Bußgeldverfahren, 1985, 184–200.

Starck, Christian: Die Bindung des Richters an Gesetz und Verfassung, VVDStRL 34 (1976), 43–88.

Stöckel, Heinz: Zur Revisibilität des Strafuntermaßes, NJW 1968, 1862–1864.

Stree, Walter: Neue Probleme der Aussetzung einer lebenslangen Freiheitsstrafe – Besprechung der BVerfG-Entscheidung vom 3. 6. 1992–2 BvR 1041/88, 2 BvR 78/89, NStZ 1992, 464–468.

Streng, Franz: Strafzumessung und relative Gerechtigkeit. Eine Untersuchung zu rechtlichen, psychologischen und soziologischen Aspekten ungleicher Strafzumessung, Heidelberg 1984.

– Die Strafzumessungsbegründung und ihre Orientierungspunkte – Ein Beitrag zur Idee und Praxis vergleichender Strafzumessung – NStZ 1989, 393–400.

– Grundfälle zum Strafzumessungsrecht, JuS 1993, 919–927.

– Anmerkung zu BGH StV 1995, 411, in: StV 1995, 411–414.

– Strafrechtliche Sanktionen – Die Strafzumessung und ihre Grundlagen, 3. Auflage, Stuttgart 2012.

– Anmerkung zu BGHSt 56, 262–270, in: JR 2012, 252–254.

Systematischer Kommentar: StPO, Band V, §§ 246a – 295, 4. Auflage, Köln 2012 (zitiert: SK-StPO).

Systematischer Kommentar: StPO, Band VII, §§ 333–373a, 4. Auflage, Köln 2014 (zitiert: SK-StPO).

Terdenge, Franz: Strafsanktionen in Gesetzgebung und Gerichtspraxis – Eine rechtspolitische und statistische Untersuchung der straf- und jugendrechtlichen Rechtsfolgenentwicklung von 1945–1980, Göttingen 1983.

Terhorst, Bruno: Anmerkung zu BGH NJW 1983, 54, in: JR 1983, 376–377.

Theune, Werner: Grundsätze und Einzelfragen der Strafzumessung; aus der Rechtsprechung des Bundesgerichtshofs (Teil I), StV 1985, 162–168.

– Grundsätze und Einzelfragen der Strafzumessung; aus der Rechtsprechung des Bundesgerichtshofs (Teil I), StV 1985, 205–210.

– Zum Strafzumessungs- und Maßregelrecht, NStZ 1987, 492–499.

– Gerechte Strafe. Notwendigkeit und Möglichkeiten einer Überprüfung der Strafzumessung durch die Revisionsgerichte, in: Festschrift für G. Pfeiffer, 449–460, Köln, Berlin, Bonn, München 1988.

Tröndle, Herbert: Die Aufgabe des Gerichts bei der Anwendung der Strafen. Unter besonderer Berücksichtigung des „Vollstreckungsgerichts“ des Strafgesetzentwurfs 1962, ZStW 81 (1969), 84–113.

Ventzke, Klaus-Ulrich: Anmerkung zu BGH NJW 2005, 912–912, in NStZ 2005, 461–462.

– „... bringt alles Palaver dem Revidenten nichts." – Beobachtungen zum Verhältnis von Revisionsgerichtsbarkeit und Strafverteidigung, NStZ 2011, 481–488.

Vogler, Theo: Die strafschärfende Verwertung strafbarer Vor- und Nachtaten bei der Strafzumessung und die Unschuldsvermutung (Art. 6 Abs. 2 EMRK), in: Festschrift für T. Kleinknecht, 429–443, München 1985.

Volkmer, Mathias: Geldentschädigung bei überlanger Verfahrensdauer? – Die Kompensation rechtsstaatswidriger Verfahrensverzögerungen als Fallgruppe des öffentlich-rechtlichen Folgenbeseitigungsanspruchs, NStZ 2008, 608–613.

Voßkuhle, Andreas: Bruch mit einem Dogma: Die Verfassung garantiert Rechtsschutz gegen den Richter, NJW 2003, 2193–2200.

Wahrig, Gerhard: Grosses Deutsches Wörterbuch, Rheda 1973.

Waider, Heribert: Anmerkung zu OLG Düsseldorf StV 2007, 347–348, in: StV 2007, 348.

Wagner, Heinz: Anmerkung zu BGH StV 1984, 188–189, in: StV 1984, 189–190.

– Die Beweiswürdigungspflicht im tatrichterlichen Urteil im Falle der Verurteilung, ZStW 106 (1994), 259–302.

Weber, Klaus: Kommentar zum Betäubungsmittelgesetz und Arzneimittelgesetz, 4. Auflage, München 2013.

Weidemann, Matthias/Scherf, Fabian: Die Revision im Strafrecht, Baden-Baden 2010.

Weider, Hans-Joachim: Anmerkung zu BGH NStZ 1989, 580, in: NStZ 1989, 580–581.

Wilcken, Alexander: Die Doppelverwertung von Strafzumessungstatsachen, Probleme komparativer Strafzumessungserwägungen, Baden-Baden 2004.

Willms, Günther: Sachrüge und erweiterte Revision, JR 1975, 52–55.

Wimmer, August: Die Strafzumessungstatsachen im Prozeß, NJW 1947/48, 126–129, 176–179.

– Zur Strafzumessung bei Verkehrsdelikten, DAR 1953, 145–152.

– Anmerkung zu EGMR NJW 1963, 2247–2248, in: NJW 1963, 2248.

Winkler, Walter: Verbrechen und Vergehen gegen das Betäubungsmittelgesetz, NStZ 1999, 232–235.

– Schreiben wir uns tot? – Vom Mut zur Kürze bei der Begründung eines Urteils in Strafsachen, SchlHA (D/D) 2006, 245–248.

Wohlers, Wolfgang: Rechtliches Gehör im strafrechtlichen Revisionsverfahren, JZ 2011, 78–85.

Wolf, Ernst: Das Wesen des gerichtlichen Urteils, in: Gedächtnisschrift für R. Bruns, 221–237, München 1980.

Ziegert, Ulrich: Die überlange Verfahrensdauer, Strafzumessungs- vs. Strafvollstreckungslösung, StraFo 2008, 321–327.

Zipf, Heinz: Die Strafmaßrevision. Eine strafrechtsdogmatische Untersuchung über den systematischen Aufbau der Strafzumessung und ihrer Revisibilität im Erwachsenen- und Jugendstrafrecht, München 1969.

– Anmerkung zu BGH NStZ 1984, 359, in: NStZ 1984, 359–360.

– Anmerkung zu OLG Schleswig NJW 1980, 1535–1536, in: JR 1980, 425–427.

www.ingramcontent.com/pod-product-compliance
Ingram Content Group UK Ltd.
Pitfield, Milton Keynes, MK11 3LW, UK
UKHW021235031026
15588UKWH00001B/103

9 783631 671450